北大投资银行学丛书
INVESTMENT BANKING LIBRARY OF PEKING UNIVERSITY

何小锋／主编

CFU
鸣谢中融联合投资管理有限公司对本课题的支持

对冲基金理论与实务

Theory and Practice of Hedge Funds

王一鸣　王建卫／编著

中国发展出版社
CHINA DEVELOPMENT PRESS

图书在版编目（CIP）数据

对冲基金理论与实务/王一鸣，王建卫编著.—北京：中国发展出版社，2013.6
ISBN 978-7-80234-930-8

Ⅰ.①对… Ⅱ.①王…②王… Ⅲ.①对冲基金—研究 Ⅳ.①F830.59

中国版本图书馆 CIP 数据核字（2013）第 076074 号

书　　　名：	对冲基金理论与实务
著作责任者：	王一鸣　王建卫
出版发行：	中国发展出版社
	（北京市西城区百万庄大街 16 号 8 层　100037）
标准书号：	ISBN 978-7-80234-930-8
经　销　者：	各地新华书店
印　刷　者：	北京明恒达印务有限公司
开　　　本：	670mm×980mm　1/16
印　　　张：	27.5
字　　　数：	468 千字
版　　　次：	2013 年 6 月第 1 版
印　　　次：	2013 年 6 月第 1 次印刷
定　　　价：	60.00 元

联系电话：(010) 68990630　68990692
购书热线：(010) 68990682　68990686
网络订购：http://zgfzcbs.tmall.com//
网购电话：(010) 88333349　68990639
本社网址：http://www.develpress.com.cn
电子邮件：bianjibu16@vip.sohu.com

版权所有·翻印必究
本社图书若有缺页、倒页，请向发行部调换

总·序 Preface

在经济科学中，金融学无疑是最显赫的富矿，而以研究资本市场的运作为主旨的投资银行学，则是其中最璀璨夺目的宝石。然而这门学科引进中国不过十年时间，其华丽的外表、复杂的内涵，至今让人难识真面目，有待于莘莘学者去不断挖掘。

作为一门新兴学科，投资银行学在理论上研究投资学、公司财务、资本市场理论、金融中介理论、金融发展理论、公共政策理论、金融工程理论等学科；在业务上，投资银行学研究证券的发行与交易、并购重组、信托投资基金、资产管理、金融衍生工具、资产证券化、财务顾问等内容；在方法上，投资银行学运用各种经济计量与统计分析、经济与财务分析、比较分析等复杂手段。可以说，投资银行学是创新性与实用性高度结合、专业性与多样性和谐统一的典型知识领域。

纵观中国资本市场15年的发展历程，走的是一条渐进式的改革模式。什么是"渐进式"？坊间有很多描述和总结。在我的眼里，就是利益格局平衡与不平衡的交替发展的过程，即在对现有的利益格局不满意的情形下，作出某些资本市场的"创新"，从而形成一种新的利益格局；新的利益获得者自然要维护这个利益格局，因此维护一定时期的稳定性；但由于此格局的发展充满矛盾和变化，暂时平衡的格局又自我演化出越来越多的不平衡因素，新格局又被越来越多的不满动机所突破，从而又通过资本市场的创新形成新的利益格局。

这种渐进式是"螺旋式上升"的发展，是哲学上的"否定之否定"

的辩证关系。非身在其中，难以知味；但陷在其中，又往往不觉其味。

何以见得？最典型者表现在证券发行市场上。几年前我曾经提出"IPO 悖论"，正是股票发行市场的自相矛盾、似是而非现象的总结。中国某个地方的真正优秀的企业如果要争取上市，眼前横亘着两大关口，一道是政府审批关，一道是市场考验关，往往过了前一关，第二关的"天时地利人和"的时机失去了，能够过了两大关的企业可能只有 1% 的成功率，真是"一将成名万骨枯"。

就谈第一道关：政府审批关。某个优秀的地方企业面对的是三座大山：第一座是包括中央政府的各个机构；第二座是省、市一级政府的各个机构；第三座是有关中介机构（如审计机构、评估机构、法律机构、承销机构、公关顾问等），他们都依附在政府身上享有某些行政特权。就谈第一座大山，一般由三座山峰组成（例如三个政府部门），每个部门都会有三级机构（例如部、局、处级机构）"经手"申报企业的材料，其中一级（例如"处"）就会有三个平行机构的话语权，每级又会有三层级别的人（例如处长、副处长、主办人）过手；要"活动"每一个人都要经过三个左右的"中间人"穿针引线；每结识一个人都要应酬三次，每次应酬（连吃、喝、玩、乐带出差费用）平均在 3000 元以上。这样就要花费（$3^7 \times 3000$ 元）＝ 6561000 元。

这就是我所总结的"溜不溜"（谐音"656"万元）现象。企业就像一条狗被人们反复"遛弯儿"。这 656 万元只是台面上花的钱，都是有发票可报销的。如果加上台底下花的钱，则可能要加 10 倍（且看"王小石事件"）。如果这个企业"溜顺"了，有幸成功上市，那么这笔几千万的费用或者入发行主体的账，就必然引起做假账；或者入控股股东的账，就必然要"侵占"上市公司的利益，以符合其经济利益补偿的原则。这些费用（或收益）都是围绕"行政特权"展开的，在经济学上就叫做"租金"，整个过程就叫做"寻租"（Rent Seeking）。

上市公司花费了"租金"，必然就要争取"超额利润"。于是乎，整个体制被设计为：发行价（计划价）与交易价（市场价）之间必须有巨大的"价差"（Price Spread）。既得利益阶层就可以从中各得其利，从而维持一种利益平衡。至于企业，在现有体制下只能"愿打愿挨"。

一个真正优秀的公司要申请上市，在证明其"真正优秀"的过程中，被这么反复"遛弯儿"(其实是一种折磨),人财物颇有损耗,等到证明完毕——批准上市时,这个企业已经是满身伤痕,它已不是"真正优秀"的企业了。所以这个冠冕堂皇的"证优"过程其实是"证伪"过程——这就是"IPO 悖论"!

假如这个企业真有"不败之身",能够持续优秀,从而符合"配股"条件,则其大股东(国有股、法人股的股东)则可能要花 10 元/股的价格(稍低于市场价,后者可能是 12 元)买配股;但是如果他以后要卖这些股,只能以 3 元/股的价格(以每股净资产考虑定价)。这么离奇的事,在我们的制度框架下,被各方认为是"无异议"的。这种格局显然蕴藏着不平衡的因素,因而是暂时的,必然要被新的格局所取代。时代毕竟是进步着的,不断的创新是资本市场的生命力,我们的资本市场只能用这么一句话来总结:"前途是光明的,道路是曲折的。"

总体上的"螺旋式上升",不排除在局部上可能表现出某种倒退。例如,中国产业投资基金的"创新"路程就更艰难。某种程度上说,与其说目前中国产业投资基金有待"创新",还不如说有待于"复辟"。因为,现在基本上是空白状态的产业投资基金在 13 年前就已产生,当时以"淄博基金"为代表的"老基金"就有 60 多个,分布在全国各地。"中农信淄博乡镇企业投资基金"是 1992 年由国家主管部门——中国人民银行批准成立的、在上海交易所上市的产业投资基金,我曾经是它的策划人、申报文件的主要起草人之一。而现在正在难产的产业投资基金管理办法,即使出台了,也做不到 13 年前的公募发行和上市交易。这是为什么?说白了,利益——特权格局已经变化了,僵住了。

什么是大学问?研究史无前例的中国特有的资本市场的原创性理论,能够扎扎实实地解决中国的实际问题的策略,就是大学问。这是中国经济学家的历史使命和挑战。套用一句马克思引用《伊索寓言》的话说:"这里就是罗陀斯,就在这里跳吧!"

从 90 年代初开始,北京大学的教师和研究生们就开始研习投资银行知识。他们不仅如饥似渴地吸吮来自外国的相关知识,研究中国资本市场的特性,甚至亲赴实践领域学习操作,推动中国资本市场的拓展。正是这种长期"只顾耕耘,不问收获"的精神,使投资银行学在北京大学的课堂上,成为一门以理论的原创性和案例的亲历性相结合的经典课程。我们总结的"以资产经营的一般模式为基石,以对企业和资产的现金流进行分析为中心,以广义资产证券化和企业重组为两条主线,以投资银行的内部管理和外部监管为两条辅线"的投资银行学理论体系和框架,声名渐远,广受认同。

本丛书包含投资银行学最具特色的几个专题,作者群是北京大学的教授、博士生导师和金融学博士的组合,亦是长期的理论研究和实践经验的结晶。我们推出这套丛书,作为北京大学金融学研究生、本科生和进修生重要课程的总结,祈望与同行们及有志者交流,并得到积极的反馈和升级。

感谢中国发展出版社的编辑们的辛勤工作以及广大读者的热心支持!

何小锋
于未名湖东畔

本书参与编著人员

高 杰　梁志兵　宋龑娜　任秋潇
曾令涛　周 杨　孙 婧

目·录 Contents

序言　没有对冲基金的金融市场是不完美的　1

第一章　对冲基金起源、发展历史与现状　1

　第一节　前言：对冲基金业绩与有效市场假说　2

　第二节　对冲基金发展历史与现状　5

　　1. 1949年以前的对冲基金　5

　　2. 萌芽时期：1949～1968年　7

　　3. 低谷时期：1969～1982年　10

　　4. 复兴时期：1980～1990年代　15

　　5. 对冲基金与亚洲和俄罗斯金融危机：1997～1998年　19

　　6. 对冲基金与纳斯达克股市泡沫：1999～2001年　30

　　7. 2000年代的对冲基金　32

　第三节　对冲基金风云录节选　38

　　1. 大卫·斯文森：投资对冲基金的首个机构投资者　38

2. 斯泰尔：事件驱动型投资策略的创始人 ... 38

3. 詹姆斯·西蒙斯和戴维·肖：量化对冲基金开创者 ... 40

4. 全球宏观：富可敌国的神话 ... 42

5. 大本营：多策略型基金中的佼佼者 ... 47

6. 不凋花："阿尔法值工厂"时代终结者 ... 48

7. 谁主沉浮：对冲基金行业动荡时期群雄逐鹿 ... 50

第二章 对冲基金：组织、营销、税收与会计要求 ... 55

第一节 概念与特点 ... 56

第二节 组织架构与营业模式 ... 59

1. 组织架构 ... 59
【1】C类公司 ... 59
【2】专业公司 ... 59
【3】有限责任公司 ... 60
【4】独资 ... 60
【5】合伙制 ... 60
【6】有限责任合伙制 ... 61

2. 营业模式 ... 62
【1】有限责任制的营业模式 ... 62
【2】公司制与合伙人制的责任分配 ... 63
【3】多种营业模式的混合 ... 63
【4】常见的对冲基金模式 ... 64

第三节 投资者的类型与机构投资者特点 … 64

1. 投资者类型 … 64
- 【1】个人投资者 … 65
- 【2】家族理财机构 … 65
- 【3】基金会 … 66
- 【4】公司 … 66
- 【5】养老基金 … 67
- 【6】保险公司 … 67
- 【7】基金的基金（Fund of Hedge Fund，FOHF）… 67

2. 机构投资者特点 … 68
- 【1】投资管理专业化 … 68
- 【2】投资结构组合化 … 68
- 【3】投资行为规范化 … 69

第四节 对冲基金的营销策略 … 69

1. 对冲基金的市场营销 … 69

2. 第三方营销 … 70

3. 自营销 … 71

第五节 对冲基金的费用 … 72

1. 管理费 … 72

2. 盈利提成 … 73

第六节 披露要求 … 76

1. 对冲基金披露的起源 … 76

2. 披露政策对对冲基金的挑战 77

　　3. 信息披露政策对投资者的影响 79

　第七节　税收与会计要求 80

　　1. 税收要求 80
　　　【1】纳税主体 80
　　　【2】应纳所得税的分类 81
　　　【3】资本利得的长期与短期 82

　　2. 会计要求 83
　　　【1】一致性要求 83
　　　【2】披露要求 84
　　　【3】谨慎性要求 84
　　　【4】收入确认相关要求 84
　　　【5】权责发生制或现金制要求 85

第三章　对冲基金的投资策略及其收益与风险　87

　第一节　投资策略分类 88

　　1. 方向性策略（The Directional Strategies） 91

　　2. 事件驱动型（Event Driven Strategies） 96

　　3. 相对价值型（Relative Value Strategies） 100

　　4. 其他策略 104

　第二节　商品交易顾问 105

　　1. 概念介绍 105

2. CTA 基金的历史与现状 · 107

3. CTA 基金投资策略与功能 · 110

4. CTA 基金绩效评价 · 111

5. 期货 CTA 产品的销售流程 · 113

【1】专户理财销售流程 · 113

【2】信托产品销售流程 · 114

【3】信息披露 · 116

第三节 对冲基金的收益分析 · 116

1. 收益评估模型 · 116

2. 收益评估可能存在的偏差 · 119

第四节 对冲基金的风险分析 · 121

1. 风险管理的原因 · 121

2. 主要的风险 · 122

【1】与其他共同基金所共有的风险 · 122

【2】对冲基金所特有的风险 · 123

3. 风险评估 · 123

第四章 对冲基金经济学（一）：收益、风险和相关问题 · 127

第一节 对冲基金的数据特征 · 130

1. 数据来源及初步处理 · 131

2. 对冲基金收益率的均值、波动、夏普比率和对市场风险的敏感系数 … 133
- 【1】对冲基金收益率的均值、波动和夏普比率 … 133
- 【2】较低的市场风险因子暴露 … 136

3. 对冲基金其他的风险特征 … 137
- 【1】非线性风险 … 137
- 【2】流动性不足的风险和自相关 … 150

4. 对冲基金规模、结构和清算 … 152
- 【1】对冲基金整个行业的规模和结构 … 152
- 【2】对冲基金的清算 … 158

第二节 流动性不足、收益平滑化效应和收益自相关 … 177

1. 对冲基金收益率存在自相关的原因和收益平滑化的影响 … 178
- 【1】对冲基金收益率存在自相关的原因：流动性不足和收益平滑化 … 178
- 【2】收益平滑化的模型和其影响 … 180

2. 对平滑化过程的实证估计 … 183
- 【1】MLE 估计 … 184
- 【2】线性回归估计 … 185
- 【3】简要评述 … 186
- 【4】关于平滑化和流动性不足的实证分析 … 187

3. 平滑调整的夏普比率(Smoothing-adjusted Sharpe Ratios) … 188

第三节 对冲基金的贝塔（beta）复制 … 194

1. 线性回归分析 … 195

2. 线性复制 … 204

3. 小结 209

第四节　AMH 和 A/P 分解法 210

1. 有效市场假说 VS 适应性市场假说 211
【1】有效市场假说 211
【2】适应性市场假说 212

2. 度量对冲基金业绩的新方法：主动/被动分解法
（Active/Passive Decompositon） 215
【1】投资绩效评估方法的回顾 217
【2】对冲基金绩效的度量：A/P 分解法 217
【3】A/P 分解法的简单拓展 220
【4】A/P 分解法的应用 221

第五节　对冲基金的系统风险 230

1. 对冲基金的流动性不足风险 232

2. 对冲基金的清算风险 234

3. 域变模型（regime shifting） 243

第六节　投资对冲基金的一个系统框架 246

第五章　对冲基金经济学（二）：若干专题 251

第一节　对冲基金的合约结构与杠杆投资 253

1. 模型的假设 255
【1】环境 255
【2】对冲基金的合约 256

2. 模型一：只有管理费的情形 ... 257

3. 模型二：同时包含管理费和激励费的情形 ... 260
【1】模型 ... 260
【2】数值模拟和经济学分析：关于杠杆率和风险厌恶程度的度量 ... 262
【3】数值模拟和经济学分析：管理费和激励费 ... 264
【4】数值模拟和经济学分析：投资者的总收益 $B(W,H)$ ... 265
【5】数值模拟和经济学分析：对冲基金的市场价值 $V(W,H)$ ... 266

4. 模型三：投资者撤出资金的行为和基金经理的投资策略 ... 267

5. 模型四：基金经理直接持股与其投资策略 ... 271

6. 总结 ... 275

第二节 脆弱的资本结构和对冲基金的过度审慎 ... 276

1. 模型的假设 ... 278
【1】对冲基金 ... 278
【2】投资者 ... 278
【3】信息结构和最优化行为 ... 279

2. 基准模型：投资者之间不存在协同效应 ... 281

3. 一般化的模型：存在协调问题的情形 ... 282
【1】第一部分：第二期的博弈 ... 283
【2】第一部分的博弈：基金经理选择最优的现金持有 ... 286

4. 模型的含义：套利的限制、微观审慎和宏观无效 ... 288

第三节 提前撤资限制的收益和损失 ... 289

1. 限制撤资的收益 ... 291

- 【1】数据来源、变量说明和变量的基本统计特征 …………… 291
- 【2】对冲基金的超额收益与资产锁定期限制之间的关系 …… 294
- 【3】对冲基金的超额收益的来源 ……………………………… 296
- 【4】简短的评论 ………………………………………………… 298

2. 限制撤资的损失：一个期权定价的视角　299

- 【1】基金 NAV 和被清算概率的数据生成过程 ……………… 301
- 【2】投资者对基金价值的估值：两种极端的情况 …………… 304
- 【3】提示期的限制对投资者造成的损失 ……………………… 306
- 【4】资产锁定期的限制对投资者造成的损失 ………………… 307
- 【5】撤资限制给投资者造成的损失：数值分析的结果 ……… 308
- 【6】撤资限制给投资者造成的损失：比较静态分析 ………… 310
- 【7】简短的评论 ………………………………………………… 312

第六章　对冲基金与金融稳定　313

第一节　对冲基金对国际金融市场冲击的历史回顾　314

第二节　危机过后各国当局的措施和学者们的不同见解　315

第三节　对冲基金投资策略的转变　317

1. 传统对冲策略　317

2. 对冲基金投资策略发展趋势　318

第四节　对冲基金对金融稳定影响的分析　320

1. 对冲基金对金融稳定的正面影响　320

2. 对冲基金对金融稳定的负面影响　324

3. 对冲基金与其他投资机构对金融稳定影响的比较　328

第五节　对冲基金对于我国国内市场稳定的潜在影响 …………… 331

第七章　对冲基金在我国的发展及其对资本市场与经济的影响 …………… 335

第一节　对冲基金在我国的发展现状 …………… 336

第二节　对冲基金在中国发展前景及可行性分析 …………… 343

1. 需求方面 …………… 343

2. 供给方面 …………… 346

【1】制度条件：法律基础与监管政策 …………… 347
【2】市场条件：衍生品及卖空机制 …………… 347
【3】产业基础：成熟的管理团队与多元化的投资者 …………… 348

第三节　对冲基金在中国发展的瓶颈和限制 …………… 349

第四节　对冲基金对我国资本市场与货币政策的影响 …………… 352

第五节　对冲基金对我国经济市场可能带来的冲击 …………… 354

第八章　对冲基金的典型投资案例及欺诈内幕交易案 …………… 357

第一节　投资案例 …………… 358

1. 1992 年狙击英镑 …………… 358

2. 1997 年狙击泰铢 …………… 360

3. 保尔森信用基金做空次贷 …………… 362

4. 美国长期资本管理公司的破产 …………… 364

第二节　麦道夫金融欺诈案：庞氏骗局　367

1. 事发　367

2. 损失　368

3. 原因　369

4. 麦道夫的发家史　371

5. 案件的诉讼与判决　372

6. 对麦道夫投资的质疑　374

7. 麦道夫案的启示　375

8. 麦道夫事件后的对冲基金投资　376

第三节　华尔街对冲基金内幕交易案调查　377

第九章　对冲基金的监管　383

第一节　对冲基金的法律环境　384

第二节　对冲基金的监管争议　386

1. 反对全面加强监管论　388

2. 支持加强监管论　392

第三节　对冲基金监管的内容　393

1. 对冲基金成立的监管　394

2. 对冲基金运作的监管 ... 395

3. 对冲基金信息披露的监管 ... 398

第四节　对冲基金的监管难度 ... 399

第五节　构建我国对冲基金的监管框架 ... 400

参考文献 ... 403

序言

没有对冲基金的金融市场是不完美的

在国际金融市场上，对冲基金不是新鲜事物，但是它正日益引起国内人们越来越多的关注。

究其原因，首要的一条当推其令人叹为观止的发展速度和远高于市场平均水平的收益率。据介绍，2012年底，全球对冲基金行业管理的总资产达到2.6万亿美元，与1990年相比，20余年时间增长了50多倍。过去的20年中，对冲基金行业成功地实现了资本的增殖，在其管理资产的增加总额中只有不到40%的部分来自客户新投入的资本，其余60%全部来自对冲基金的投资及再投资收益。据统计，从2000年到2009年的10年里，对冲基金的年均投资回报率是10%左右，而美国S&P500指数在这10年的年均增长率是负的1%左右。

即便是在欧债危机的经济环境下，对冲基金的投资表现也明显好于其他市场，根据对冲基金业研究机构（HFR）的数据，2012年上半年对冲基金市场资本净流入200亿美元，全年增加了3000多亿美元。

对冲基金对于普通人的吸引力还在于这个行业不断创造的个人财富传奇。且不用说索罗斯和巴菲特这两个名字早已响彻世界，仅在市场惨淡的2011年，业绩最佳的世界前25位对冲基金经理平均每人获得了5.76亿美元的收入，全球最大的宏观对冲基金布里奇沃特投资公司（Bridgewater Associates）创始人雷蒙德·戴利奥（Ray Dalio）斩获138亿美元，个人也将39亿美元纳入囊中，问鼎全球最赚钱对冲基金经理，荣膺《时代》杂志

2012年度全球100位最具影响力人物。

　　站在整个金融市场来看，对冲基金在整个投资领域虽然仍只占据较小的份额，大约占全球证券市场2%~3%的比例，但它们在交易方面是非常活跃的，如对冲基金占到纽交所等大型交易所日交易额的25%~30%的交易份额；在诸如可转换债券等特定领域，对冲基金甚至控制了整个市场，占据市场的绝大部分交易额。最近几年，对冲基金产品越来越受到大型机构投资者的喜爱。像养老金基金和大学捐助基金在它们投资组合中的对冲基金资产配置越来越高，从几年前的不到5%快速增加到现在的25%左右。这说明，对冲基金已成为金融市场上不可小觑的一支力量。

　　而在世界金融史上，对冲基金也总是会生出几笔浓墨重彩。人们发现，在每次金融海啸中都能找到对冲基金的影子，从上世纪80年代的日本金融危机，到90年代末的亚洲金融风暴，再到最近的欧债危机，对冲基金"翻手为云覆手为雨"，所到之处无不令人"震撼生畏"。

　　于是，对冲基金所引起的不止是普通投资者和金融市场的关注。从政府的角度来说，对冲基金和杠杆效应也颠覆了传统的经济思维，已经将市场的各个部分更加紧密地联系在一起，在改变金融市场的同时，也在改变货币政策的效果。1992年的欧洲汇率机制危机表明，对冲基金的参与降低了中央银行干预市场的能力；1994年的美国债券市场危机表明，对冲基金的参与也削弱了当局预计长期利率变化的能力。

　　显然，对冲基金在给金融市场增添极大活力与变数的同时，早已成为世界经济和金融俱乐部里的一匹桀骜不驯的黑马，成为一个国家金融实力的决定力量之一。

　　近年来，随着中国金融改革和创新步伐的展开，基金尤其是私募股权基金、对冲基金已开始进入中国金融市场，进入中国人的视野。各界尤其是学术界和金融界人士对于对冲基金的关注开始增加，相应产生了对相关书籍的需求。几年前翻译出版的一本《对冲基金风云录》惹来金融圈无数朋友的热议。

　　目前已有的书籍多叙述西方理论和案例，关注中国具体情形的很少。不可否认，这有其现实背景。中国资本市场发展至今不过20余年，股票市场和债券市场都还远远不够完善，尤其是衍生金融工具极不丰富。2011年2月，国泰君安资产管理公司宣布拟发售一只A股私募对冲基金产品——君享量化，真正意义的对冲基金概念才终于在国内现身。中国资本市场在其诞生的第21个年头最终迎来了"对冲基金元年"。

序言：没有对冲基金的金融市场是不完美的

对冲基金已经成为中国金融市场和中国政府需要刮目相看的一股力量，也是不争的事实。在当前房价高涨和人民币升值预期的双重作用下，房地产市场对对冲基金的吸引力是巨大的。近年我国房地产市场持续高位运行，部分价格已经包含虚高成分，而支撑房地产市场繁荣的却是银行贷款。由于房地产市场与金融体系千丝万缕的联系，一旦受到对冲基金恶意攻击，房地产市场的崩溃势必引起整个金融系统的地震。随着汇率制度改革稳步推进，人民币显现出强劲的升值趋势，这无疑也为对冲基金提供了无尽的想象空间。人民币国际化进程的推进和利率市场化改革的开启，这一切都要防范来自对冲基金的冲击，同样也需要依靠对冲基金抵御风险。

相对于中国30年改革开放以及伴随而来的经济发展进程，中国金融业的改革发展怕是相对落后了，其在世界金融市场的真实地位未必与国家综合实力的提升相吻合。中国已是全球第二大经济体，因此中国相应地需要而且必须有一个全球金融中心，中国资本市场在未来20年有可能发展成为全球三大主要对冲基金投资市场之一。也只有本土对冲基金的快速成长壮大，才能为广大的投资者和实业家们提供笑傲世界经济"江湖"的"倚天之剑"。

正如三年前我在北京的时候就倡导一些机构尝试培育对冲基金一样，两年前，我就建议北京大学经济学院王一鸣教授牵头组织写一本中国人自己的对冲基金著作。记得当时曾经预言，两年后对冲基金将是中国金融市场的一颗明珠。当时间的脚步踏入2013年之际，可以说，出版一本体现中国人思维方式的、关注中国国情的对冲基金类书籍已经具有迫切性。而且，理论研究应当为实践服务，我们学习西方的经济理论，归根结底要用来指导我国的现代化建设，在学术研究中关注我国实际应是每个学术工作者的分内之事。

所幸的是，起步于两年前的由一家对冲基金管理机构中融联合投资管理有限公司和北京大学经济学院专家学者的合作计划，终于在长期准备和辛勤劳作下结出了成果，那就是奉献给读者的这部《对冲基金理论与实务》。

在本书中，执笔者从历史的视角讲述了对冲基金的前世今生，并深入探究对冲基金的运行机制和背后的经济学逻辑，逐层递进，由浅入深，揭开对冲基金的神秘面纱。一方面让读者在历史风云和经典案例中回顾、重温那些惊心动魄的时刻，印象深刻，这不但有助于激发他们学习的兴趣，而且可以加深他们对理论的理解，总结经验和教训；另一方面，又得以让读者深入了解对冲基金运行的经济学基础、实务环节和市场、政策环境，知其然，知其所以然。在全面阐述国外对冲基金理论和实践两方面发展状况的同时，专门开辟篇幅重点介绍了对冲基金在中国的发展及其对我国经济发展可能产生的影响。

除此之外，本书还特别跟进了最新的研究成果，并在书中多次借鉴、引用，使理论阐述始终建立在坚实的实证基础之上。理论研究应当是与时俱进的、富有前瞻性的、有益于实践的。尽管这本书还有很多需要进一步下功夫之处，但是，作为初创作品，我觉得作者的努力已经值得我们这些金融人欣慰了。也衷心希望专家们的研究工作能够起到抛砖引玉的作用。

没有对冲基金的金融市场是不完美的。2013年是中国深化改革的新时代元年，2013年又是农历蛇年。新一轮改革必将为中国经济注入新的强大活力，而蛇年则预示着灵气和活力。我希望《对冲基金理论与实务》一书能给改革创新加速的中国金融和资本市场带来更多的活力和气象。更期望我国的对冲基金事业能在深化金融改革的脚步声中获得发展先机，希望新生的中国对冲基金行业能沐浴深化改革的春风茁壮成长，在完善金融市场体系和机制、提升中国金融竞争力等方面发挥应有的作用！

孙才仁

2013 年 3 月于太原

第一章
对冲基金起源、发展历史与现状

- 第一节　前言：对冲基金业绩与有效市场假说
- 第二节　对冲基金发展历史与现状
- 第三节　对冲基金风云录节选

第一节 前言：对冲基金业绩与有效市场假说

21世纪以来，全球对冲基金取得了快速的增长，业已成为国际主流投资工具，这是当今国际金融领域中最引人瞩目的现象。对冲基金的交易活动对全球资产价格和流动性等方面产生了重大的影响，其超收益性也引起学者对现代金融学里最基础理论——有效市场假说理论的重新讨论与认识。

2006年，高盛公司首席执行官劳埃德·布兰克费恩获得了破纪录的5400万美元的奖金；作为私募股权投资基金行业老大的黑石集团的老板史蒂夫·斯瓦茨曼的分红收益近4亿美元。但这些与顶级对冲基金经理的收入比起来仍然是小巫见大巫。据《阿尔法》杂志报道，2006年排名前3位的对冲基金经理都有至少高达10亿美元的收益，前25名的对冲基金经理中最低的也有2.4亿美元。

纵观整个对冲基金发展史，这个行业所取得的投资业绩无法用有效市场假说有效地解释。从20世纪60年代中期至80年代中期，普遍的看法是，市场是有效的，即市场价格已经包含可以获得的所有信息。由于未来的信息不可预测，因此价格变动是随机的，依靠看过去的信息来预测将来的价格变化从而赚取超额收益是不可能的。在金融学家看来，对冲基金的成功靠的只是运气而已。

但在相当长的时间里，对冲基金的投资回报都要高于同期的市场平均回报。表1.1给出了1994～2005年间HFRI加权综合指数与股票和债券的业绩比较。从表中数据可以看出，对冲基金的收益都要优于同期的股票和债券收益。对冲基金加权指数的年回报率为11.56%，而标普500指数、MSCI全球指数和雷曼政府/高信用债券指数的年回报分别为8.55%、7.95%和6.35%。而同时，基金加权指数收益的标准差却远低于标普500指数和MSCI全球指数的标准差。对冲基金在享受高收益的同时却承担了较低的风险。这显然与有效市场假说不相符。

表 1.1　对冲基金与传统金融资产业绩对比（1994.1.1~2005.12.31）

	年收益率（%）	标准差（%）	夏普比率	与标普 500 指数的相关系数	与雷曼政府/高信用债券指数的相关系数
HFRI 可转换套利指数	9.07	3.70	1.39	0.28	0.16
HFRI 濒危证券指数	12.17	5.40	1.53	0.47	0.01
HFRI 股票对冲指数	14.48	4.97	1.18	0.69	-0.01
HFRI 股市中性指数	7.99	3.10	1.31	0.15	0.19
HFRI 事件驱动指数	13.55	6.42	1.47	0.67	0.01
HFRI 固定收益套利指数	5.96	3.86	0.53	-0.12	-0.08
HFRI 基金加权指数	11.56	7.05	1.08	0.72	0
HFRI FOFs 综合指数	7.46	5.82	0.61	0.53	0.06
HFRI 宏观指数	10.14	7.24	0.86	0.39	0.32
HFRI 沽空指数	0.99	21.42	-0.14	-0.69	0.05
国际证券和衍生品市场中心商品交易顾问资产加权指数	8.01	8.54	0.48	-0.08	0.34
雷曼政府/高信用债券指数	6.35	4.50	0.54	0.01	1
MSCI 全球指数	7.59	13.83	0.29	0.94	-0.05
标准普尔 500 指数	8.55	14.73	0.31	1	0.01

资料来源：Mayer & Hoffman, HFRI, CISDM, PerTrac。

那么，对冲基金取得如此成功的投资业绩的秘诀是什么？有些学者认为，对冲基金的成功源于基金经理选择了好的股票，艾尔弗雷德·温斯洛·琼斯、朱利安·罗伯逊及其追随者们确实通过这种方式取得了辉煌的投资业绩。但更为根本的是，对冲基金利用了有效市场理论拥护者虽然强调却从一开始就未承认的理论缺陷。例如，有效市场理论只有在资产完全流动时价格才是有效的；也就是说，开出有效价格卖出股票的卖家总是可以找到买家。否则，卖家就被迫要折价卖出，从而使得价格低于有效价格水平。但是，在 20 世纪七八十年代，在美国要想卖出大量股票的大型退休基金如果没有折扣就找不到买家。迈克尔·斯坦哈特正是靠有效地利用这种折扣赚取了巨额财富。

从 20 世纪 80 年代开始，学术界开始反思有效市场假说，特别是 1987

年美国股市的崩盘让经济学家们认识到市场并非有效的。如果市场真的是非有效的，那么对冲基金通过做多低估的价值型股票和做空高估的成长型股票赚取超额利润是可能的。这样，对冲基金在赚取巨额利润的同时，也使得股票的价格回归到合理的范围内，从而矫正了市场的无效性。通过全力消除市场的行为缺陷，对冲基金对于促进金融市场的稳定起到了积极的作用。

但是，与此同时，对冲基金也带来了一个让人百思不得其解的问题。如果市场泡沫不断扩大以至于破裂，对冲基金的运作方式是不是会使得市场更加陷入混乱？1994年，美联储只不过宣布将短期利率提高0.25%，债券市场就陷入了混乱状态，有高比例债务的对冲基金开始猛烈抛售。这场经济恐慌从美国波及日本、欧洲和一些发展中国家。4年后，长期资本管理公司的破产再次冲击资本市场，导致新一轮的对冲基金倒闭浪潮。最后，由于担心长期资本管理公司会颠覆雷曼兄弟并产生连锁反应，监管部门接管了该公司，这次危机才得以结束。但它产生的影响远非如此，此后，学界关于对冲基金这两种观点的争论更加激烈。对冲基金时而被当做市场的稳定器而加以赞扬，时而又因其自身的不稳定性而被视为对全球金融稳定的威胁而加以批判。另外，对冲基金利用杠杆效应使得大额交易成为可能，从而使得价格更有效，但是杠杆效应也使得对冲基金在面对冲击时更加脆弱。

随后便是由2007年美国次贷危机引发的全球金融危机。舆论再次将矛头直指对冲基金，认为它们过分使用杠杆放大了这次金融危机。这种论断有一定的道理，却有失公正。这次金融危机表明对冲基金是问题之一，但并不是核心问题。如果监管当局在2005年以前就对杠杆效应加以限制，并提高利率，后来的局面就不至于如此不能控制。这次金融危机最大的问题是"大而不倒"。那些规模大的金融机构有着强烈的冒险投资的激励，因为只要出了问题政府会由于这些机构的系统重要性而出手救助。在这次危机中，商业银行中的花旗，投资银行中高盛和摩根士丹利，保险公司中的美国国际集团都得到了美国政府的救助。而没有一家对冲基金在危机中得到任何一个国家的政府救助。即使是1998年美国长期资本管理公司濒临破产，美国政府接管了该公司，也没有提供任何资金弥补公司的损失。同时，大部分对冲基金的规模都相对较小，它们的倒闭并不会威胁整个金融体系。

金融机构的冒险动机还源自于机构交易员的薪酬制度。交易员冒着巨大风险，如果赌对了，他能拿到巨额奖金，而如果赌输了，他却无需承担所有损失。这种"赢了我赚，输了你赔"的问题在大型金融机构中尤为突出。相比之下，对冲基金更倾向于使用高水位线条款：如果交易员在某年有亏损，那么他们在弥补损失前会减少甚至拿不到绩效奖金。绝大多数对冲基金经理都会把自己的钱放到基金中——这是避免过度冒险的强大动机。因此，相比其他金融机构，对冲基金在使用杠杆时更谨慎。平均来说，对冲基金只使用1~2倍的杠杆，即使是高负债的对冲基金也不过使用10倍的杠杆。而像高盛和雷曼兄弟之类的经纪商在危机前的负债率高达31倍，花旗之类的银行更是高达56倍。因此，这次金融危机爆发的根源是大型金融机构激励机制的扭曲，这些机构不用为它们的冒险行为埋单诱发了金融行业的核心问题——道德风险。那些得到政府救助的大银行在下次濒临破产时会期望政府再次伸出援手。基于这种预期，这些机构并没有太强烈的动机去避免过度冒险。资本市场只有当所有金融机构都必须为它们的冒险行为埋单的时候才会有效。当银行将成功时的收益归为己有，而将失败的损失转嫁给别人时，失败就几乎成为必然的事情。

从这次金融危机中，我们应吸取足够教训，监管当局在未来应对大型金融机构加以更为严格的限制，而鼓励小型金融机构的发展。基于以上原因，以小规模为主的对冲基金行业将是未来金融业的发展方向。

第二节　对冲基金发展历史与现状

1. 1949年以前的对冲基金

虽然对冲基金成为一种主流的投资方式并为大众所关注还只是近些年的事情，但一些优秀的投资管理人在上世纪20年代就已经采用了对冲基金的管理模式。著名经济学家凯恩斯就于1919年创办了一家实质上相当于对冲基金的公司。

1915年前后，凯恩斯开始投机股票和外汇。在一战后的投机大潮中，凯恩斯通过对美元做空英镑和对马克、法郎、里拉做多英镑积累了巨额财富。在这些辉煌战果的鼓励下，他于1919年创办了一家公司，实质上相当于一家对冲基金，他的朋友福克西·法克担任经纪人。该公司的投资人包括凯恩斯的父亲、姐夫和信使会以及布鲁斯贝利俱乐部的成员。基金于1920年1月1日开始运营，到2月底就增值了近20%。3月和4月，英格兰银行意外提高利率，使得对美元做空英镑的凯恩斯受到了不小的损失。虽然在其他投机上有所斩获，但盈亏抵消后业绩平平。在接下来的6个月，英国的失业率从4.5%攀升到20%多，商品批发价格下滑了45%，工资水平和零售价格的下降紧随其后，使得凯恩斯的基金陷入了严重的危机。随后欧洲货币兑英镑的汇率莫名其妙地反弹，重创以大量使用杠杆的基金。第二年，凯恩斯成立了一只新的基金，替投资人挽回了损失，也重建了他自己的财富。凯恩斯管理的基金在1929年美国股市崩溃期间再一次损失惨重。这次挫折使得凯恩斯改变了个人的投资方式，他开始远离投机，称它们是"费力不讨好的游戏"，转而关注股票的价值，做法更像一个长期价值投资者。不过，他也一直使用杠杆，以放大投资的收益。

另外，一本出版于1931年的名为《科学预测》的书被认为是最早介绍对冲基金思想的书，作者卡尔·卡斯滕在书中归纳了对冲基金运行的大部分原理。在1930年以前，卡尔·卡斯滕主要从事统计学研究，并建立了卡斯滕统计实验室。该实验室主要工作是构建能够预测未来经济形势的统计指标。此后，卡斯滕将股票市场作为检验自己统计理论的主要试验场。1930年12月，卡斯滕和他的同事们建立了一个小型基金以进一步检验他们开发的统计指标的预测功能，效果出人意料的好，到1931年6月，该基金就上涨了78%。另外，该基金已经表现出了对冲基金的一些特征，如该基金收益的波动几乎与大盘无关。

在《科学预测》中，卡斯滕探讨了该基金的运行原理，他称之为"对冲原理"。他写到："考虑整个汽车股，如果整个汽车股的走势要强于大盘……从理论上我们应卖空相同价值的大盘股。"同时，卡斯滕还给出了创立统计套利基金的核心原则：购买预测将要上涨最快的一批股票，同时卖空将要下跌最快的一批股票。这或许可以被称为"单套利"系统，这些原则直到今天仍然被许多基金所运用。

但是，就像以上提到的，卡斯滕只是利用该基金用于检验他的统计理论。至于该基金存活了多长时间，之后又有谁效仿了他的投资策略，我们不得而知。

2. 萌芽时期：1949~1968年

世界上第一个对冲基金是由艾尔弗雷德·温斯洛·琼斯于1949年创办的。琼斯于1900年9月9日出生于澳大利亚，他父亲是通用电气在澳大利亚的业务主管。几年后，他们全家回到纽约的通用总部，琼斯就在当地上学，并最终进入哈佛大学学习。1923年从哈佛毕业后，琼斯做过多个职业，做过一个投资咨询公司的统计分析师，做过外交员，为美国情报局工作过。1941年，琼斯回到美国，并进入哥伦比亚大学社会学专业学习，他的博士论文题目为《生命、自由和财产》。《财富》杂志发表了这篇论文的浓缩版，并给琼斯提供了一份记者的工作。1948年，一个《财富》杂志的关于资产管理行业的约稿给琼斯提供了转向金融行业的契机。琼斯花费了大量时间与华尔街的交易商和经纪商进行交流，广泛学习他们的方法，以此形成的文章于1949年3月以《预测的最新潮流》为题发表在《财富》杂志上。

文章评论了当时美国资产管理行业的投资方式。琼斯首先评论了"传统的老套的预测股票市场走势的方法"，也就是根据货运汽车装载、商品价格以及其他经济数据来确定股票价格的方法。琼斯认为，这种估计方法未能抓住当前状况。为此，琼斯引用了一些股票价格已经变化而经济数据却未改变的例子。在此基础上，琼斯给出了他的观点，他认为价格的变动主要是由投资者可预期的心理模式造成的，股票价格是大众心理变化的反应。琼斯相信是投资者的心理造成了股票价格的趋势性。股票价格的上涨使得投资者变得乐观，进而使得股价进一步上涨，然后投资者更加乐观，如此循环往复，从而形成一个可以据此获利的趋势。而当这种循环将价格推到一个不可支撑的水平，投资者心理逆转的时候，这种趋势就会随之逆转。琼斯在《财富》杂志中描绘的"图表专家们"为找到这个临界点提供了全新的方法。

确信他能推出一种更好的资产管理模型，琼斯筹集10万美元推出了世界上第一只对冲基金——阿尔弗雷德·温斯洛·琼斯公司，着手于将图表专家的投资建议转化为收益。为了避开监管当局的严格监管，琼斯的基金最初采用的是普通合伙制。

琼斯认为自己擅长选择优秀的股票，却不擅长选择市场时机，因此他采用了等量拥有空头和多头的市场中性策略。即使图表没有显示市场即将下跌，琼斯也惯常性地通过做空一部分股票作为控制投资组合风险的手段。即：一方面采取普通地做长线的方式，低价买入几种有投资价值的潜力股票，同时他又借入能够反映市场平均指数的股票，在市场上卖出。这样，只要买入的长线股票涨幅高于卖空的平均指数股票，就会赚钱；相反，如果股市下跌，只要买入的长线股票的跌幅小于指数的跌幅，也会盈利。琼斯创造的这种投资策略就是日后对冲基金最广泛使用的"多/空"策略。

为了扩大投资回报，琼斯又采用资金杠杆追加投资。虽然在1929年美国股市崩盘之前，纽约也有不少使用杠杆的多头基金，但没有任何一家通过空头对冲来系统性地控制风险。琼斯的创新之处就在于他将杠杆效应和买空策略结合起来使用，通过"投机的手段达到保守的目的"。为了吸引投资者，他决定收取利润的20%作为绩效费，但不收取基于资产的管理费。基金开支的20%由一般合伙人支付，80%由有限合伙人支付，但职员的薪水全部由一般合伙人支付。

琼斯的基金按照这样的投资策略和组织结构进行投资管理，并取得了非常不错的业绩，在1955年到1964年的十年间，每年带给投资人的综合回报高达28%。到1968年，他的累积回报率几乎高达5000%。

由于不同股票的价格波动幅度不同，因此买入一定价值的波幅小的股票并卖空等量价值但波幅更大的股票并不是真正的套期保值：如果市场平均上涨了20%，波幅小的股票可能只上涨了10%，而波幅较大的股票可能上涨了30%，这样的投资组合还是亏损的。为此，琼斯发明一种他称为"速率"（velocity）的指标，用于衡量所有股票的波动幅度。如果一个股票的波动幅度相当于标准普尔500指数波动幅度的80%，那么这个股票的速率定为80。在给投资者出具的报告中，琼斯这样解释这个问题。

套期保值示例：

买入	卖空
245股西尔斯·罗巴克股票，每股50美元，245×50＝12250美元	100股通用动力公司的股票，每股50美元，100×50＝5000美元
12250美元×西尔斯·罗巴克的速率0.8＝9800美元	5000美元×通用电力的速率1.96＝9800美元

1952年，在琼斯创立他的对冲基金3年后，哈里·马克维茨发表了《投资组合选择》。他的主要观点是投资的艺术不仅仅是将投资收益最大化，而是将风险调整收益最大化；投资者所承担的风险大小不仅取决于他拥有的股票，还取决于股票之间的相关性。琼斯的投资方法与这两点不谋而合。1963年，威廉·夏普改进了马克维茨的计算所有股票之间相关性的方法。在《投资分析的简化模型》中，夏普提出计算每只股票和大盘指数之间相关性的替代方法。而这又再一次和琼斯计算速率的方法不谋而合。当夏普发表这篇论文时，琼斯已经使用这个方法十几年了。

1952年，琼斯将他的投资平台进行结构调整，从普通合伙制变成有限合伙制，以避开1933年的《证券法》、1940年的《投资公司法》和《投资咨询法》有关杠杆效应和买空策略的限制和信息披露的规定①。同时聘请了其他资产管理经理为他管理基金，并给他们足够的投资自主权。从某种意义上来说，琼斯创造了第一个分散化多经理基金（well-diversified multi-manager fund）。

尽管到了20世纪60年代，琼斯已然成为家财万贯的人物，但直到1964年，A. W. 琼斯公司还是美国唯一一家对冲基金公司。部分原因是琼斯对他的投资方法一直采取保密的态度。到了1966年，一篇新闻报道让琼斯成为媒体的焦点。卡罗·J. 卢米斯（Carol J. Loomis）首次对琼斯基金的组织结构和投资策略进行了报道。在报道中，她指出，琼斯的基金比大部分共同基金的业绩都要好。比如，从1960年到1965年，琼斯的合伙人获得的回报为325%，而富达基金则为225%。在随后的几年，琼斯的基金辉煌的业绩激发了一些投资管理人的竞相效仿。他公司的内部资金经理人纷纷离开公司创立资金的对冲基金。到1968年，美国证券交易委员会记录在案的对冲基金达到140家，而全世界大约有200只对冲基金。许多未来对冲基金行业的龙头基金也是在这个时期建立的，如索罗斯的量子基金，沃伦·巴菲特的Omaha-based Buffett Partnership，杠杆资本控股——世界上第一只对冲基金的基金（Fund of hedge funds，简称FOFs）②。

在50和60年代的美国股市大牛市中（如图1.1），被称为"漂亮50"

---

① 美国1940年《投资公司法》规定：少于100人入股、不公开对外发行证券的投资基金，可免于登记注册。对冲基金就属于这类投资基金，从而避开了接受监管及定期报告和披露经营信息的义务。

② 1971年，理查德·埃尔顿（Richard Elden）和他在芝加哥的Grosvenor资产管理公司的团队首次将FOFs引入美国。

(Nifty Fifty) 的 50 家增长型大公司的股票受到美国证券市场机构投资者的追捧。而依照琼斯多/空策略进行投资的对冲基金似乎难以跑赢大盘。为了抓住牛市的机会，对冲基金经理们开始改变投资策略，他们的基金更加具有方向性，放弃了通过采用多/空策略来降低风险的方法，而选择有利于杠杆净多敞口（leveraged long – bias exposure）的资产组合。

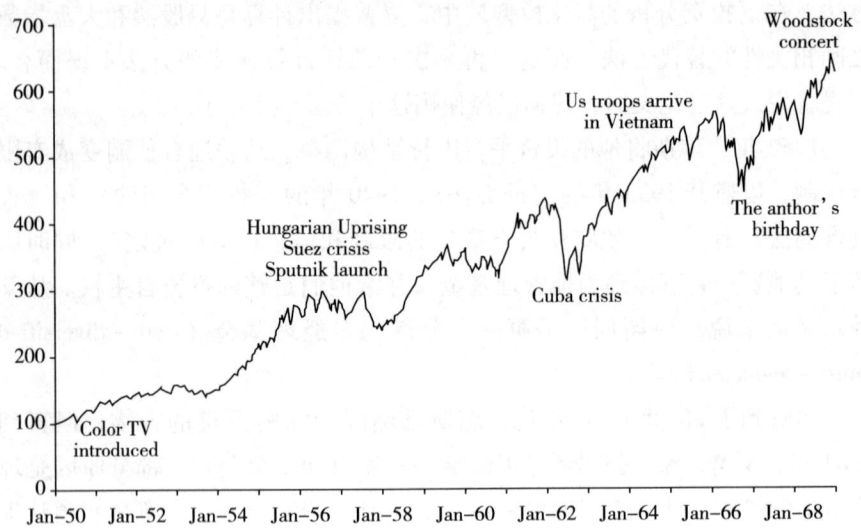

图 1.1　1950 ~ 1968 年标准普尔指数（以 1950 年 1 月 1 日为基期）

3. 低谷时期：1969 ~ 1982 年

　　20 世纪 50 年代至 60 年代末，是美国经济空前繁荣的时期。工业生产年平均增长率 50 年代为 4.0%，60 年代为 5.0%。1970 年与 1950 年相比，美国工业生产增加了 1.24 倍。由于与黄金挂钩，美元币值稳定，利率也在较小的范围内波动。然而，从 60 年代末开始，随着通货膨胀的加剧，美国经济形势开始恶化。在 20 世纪 60 年代初期的时候，美国通货膨胀率低于 2%，到 1969 年春的时候却高达 5.5%，这迫使美联储大力调控货币，从而直接打击了股市。1969 年 5 月，美国股市开始暴跌，在接下来的一年市值蒸发了 1/3（如图 1.2）。由于采用杠杆净多策略未能有效对冲风险，这类对冲基金损失惨重。从1968年底至1970年10月，28只最大的对冲基金的市值蒸发了2/3。大部分人认为，对冲基金所宣称的套期保值只是一个幌子，之前辉煌的业绩表现只不过是牛市加上杠杆效应的结果。到1970年1月，对冲基金的数目从200～500只，减少到大约150只。这剩下的150只中的大部分也在随后的1973～1974年的经济危机中破产倒闭。琼斯旗下的基金管理的资产从20世纪60年代的1亿多美元减少到1973年的3500万美元。对冲基金成为金融行业中的一个无足轻重的行业，以至于美国证券交易委员会已经难以顾及而放弃了对它的监管，对冲基金陷入了它自创立以来的第一个低谷。

图1.2　1969～1974年标准普尔指数（以1969年1月1日为基期）

在整个对冲基金行业陷入的低谷的日子里，却有一只基金异军突起——斯坦哈特-范恩-波考维奇公司。该公司的主要创始人迈克尔·斯坦哈特因为其短线投资的成就而成为对冲基金历史上的传奇人物。迈克尔·斯坦哈特出生于一个珠宝商家庭。一岁时，父母离异。作为补偿，他的父亲没有给他现金，而给了他100股费城迪克西水泥公司的股票及100股哥伦比亚天然气股票。斯坦哈特13岁时，在布鲁克林着手研究交易报道及跟踪"世界电讯"上所载的那些股票价格。16岁那年，他凭借出众的智商考入了宾西法尼亚大学沃顿金融学院，19岁便提前毕业。1960年，他在卡尔文·巴洛克互助基金里找到了一份证券研究的工作，从而开始了他在华尔街传奇的投资生涯。

1967年,他在利布·罗兹证券公司做首席分析员时,认识了范恩和波考维奇,三人一拍即合,共同筹资770万成立名为"斯坦哈特-范恩-波考维奇公司"的对冲基金,首年获利30%,次年获利84%,而同期的标准普尔指数仅仅上升6.5%和9.3%。在众多的竞争者中,斯坦哈特、范恩和波考维奇是少数意识到长期的战后繁荣已经结束、充满变数的时代已经来临的人。1969年初牛市结束的时候,斯坦哈特的公司已经持有与多头相当的空头头寸了。该年标准普尔500指数下降了9%,而他们公司基本保存了本金。1970年标准普尔500指数又下跌了9%,他们公司略有收益。出于对经济形势的悲观看法,他们在1972年再次增加空头头寸。虽然市场平稳度过了1972年和1973年上半年。当从1973年9月开始,标准普尔500指数开始下挫,并在1974年下跌了41%。斯坦哈特的基金的净收益率达到了12%和28%。到1978年秋天,斯坦哈特离开华尔街休假一年,他的基金在11年的投资岁月里创造了年均24.3%的净收益率,这意味着在1967年投入1美元到他的基金到1978年能获得12美元的回报。

对于斯坦哈特基金的成功,他自己的解释是从小开始的投资生涯让他产生了投资的"第六感"以及强烈的赚钱欲望,而范恩和波考维奇的解释是他们的选股能力比其他基金要强。这个解释显然并不十分令人信服。客观地讲,除去斯坦哈特本身的投资天分等"内在因素",外部因素也起着重要的作用,甚至是决定性的作用。

斯坦哈特基金成功的第一个外部因素是该公司于70年代引入的货币模型。该模型由1970年加入该公司的托尼·西鲁夫设计的,主要用于预测股市变化。虽然在上世纪60年代,稳定的金融环境使得美联储对于对冲基金来说不那么重要,但那个时候开始,西鲁夫就已经开始跟踪货币数据,并设计了一个粗略的货币模型。这个货币模型后来西鲁夫加入斯坦哈特基金后得到修改和完善,并发挥了重要作用。例如,该货币模型就准确预测了1973~1974年美国股市的暴跌和1975年的反转。

斯坦哈特基金成功的最重要因素是斯坦哈特成功的抓住了当时的金融环境变化所带来的机遇。20世纪60年代以前,美国股市主要以散户为主。养老基金、保险基金和共同基金之类的机构投资者还不多。例如,1950年,整个美国养老基金的资产只有20亿美元,到了1970年,养老基金的资产就已达到了1300亿美元,而且每年还以140亿美元的速度增长。资产规模的不断扩大,客观上要求这类机构的资产管理更为专业化。这类机构投资者加入到股市,使得像琼斯那样通过了解股票来取得超额利润变的相当困难。但是，这类机构投资者的加入在消除旧机会的同时也创造了新的获利机会——场外大额交易市场。

在大机构出现以前，股票交易主要在证券交易所进行，由交易员完成。随着大机构的出现，大额交易的需求日益增加，这个时候，场内交易系统就难以完成这个任务了，因为做市商可能没有这么多资金。在场外开辟大额交易市场就成为应时只需。在大额交易系统建立的初期，持有大量股票的养老基金等大型机构可以选择的余地非常小，在需要大量出售股票时被迫给买方提供折扣。而从大额交易市场的经纪商来说，如果他们能找到买家促成这笔交易，那他们也能获得不菲的佣金。但前提是，这个买家需要有足够的胆量和资金。而天性爱好冒险而且资金雄厚的斯坦哈特正是他们的合适买家人选。稍后，斯坦哈特又通过他建立的经纪人关系网以稍高的价格将股票转手卖出获取高额利润。而这种关系网又由于这样的大额交易而得到进一步扩充和巩固。

与斯坦哈特的基金一样，另一家20世纪70年代的对冲基金——商品公司也很好地利用了当时金融环境的变化所产生的机遇。20世纪70年代通货膨胀的加剧和布雷顿森林体系的崩溃使得通货膨胀风险和汇率风险剧增，从而带动了企业通过寻求保险以抵御价格波动风险的需求。保险需求的大量涌现极大地促进了期货和远期市场的活跃，也为投机者提供了一个广阔的套利空间。

由海默·魏玛、弗兰克·万纳森和迈克尔·马库斯创立的商品公司刚成立时主要做玉米、棉花等商品市场的投机。但刚成立不久，公司便在玉米市场上惨败，亏掉了公司启动资金的2/3。总结失败的原因，魏玛认识到过分依赖经济计量模型和缺少一个有效的风险控制系统是导致这次惨败的主要原因。为此，魏玛和他的团队开始关于市场理论的再思考。在这个过程中，万纳森通过研究从唐·哈哥特公司获得的商品价格历史数据发现，不少商品价格存在趋势而非随机行走的。他根据自己的研究发现，开发了一个能够识别价格趋势的名叫"专业计算机系统（TCS）"的自动化交易系统。这是对冲基金行业里的第一个自动化交易系统，而这也吸引了著名经济学家保罗·萨缪尔森的投资。

1974年，迈克尔·马库斯加入商品公司。为了与商品公司初建时的理念一致，他研究了可能导致市场变化的基本面。但为了与多纳森的趋势分析保持一致，马库斯没有局限于经济基本面的分析。他潜心学习价格图表，尤其关注图表和基本面之间的相互作用。很快，马库斯在趋势分析技术上的造诣使他获得了极大的成功。随后，他又将趋势分析技术运用到货币市场上。他发现，投资者心理可以在货币市场上创造如商品市场上一样的趋势。在商品公司的 10 年里，马库斯的资本翻了 25 倍，有些年份创造的利润甚至比公司其他交易员创造的总和还多。

  1977 年，布鲁斯·科夫勒加入商品公司。这位从哈佛大学博士辍学却知识面极广的交易天才与马库斯和魏玛的合作造就了对冲基金历史上最辉煌的职业生涯。在接下来的 10 年里，科夫勒的年均收益率达到 80%。1981 年，科夫勒和他的助理罗伊·伦诺克斯意外地发现了日后成为一种对冲基金潮流的投资策略——货币套利交易。他们寻找那些将来成本远低于现在成本的货币，以很划算的远期汇率买入，然后卖出折扣较小的货币远期。这种套利交易方式给他们带来的相当可观的利润。科夫勒的成功正处于商品公司全盛时期的尾声。1983 年，科夫勒脱离公司创办了卡克斯顿对冲基金。与此同时，两位年轻的期货交易者也在崛起——保罗·都铎·琼斯和路易斯·培根都从商品公司获得创业资本。他们三位都继承了商品公司推行的交易方式在商品市场上进行宏观投资。

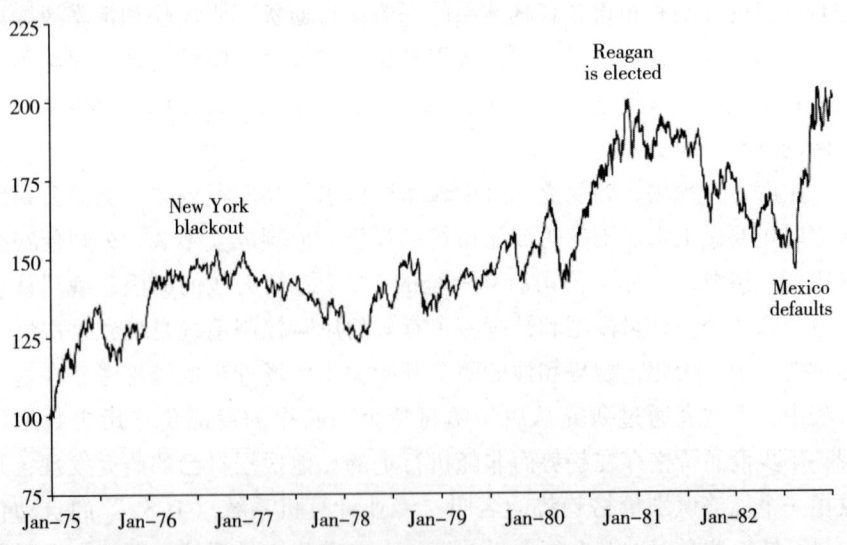

图 1.3　1975～1982 年的标准普尔指数（以 1975 年 1 月 1 日为基期）

  从 1975 年开始，美国股市开始反转，在 1976 年和 1981 年处于高点，在 1978 年和 1982 年处于低谷（如图 1.3）。这个时期美国股市最大的特点就是道·琼斯工业指数很难超过 1000 点。由于缺少注册信息，这个时期到底有多少只对冲基金已难以估计。直到 1984 年，Sandra Manske 创立了专门跟踪对冲基金业绩的 Tremont Partners。她确认的对冲基金有 68 只，还不到 1968 年数量的一半，它们中的大部分都是有着很高最低投资额的有限合伙制公司。它们的投资活动都对外保密，不向有限合伙人之外的任何机构和个人报告。它们中的杰出基金的年复合回报超过 30%，而不管大盘是在下跌还是上涨。

4. 复兴时期：1980~1990 年代

80 年代对冲基金的复兴在很大程度上要归功于乔治·索罗斯的量子基金和朱利安·罗伯逊的老虎基金的优异表现。两个基金辉煌的业绩带动了对冲基金发展的第二轮高潮。据英国《经济学人》的统计，从 1990 年到 2000 年，在美国和英国就有 3000 多个新的对冲基金建立。

20 世纪 80 年代，大部分经济学家都认为货币市场和资本市场都一样，会趋于有效的均衡。如果货币被高估，该国的出口将受到影响，进口将会增加，由此产生的贸易赤字将意味着外国人需要用来购买该国产品所需的货币少于该国居民用来购买外国产品所需的其他货币，对该国货币需求的减少会降低该国货币的价值，从而减少贸易赤字，直到系统达到平衡。

然而，索罗斯认识到均衡理论无法解释实际中的货币变动。比如，在 1982 至 1985 年，美国贸易赤字持续增长，这意味着对美元的需求疲软。但此时美元却在升值，其原因是投机性资本流入推动了美元上升，而这些投机性资本的流入往往是自我强化的：当热钱流入美国，美元升值，而美元的升值又吸引了更多的投机者，使得汇率更加远离均衡点——这就是索罗斯的"反馈"理论。如果投机者是决定汇率的主要力量，那么美元会表现出先升值后贬值的路径。在第一阶段，投机者会形成一种普遍的偏见并自我强化，将美元汇率一步步推高。最终，巨大的贸易赤字压力将压倒投机者的偏见，这时，形势将逆转。经过这番考虑以后，索罗斯决定做空美元。1985 年 9 月 22 日，美国财政部长詹姆斯·贝克和法国、德国、日本以及英国的财政部长齐聚纽约广场饭店。五国共同承诺协调干预货币市场，促使美元下跌。第二天，日元对美元上涨超过 7%，索罗斯在一天之内获利 3000 万美元。索罗斯并没有就此罢休，而是继续买进日元和德国马克，同时做空美元。到同年12月的时候，索罗斯的基金增长35%，产生了3.2亿美元的利润。1987年5月根据他自己的投资日记写成的《金融炼金术》出版，这进一步确立了索罗斯的明星地位。

如果说索罗斯的成功是由于他独特的金融思维的话，那么朱利安·罗伯逊成功的最大优势就是他超常的选股能力和巨大的人格魅力。和索罗斯和斯坦哈特一样，罗伯逊创立对冲基金也是受了琼斯的启发。他在上世纪70年代在基德·皮博迪公司工作时，结识了琼斯。1980年，罗伯逊创办老虎基金，时年48岁，已经不年轻了。老虎基金在创立初期基本沿用了琼斯的多空选股的投资方式。随着基金业绩的增长和规模的扩大，他才逐渐涉足商品、货币和债券市场，并将投资范围扩展到全球。

从1980年5月成立到1998年8月的鼎盛时期，老虎基金在扣除费用后平均每年获得31.7%的投资回报，大大高于同期标准普尔500指数12.7%的年回报率。罗伯逊通过选股获得成功的事实再一次挑战了有效市场假说：如果说斯坦哈特是因为与大额交易员有着密切关系、索罗斯是由于独特的金融思维而能够预测市场的事实是可以理解的，那么罗伯逊和他的团队通过分析公司、货币以及商品，然后对其前景下注获得成功就难以让人理解了，因为这正是有效市场理论的支持者认为不可能做到的事情。和琼斯的基金一样，老虎基金也是在一轮长期牛市中推出的。上世纪80年代的并购热潮一步步地将美国股市推向新的高点。罗伯逊很好地顺应了这股热潮，他通过买入价值被低估的公司股票再转手卖给收购人而赚取了丰厚的回报。为罗伯逊、索罗斯和斯坦哈特都工作过的著名卖空大师吉姆·查诺斯说："如果我不得不把自己的钱交给他们中的一个打理，我会给罗伯逊，我知道他比任何人都懂股票。"

罗伯逊成功的另一个重要原因是他巨大的人格魅力。和很多对冲基金经理一样，罗伯逊脾气暴躁，时常对雇员大吼大叫。但罗伯逊很公平，如果雇员的工作出色，他会极度地在公开场合表扬他；而如果雇员的工作有缺陷，罗伯逊也会把他骂得体无完肤。即使后来老虎基金的很多员工最后都离开了，创立了自己的对冲基金，他们都对罗伯逊怀着教父般的尊敬。从某种意义上说，罗伯逊深深地影响了下一代的对冲基金经理们和整个对冲基金行业。2008年的一项统计表明，36名老虎基金的前员工设立了基金，总共管理了1000亿美元的资金。罗伯逊的追随者们的业绩都非常不错，他们不仅战胜了市场，也强于其他对冲基金。

20世纪80年代末和90年代初，当索罗斯、罗伯逊和斯坦哈特对冲基金"三巨头"风头正旺的时候，新一代对冲基金的领军人物也逐渐成长起来。他们中的代表人物就是保罗·都铎·琼斯二世、布鲁斯·科夫勒、路易斯·培根。而他们崛起的标志便是发生于1987年10月22日的史称"黑色星期一"的美国股市大崩盘。

这次崩盘中，道琼斯指数下跌22.6%，标准普尔500指数下跌20.5%，其他国家的股市也因此受到重创（如图1.4）。在市场的抛售狂潮下，整个对冲基金也都受到了巨大打击。例如，量子基金在大约一个星期的时间内，从盈利60%变成亏损10%，损失了8.4亿美元；斯坦哈特后来回忆说："那个秋天我非常沮丧，完成丧失了斗志。"而琼斯、科夫勒和培根获利颇丰，其中以琼斯获利为最，给他那年带来了近200%的回报率。虽然"三巨头"也都预期到了市场的逆转，然而预期到灾难和在灾难中迅速做出反应是两码事，这就是三位新秀比"三巨头"灵活快速的地方，这种灵活快速是因为他们从商品公司继承而来的趋势投资方式。在股市大跌后，三位新秀又再一次抓住了获利的机会。他们意识到，美联储必定向银行注入资金以安抚市场情绪，利率将会下降，这样债券市场必然会上涨。因此，他们大举进军债券市场，琼斯更是买下了有史以来最大的债券头寸。

不过需要指出的是，1987年的股市崩盘造成的后果远没有1929年的严重，市场很快就得到恢复。到1987年底，标准普尔500指数上涨5.2%，成长型共同基金上涨1%，而整个对冲基金业上涨14.5%。

在接下来，三位新秀依然做得非常出色。1989和1990年，科夫勒用他之前建立的套利交易在货币市场和原油期货市场获利丰厚。培根于1989年离开雷曼兄弟公司，创立了摩尔资本管理公司，当年的收益率就达到了86%，在接下来的一年因为准确预测到伊拉克入侵科威特对股市和石油市场的影响而收益率达到29%。与此同时，琼斯在日本股市的表现也很突出。在20世纪80年代末，和华尔街许多行家一样，琼斯也看到日本股市的泡沫也正在形成。日本当局在广场协议以后大幅度降低利率，希望抵消日元走强对经济的影响。由此造成的廉价资本大幅度抬高日本资产的价格。例如，1987年，日本电报电话公司在东京股票交易市场上以高达250倍的市盈率发行。如同所有泡沫一样，对日本股市的挑战不是看到它会崩溃，而是预测崩溃的时刻。而琼斯不仅正确预测市场开始崩溃的时刻，更是准确预测了在崩溃过程中市场会如何波动。为此，琼斯的基金在1990年的回报率为83%。

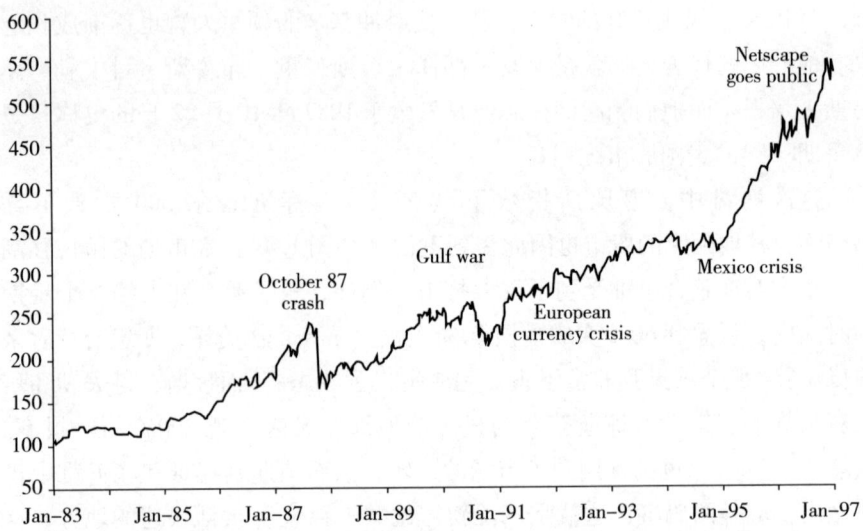

图1.4　1983～1997年的标准普尔指数（以1983年1月1日为基期）

在80年代末崛起的另外一名新秀是斯坦利·德鲁肯米勒。在1988年秋加入量子基金前，他就已经是华尔街小有名气的基金经理了，并且也在1987年的股市崩盘中获利不菲。德鲁肯米勒的第一份工作是在匹兹堡国家银行做权益类分析师，但很快就晋升到研究主任的位置。这段工作经历使得他能够熟练地进行技术分析，从而使他在1987年的股市崩盘中获利不菲。

1989年，柏林墙倒坍，德鲁肯米勒预计德国政府为统一而支付的经费将使政府预算出现大规模赤字，从而加剧通货膨胀。这将促使以稳定物价为唯一目标的德国中央银行提高利率，随后德国马克将会反弹。因此，德鲁肯米勒一头扎进了德国货币市场，在数天之内购买了20亿美元的头寸。在接下来的一年中，马克对美元上扬了1/4，量子基金获得了29.8%的回报。但这仅仅是预演，两年后，德鲁肯米勒上演了他职业生涯最大的胜利，他打破了欧洲货币秩序，一举奠定了对冲基金在全球金融市场中新兴市场力量的地位。

此外，德鲁肯米勒还预见到英格兰银行必然降低利率以刺激英国经济，于是购买了英国公司股票；而德国和法国的公司因缺乏低息环境表现会略差于英国对手，于是卖空德国、法国的股票，做多德国、法国的债券。几个月后，他如法炮制，通过做空瑞典克朗又赚取了10亿美元。

在投资者的追捧下，对冲基金数目快速增长，费用也在不断上涨。在对冲基金发展的初期，阿尔弗雷德·琼斯不收取管理费，只在投资利润中收取20%的提成。对冲基金的第二代，如迈克尔·斯坦哈特，收取1%的管理费和20%的利润提成。而到了上世纪90年代的蓬勃发展时期，热门的对冲基金要求2%的管理费和20%的利润份额。

5. 对冲基金与亚洲和俄罗斯金融危机：1997～1998年

20世纪90年代，是一个经济全球化全面推进的年代，封闭国家的大门逐渐向西方国家敞开。对冲基金抓住了这个机会，到20世纪90年代初对冲基金开始大量购买像秘鲁这些国家的债券，并取得了丰厚的利润。1992年，索罗斯和德鲁肯米勒推出了一只名为量子新兴增长的新基金，以专门投资新兴市场。1993年，路易斯·培根的摩尔资本也设立了专门投资新兴市场的投资工具。从发展中国家的角度来看，金融全球化有好的方面，如为发展中国家提供稀缺的资金，但同时也降低了这些国家政府对本国经济的控制力，增大了这些国家的发展风险，一旦发达国家金融机构的资金撤走，就会造成短时间内大量失血而带来灾难性的影响。1997年爆发的亚洲金融危机便是这一论断的最好证明。

1961年以前，农业占了泰国国民收入的80%左右，工业仅占5%。1961年，在美国的资助下泰国开始实施国家经济和社会发展五年计划。自1961年至1990年的30年间，泰国经济的年平均增长率为7.6%，农产品为主的出口也开始转向了制造业。实际上，1986年以后泰国经济突飞猛进。适逢日本、韩国、中国台湾等国家和地区积极拓展海外投资，以油价、利率、汇率三项"三低"而著称的泰国踊跃吸引外资，放宽了管制，并以逐步自由化的贸易政策进入了连续数年的高速增长时期，而追随美元汇率制度、促进外向出口经济仍然是其一贯的传统。1984年6月30日，泰国政府宣布实行所谓"一篮子货币"的汇率制度，美元的份额占了80%以上，日元11%～13%，其他货币不过10%。显然，泰铢对美元汇率基本固定，维持在1美元兑换25泰铢左右的水平。泰国的汇率制度就是盯住美元制度。1995年以前，美元持续贬值，泰铢的有效汇率大幅下降，泰国的出口竞争力快速增长，成为令世界瞩目的经济奇迹。

1995年，国际外汇市场形势逆转，美元的货币汇率由贬转升，大幅度升值，泰铢汇率也紧跟美元不断走强，出口竞争力随之削弱。再加上来自中国等东南亚国家低成本竞争对手的冲击，1996年，泰国出口增长从1995年的24%下降到3%。出口下降导致泰国逆差迅速扩大，越卖越赔。紧盯美元的固定汇率制度在低汇率时可以赢得出口顺差，而一旦出口情势逆转，巨额赤字的累聚不仅伤害出口竞争力，而且屏蔽了汇率风险，使货币投机轻而易举，几乎毫无风险。1995年，泰国的贸易赤字达到162亿美元，超过了其国民生产总值的8%；而紧紧盯住美元的汇率制度除了削弱了企业的出口竞争力，也将自己推到了汇率风险的风口浪尖之上。

日本是泰国第一大贸易伙伴。1996年，泰国的经常性出口因为日本经济衰退的拖累而使得逆差骤然扩大，入不敷出，贸易形势日益恶化。为了弥补大量的贸易赤字，满足国内过度投资的需求，外国短期资本大量流入了泰国的房地产、股票市场，房地产经济膨胀，银行呆账增加，泰国经济已显示出危机的征兆。

实际上，1993年泰国股市上的国外投资为30多亿美元，1995年已经上升到了60多亿美元，巨额的出口逆差已经使风吹草动的股市动荡不定，屡见下挫；1996年5月以后，泰国股指下跌幅度超过60%。与此同时，泰国商业银行的不良资产率已经达到了35.8%。1996年底，泰国商业银行和金融机构的房地产贷款分别为总贷款的8.8%和24.4%，其中有相当一部分资金来自海外。1996年，泰国的房地产泡沫迹象已经十分明显，造成商业银行和金融公司经营状况恶化，巨额不良资产使其金融市场更加动荡不安。经济状况的不断恶化和金融市场的剧烈波动，加剧了市场各方对泰铢贬值的预期。

1997年1月，量子基金合伙人、原巴西中央银行行长阿米尼奥·弗拉加连同量子基金的亚洲股市问题专家大卫·柯维茨以及在香港工作的经济学家罗德尼·琼斯一起，前往泰国进行考察。作为原中央银行行长，弗拉加提出了自己关于泰国所面临困境的一些想法：一方面，如果政府决心保护汇率，就必须维持高利率以吸引资金；另一方面，泰国的贸易赤字和银行危机，又必须使货币贬值和维持低利率。而一位泰国中央银行的官员却向他们透露，鉴于目前泰国的银行系统已经开始出现危机，中央银行降低利率以防止更多银行出现麻烦比保持固定汇率更为重要。这显然是承认泰国的固定汇率是不可持续的，做空泰铢是稳赚不赔的事情。

回到纽约,弗拉加把这一情况报告给了德鲁肯米勒,后者迅速批准了交易,在1月下旬的数天之内,量子基金卖空了价值20亿美元的泰铢。为了抵御来自量子基金的卖空压力,中央银行开始出售外汇储备以干预外汇市场,并将利率提高了3%。然而,此政策的出台使风雨飘摇的泰国经济雪上加霜,从某种意义上几乎可以说,正是高利率政策加速了泰国金融危机的到来。不仅抑制了投资和消费,加剧了经济衰退,造成了商业银行的巨额不良资产,而且也加大了企业的债务负担,迫使它们转向国际金融市场寻求低成本资金,再度扩大了对外负债规模。泰国国内企业和金融机构纷纷抛售泰铢购买美元,这迫使中央银行再一次进行货币干预。5月11日,泰国总理差瓦立·永猜裕发表电视讲话,声称要支持泰铢,却又说他不能承诺能做到这一点。这进一步加剧了这次危机。

3日后,量子基金将其在泰铢上的头寸增加到35亿美元。其他对冲基金随后跟上,罗伯逊的老虎基金的头寸最后达到了20亿美元。其他炒家如摩根大通、花旗、高盛等投资银行,此时已经进入了人们的视野,发起了"五月攻击"。就在同一天,泰国中央银行使用了至少60亿美元的外汇储备以维持泰铢的水平。然而,泰国中央银行区区300亿美元的外汇储备显的杯水车薪,在攻击最猛烈的5月,中央银行消耗了约210亿美元的储备,到6月底,300亿美元被消耗殆尽,中央银行完全失去了干预能力。

1997年7月2日凌晨,泰国政府被迫发表声明,放弃固定汇率制,宣称泰铢与美元脱钩;实行浮动汇率制,放任汇率自由浮动,抛弃此前十余年来紧盯美元的传统。泰铢随即一泻千里,当天的泰铢汇率最低曾达到1美元兑32.6铢,贬值幅度高达30%以上,到10月份时,泰铢对美元下降了32%。泰铢的贬值从此拉开了亚洲金融危机的序幕。量子基金在这次贬值中赚了大约7.5亿美元,而老虎基金赚取了约3亿美元。

菲律宾、印尼、马来西亚等周边国家的高度外向型经济结构与泰国几乎类似,泰铢的暴跌触动了东南亚各国的多米诺骨牌效应,金融风潮迅速推进到了整个东南亚市场。7月9日,马来西亚股市指数下跌至18个月来最低点;7月11日,菲律宾率先步泰国后尘,宣布货币汇率自由浮动。菲律宾比索当天贬值11.5%,利率一夜之间猛升到25%;印度尼西亚则宣布印尼盾汇率的波幅由8%扩大到12%;而一向稳健的新加坡元也于7月18日跌至30个月以来的最低点1.4683新元兑换1美元;8月14日,印尼也宣布其汇率自由浮动,当天印尼盾应声贬值了5%;8月16日,马来西亚林吉特暴跌了6%,跌至24年来的最低点。

然而，这个时候，量子基金对形势的判断却出现了重大错误。索罗斯认为，印尼让其货币在8月贬值了11%，到了反弹的时候了。于是，到9月的时候，量子基金购买了约3亿美元印尼盾。到10月份的时候，量子基金在印尼盾上的头寸达到了10亿美元。事情开始好像也如索罗斯预期的那样，11月2日，国际货币基金组织为印尼提供了330亿美元的信用额度。印尼盾随后强劲上涨，索罗斯的头寸略有盈利。

10月17日，项目盈余、外汇充足的台湾出其不意地放弃了对外汇市场的干预，主动贬值。当日，新台币兑美元的汇价即跌至29.5%，为10年来的最低水平。此举无疑使投资者的信心再次备受打击，而国际投机者随之将目光转向了香港。诸多的压力逼迫香港股市急剧暴跌，引发了全球股市大幅度的跳水。10月20日起，香港股市连续4个交易日大幅下滑，恒生指数前后共跌去3000点。10月23日，香港的同业隔夜拆借利率一度由7%上升至300%，港元兑美元汇价也一度飙升至联系汇率制实施14年来的最高水平。同日，港股曾两度跌破了1万点关口，恒生指数跌幅高达10.4%，亚太股市、欧美股市受港股的牵累也不同程度地走跌。10月27日，全球股市几乎同时呈现大幅下跌的景观。28日，香港恒生指数再次下探，突破1万点后继续跌至8775.88点，与8月份相比，港股跌幅几乎过半。对冲基金在对香港的第一轮攻击中大获全胜。

为了稳定港币，中国中央政府不惜一切代价：将那些尚未在内地上市、利润丰厚的大型垄断国企推荐到香港上市，以低廉的发行价销售，唯一的条件就是必须使用港币交易。这一举措吸引了欧美投资者踊跃将美元换成港币，诸如1.6港币一股的中石化股票就是明证。此时，价格的合理与否已经不甚重要；低价发行国企股票是否导致国有资产流失海外也无暇兼顾，目标就是力挺港币兑美元的稳定。这一策略使香港股市止跌回升，一度呈现出向好的迹象。可是，韩国金融危机的爆发却再度将东亚卷进了第三波金融漩涡之中。

1997年下半年开始，由于给泰国的贷款无法收回，韩国许多大财团先后陷入了破产倒闭的绝境，已经负增长的韩国经济跌到了多年来的最低点，股市持续低迷，韩元对美元汇率持续走低。11月中旬，罗德尼·琼斯访问韩国。他考察了一家当地银行，询问有多少泰国借款人已经无力还款了。他得到的回答是超过50个，但经过一番考察后，琼斯明白这只是冰山一角。另外，琼斯还发现，韩国中央银行急于通过自己的外汇储备调用美元给韩国财团来掩饰这种困境，这表明韩国的外汇储备远没有官方宣称的

570亿美元那么多。琼斯意识到，韩国已经处于崩溃的边缘。但这次，量子基金却出人意料地没有做空韩元。

11月17日，韩国政府的金融改革法案未获通过，韩元兑美元的比价突破1000∶1大关，股票综合指数跌到了500点以下。11月20日，韩国中央银行决定将韩元汇率浮动范围由2.25%扩大到10%，韩国政府此举成了亚洲金融风暴的热点。11月26日，国际货币基金组织的高级官员抵达韩国执行紧急任务，发现韩国的外汇储备已经下降到90亿美元。12月3日，国际货币基金组织宣布给韩国550亿美元贷款，这创下了该组织的援助资金纪录。12月11日，韩国14家商业银行和商人银行被政府宣布停业；15日，韩国政府宣布韩元汇率自由浮动；23日，韩国政府公布其外债1197亿美元的总额约有800亿美元为即将到期的短期贷款，外汇储备不足超出了预算，致使当天韩元汇率又暴跌16.4%，较之7月1日，韩元贬值了54.8%。韩元危机冲击了大量投资韩国的日本金融业，一批银行和证券公司相继破产，使日本国内的经济形势动荡起伏，坠入风雨飘摇之中。另一方面，由于在俄罗斯的金融市场上，韩资占有相当的比重，在本国发生金融危机后，韩资开始大量撤资以救济本国市场，导致其他国家的投资也纷纷跟进，结果，自1997年10月28日到11月10日间由于大量抛售股票，俄罗斯股市的股价平均下跌30%，股市殃及债市。俄罗斯央行出资35亿美元拯救债市，以维持国债的收益率吸住外资。虽然国债收益率上升至45%，但外资依然撤走了100亿美元。

1998年初，印度尼西亚金融危机死灰复燃，愈演愈烈。国际货币基金组织为印尼开出的药方未能奏效。2月11日，印尼政府宣布实行印尼盾与美元保持固定汇率的联系汇率制之后遭到欧美国家的一致反对，国际货币基金组织扬言将撤回援助。印尼顿时陷入了政治经济大危机。市场再次陷入恐慌，印尼盾直线下跌。到印尼盾跌到谷底的时候，握有大量多头头寸的量子基金大约亏损了8亿美元，从泰铢交易中获得的利润全部被消耗。

直到4月8日，印尼与国际货币基金组织达成妥协，东南亚汇市暂得平静。然而，此时与之贸易密切的日本经济在韩国与东南亚的双重夹击下已经陷入困境。日元汇率由1997年6月的115日元兑1美元跌至1998年4月的133日元兑1美元；5、6月间再度一路下跌，接近150日元兑1美元的关口。日元的大幅度贬值使亚洲金融危机病入膏肓。

而这个时候，俄罗斯严重的财政和债务危机开始显现出来。事实上，自1992年以来，俄罗斯政府一直存在财政赤字。为此，俄罗斯政府通过发行短期国债为债务融资。俄罗斯短期国债的特点是：①期限短，从45天到一年，因此周转非常快；②利率高，1994年年底的年利率为33%~35%，逐渐提高到1998年的60%、70%、80%、100%。正因为债券的收益率高，债市成了国内外投资者在金融风暴期间的避风港。短短的五年内，政府从市场总共获得的卢布约合186亿美元，但内债总额在危机爆发前已达到4400亿卢布，或719亿美元。到了1998年，大批债务到期需要偿还，短期国债市场告急。1998年的第一季度，联邦预算每月收入200亿卢布，而仅是短期国债的还本付息每月高达270亿卢布。财政部每周要发行几期国债券，所获资金还不足以偿还到期债券和支付利息。雪上加霜的是，受金融危机影响，俄罗斯的主要出口产品石油的价格不断下跌，政府的收入不断减少，债务却再急剧膨胀。面对这种严重的经济形势，国外投资者纷纷撤资，1998年的5月27日，当天俄罗斯股市价格猛跌10.5%，有些蓝筹股跌了13%~15%。

1998年8月初，日元汇率持续下跌之际，美国、香港股市依然动荡。以量子基金为首的对冲基金向香港发动第二轮攻击，三度冲击香港的联系汇率制。他们借人民币贬值的传闻动摇普通投资者对港元的信心，而在外汇市场又大肆抛售投机性的港元沽盘，同时向股市抛售股票压低恒生指数，在恒指期货市场累积大量淡仓，企图在汇市、股市、期市三个市场斩获其利。凌厉的攻势使恒生指数8月中旬一度跌至6600点，港元兑美元的汇率迅速下跌，各大银行门前出现了蜂拥挤兑的人群。

刚刚成立的特区政府和金融管理局动用了有限的外汇储备进入外汇市场予以干预，又提高了银行间市场的短期利率，将汇市稳定在7.75港元兑1美元的水平。8月24日，港府再次主动出击，动用50亿港元入市干预；8月27日，港府注入约200亿港元，使恒生指数稳步上升88点。1998年8月28日，是期货结算期限，对冲基金手中的大批期货卖单需要出手，若当天股市、汇市能稳定在高位或继续突破，投机者们将损失数亿甚至十多亿美元的老本，反之港府前些日子投入的数百亿港元就扔进大海。经过双方一天激战，香港股市当日成交790亿港元，创下了历史最高纪录，恒生指数报收7829点。对冲基金无功而返，香港政府在这场港币保卫战中取得了胜利。据测算，香港政府先后动用了近1000亿港币资金用以稳定市场。但香港也为此付出了惨痛的代价，高达2.2万亿港元的市值仍然凭空蒸发，负资产人数达到17万，平均每人损失267万港元。

在这场史无前例的金融危机中，大量新兴国家的货币、股市和其他资产的价格大幅缩水。对冲基金继1992年英镑危机后因它们一系列不利于市场稳定的行为而再次受到广泛谴责，特别是它们的卖空行为。据Eichengreen et al. (1998) 和 de Brouwer (2001) 估计，对冲基金大约卖空了价值70亿~150亿美元的泰铢头寸。在1998年夏天，对冲基金持有近50%的恒生指数空头头寸。但客观地讲，媒体对对冲基金的言论，多少带有一些诽谤的成分。

除了在香港市场上受到打击外，对冲基金在俄罗斯严重的债务危机中也受到沉痛打击。1998年的8月17日，当时的基里延科政府为稳定金融市场采取了一些断然措施。这些措施包括三个方面：第一，扩大卢布汇率的浮动幅度。第二，延期清偿内债。凡是1999年12月31日前到期的国家短期债券转换成新的国家有价证券，而偿还期限和收益率等条件另行公布。在转换手续完成前，国债市场停止交易。第三，冻结部分外债。凡是俄罗斯商业银行和公司从国外银行、投资公司等处借到的外汇贷款、用有价证券作担保的贷款的保险金，以及定期外汇契约，其支付期一律冻结90天。同时禁止国外投资者将资金转入偿还期在一年内的卢布资产。措施一出，股市、汇市立即大崩盘。蓝筹股下跌8%~10%，使股市综合指数跌到25.29%，比年初下跌了74.71%。卢布汇率以当时的6.3兑1美元为起点，一路下滑，到9月8日，卢布已跌到20至21兑1美元。在这次危机中，量子基金亏损了10至20亿美元，占到了其资本金的15%。每4只对冲基金就有3只因为这次危机而亏损。亏损最大的对冲基金是美国长期资本管理公司，高达25亿美元，这直接导致该公司破产倒闭。

长期资本管理公司（Long-Term Capital Management，简称LTCM）由有着华尔街"债券套利之父"之称的约翰·梅里韦瑟于1994年2月创办。加盟该公司的成员有：1997年诺贝尔经济学奖得主罗伯特·默顿和迈伦·斯科尔斯，他们因期权定价公式荣获桂冠；前财政部副部长及联储副主席莫里斯；哈佛商学院教授、前所罗门兄弟债券交易部主管埃里克·罗森菲尔德，他们被业界称为"梦幻组合"。但这个"梦幻组合"却在随后几年演绎了一段扣人心弦的悲剧性故事。

该公司以"不同市场证券间不合理价差生灭自然性"为基础，制定了"通过电脑精密计算，发现不正常市场价格差，资金杠杆放大，入市图利"的投资策略。具体而言，长期资本管理公司买入一只债券的同时，卖出一只类似的债券，因为认为，前一只债券更有前景，而两只债券的价格会随着时间的推移而收敛于同一价格水平。典型的长期资本管理公司的交易是这样的：它卖出新发行的国债，然后买入发行时间久一些的债券。这是因为，新发行的债券流动性强，市场愿意为此支付比发行时间稍久一点、流动性稍低一点的旧债券高的溢价。但是这两个债券在存续期内，这个溢价会逐渐消失——一个30年期的债券和一个29.5年期的债券在它们的到期日支付的数目会趋于一致。因此，典型的长期资本管理公司交易实质是购买一种缺乏流动性的工具，同时用一种流动性强些的工具进行套期保值。长期资本管理公司赌的是这两种债券的价格在长期会趋于一致——就像该公司的名字反映得那样。

但是，由于两个相似资产之间价格相差通常很小，这一方法带来的资产收益率是极低的——1995年，该公司的资产收益率仅为2.45%。为了提高收益率，必须采用极高的杠杆——这是长期资本管理公司交易的精髓所在。在极高的杠杆率下，收益率被极大的放大，扣除2%的管理费和25%的绩效费后，该公司在1994年的资本回报率为19.9%，在1995年为42.8%，在1996年为40.8%。但极具讽刺的是，高杠杆率最后也成为长期资本管理公司覆灭的根本原因之一。

到1997年上半年，由于大部分投资银行都建立了与之相竞争的固定收益套利部门，长期资本管理公司的利润开始降低，梅里韦瑟和他的团队开始冒险进入股市。赚钱的方式与债券市场相似：找两种几乎完全一样而价值却不同的证券交易。最简单的例子是找同一公司在不同市场交易的股票。公司下的赌注仍然是两个证券价值会趋同，而不考虑价值波动的方向。只要价值波动保持在惯常范围内，这个赌局就不会对他们不利。

最初，长期资本管理公司估计高质量债券和低质量债券的利差将会缩小。处于对他们模型的充分自信，公司开始大幅度提高杠杆率——将40亿美元的资本金变成了1200亿美元的资产。另一方面，长期资本管理公司也采取了积极的风险管理措施。该公司是最早对风险进行量化的对冲基金之一。率先在计算在险价值的基础上补充压力测试，同时关注流动性风险。从理论上讲，长期资本管理公司的多头和空头头寸是高度相关的，因此整个资产的净风险是比较低的，流动性也较强。但最后，长期资本管理公司还是失败了——不是该公司的风险计算方法太简单太落后，而是要想对风险进行精确的衡量几乎是不可能的。他们的在险价值计算显示，在100个交易日内的90天，公司的最大损失为1.16亿美元，在21个交易日内可能的最大损失为5.32亿美元，一个发生概率为$1/10^{24}$的事件才会让公司破产。但这个计算的致命之处在于：它是以历史数据为基础的，而历史不代表未来。

1998年5月，国际货币基金组织对印尼的救援动摇，苏哈托政权垮台，东亚的金融危机波及日本，俄罗斯将利率提高3倍以阻止资本外流。尽管俄罗斯的债券在国际金融市场中所占的比重相对较小，但在亚洲金融危机中吓破胆的投资者还是再一次陷入恐慌。世界各地的股市波幅剧增，投资者纷纷持有更安全的美国、德国等国的债券。而在这之前，长期资本管理公司已经卖空美国和德国国债，而买入了掉期，市场恐慌情绪将二者之间的利差不断拉大——而不是梅里韦瑟期望的收敛。与此同时，新兴国家债券与北美国家债券的利差从7月的6%攀升到9月的17%。这沉痛打击了长期资本管理公司，该基金在5月亏损了6%，在6月亏损了10%。

8月17日，由于俄罗斯的债务违约，市场陷入极端恐慌之中，引发了新一轮的资金涌向美国国债等更安全的投资工具。长期资本管理公司一直押注美国国债利率和互换利率将会趋同，但通常不到一个基点的波幅扩大到8个基点，在英国和德国等国家也发生了同样的情况。不到一个星期，长期资本管理公司就亏损了5.5亿美元，占到了资本的15%。公司向巴菲特求助，看他是否愿意出50亿美元购买它的投资组合。但巴菲特婉拒了，并要求伯克希尔·哈撒韦公司减少和对冲基金的业务。随后，所罗门兄弟公司的大宗经纪业务部门停止对几乎所有对冲基金的业务，同时关闭了其套利部门。所罗门兄弟的行动重创了其他套利机构，包括长期资本管理公司。这个时候，长期资本管理公司才恍然大悟，它所持有的资产也是其他套利机构也在持有。当市场恐慌来临的时候，其他套利部门都在抛售，长期资本管理公司的所有交易同时受到重创。回顾公司历史，埃里克·罗森菲尔德认为没有预期到这种交易驱动的相关性是该基金犯的最致命错误。到8月底，长期资本管理公司已经亏损资本的44%。

9月2日，梅里韦瑟在给投资者的信中公布了公司的损失。第二天，《华尔街日报》头版详细报道了该新闻。这个时候，华尔街的每个人都知道长期资本管理公司已经到了崩溃的边缘，并开始进行不利于它的交易。长期资本管理公司在飓风债券上有一个巨大的头寸，9月3日，飓风债券猛跌了20%，虽然飓风的可能性和成本都没有发生变化。英国的政府债券利率和市场利率的利差扩大了，而德国的则缩小了，没有别的原因，只因长期资本管理公司下的赌注刚好相反。长期资本管理公司从5月俄罗斯金融风暴到9月短短的150天内资产净值下降90%，出现43亿美元巨额亏损，仅余5亿美元，已经走到了崩溃的边缘。梅里韦瑟通知了美联储公司破产的可能性。

长期资本管理公司的投资组合的持有价值高达1200亿美元，而且有几个投资的风险非常集中。公司估计，如果基金及时清盘，17个最大的交易对手可能亏损30亿美元，但对类似投资组合的巨大冲击会导致整个金融市场的损失大得多。为了防止长期资产管理公司倒闭带来的连锁反应，9月23日，在美联储的牵头下，以高盛、美林和J.P.摩根为首的金融机构共出资36.25亿元，共同接管了该公司。

美联储干预对长期资本管理公司的救援在金融界产生了巨大的争论。支持的一方认为，美联储"只不过提供了一个会议室和咖啡机"，以很低的代价让整个金融市场免于一场灾难。更重要的是，整个救援与院外破产重组没有什么区别，重组中债权人接管了债务人的大部分资产。而反对的一方认为，长期资本管理公司只不过是一个私营企业，让它免于彻底失败，美联储失去了对贪婪的投资者上一堂沉重的教育课的机会，制造了道德风险，并为将来其他金融机构不计后果的投资行为埋下了隐患。

但在争论的背后，是长期资本管理公司失败的深刻教训：金融市场本身所蕴含的市场风险的危险性，要想对风险进行精确的测量几乎是不可能的。而最根本的教训还在于高杠杆率的极端危险性。为此，在描绘长期资本管理公司短暂生命的畅销书——《营救华尔街：一群投机天才的崛起与陨落》中，作者将该公司的陨落归结为对狂妄自大的惩罚。这在根本上说是正确的。然而，华尔街并没有从中得到应有的教训，并在随后几年变本加厉，重蹈覆辙。事实上，长期资本管理公司的覆灭包含所有导致今天信贷危机的元素：杠杆、抵押、与高利润相伴随的高风险、高深理论在复杂现实面前的脆弱表现，以及缺乏实际商品支持且头重脚轻的金融系统本身所蕴藏的极端危险性。

在长期资本管理公司倒闭的几天后，朱利安·罗伯逊发表了他对此事件的看法。在给投资者的信中，他披露说老虎基金在这个混乱的月份亏损了10%，但他不认为老虎基金的命运会和长期资本管理公司一样。他认为，两个公司最大的区别在于长期资本管理公司大量使用杠杆，而老虎基金却没有。事实上，在1997年，受益于在亚洲货币市场上的丰厚收益，老虎基金该年的回报率高达70%。然而，老虎基金继9月份亏损之后，在10月份的亏损高达17%。而老虎基金亏损的经历却与长期资本管理公司令人尴尬地相似。正如长期资本管理公司对合理的赌注下注的规模不合理一样，罗伯逊10月的损失反应其在赌日元对美元将下跌的赌注规模太大。

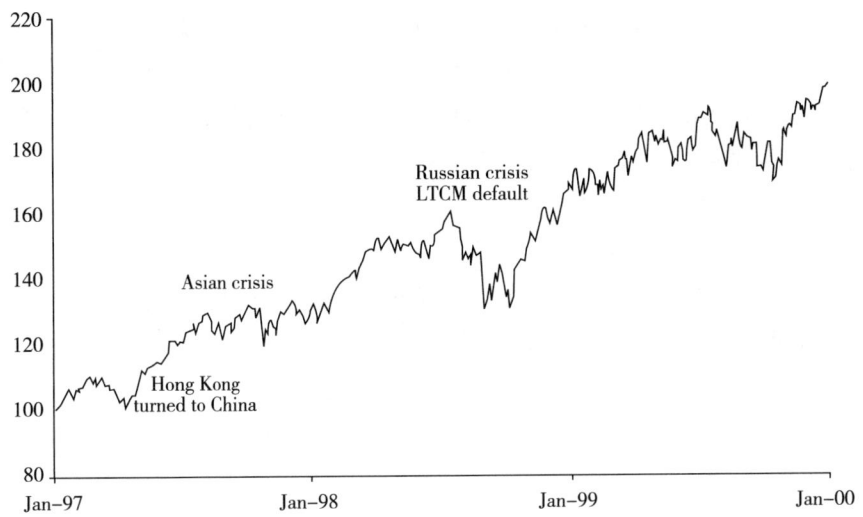

图 1.5　1997～1999 年的标准普尔 500 指数（以 1997 年 1 月 1 日为基期）

早在该年夏天，罗伯逊在给投资者的信中就称，由于当前日本经济形势不容乐观，而当局正在放松金融管制，日本超低的利率将促使国内资金大量涌向国外，日元必会下跌。因此，他明确表示会做空日元。

然而，事实很快证明，罗伯逊的考虑有一个不慎重之处：正因为日本的利率低，投资者可能大量借入日元以购买其他国家的资产，如果在其他国家发生危机，投资者抛售头寸偿还日元，日元将被推高，罗伯逊将会面临巨额亏损。

到 1998 年 8 月俄罗斯债务危机引发全球恐慌，投资者纷纷从发展中国家撤资，日元对美元上涨了 7%，老虎基金超过 10 美元的资金蒸发。但是，这只是老虎基金亏损的开始。和长期资本管理公司受到了解其头寸的竞争对手重创一样，罗伯逊发现他也陷入了同样的困境。由于每个交易员都知道老虎基金在做空日元，他们预期日元的大幅上涨会迫使罗伯逊购回日元平仓。这样，老虎基金的大量买入必然会推高日元。于是，市场开始大量买入日元。到 10 月 8 日，日元汇率相比前一个交易日上涨了 12%，老虎基金一天之内亏损了 20 亿美元。

罗伯逊召集高级助手召开危机研讨会。他的一名高级助手迈克尔·比尔斯和他的同事争论说，现在市场已经非理性了，因为它认为老虎基金已经到了崩溃的边缘，如果老虎基金能够证明它仍然有正确的头寸，就可以让市场恢复理智。因此，比尔斯建议再度卖出日元。最后老虎基金再次在日元上增加5000万美元的赌注。形势如比尔斯所料,市场开始抛售日元,老虎基金避免了和长期资本管理公司一样的命运。事后,罗伯逊向他的投资者承认"像水一样流动性极强的日元,其流动性就像撒哈拉沙漠一样干涸了"。而造就这个撒哈拉的,不是别人,正是罗伯逊本人——他在日元上的空头头寸高达180亿美元。

在这场灾难后,罗伯逊向他的投资者承诺削减宏观交易。但老虎基金在日元上的损失只是后来麻烦的一个预示——那些在科技股繁荣表象下灾难的预示。

6. 对冲基金与纳斯达克股市泡沫:1999~2001年

对冲基金发展到20世纪末已基本形成两大投资风格:一种投资风格认为市场是有效的,在市场力量的作用下价格会回到均衡水平,因此只要买入低估的证券,同时卖出高估的证券,就能获得稳定的收益;另一种投资风格恰好相反,市场缺乏足够的力量将价格推至有效的水平,因此"顺势而为",利用市场趋势是一个好的选择。前者以阿尔弗雷德·琼斯,朱利安·罗伯逊及其追随者为代表,后一种风格以保罗·都铎·琼斯和路易斯·培根等人。然而,20世纪90年代末期的美国纳斯达克股市泡沫对前一种投资风格的对冲基金来说是一种考验。在那个年代,世界上最大的对冲基金——量子基金和老虎基金在它们的巅峰时期管理的资产也不过200亿美元左右,而纳斯达克股市的市值高达50000亿美元,单个投资者根本无法与整个市场相抗衡。因此,尽管许多对冲基金已经意识到当时的科技股泡沫,但仍然选择驾驭它而不是刺破它。

面对这种局面,作为第一种投资风格的罗伯逊选择了不和泡沫作斗争,而是选择不予理会。但在日元交易亏损后,老虎基金又削减了在宏观交易上的投资,现在又不在科技股上投资。这样老虎基金的投资主要集中在像美国航空公司和美国辉门公司之类的传统价值型股票上,而此时的基金规模太大,已经难以有效利用资本,已经难以分散投资的风险了。

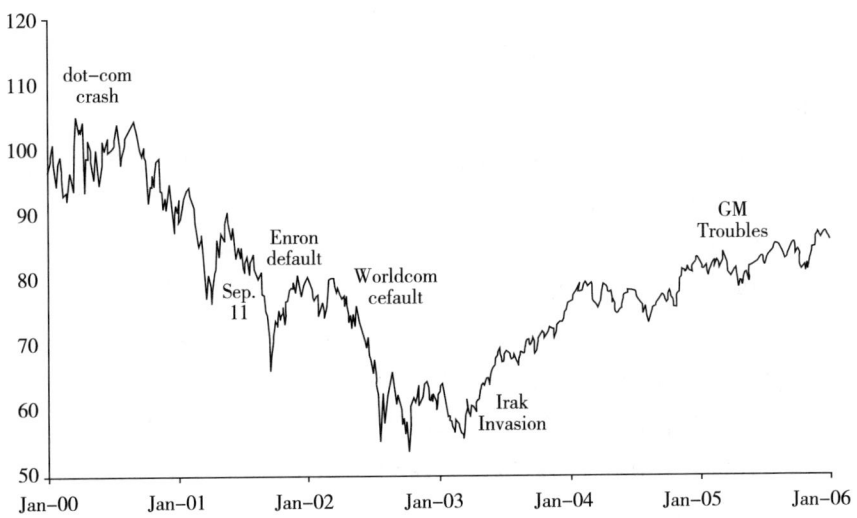

图1.6 2000~2006年的标准普尔500指数（以2000年1月1日为基期）

罗伯逊的危机首先在美国航空公司上体现出来。从1996年初到1998年夏天，美国航空公司的股价翻了5倍，罗伯逊持有的股票价值高达15亿美元，约占公司股份的1/5。但由于给特大型投资者的机会有限，罗伯逊选择继续持仓，而不是在美国航空公司的一次股票回购中卖出部分股票。危险很快降临，到1999年初，美国航空报告的利润低于预期，股价直线下跌，三周之内跌去了29%。同时，罗伯逊的其他价值型投资也出现危机：汽车零部件生产商辉门公司的股价在前半年跌去30%。这一系列的投资失败极大地打击了投资者，继1999年3月之前的6个月内从老虎基金撤出30亿美元之后，投资者在第二季又撤出了7.6亿美元。老虎基金被迫出售头寸。而一旦华尔街知道了老虎基金被迫出售，原本的掠夺本性就暴露了。1998年8月至10月，随着老虎基金解体的传闻愈演愈烈，美国航空公司的做空股数从160万上升到380万，辉门公司从370万上升到650万。到1999年底，老虎基金被迫出售约400亿美元股票和600亿美元的其他头寸，而资产也从1998年8月的210亿美元的峰值减少到95亿美元。2000年3月31日，罗伯逊宣布关闭旗下所有基金。

离老虎基金办公室不远的量子基金也在进行一场同样的战斗。1999年初，斯坦利·德鲁肯米勒同意罗伯逊关于科技股价格过高的看法。他选择了12只显著被高估的股票，对他们做了一个价值2亿美元的空头。然而，在几个星期内，这些股票价格一路走高，量子基金损失了6亿美元，到

1999年5月，亏损了18%。从下半年开始，德鲁肯米勒改变了策略，开始大量买进科技股，量子基金扭亏为盈，到年内实现了上涨35%。德鲁肯米勒实现了对冲基金历史上的一次大逆转。

与此同时，其他对冲基金也正在努力做空科技股。但在疯狂的市场环境下，他们无一例外地失败了。绿光资本创始人大卫·埃因霍恩选择了一家名为钦德斯的公司做空。这家公司从通过其网络进行的每一笔交易中赚取佣金，但它却将交易商品的总价值记为收入。这种明显的欺诈行为并没有吓到投资者。到2000年2月，该公司的股价已经上涨了6倍多，达到了164美元。毋庸置疑，到2000年底，钦德斯公司的股价已经跌到每股2美元。但这已经帮不了埃因霍恩了，他已经在泡沫破灭之前被迫平仓，损失惨重。

虽然德鲁肯米勒在1999年在网络股上赚取了巨额利润，但原本退出网络股市场的他却在错误的时机再次杀回了市场。2000年3月10日，纳斯达克指数达到峰值，在接下来的几个星期直线下跌。到3月底，量子基金已经亏掉了资本的10%。2000年4月28日，索罗斯召开新闻发布后，宣布当年量子基金下跌21%，其资产也从1998年8月巅峰时的220亿美元下降到76亿美元。同时，索罗斯宣布，德鲁肯米勒将离开量子基金，而量子基金从此将作为一个稳重的、低风险的捐赠基金来管理。在短短的一个月内，两个最大的也是最著名的对冲基金落下了帷幕，宣告了宏观型对冲基金时代的终结。索罗斯遗憾地说："我们必须认识到，像量子基金之类的大型对冲基金已经不再是管理资金的最好方式了，市场变得非常不稳定。"

但事实证明，索罗斯关于对冲基金的上述言论还言之过早。对冲基金在告别宏观型对冲基金时代后，迎来了一个新的发展阶段。

7. 2000年代的对冲基金

1999年11月4日，美国国会正式通过了《金融服务现代化法案》，新法案取消了美国银行、证券、保险公司相互渗透业务的障碍，这意味着实行了66年的《格拉斯—斯蒂格尔法案》对金融业进行严格分业管制的时代正式终结。以金融自由化为核心的金融"大爆炸"由此引爆，对冲基金业也开始了爆炸性的增长（如图1.7）。

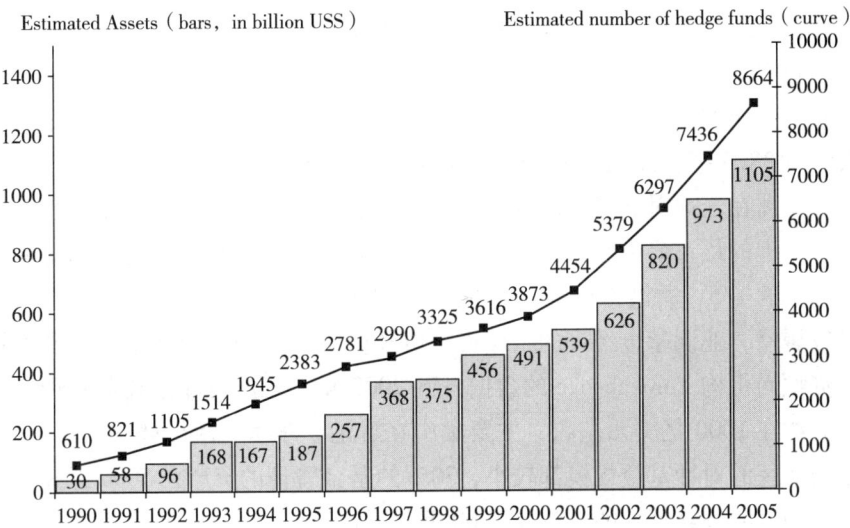

图 1.7（a） 1990～2005 年对冲基金数量与管理资产规模

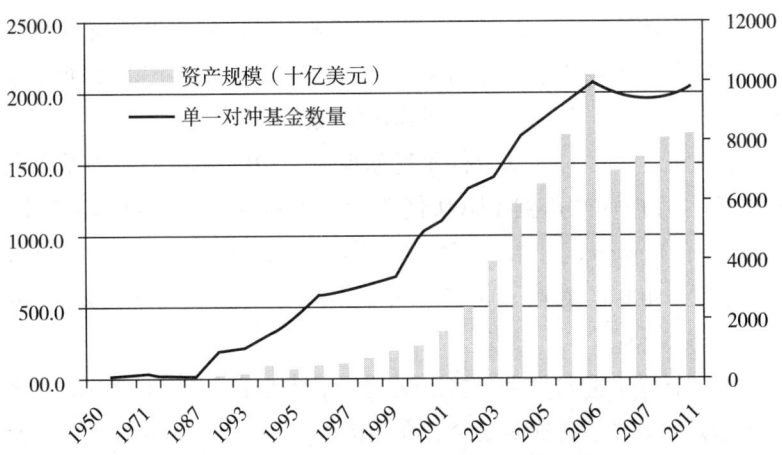

图 1.7（b） 单一对冲基金的数量和资产规模

	Assets 2006
Goldman Sachs Asset Management	$21.0billion
Bridgewater Associates	$20.9billion
D. E. Shaw	$19.9billion
Farallon Capital Management	$16.4billion
ESL	$15.5billion
Barclays Global	$14.3billion
Och Ziff	$14.3billion
Man Investments	$12.7billion
Tudor Investments	$12.7billion
Caxtom Associates	$12.5billion

图 1.8 2006 年一季度美国十大对冲基金

从管理的资产来看，仅 2002~2005 年这短短 4 年时间里，对冲基金管理的资产（assets under management，简称 AUM）就已经翻了一番，从 6260 亿美元增长到 1.1 万亿美元。从对冲基金数量来看，在 2000 年全球大约有 3873 家，而到了 2005 年已经达到了约 8664 家。

亚洲在全球对冲基金产业中的角色地位上升。2006 年澳洲是亚太对冲基金管理的最重要中心，亚太地区其他重要地点包括日本，占亚洲对冲基金总量的 1/5，香港占比 14%。但与欧洲相比，亚洲对冲基金业的发展相对较缓慢，亚洲基金经理的全球资产份额从 5% 增加到了 8%。根据新加坡投资顾问机构 Eurekahedge 的数据，到 2005 年，亚洲对冲基金业管理的资产大约在 1000 亿美元左右，主要集中在香港、东京、新加坡等地。另外，亚洲地区的对冲基金规模都较小，70% 的基金管理的资产在 5000 万美元以下，30% 的基金管理的资产在 1000 万美元以下。

2007 年对冲基金市场规模达到历史顶峰，单一对冲基金数量达到 10070 家，管理资产高达 21368 亿美元。2008 年金融危机爆发，对冲基金受到巨大冲击，市场规模急速缩小，单一对冲基金数量下降为 9600 家，管理资产也下降为 14579 亿美元，下降比例高达 32%。

金融危机之后，对冲基金行业复苏很快，2011 年单一对冲基金数量达到 9860 家，管理资产达到 17100 亿美元。据对冲基金行业咨询机构 HFR（Hedge Fund Research）估计，2011 年第三季度全球对冲基金行业管理的总资产达到 20400 亿美元，与 1990 年的 389 亿美元相比，在 20 年的时间内增长了 50 多倍。

对冲基金行业是如何达到这么快的发展速度的呢？最主要的原因是这个行业成功地实现了资本的增殖。在过去的 20 年中，对冲基金管理资产的增加总额中不到 40% 的部分来自客户新投入到对冲基金的资本，剩下的 60% 来自对冲基金的投资及再投资收益。

受到欧债危机等的影响，2011 年以来对冲基金市场的发展有所放缓。不过即便在这样的经济环境下，对冲基金的投资表现也明显好于其他市场。2012 年，对冲基金行业更呈现加速复苏迹象。根据巴克莱对冲研究（BarclayHedge）的数据，2012 年第 2 季度，单一对冲基金管理的资产规模达到 17089 亿美元，组合基金管理资产规模达到 5228 亿美元。根据对冲基金业研究机构（HFR）的数据，2012 年上半年对冲基金市场资本净流入 200 亿美元，2012 年年底对冲基金市场管理资产总额将达到 2.6 万亿美元。

2012 年，在《彭博市场》（Bloomberg Markets）的排行榜上，排名前

第一章 对冲基金起源、发展历史与现状

五的对冲基金中有三只都投资于抵押贷款债券领域，其中有两只都是由总部位于明尼苏达州 Minnetonka 的资产管理公司 Pine River Capital Management 运营的。据彭博社编纂的数据显示，押注于抵押贷款债券的表现超越了其他所有投资策略，这种策略所带来的平均增长率为 20.2%；而与此相比，整个对冲基金的平均增长率仅为 1.3%。

管理资金达 10 亿美元或以上的对冲基金中，由迪帕克·纳鲁拉（Deepak Narula）创立的一家对冲基金（Metacapital Mortgage Opportunities Fund）拔得头筹。纳鲁拉麾下的这只基金押注于抵押贷款市场，利用房利美和房地美建立起了世界上最成功的对冲基金。该基金在 2012 年的前 10 个月时间里增长了 37.8%，在 2011 年中，这只基金也增长了 23.6%；自 2008 年 7 月份开始交易以来，这只基金已经增长了 520%。纳鲁拉在 2008 年创立了 Mortgage Opportunities Fund 基金，这只基金通过买卖机构支持抵押贷款债券而取得了繁荣的发展，同时密切关注美联储的动向。除了对华盛顿政策举措的直觉以外，纳鲁拉还是用数学模型来进行计算，内容是按当前的利息计算，房屋所有人将在多长时间里进行支付，随后才会进行再融资或是违约。这些数学模型会基于一名房屋所有人的信用评分、家庭住址、贷款规模、贷款年限及其他因素来对其行为作出预测，此外这种算法还允许老练的投资者采取避损措施。在 2012 年中，纳鲁拉咀嚼透了华盛顿立法者的"茶渣"。在 2011 年行将结束之际，政府支持下的抵押贷款债券价值下滑，原因是奥巴马扩大了相关计划来帮助房屋所有人进行再融资；与此同时，受欧元区主权债务危机的影响，无担保债券的价格有所下跌。纳鲁拉利用了这种形势，他推断美联储将会帮助房屋所有人，因此他买入了抵押贷款债券。随后，在 2012 年 9 月份，美联储宣布推出第三轮"定量宽松"计划，称其将以每个月 400 亿美元的速度买入机构抵押贷款支持债券，换句话说，也就是房利美、房地美和吉利美（Ginnie Mae）支持下的抵押贷款债券。

紧随其后的是史蒂夫·库恩（Steve Kuhn）麾下的固定收益基金 Pine River Fixed Income Fund，这只基金同样投资于抵押贷款债券领域，增长率为 32.9%。Pine River 旗下基金占据了第二、第四和第 19 名的位置。CQS Directional Opportunities 排名第三，在欧洲地区排名居首，这只基金的运营者是迈克尔·辛茨（Michael Hintze）麾下位于伦敦的 CQS U. K. LLP 公司。克里斯宾·欧迪（Crispin Odey）麾下基金 Odey European 在欧洲地区排名第二，增长率为 24.1%。克里斯宾·欧迪是一名选股投资者，跟互联网投

资者切斯·科尔曼（Chase Coleman）和菲罗斯·德万（Feroz Dewan）一样，后两者管理下的老虎环球基金（Tiger Global）在2011年排名第一，但在2012年却下滑至第12名，其增长率仅为21%。在朱利安·罗伯逊（Julian Robertson）（避险基金界的教父级人物，老虎管理基金（Tiger Management LLC）的创始人）的"门徒"中，科尔曼是唯一打入20强的。"老虎幼崽"、资产管理公司Maverick Capital Management掌门人李·恩斯利（Lee Ainslie）麾下的Maverick基金排名第31，增长率为16.0%。恩斯利得益于他对苹果（AAPL）股票的押注，这只股票截至2012年10月31日上涨了47.6%。大卫·泰珀（David Tepper）也靠股票投资赚钱，他麾下的Palomino基金在2012年中排名第六，增长率为24%；在2009年，这只基金曾荣登榜首。排名居首的中型基金（管理资产额在2.5亿~10亿美元之间的基金）是Cheyne Total Return Credit，这家基金是由伦敦资产管理公司Cheyne Capital Management运营的，2012年其增长率为61.4%。

  在上述基金取得巨大增长的同时，对冲基金整体行业则连续第四年表现不佳。截至2011年10月份，对冲基金行业的整体平均增长率仅为1.3%，而同期标普500指数的涨幅为14%。自2009年1月1日以来，对冲基金的累积平均增长率为13.5%，而标普500指数则高达69.8%。据总部位于芝加哥的对冲基金研究公司（Hedge Fund Research Inc）发布的数据显示，由于表现疲弱的缘故，2012年前9个月时间里预计共有635家对冲基金被迫关闭，其中包括一些大型的知名基金。旧金山对冲基金Farallon Capital Management LLC的创始人托马斯·斯泰尔（Thomas Steyer）在2012年底退休，开始将重点放在公共服务上。波士顿Red Sox的联合所有人、对冲基金经理约翰·亨利（John Henry）则关闭了麾下佛罗里达州对冲基金John W. Henry & Co，向投资者返还了资产。其他行业巨头也纷纷关闭麾下基金，向投资者返还资产。在去年8月份，摩尔资本管理公司（Moore Capital Management LLC）创始人路易斯·摩尔·培根（Louis Moore Bacon）称其将向投资者返还20亿美元资金，相当于他麾下旗舰对冲基金管理资产额的25%，原因是他无法为投资者取得以往那样的回报率。

  对冲基金业的发展呈现以下特点。

  首先，尽管整个对冲基金业经历着快速的增长，同时也不断扩展投资领域，但对冲基金在整个投资领域仍然占据较小的份额，大约占全球证券市场2%~3%的比例。但它们在交易方面是非常活跃的，如对冲基金占到纽交所等大型交易所日交易额的25%~30%的交易份额；在诸如可转换债券等特定领域，对冲基金甚至控制了整个市场，占据市场的绝大部分交易额。

其次，对冲基金之间管理的资产规模差距非常大。在2005年时候，对冲基金管理的资产平均为8700万美元，大量对冲基金管理的资产都在1000万美元以下。有些小型对冲基金在市场竞争中迅速被淘汰。而同期，美国最大的5个对冲基金管理的资产却高达760亿美元。这些大型对冲基金具有良好的组织结构，更长的投资记录，采用多经理管理与决策模式，且具有更好的风险管理系统。

最后，从对冲基金发展的地域性来看，欧洲对冲基金业的发展引人注目。长久以来，凭借金融市场发展和人才方面的优势，美国一直是对冲基金的主要聚集地，占据管理资产、对冲基金数量方面的绝大多数。而随着美国金融市场上投资机会的减少，欧洲市场逐渐成为对冲基金的主要关注对象。对冲基金经理资产管理比重向亚欧地区倾斜。1999年基金经理美国本土占比91%，其他国家和地区仅占9%。虽然美国仍然是对冲基金经理的首选地点，2006年全球对冲基金近2/3的资产在美国管理①，然而基金的份额却大大低于1999年所占82%的比例。尽管美国对冲基金业控制着全球对冲基金管理资产的3/4，但新设立对冲基金主要集中在欧洲。根据欧洲对冲基金数据库的数据显示，到2006年一季度，欧洲对冲基金管理的资产已达到3250亿美元，增长率达到25%（2003年为100%，2004年为50%）。2005年，超过330只新对冲基金出现在欧洲，同时有109只基金从这个行业中消失，有1258只基金存活下来，而其中又有2/3的对冲基金集中在英国，特别是伦敦。其他对冲基金经理在欧洲活动的重要地点包括法国、西班牙和瑞士。2006年底，全欧对冲基金4600亿美元投资总额的4/5在英国管理，而其中的最大比重在伦敦。2002至2006年，对冲基金在伦敦管理的资产增长了5倍多，总计约3600亿美元。数据不包括来自美国在欧洲管理的基金及基金的基金。如果包括在内，伦敦大概占在欧洲管理的对冲基金资产的90%以上。

---

① 美国近一半的注册对冲基金经理集中在纽约，纽约是对冲基金经理全球首选，其次是伦敦。美国其他重要中心为加利福尼亚，占比15%，康涅狄格、伊利诺伊和佛罗里达大约各占6%。

第三节　对冲基金风云录节选

1. 大卫·斯文森：投资对冲基金的首个机构投资者

在 21 世纪之前，对冲基金的资金主要来自富人，进入 21 世纪之后，对冲基金的资金越来越多地来自机构投资者。首先投资对冲基金的机构是捐赠基金——大卫·斯文森掌管的耶鲁大学捐赠基金。1980 年，从耶鲁大学毕业后，斯文森进入所罗门兄弟公司，并于 1981 年参与设计了世界上第一个货币互换——IBM 与世界银行之间的协议。1985 年，在以前的导师的游说下，斯文森欣然接受了接管病入膏肓的耶鲁捐赠基金。当时的耶鲁基金和其他大学捐赠基金一样，将资产主要投资在股票、债券和现金，只有少量资金投资在另类投资工具上。在接管耶鲁基金两年后，一名对冲基金经理找到了他，希望耶鲁基金可以投资于该对冲基金。这名对冲基金经理就是后来开创对冲基金新时代的领军人物——法拉龙资本管理公司合伙人汤姆·斯泰尔。遗憾的是，当时斯文森拒绝了斯泰尔的邀请。

2. 斯泰尔：事件驱动型投资策略的创始人

斯泰尔于 1985 年成立了法拉龙，创造了被称为"事件驱动型"的对冲基金投资新策略。斯泰尔主要通过掌握企业发生变化时市场对企业证券的定价与证券实际价值之间的差异来获利。该策略一般关注的企业事件包括企业分拆、企业收购、企业合并、破产重组、财务重组、资产重组以及股票回购等。例如，当一家公司宣布将收购另家公司时，如果被收购公司股票现交易价是 20 美元，而收购价是 30 美元，那它可能上升到 27 美元。如果斯泰尔买入股票，而收购顺利完成，他可以赚 2 美元；而如果收购失败，股价回落到 20 美元，那斯泰尔将损失 7 美元。因此，为了获得回报，斯泰尔的团队需要判断反垄断机构是否会阻止收购，或者股东是否会反对等等。凭借在这个领域的出色专业技能，法拉龙的业绩非常稳定。从 1990 年至 1997 年，法拉龙没有一个月出现过亏损，因此，它的风险调整后回报是同期股市大盘的 3 倍。

法拉龙基金的优异表现和斯泰尔诚实、朴素的做人风格最终打动了斯文森，后者于 1990 年 1 月向拉法龙基金投资了 3 亿美元，占到了投资后拉法龙基金资本的 1/3。事后被证明，斯文森和斯泰尔的这次合作最终改变了捐赠基金的投资风格，也改变了对冲基金的资本结构和发展道路。五年后，在耶鲁基金的投资中，对冲基金所占的比重高达 21%，其他大学的捐赠基金也紧跟其后。而对冲基金也不再只是富人的投资工具。到 2009 年，对冲基金大约有一半的资本不是来自个人，而是来自像捐赠基金等的机构投资者。机构投资者的涌入为对冲基金行业注入了新的活力的同时自己也获得了丰厚的回报：从 2000 年 7 月到 2003 年 6 月，标准普尔 500 指数下跌了 33%，而对冲基金的 HFR 指数上涨了 10%，耶鲁基金在这个时期上涨了 20%。

法拉龙的资产从 2002 年的 80 亿美元激增到 2006 年的 160 亿美元，许多华尔街人士纷纷效仿。同样，曾经在罗伯特·鲁宾掌管的高盛套利小组的另一个资深人士，他创建的奥奇·兹夫资本管理公司在同一时期从 60 亿美元增长到 140 亿美元；鲁宾的另一名手下创办的佩里资本公司从 40 亿美元增长到 110 亿美元[1]。到 2006 年，"鲁宾三人组"成立的事件驱动型对冲基金管理的资产已经超过"商品公司三人组"——布鲁斯·科夫勒、保罗·都铎·琼斯和路易斯·培根。

---

[1] 在成立自己的基金之前，斯泰尔曾在后来的财政部长罗伯特·鲁宾掌管的合并套利部门工作过。

3. 詹姆斯·西蒙斯和戴维·肖：量化对冲基金开创者

差不多在同一时期，在对冲基金业内，另一种投资风格的对冲基金也开始兴起，其在后来的风头甚至盖过其他任何类型的对冲基金——量化对冲基金。它们中的领军人物是詹姆斯·西蒙斯和戴维·肖。

西蒙斯 1958 年毕业于麻省理工学院，1962 年在伯克利加州大学获得数学博士学位。毕业后，他曾在美国国防部防御分析研究所从事密码破译工作。他曾任教于麻省理工学院、哈佛大学和纽约州立大学石溪分校。1976 年，凭借和华裔科学家陈省身共同创立了著名的 Chern – Simons 定律，西蒙斯获得过全美数学界的最高荣誉——范布伦奖。在充满了传奇色彩的华尔街，西蒙斯和他的文艺复兴科技公司（Renaissance Technologies Corp.）是一个彻底的异类。西蒙斯从来不雇佣有经济背景的员工，文艺复兴科技公司聚集了一批数学、物理学和计算机等自然科学领域的博士。

1988 年，50 岁的西蒙斯关闭了林姆诺伊基金，他邀请当时在石溪大学数学系任教的埃克斯加盟，创办了专门投资各类期货的文艺复兴科技公司。文艺复兴科技公司旗下的第一个基金就是大奖章基金，之所以取名大奖章主要是源于西蒙斯和埃克斯获得的数学奖章，他们分别在 1967 年和 1976 年获得美国数学学会 5 年一度颁发的全球数学界顶尖的奖项。

与林姆诺伊基金不同，大奖章基金的投资范围有着严格的限制，大奖章基金投资的产品按照西蒙斯的话说必须符合 3 个条件："必须在公众市场上交易、必须有足够的流动性、必须适合用数学模型来交易。"正因为如此，大奖章基金不再包括创投基金，不再涉足未上市公司股份，而一些小公司的股票、创业板股票可能也不包括在内，而适合用数学模型交易的品种一般来说要求有比较多，有比较准确的历史价格、交易量等。

开张第一年，大奖章基金赚了 8.8%，1989 年起模型似乎开始罢工，从年初到 4 月份，大奖章赔了 30%，西蒙斯不得不在 1989 年 6 月份停止交易。由于对模型有分歧，西蒙斯和埃克斯分道扬镳；西蒙斯又请来了普林斯顿大学的数学教授亨利·劳佛为数学模型进行诊断，他们用了 6 个月的时间冥思苦想，最后决定将过去模型中的趋势跟踪部分完全剔除，同时将注意力集中在短线的交易上，这种投资策略一直被保留至今，成为大奖章基金长盛不衰的立生之本。

市场表现足以让最冷静的投资者大吃一惊：1990年大奖章的净回报为55.9%；翌年39.4%；之后的两年分别是34%和39.1%。1994年，美联储连续6次加息，而大奖章基金净赚了71%；2000年，科技股股灾，标普指数下跌了10%，大奖章基金更是大获丰收，净回报98.5%；2008年，全球金融危机，各类资产价格下滑，大部分对冲基金都亏损，而大奖章赚了80%。从1988年成立到2008年，大奖章基金的平均回报是35.6%，而标普指数年均涨幅仅9.2%。西蒙斯的年均收入达到了10亿美元，仅2006年，西蒙斯的个人收入就达到了15亿美元，相当于星巴克115000名员工和好事多118000名员工创造的企业利润的总和。

尽管让大奖章基金取得成功的模型算法至今仍然是秘密，但他们发现这种模型以及那些算法能带来惊人利润的原因是可以理解的，至少部分可以理解。西蒙斯的团队的早期成员中大部分具有密码学和军事通信方面的经验，他们发现，军事通信中常见的统计干扰中微弱的代码追踪与隐藏在总的来说随机有效的金融市场中的微弱模式没什么两样。西蒙斯的团队利用它们用来破译密码的运算法则，去寻找市场数据中并不明显的模式。劳佛发现，在新数据公布后一段时间后，商品或货币将随着不同投资者的反应而上下波动，尽管这种波动在肉眼看来好像是随机的，具有高清晰度统计护目镜的科学家可以辨认出变动的模式。另外，通过将研究集中在短期，劳佛可以收集数以千计的样本，提高发现统计上显著的重复模式的可能性。而且，短期信号比长期信号更容易找到，也更容易把握。

文艺复兴科技公司为投资人创造了卓然不群的投资收益，同时也为自己制定了远高于同业的管理费和绩效费，大奖章基金的管理费一直都是5%，高于同业2%的标准，而绩效费上，大奖章在21世纪以后一度提高至44%，也就是说基金每年所赚的一半的钱都被管理人提走，即便这样，大奖章年复一年令人称奇的投资回报让市场依然趋之若鹜。

同时，文艺复兴科技公司也受到来自其他对冲基金的挑战。它面临的第一个挑战来自戴维·肖，哥伦比亚大学的一名计算机科学家。他于1988年创办了以他的名字命名的对冲基金。和西蒙斯的团队一样，戴维·肖也着重短期交易，也只聘请数学家和科学家，而不是华尔街的交易员和经济学家。

华尔街的经济学家通常是从完美的套利假设入手：如果两只债券或两只股票理论上是一样的，那么它们就应该有一样的价值；如果它们价格不同，那么它们也会趋于一致——这是长期资本管理公司投资的基本思想。而戴维·肖的团队并不着眼于价格之间的关系，他们研究数据，并找出数据之间存在的关系，而不去管背后有没有经济含义。就像沙中寻宝一样，肖的基金一天 24 小时密切注视着全球范围内 100 多个市场。戴维·肖并不预测货币、利率或是某个股的走向，他的基金对于个股以及所属公司也不太有兴趣。肖做的是"市场中性"，找出差别，利用这个差别赚钱，而不是根据行情走向建仓。从根本上说，肖是在套利——在一个市场上低价买进，在另一个市场上高价卖出——两者同时进行。这种做法是统计套利，或者说是找准市场上的无数的细微差别与市场无效率的地方，这种差别与无效率是由货币、利率、交易关系等多种因素造成的结果。这些变量均能输入计算机加以分析。

由长期资本管理公司的两位诺奖获得者罗伯特·默顿和迈伦·斯科尔斯创建的早期期权定价模型假定股票价格变动呈正态分布。但 1987 年的崩溃已经表明，这一假设不可靠，极端的价格走势发生的频率远高于正态分布所预期的频率。因此，戴维·肖的团队面临的挑战是开发一个更好的价格模型。果然，他的研究团队开发出了一个使公司在多个市场占有优势的期权定价模型。公司利用各种股权衍生工具的失调牟利，尤其是日本。

在戴维·肖成立肖氏对冲基金的 8 年间，年平均回报率均在 20% 以上。在这 8 年间，基金由最初的 2800 万美元发展到了 8 亿美元。到 2010 年，肖氏对冲基金管理的资产高达 280 亿美元。据报道，肖的交易量有时占到整个纽约证券交易所的 5%，日均交易量上千万股。

4. 全球宏观：富可敌国的神话

乔治·索罗斯 1930 年生于匈牙利的一个犹太家庭，1947 年年仅 17 岁的他只身来到英国伦敦，并在随后的两年时间里做过洗碗工、油漆工、餐厅服务员。1949 年，索罗斯进入伦敦政治经济学院学习。在那里，他遇到了影响他一生的人——哲学家卡尔·波普尔。对波普尔的崇拜一度让索罗斯立志做一名哲学家。波普尔的哲学思想是：人类是无法知道真理的，他们能做的最多是通过不断的实验和纠错来探索、接近真理。这意味着，所有的政治制度、观点都是有缺陷的。这一观点给了索罗斯一种看待金融问题的独特思维方式，也深深影响了索罗斯日后主导的量子基金的一系列大手笔的投资策略。他在为1992年英镑危机和1997年亚洲金融危机的所作所为辩解时说到，他要用自己的投机战略来搞垮存在制度瑕疵的经济体系，以一场危机的形式来教训那些当事国政府，让他们从危机意识到自己所推行的扭曲制度体系是根本经不起外界一击的，从而迫使他们来进行制度改革。

1956年，索罗斯来到华尔街，此时的他仍然希望通过在华尔街打拼5年积累足够积蓄以支付他实现哲学家梦想的生活支出，但他很快发现他太擅长投资了，以至于退出这个领域太可惜了。1967年，他成为一家专攻欧洲股市闻名的经纪公司的研究组组长。1969年，索罗斯创办了自己的多空选股基金——双鹰基金。这个时候，索罗斯将波普尔的哲学思想和自己的金融知识融合在一起，形成了他称为"反馈"的市场理论。

1973年，索罗斯遇到了吉姆·罗杰斯，并将基金更名为索罗斯基金。这两位日后被人们称为"黄金搭档"的对冲基金合伙人在此后的7年时间里开创了量子基金历史上第一个辉煌时期。到1978年，索罗斯基金更名为量子基金的时候，基金的资产已经达到了3.8亿美元。1981年6月，索罗斯被《机构投资者》杂志称为"世界上最伟大的基金经理"。但同年，量子基金却亏损了23%，这是基金自创立以来的首次亏损，由此索罗斯遭遇了挤兑潮，他管理的资产由4亿美元下降到2亿美元。觉得受到羞辱的索罗斯将剩余资产委托给其他投资者，并退出了华尔街。1984年，重新回到华尔街的索罗斯放弃了之前多空选股的投资方式，转而采取使他日后闻名世界的投资策略——宏观对冲。

1992年的英镑危机可以说是对冲基金发展的一个分水岭。在此之前，没有人能想象这些私人玩家能打败强大的中央银行。

统一在德国国内制造了通货膨胀压力，推动中央银行提高利率。德国加息的时候正值其他欧洲经济体经历经济衰退，它们迫切需要减息，这种利息差造成其他国家的资金涌入德国，其结果就是德国马克升值，而其他欧洲货币贬值，特别是意大利里拉和英国英镑。在当时的欧洲汇率机制（ERM）下，各成员国货币的汇率被允许在设定好的固定中心汇率上下一定幅度内波动。这样就给了欧洲汇率机制带来压力：德国的加息举措会逼迫英国和意大利要么加息，但那会给本来就困难重重的经济雪上加霜，这是因为英国抵押贷款的利率一般都不是固定的，当英国中央银行提高利率，英国家庭会倍感压力；要么使本国货币贬值并退出欧洲汇率机制。这同样暴露了德国中央银行的两难角色：一方面要稳定德国马克就必须加息，同时又要稳定欧洲的汇率机制。

最先是德鲁肯米勒抓住了这个几乎不可能对他不利的机会，大量买入德国马克，卖出英镑，在1992年8月底之前他投资在这个头寸上的资金达到了15亿美元。这个时候，德国中央银行将如何权衡两个角色的立场还不是很明朗，但很快就清晰起来。9月4日，欧共体的财政部长和中央银行行长在英国巴斯会面，会上，英国财政大臣诺曼·拉蒙特不停向德国央行行长赫尔穆特·斯莱辛格施压，要求德国降息。此举不但没有取得预想的结果，反而激怒了一直为保持央行独立性而努力的斯莱辛格。9月8日，在中央银行行长的巴塞尔聚会后，斯莱辛格公开宣布他不能保证利率的未来走向，还特别强调意大利里拉的基础薄弱。当时，索罗斯正在现场，为了确信德国的立场，他还在斯莱辛格讲完后去与他交谈。在得到确切答案后，索罗斯迅速给德鲁肯米勒打电话，要求他对里拉下注。加入这场攻击的还包括保罗·都铎·琼斯二世、布鲁斯·科夫勒、路易斯·培根。

9月11日，意大利里拉已经跌破汇率机制所允许的汇率下限，迫使意大利在随后的两天周末里开始磋商里拉正式贬值。9月14日的那个周一开市时，英格兰银行出资7亿美元购买英镑，由于这项措施是在德国降息的基础上出台的，所以这个相对温和的干预就使得英镑小幅升值。但英格兰银行没有想到的是，这个小幅升值反而强化了投机者的认识，即对汇率摇摇欲坠的货币下注，可以通过借入资金下最大的赌注，因为如果不借入大量资金放大赌注，那也只是使得汇率往不利的方向变动一点。果然，从第二天一开市英镑就下挫，尽管英格兰银行再次出资试图干预市场，但仍然无济于事。而同时，根据汇率机制的规定，英格兰银行又不得不大量买入德鲁肯米勒等人卖出的大量英镑。结果，在英格兰银行大幅提高利率后，英镑汇率仍然在汇率机制规定的下限运行。回天乏术的英格兰银行被迫于9月15日宣布单方面退出欧洲汇率机制。这个时候，德鲁肯米勒和索罗斯已经成功做空约100亿美元的英镑，英格兰银行已经消耗了270亿美元的外汇储备。英镑脱离汇率机制后，英镑对德国马克贬值约14%。这次狙击，量子基金获得了10亿美元的利润。

1992年以后，对冲基金正式成长为一只"金融大鳄"，游弋于全球金融市场。究其原因，20世纪80年代末以来在发达国家推行的金融自由化促进了资本的跨国流动，使得金融机构能够在全球范围内调配资金，在短时间内迅速集结大量资金攻击一国金融体系。

下表列出了量子基金参与的几次重要货币攻击及其获利情况：

1985	投机马克和日元获得成功，获利1.5亿美元
1992	狙击英镑成功，两周获利20亿美元
1994	攻击比索，引发墨西哥金融危机
1997	触发东南亚金融危机，量子基金规模达到60亿美元
1998	在港币保卫战中遭遇港府阻击，并在LTCM危机中亏损巨大

作为一支新兴的市场力量，对冲基金在改变金融市场的同时也在改变货币政策的效果。1990~1991年，美国经济不景气，美联储想通过保持短期低利率来刺激经济。这使得对冲基金能够以极低的成本借入短期资金，然后买入收益更高的长期债券，赚钱差价。在低利率的刺激下，对冲基金大量使用杠杆效应加入到债券市场的买卖当中。到1993年，随着欧洲汇率机制危机的结束，欧洲正准备进行货币联盟，这一进程迫使欧洲各国的利率相互衔接。之前高利率的国家，如西班牙和意大利，不得不降低利率。美国的这些金融大鳄们当然不会放过买入这些国家债券，然后等到利率下降时赚取差价的机会。

1994年1月，美国经济在低利率的推动下经历了为期34个月的连续增长。为了防止经济过热，实现经济"软着陆"，美联储主席格林斯潘于21日拜访了白宫，希望提高利率。此举遭到副总统戈尔的反对，他认为，过去一次小幅加息标志着一个长期加息的开始，如果这次也是这样，长期利率可能会因为预期经济要紧缩而大幅上涨，债券市场就会崩溃。格林斯潘希望避免的"硬着陆"就会成为现实。对此，格林斯潘向戈尔断言长期利率主要受通货膨胀预期的影响。如果美联储提高短期利率，就表明当局将会对物价压力保持警惕，其结果是较低的通货膨胀预期，这反过来应该意味着长期利率的下降。因此，加息对债券市场应该是利好消息。

在对冲基金成为一支强大的市场力量之前，格林斯潘的逻辑可能已经被实践证明是正确的。但格林斯潘没有想到的是，对冲基金正在改变整个金融环境。一方面，由于对冲基金的参与，债券市场对美联储的反应要比以前快很多，但实体经济的反应要相对慢很多。因此，金融市场可能在实体经济有所反应之前就已经产生了泡沫；另一方面，对冲基金大量购买美国国债相当于美国政府从对冲基金借入资金，对冲基金向经纪人借入资金，而经纪人又向其他机构借入资金。如果这个链条中的一个断裂，其余的就可能失去其获得资金的途径，这会迫使他们迅速抛售资产，泡沫可能立即破灭。

在与戈尔交换意见两个星期后，美联储将利率调高25个基点，从3%增加到3.25%。这个原本温和的加息在随后却产生了严重的后果。由于大量使用杠杆，对冲基金对利率的变动极其敏感。为了减少风险，对冲基金开始大量抛售债券，长期利率大幅上升，与格林斯潘的预期完全相反。就在加息一个星期后，克林顿政府和日本政府之间的贸易谈判破裂，美国为寻求报复，给出日元走强的信号。一周之内，日元对美元上涨了7%，一些对冲基金损失惨重。量子基金在日元上的头寸有80亿美元，仅仅在两天之内就损失了6.5亿美元。根据传统的中央银行逻辑，这应该对通货膨胀预期和债券市场没有影响，但对冲基金的高杠杆率注定会产生连锁反应。在日元上的损失迫使对冲基金抛售资产，而由于对冲基金持有大量美国和欧洲债券，债券市场的反应让人大吃一惊：在接下来的两个星期内，美国10年期国债利率上升超过0.25%，德国10年期债券上升了0.37%，意大利上升了0.58%，西班牙上升了0.62%。面对对冲基金大量抛售债券资产，经纪人开始上调保证金率以降低风险，而为了满足经纪人追加保证金的要求，对冲基金又不得不再次抛售债券。这场市场崩溃给整个世界金融市场带来了巨大的损失，在美国有6000亿美元的债券价值蒸发，在其他国家有9000亿美元的财富被毁掉。斯坦哈特的基金在1994年2月就亏损了9亿美元，他本人也在第二年宣布退休，一代奇才就此告别华尔街。危机结束后，保罗·都铎·琼斯退还了1/3的资金给投资者，布鲁斯·科夫勒退回了2/3的资金给投资者。

正如1992年的欧洲汇率机制危机表明货币市场的深入发展降低了中央银行干预市场的能力，1994年的债券市场危机表明，债券市场的深入发展也削弱了当局预计长期利率变化的能力。此时的金融环境已经发生了根本性的变化：对冲基金和杠杆效应已经将市场的各个部分更加紧密地联系在一起。

5. 大本营：多策略型基金中的佼佼者

到2005年左右，对冲基金成功的规模和持续性正在改变这个产业的结构。第一代对冲基金业巨头过去被视为奇才，让人错愕的回报可能是运气好，肯定不会再有了。但到了2005年，已经有8000只新的对冲基金涌现出来，而基金长期令人羡慕的回报率让人难以相信只是运气的成分。渐渐地，关于运气和天才的说法被有关"阿尔法值"的讨论取代。关于阿尔法值的积极方面在于，它能解释像汤姆·斯泰尔的兼并套利和戴维·肖的统计套利，并能被专业人士理解和复制。一个"阿尔法值工厂"时代来临。

从这一时期开始，各国金融监管机构开始加强了对对冲基金行业的监管。在2004年，美国证券与交易委员会（SEC）要求对冲基金经理及其赞助商依照1940年的《投资顾问法案》要求，以投资顾问身份在SEC进行注册。这极大地提高了对对冲基金的监管要求，其中包括要求对冲基金保持更新投资业绩，雇佣一名合规监察人员，同时制定一个道德标准条例。这被称为向保护投资者利益迈向的实质性一步。在英国，对冲基金同样要受到英国金融服务监管局（Financial Services Authority）的监管。

尽管面临加强监管所带来的诸多问题，对冲基金行业仍然快速发展，对冲基金顾问和基金的基金（FOFs）等行业也快速兴起。对冲基金的基金是从捐赠基金、养老基金和个人筹集资金，然后将其分配到多个对冲基金中。对冲基金的基金的发展为投资者提供了更为分散的投资组合，同时将最低投资额降到25000美元。FOFs的发展不仅去除了一些对冲基金投资带来的风险，也让普通投资者投资对冲基金成为可能。到2005年底，对冲基金数量达到了近8000家，对冲基金的基金超过2000家。到2007年底，全球对冲基金管理的资产达到1.87万亿美元，整个对冲基金业在1990～2007年间取得的14%左右的回报率，而远超同期的标准普尔500指数回报率。

对"阿尔法值工厂"潮流最清晰的表达是所谓的"多策略"对冲基金。多策略基金不宣称在某一个特定的投资风格上有优势，其原则是对冲基金经理可以建立任何他想要的投资风格。多策略基金建立多个有利可图的策略，然后根据市场情况给各种风格配置资金。

  一只总部在芝加哥的名为"大本营"的对冲基金成为多策略基金的主力军，一位公司主管解释说，公司的目标是"将投资过程变成小件加工过程"。该基金经理肯尼斯·格里芬在哈佛大学时就已经开始交易可转换债券，在2000年初，时年31岁的格里芬就已经管理20亿美元资金了。当"阿尔法值工厂"时代来临时，大本营开始热门起来，到2007年大本营管理的资产就已经达到了130亿美元。格里芬的收入也仅次于詹姆斯·西蒙斯，排名业界第二。

  20世纪90年代，很多顶级对冲基金都面临管理资金过于庞大的问题，为此，许多基金将资金遣返给投资者。但自从多策略基金发展起来后，资金庞大问题似乎不再困扰对冲基金经理了。到2007年，多策略基金管理了超过5万亿美元的资金，占到整个对冲基金业的60%。管理资金超过10亿美元对对冲基金来说已经是家常便饭。这种近乎疯狂的发展，让理智的旁观者想起了20世纪80年代的杠杆收购和90年代的网络股泡沫。

6. 不凋花："阿尔法值工厂"时代终结者

  在2005年左右，随着对冲基金泡沫的增长，一家名为"不凋花"的对冲基金作为现代"阿尔法值工厂"的典型出现了，其创始人为尼克·玛奥尼斯曾为可转换套利的专家，但他聘请了兼并套利、多空股权投资、信用套利和统计套利方面的专家。在2002年安然公司倒闭后，他又聘请了安然的员工从事能源交易。

  在不凋花基金2000年9月成立的时候，有近一半的资金集中在兼并套利上；而一年后，在这一策略上的资金几乎为零，一半的资金集中在可转换债券套利上；到2002年，基金又将投资转向了能源和统计套利。在开业3年内，不凋花基金的回报率为22%、11%、17%，同期的标准普尔500指数大部分时间都在下降。

  然而，尽管不凋花基金有良好的表现，但它无疑有一个致命的漏洞——玛奥尼斯在不同策略分配资金问题上没有一个合理的准则，他只是对最近市场上表现良好的策略增加投资，对表现不佳的方式减少投资。因此，与其说他是在精明地把握市场时机不如说他是在尽力寻找对策以防止利润下滑。玛奥尼斯多少凭着直觉的决策方式给公司带来的危险，最终在一位名为布莱恩·亨特的交易员从事的能源交易中爆发了出来。

从 2004 年加入不凋花公司起，布莱恩·亨特就在天然气交易中脱颖而出。他发现，与可以用油罐车随意运输的石油不同，天然气主要是有管道运送的，供应路线不能随意改变以填补意外短缺地区的需求。一股意外的寒流就会导致家用取暖用气的需求上涨，面对不变的供给，天然气价格会快速上涨。这个时候，天然气期权会暴涨。

亨特一方面买入这些期权，另一方面做空夏季期货合约，同时做多冬季合约。这样，如果冬季天然气合约价格上涨，亨特能获得丰厚利润。果然，2004 年 11 月，天然气的价格比夏季上升了 80%，不凋花获利颇丰。

到 2005 年，由于在其他策略上的投资表现不佳，玛奥尼斯将更多的资金投到了能源交易上。这一个策略在当年意外地获得了巨额回报：8 月，卡特里娜飓风袭击了新奥尔良，导致墨西哥湾地区的天然气钻井毁坏，9 月，丽塔飓风又使美国天然气供应再受打击，天然气价格冲破历史记录。2005 年上半年由于大多数策略表现平平，不凋花基金亏损 1%，到了下半年却上涨了 21%，而同期对冲基金的回报率只有 9%。但不凋花在天然气交易中获利 12.6 亿美元，亨特获得了其中的 1/10 作为奖励。由于亨特的表现，不凋花的资产迅速增长到 80 亿美元，在世界对冲基金中排名 39 位。

在 2006 年初，亨特的成功还在持续，1～4 月，他在天然气上的交易赚了 20 亿美元。然而，随着新的多策略对冲基金的建立，对冲基金投入到能源交易上的资金从 2001 年的约 50 亿美元飙升到 2006 年的 1000 亿美元以上。大量资金涌入的时候，任何对于对冲基金的能源专家说得通的策略，在别人要挤进来的时候几乎肯定都不错，但当这种潮流逆转的时候，就是要崩溃的时候。

到 2006 年 2 月底，亨特持有了 2006 年 11 月在纽约商品交易所交易的天然气期货合约的 70%，以及 2007 年 1 月在纽约商品交易所交易的天然气期货合约的 60%。亨特持有如此巨大的头寸，赌的是天然气价格在 2006 年 11 月将下降，而 2007 年 1 月将上升。到 2006 年 4 月底，亨特持有 10 万份纽约商品交易所的合约，超过该交易所所有未平仓合约的 40%。

然而，市场并不是亨特预想的那样，2006 年温和的冬季减少了天然气的需求，天然气的存储量比前 5 年的平均水平高出 40%。在亨特想卖出一些头寸的时候，市场转向了。但亨特持有的头寸太大，以至于他根本找不到买家。截至 5 月底，不凋花基金就亏损超过 10 亿美元。到 9 月中旬，随着关键的夏季和冬季价格差大幅缩小，基金在一天之内就损失了 5.6 亿美元，这彻底宣告了不凋花基金的末日。最后，在格里芬的大本营公司的介入下，大本营和 J.P. 摩根收购了不凋花基金所有的股份。

不凋花基金公司的崩溃证实，对冲基金已经开始出现泡沫。相对于现有的人才来说，对冲基金增长过快。而多策略模式使得这种危险尤其严重，因为我们不能指望大型多策略基金的老板对他的交易员所冒的风险都了如指掌，尤其在资产迅速膨胀的时候。一旦风险决定委托到交易员，多策略基金就必须应付困扰所有金融机构的委托代理问题。

7. 谁主沉浮：对冲基金行业动荡时期群雄逐鹿

然而，对冲基金的经理们在 2007 年还是获得创纪录的收入。这一年，许多对冲基金获得了历史最佳业绩，基金经理们自然也赚得盆满钵满，其中最著名的对冲基金经理约翰·保尔森收入就高达 37 亿美元。收入排名前 25 位的对冲基金经理平均收入高达 8.9 亿美元，同比增长了 68%。在此期间，股市卖空交易量成倍增长。

美国对冲基金占球对冲基金业的 2/3 左右。在过去 10 年里，对冲基金的年平均投资回报是 10% 左右，而美国 S&P500 指数在这 10 年的平均是负的 1% 左右，特别是在 2007 年 7 月至 2009 年 3 月间，美国道琼斯工业平均价值损失了大约 50%，标准普尔 500 指数下降大约 54%，导致股指急剧下跌就是巨量的卖空。大家知道，全球 95% 以上的共同基金都是跑不赢大市的，可想而知，共同基金的投资回报要比对冲基金差得多。这也是为什么最近几年，对冲基金产品越来越受到大型机构投资者的喜爱。像养老金基金和大学捐助基金在它们投资组合中的对冲基金的资产配置越来越高，从几年前的不到 5% 快速增加到现在的 25% 左右。在 2008 年全球金融危机发生前，对冲基金业的发展达到了历史的巅峰，全球有近万只对冲基金，管理的总资产高达近 3 万亿美元。

2008 年，经济形势峰回路转，市场利率的提高使得多年来一直处于上涨态势的房地产价格暴跌，美国次贷危机爆发并在随后波及全球市场，世界金融危机全面爆发。这给全球对冲基金行业带来了巨大的冲击，许多以往一直都有辉煌业绩的基金经理遭受到重大的损失。芝加哥对冲基金研究机构（Hedge Fund Research Inc.，简称HFRI）的对冲基金指数下跌了19%，为HFRI将近20年来最差纪录。长期以来都是期望获得高阿尔法收益的投资者感到非常失望，并纷纷撤资，对冲基金或者倒闭，或者对撤资加以限制。这一巨大的冲击造成其管理资产的大幅缩水、业绩重挫、和市场重新洗牌。根据HFRI的数据显示，在2008年9月份，整个对冲基金行业的亏损急剧扩大，资产平均缩水4.68%，为该行业有史以来最差月度表现。而从2008年初至2008年11月，整个对冲基金行业的平均累计亏损已达9.41%。HFRI估计，整个对冲基金业管理的资产在2008年第二季度和2009年第一季度内大幅缩水，从2008年第二季度的1.93万亿下滑至2008年底的1.41万亿，并在2009年的第1季度创下自2006年的新低，资产下滑至1.33万亿，自高峰时期下跌了近30%。其资产大幅缩水主要原因是投资损失和投资者资金赎回。

更让对冲基金行业雪上加霜的是，危机期间爆发了美国乃至世界金融史上最大的诈骗案，而制造者便是华尔街教父级人物，前纳斯达克主席，美国当时最大的对冲基金——伯纳德·麦道夫投资证券公司董事长伯纳德·麦道夫。2008年12月11日，因涉嫌进行一项规模达500亿美元的"庞氏骗局"，麦道夫在其曼哈顿的寓所被美国联邦调查局逮捕。这场骗局使投资者损失了近170亿美元的资产，金门资产管理公司、西班牙桑坦德银行和对冲基金Tremont为最大受害者，分别损失了35亿、31亿和30亿美元。麦道夫诈骗案的爆发加剧了投资者的恐惧心理，投资者加速从对冲基金赎回投资。2008年12月，尽管有十几家大型对冲基金暂停了赎回，仍有500亿的资金从对冲基金撤出。

但也并不是所有的对冲基金都在这场史无前例的金融危机中遭受了损失。约翰·保尔森和保罗·佩莱格里尼共同管理的对冲基金——"保尔森信用机会基金Ⅰ和Ⅱ"在次贷危机中成功策划和实施了卖空次贷证券的交易。因此，两只基金分别获得了590%和352%的投资回报，实现了150亿美元的收益，刷新了世界金融史的单笔交易获利记录。此前的记录为索罗斯在1992年狙击英镑时创造的。

2009年，经过2008年对冲基金历史上最惨淡经营后，获得不错的投资回报和资金正流入，整个对冲基金业管理的总资产在2万亿美元左右。HFRI基金权重综合指数（HFRI Fund Weighted Composite Index）显示，对冲基金 2009 年开始反弹，至 5 月份升幅已达 9.4%。2009 年 6 月 18 日，全球主要对冲基金经理聚集摩纳哥参加 GAIM 国际对冲基金会议。会上他们表示，在对冲基金行业 2008 年亏损创纪录新高之后，必须采取措施恢复投资者的信心，对冲基金公司 GLG Partners Inc. 创办人之一拉格朗日（Pierre Lagrange）对与会者表示，必须向投资者证明这个行业能够再次产生绝对收益，必须在 2010 年或 2011 年打个翻身仗。基金经理们表示，减少管理费用是吸引投资者回流的一个方法。投资者也表示，对冲基金公司下调其 2% 的资产管理费及 20% 的利润分成。部分投资者希望借此弥补损失。欧洲最大对冲基金公司 Brevan Howard Asset Management 合伙人 Philippe Lespinard 在会上透露，该公司设立了一个在管理费上作出让步的独立股类，条件是投资者同意在 3 年内不撤资。

2010 年初开始，以索罗斯为首的一些全球最大对冲基金集体加入做空欧元行列，随着希腊危机的加剧，包括鲍尔森公司、SAC 资本、索罗斯基金管理公司等几家重量级对冲基金的代表早在 2 月就达成了一致做空欧元的共识。不过，6 月 1 日的一项行业指标却可能令投资者感到意外，几乎所有的对冲基金策略都在蒙受损失。这项由对冲基金研究公司（HFR）发布的 HFRX 全球避险基金指数显示，5 月 1 日至 27 日，对冲基金资产平均损失 2.7%，是 2008 年 11 月迄今最大降幅，仅略低于雷曼破产期的 3% 市值跌幅，此次亏损吞噬了众多知名基金年初的盈利，其中鲍尔森基金净值下跌 6.9%，SAC 资本缩水 2.9%，仅少数基金盈利，经理人对后市的前景预期未见明显改变。欧洲主权债危机引发股市、欧元和商品暴跌，美国短期和长期国债收益率差也缩窄，道琼斯工业指数创 1940 年迄今同期最差表现。鲍尔森（John Paulson）、培根（Louis Bacon）和哈尔沃森（Andreas Halvorsen）等近乎安然度过 2008 年危机的华尔街对冲基金大亨们，此次均未能再享胜利之果。鲍尔森管理的优势基金（Advantage fund）资产净值截至 5 月 21 日下跌 6.9%，年度迄今下跌 3.3%。另一金融大鳄哈尔沃森旗下的维京全球基金（Viking Global fund）市值截至 5 月 21 日已下跌 3.4%，其 2010 年累计跌幅突破 2.9%。而培根旗下的摩尔资本（Moore Capital）市值截至 5 月 20 日缩水 7.7%，而其今年累计跌幅也达到了 4.8%。回顾以往，这些对冲基金创始以来平均回报率均不低于 20%，上述三位创始人均名列业内最佳长期投资经理人行列。鲍尔森的优势基金 2008 年净值增长 25%，而同期标普 500 指数暴跌 37%，创大萧条迄今最高跌幅。维京全球基金同期上涨 0.1%，摩尔资本跌 4.6%。由科恩（Steve Cohen）创立的

SAC 资本5月损失2.9%，旗下 SAC 资本国际基金年度涨幅收缩至4%。欧洲最大对冲基金 Brevan Howard Asset Management LLP 在5月份损失0.1%。当然，也有少数对冲基金5月盈利，纽约大型对冲基金 Caxton Associates LLC 市值增长1%，2010年累积涨幅已经达到4.5%。总部位于英国伦敦的 Autonomy Capital Research LLP 上涨0.7%，2010年累计涨幅高达12.5%。这些交易都是基于公司对全球经济的预测而进行的。

根据 Hennessee 集团的数据，2010年5月、6月份全球对冲基金分别亏损3.01%及1.35%。而 Eurekahedge 最新发布的数据显示，全球对冲基金在7月份一举转变5、6月份亏损的状况，获得了4个月来最佳成绩。在追踪了全球逾2000只对冲基金进行跟踪后，Eurekahedge 发布的对冲基金指数7月份上涨1.42%。Eurekahedge 分析认为，7月份对冲基金的"翻身仗"得益于股市、大宗商品和债市上涨提升其投资回报。

2010年前半年对全球对冲基金来讲颇为动荡，而7月份统计数据显示，在资产收益和资金流向两个方面，对冲基金终于"翻身"。投资于亚太地区（日本除外）的对冲基金在整个行业内部表现最佳，成为翻身的引擎。对冲基金业在挺过了2008年、2009年低谷后，在2010年上半年逐渐恢复了元气，对冲基金业的平均收益率为10.3%。

能源股、黄金类投资产品得到绝大多数对冲基金经理的青睐。美国证券交易委员会最新公布的文件显示，在2010年第二季度，全球最大的黄金 ETF-SPDR Gold Shares 被对冲基金大腕普遍增仓，而索罗斯麾下基金将黄金 ETF 的资产比重从一季度的7%提升至近13%，加仓近50%后黄金 ETF 成为该基金的第一重仓资产。

在业绩"翻身"的同时，对冲基金行业资产净流入也有明显增加。在经历了3个月零甚至零以下的资产净流入之后，7月对冲基金行业净入资金104亿美元。全球对冲基金管理资产增长181亿美元，使整个行业管理资产规模达到1.52万亿美元。据 HFR 报告，截至2010年末全球对冲基金规模达到19170亿美元，这一规模与2008年二季度的最高点1.93万亿美元距离仅为130亿美元。同时，该机构发布的数据称，与2009年第一季度相比，2010年末对冲基金市场的资金规模增长了近44%，整个对冲基金市场的业绩年均增长10.5%。

然而，2011年是对冲基金下滑的一年。大型对冲基金上半年表现惨淡，逊于美股大盘，面临投资者收回部分投资的巨大压力，其中像对冲基金管理人约翰·鲍尔森（John Paulson），美国另外一个著名对冲基金经理人艾因霍恩（David Einhorn）及路易斯·贝肯（Louis Bacon）管理的投资基金都亏损，表现都逊于主要的美股指数。在半年时点上，对冲基金研究所的初步数据显示，对冲基金平均下跌2.12个百分点，而标准普尔500指数则上涨6个百分点。

在2011年，业绩最佳前25位对冲基金经理平均每人获得5.76亿美元的收入[1]，排名前25位对冲基金经理的总报酬数量为220亿美元，下降了35%，他们收入的下降主要是在毫无生气的股票市场表现不佳。对冲基金经理之所以获得高额的回报费用，是因为他们为投资者提供正的绝对收益，无论市场情形是上扬还是下跌，然而2011年大多数对冲基金经理都没有做到这个。对冲基金IGCI指数（HedgeFund Intelligence Global Composite Index）损失两个百分点，而标准普尔500全年持平。然而，亚洲对冲基金表现不错，据HFR报告2011年亚洲对冲基金业绩超过剧烈震荡的当地股市业绩，同时也是连续第二年对冲基金业绩超过当地股指。在2011年，亚洲对冲基金市场得到66亿美金的净资本新增量，使得整个市场规模扩张了7.5%，从而在2011年年底整个市场规模达到821亿美元。

---

[1] 全球最大的宏观对冲基金布里奇沃特投资公司（Bridgewater Associates）创始人雷蒙德·戴利奥（Ray Dalio），在市场惨淡的2011年斩获138亿美元，个人也将39亿美元纳入囊中，问鼎全球最赚钱对冲基金经理，荣膺《时代》杂志2012年度全球100位最具影响力人物。

第二章

对冲基金：组织、营销、税收与会计要求

- 第一节　概念与特点
- 第二节　组织架构与营业模式
- 第三节　投资者的类型与机构投资者特点
- 第四节　对冲基金的营销策略
- 第五节　对冲基金的费用
- 第六节　披露要求
- 第七节　税收与会计要求

第一节　概念与特点

对冲基金（hedge fund），也称避险基金或套利基金，是指利用期货、期权等金融衍生工具，通过复杂的操作技巧以实现盈利的证券投资基金。意为"风险对冲过的基金"，根据一定的策略投资于一系列的资产组合，使得在市场低迷时能够最大程度上保护投资者的利益，并且在市场情形看好时能够获得最大的收益。它是私募投资基金的一种形式，属于免责市场产品，与私募股权被称为"另类投资"（Alternative investment）[①]。

一只对冲基金的资产净值可能达到数十亿美元，主要来自于大型机构投资者的投资，其中包括养老基金、大学捐赠基金以及基金会等[②]。在世界范围内，截至2011年2月，大概有61%的对冲基金份额来自于机构投资者。以2009年全年的数据来看，机构投资者所持有的所有资产与资金中，1.1%属于对冲基金。全球对冲基金产业的价值估计为1.9万亿美元[③]。

与共同基金、个人养老保险账户、个人投资账户以及其他传统账户相比，对冲基金在许多方面有较大的不同，与传统意义上人们所说的基金有本质区别。相较于传统的长期投资基金，对冲基金有着更为广泛的投资与交易范围，并且投资的资产也更为多样，包括股权、债权以及大宗商品；对冲基金可以采用做空等多种灵活的手段进行交易操作。投资经理对某种资产的多头操作意味着其预期该资产的未来价值会增加；反之亦然，如果投资经理对特定资产进行空头，意味着他预期该资产的价值在未来会产生

[①] 它们有一些共同点：组织形式都是私人合伙制，都运用杠杆效应，收取绩效费。然而，它们对投资者承诺是完全不同的。对冲基金是购买市场定价不合理的证券或货币，他们注重数字和心理作用；而私募股权投资基金承诺改善个体公司的表现，安排新的管理层对其加以控制，对包括广告预算和中层管理激励在内的所有东西都改头换面。他们所宣称的是证券并未被错误定价，而管理可以通过一个精明的所有者加以改善（参见：Mallaby, S., More Money than God）。
Anson, Mark J. P. (2006). The Handbook of Alternative Assets. Wiley, John & Sons, Incorporated. p. 123. ISBN 047198020X.

[②] Nocera, Joe (16 May 2009). "Hedge Fund Manager's Farewell". The New York Times. Retrieved 16 March 2011.

[③] "Hedge fund industry assets swell to MYM1.92 trillion". Daily FT. 24 January 2011. Retrieved 18 March 2011.

下降。大多数对冲基金的目的是无论市场表现如何，都要锁定正的投资收益①。投资对冲基金比其他投资基金更安全，大多数基金的管理人员都会把自己的钱放在基金里，和客户的钱在一起，这样可以保证他们与投资者的利益保持一致，规避利益冲突。

经过几十年的演变，对冲基金已失去其初始的风险对冲的内涵，Hedge Fund 的称谓亦徒有虚名。对冲基金已成为一种新的投资模式的代名词，即基于最新的投资理论和极其复杂的金融市场操作技巧，充分利用各种金融衍生产品的杠杆效用，承担高风险，追求高收益的投资模式。对冲基金日趋显现出几个核心特点。

①投资高杠杆性。典型的对冲基金往往利用银行信用，以极高的杠杆借贷，在其原始基金量的基础上几倍甚至几十倍地扩大投资资金，从而达到最大限度地获取回报的目的。对冲基金的证券资产的高流动性，使得对冲基金可以利用基金资产方便地进行抵押贷款。一个资本金只有 1 亿美元的对冲基金，可以通过反复抵押其证券资产，贷出高达几十亿美元的资金。这种杠杆效应的存在，使得在一笔交易后扣除贷款利息，净利润远远大于仅使用 1 亿美元的资本金运作可能带来的收益。同样，也恰恰因为杠杆效应，对冲基金在操作不当时也往往面临超额损失的巨大风险。

②运用做空策略手段。对冲基金的概念主要是与共同基金相对而言的。对冲基金可以做空，当然它并不是一定要做空。现在有一部分基金只做多，如果它觉得市场不好的话就可以用指数对冲一下，但是并没有被要求一定要对冲，而是它有这样的机会，但共同基金就不可以这么做。

③筹资方式的私募性。对冲基金的组织结构一般是合伙人制。基金投资者以资金入伙，提供大部分资金但不参与投资活动；基金管理者以资金和技能入伙，负责基金的投资决策。由于对冲基金在操作上要求高度的隐蔽性和灵活性，因而在美国对冲基金的合伙人一般控制在 100 人以下，而每个合伙人的出资额在 100 万美元以上②。由于对冲基金多为私募性质，从而规避了美国法律对公募基金信息披露的严格要求。由于对冲基金的高风险性和复杂的投资机理，许多西方国家都禁止其向公众公开招募资金，以保护普通

---

① 真正重要的是如何在牛市期间让资产增值，如何在熊市期间保护投资者免受损失；换言之，重要的是绝对收益，而不是相对收益。

② "Institutional Share Growing For Hedge Funds". FIN alternatives. 10 February 2011. Retrieved 10 March 2011.

投资者的利益。为了避开美国的高税收和美国证券交易委员会的监管，在美国市场上进行操作的对冲基金一般在巴哈马和百慕大等一些税收低、管制松散的地区进行离岸注册，并仅限于向美国境外的投资者募集资金。

④操作的隐蔽性和灵活性。对冲基金与面向普通投资者的证券投资基金在基金投资者、资金募集方式、信息披露要求和受监管程度上存在很大差别，并且在投资活动的公平性和灵活性方面也存在很多差别。证券投资基金一般都有较明确的资产组合定义，即在投资工具的选择和比例上有确定的方案，如平衡型基金指在基金组合中股票和债券大体各半，增长型基金指侧重于高增长性股票的投资。同时，共同基金不得利用信贷资金进行投资，而对冲基金则完全没有这些方面的限制和界定，可利用一切可操作的金融工具和组合，最大限度地使用信贷资金，以谋取高于市场平均利润的超额回报。由于操作上的高度隐蔽性和灵活性以及杠杆融资效应，对冲基金在现代国际金融市场的投机活动中担当了重要角色。

⑤投资活动的复杂性。近年来结构日趋复杂、花样不断翻新的各类金融衍生产品如期货、期权、掉期等逐渐成为对冲基金的主要操作工具。这些衍生产品本为对冲风险而设计，但因其低成本、高风险、高回报的特性，成为许多现代对冲基金进行投机行为的得力工具。对冲基金将这些金融工具配以复杂的组合设计，根据市场预测进行投资，在预测准确时获取超额利润，或是利用短期内中场波动而产生的非均衡性设计投资策略，在市场恢复正常状态时获取差价。

⑥手续费比较高。投资者需要向投资经理支付两种费用，一种是管理费，与基金经理对基金的日常管理活动相关；另一种是绩效奖金，只有在基金的净资产价值高于往年同期时才会支付。通常是，2% 的管理费，20% 的业绩利润分成费①。从表面看来，与共同基金相比对冲基金手续费用太过昂贵，因为共同基金往往收取大约 1% 的管理费。但真正要看谁的收费更不合理，则要区分 α 收益（基于基金经理技能的回报）和 β 收益（基于市场指数的回报）之间的区别。譬如，如果投资者购买的 S&P500 之类简单指数基金赚取 0.5%（即 50 个基点）的回报率，因此积极管理的共

---

① 如果说对冲基金的绩效费似乎导致了过度冒险，那么银行的绩效费要高得多。近年来，投资银行将公司整体 50% 的收入作为工资和奖金发放。尽管这两者不完全可比，但这个比较可以使我们正确看待对冲基金绩效费的问题。对冲基金绩效费的计算是事先拟定的，而银行却有权每年对其加以修改。费用可以改变经理的做法，普通投资者没有讨价还价的权利。投资银行的报酬使其管理人放手一搏，当他们失败时，就会妨害金融稳定（参见：Mallaby, S., More Money than God）。

同基金收取的1%的费用则实际上有50个基点是针对超额利润的。大量的研究发现，共同基金经理整体来说没有战胜市场。因此，他们收取50个基点的费用，却没有提供任何回报，其每单位超额利润的费用实际是无穷大。即使平均来说，积极管理的共同基金收费过高。

第二节 组织架构与营业模式

1. 组织架构

虽然对冲基金经常被投资者认为是提供回报的投资组合，但是其往往由多个业务组成，所以对冲基金的结构和劳动分工并不是任意而为的，其组织结构的设计需要满足所有投资者的有限责任和有效税率。关于对冲基金的组织形式，理论上具有如下多种形式。

① C类公司

对于大多数人来说，最熟悉的组织模式当属C类公司制。在美国，绝大多数的大型企业和许多中小型公司均采用C类公司制结构，这种类型的机构也常常应用于其他国家。公司制的核心在于出售普通股的所有权，并且可以有无限数量的股东。这种对冲基金的投资者在初始投入之外，不能追加更多的投资，因此这类对冲基金往往在收入税较低，甚至是没有收入税的地区比较常见。

然而在美国，对冲基金却较少采用C类公司制结构，原因在于双重课税政策。因此对冲基金的管理公司与其管理的资产是相互分开，相当于独立于管理的资产之外，成立的公司结构。

② 专业公司

专业公司是由一些各个领域的专业人士组成的公司，包括医疗、法律、金融服务、建筑以及其他相关领域。对于专业公司的法律法规，美国不同的州往往不尽相同，有一些州允许对冲基金的管理公司以专业公司的形式运营，但是不太可能允许对冲基金所投资的资产以该种形式存在。

【3】 有限责任公司

有限责任公司在对冲基金领域是一种比较新颖的组织模式，美国的50个州中已经有48个州通过了这种组织形式的法律。它以公司制或是合伙制进行缴税，在实际情况中，大部分有限责任公司都视作合伙人形式加以征税。有限责任公司的组织结构还允许任何投资者，甚至是基金的发起人和管理者，只承担有限的投资风险责任。

【4】 独资

如果发起人没有声明任何合伙制或是公司制的结构，那么就会被默认为独资形式。个人独资形式的企业会让个人承担无限制的责任，因此尽管独资企业具有其明显的税收优势，但是由于其风险性，很少被对冲基金所采用。

【5】 合伙制

对冲基金行业中的合伙制主要有两种形式，这两种形式非常的类似，仅仅有一些微小的变化。合伙制的各方被当做一个整体进行征税，默认为两个或是更多的个人或企业进行合作，创建一个共同的业务。合伙制关系在缴纳税费时，可以报告或是不报告自营业务的收入，以下是两个最为基本的合伙制结构。

（一般）合伙制：一般合伙制通常只涉及一类合伙人，但是必须至少有两个合作伙伴。比如，合伙制会计师事务所是由两个或两个以上的注册会计师组成的合伙组织。在合伙制形式下，当合伙制事务所发生索赔案件时，合伙人首先以事务所的合伙财产按其承担债务的比例来清偿。如果不足，则要以个人财产或家庭共有财产来清偿，并且各合伙人之间承担连带责任。合伙制可以有效避免双重征税，所有的合作伙伴承担完全相同的责任和义务。对于对冲基金来说，这就意味着当对冲基金出现大幅亏损时，投资者承担的负债很可能会超过其在对冲基金中所投入的初始份额。

（一般）有限合伙制：类似于一般合伙制，除了具有无限合伙责任的第一类合伙人之外，还有第二类合伙人，他们的责任不会超出他们的初始投资之外。有限合伙制度之中，至少需要一个普通合伙人和一个有限合伙人。对于对冲基金来说，有限合伙制是一个非常适合的组织结构，原因在于除了避免双重征税之外，还使得对冲基金的投资者只承担有限责任，而让普通合伙人承担对冲基金的责任和义务。

6 有限责任合伙制

有限责任合伙制非常类似于一般有限合伙制，但是一般用于专业人士所在的机构，比如会计师、律师或是建筑师。有限责任合伙制会计师事务所，融合了合伙制会计师事务所和有限责任会计师事务所各自的优点，摒弃了它们的不足之处，是二者优化组合的结果。当一个合伙人或者数个合伙人在执业活动中因故意或者重大过失造成合伙企业债务时，应当承担无限责任或者无限连带责任，其他合伙人以其在合伙企业中的财产份额为限承担责任。加利福尼亚是第一个允许这种结构的地方，迄今为止只有极少数的国家和地区允许这种形式的存在。虽然它有税收优势和有限责任，但是却不能用于对冲基金的资产，原因在于对冲基金的资产往往根本就没有多少雇员在其中。

虽然以上众多形式可以作为对冲基金的组织形式，但有限合伙在其诞生起的短短几十年间风靡了世界各国的风险投资行业，在有"风险投资的摇篮"之称的美国，更是迅速占据了90%以上的市场份额。有限合伙制实现投资者与创业者的最佳结合，尤其适合于风险投资。一方面，有资金实力者出于谨慎，不愿投资于需要承担无限责任的普通合伙企业，而公司制中所有权与经营权分离可能导致的经营者道德风险也令其望而止步。另一方面，拥有投资管理能力或技术研发能力者往往缺乏资金，愿意以承担无限连带责任为代价取得资金管理权，在承担较高风险的同时，在项目成功以后，获取高于其出资额数倍以至十倍以上的高额利润。有限合伙制度完全契合了这两种市场需求，确保了资本、技术和管理能力的最佳组合，实现效益最大化。我们知道，进行投资活动尤其是风险投资需要两个因素：一是要有资金，二是要有投资管理人才，其能辨别有盈利潜力的项目。但是在现实社会中，能够管好投资的人不一定有钱，而有钱的人不一定会投资。在这种情况下,采用有限合伙的管理架构,就使得这两部分能够结合起来。有限合伙主要适用于风险投资,由具有良好投资意识的专业管理机构或个人作为普通合伙人,承担无限连带责任,负责企业的经营管理,而作为资金投入者的有限合伙人享受合伙收益,对企业债务只承担有限责任。除了上述主要的优点外,有限合伙还具有如下许多优点。

①独特的多重约束机制。一是普通合伙人承担无限责任;二是由于合伙期一般只是一个投资期,对于需要不断筹集新资金的风险投资家来讲声誉可谓至关重要,努力保持和提高自己的业绩成了一种外在的激励和约束;三是有效的监督制度。由投资者组成的顾问委员会实施监督,限制普通合伙人损害投资者的利益。

②灵活的运作机制。有限合伙以协议为基础,很多方面可以由合伙人协议决定,这更适合投资者的各种不同需求。风险投资的领域很多,各领域风险情况也不一样,所以必须有一个比较灵活的组织管理体制,才能够应对这样的风险,以减少损失。此外,合伙企业的信息披露义务远比公司宽松,仅以满足债权人保护和政府监管为限,这种商事保密性对出资人更具有吸引力。

③优惠的税收政策。因为有限合伙制无需缴纳公司税,只缴纳个人所得税,避免了公司制下双重纳税的弊端,有效降低了经营成本。

④便捷的退出机制。有限合伙人转让其合伙份额不会影响有限合伙的继续存在,这为风险投资提供了一条较之公司股份发行上市更为便捷的退出通道。

2. 营业模式

[1] 有限责任制的营业模式

投资者购买公司股票相当于对公司的股权进行投资,而公司在股权之外往往还发行债务。负债的存在产生了杠杆,因为资产的总价值已经超过了公司权益的价值。如果不出现违约的情况,那么资产价值的提升将全部由股权持有者获得，反之亦然，资产价值的下降也将全部由股权持有者承担。然而有的时候，股权价值的下跌幅度超过其原有价值，如果损失超过了公司的股本，那么债权持有人由于不能追加更多的投资，也要开始承担与股权持有人相同的损失。

对于杠杆投资的资产池来说，非常适用于这种组织管理结构。类似于一个公司，对冲基金在有限责任投资的情况下，也可以使用杠杆，但是即便是在基金出现违约的情况下，投资者也不可以在原始投资额之外追加投资。另外，形成杠杆的融资被视作公司借贷。

事实上，对冲基金在资产上的投资是多于其自身所拥有的资本的，因此持有空头。如果损失超过其自有资本，那么就一定有其他方承担这个损失，其中包括有担保和无担保贷方。有担保的贷方由于有抵押物，那么其遭受损失的可能性就大大降低了。因此当对冲基金的损失超过其自有资本，那么这些损失往往是由无担保的贷方承担。

[2] 公司制与合伙人制的责任分配

作为公司制的对冲基金，当资产价值下降时，首先遭受损失的是股东权益持有人。只要损失没有超过股权价值，那么债权人就不会承担损失，当然在资产价值上升时也不会获取收益。但是如果资产价值持续下降，股权持有者又不能追加投资，那么债权人就要开始承担损失，并且无法收回。当公司制的对冲基金破产后，债权人便成为公司的实际持有人。

而在合伙人制企业中，所有合伙人都对企业的负债负有责任，并且无论损失之前他们的初始投资有多少，他们的最高损失额度都是其净现值。如果是有限合伙制，那么一般合伙人在损失超过初始投资时，需要追加投入，而有限合伙人则不需要。

[3] 多种营业模式的混合

在有限合伙制中，一般合伙人仍然负有无限的责任，但是公司的所有者不希望总是追加投资于公司中，他们希望将潜在的责任限制在初始投入到公司的额度里。一种可能的有限合伙人结构，是另一个公司当做其普通合伙人，通常离岸的基金采用这种方式。对于美国国内的对冲基金，或是其他任何征收公司收入税的国度，这种结构最起码可以使有限合伙人有效地避免了对投资回报的双重收税，同时如果作为普通合伙人的那家公司是有限责任公司，那么这个普通合伙人同样地避免了投资回报的双重征税。

【4】 常见的对冲基金模式

在20世纪90年代初，美国最为流行的对冲基金模式是一家公司同时作为基金管理者和普通合伙人，而投资者是以有限合伙人的身份进行投资。经过后来的发展，对冲基金的管理模式发生了些许变化，现在最为常见的对冲基金模式中，往往由一方持有投资资产，而另一方作为管理者。管理公司往往会聘请基金经理、市场营销和后台运营等人员。基金经理从对冲基金中独立出来，因为他可能同时管理着若干只基金，每一只基金都有不同的普通合伙人做支持，所以不同的对冲基金之间的违约或是破产不会产生相互的影响。除此之外，随着有限责任制结构的日趋完善，可能在未来的组织结构中，普通合伙人的角色将日益淡出，取而代之的是对冲基金中的各方，包括股东和投资者，都享有相同的有限责任。

第三节　投资者的类型与机构投资者特点

1. 投资者类型

通常，对冲基金的投资者主要是由个人投资者、基金的基金、退休基金、公司、捐赠组织与基金会等构成。上个世纪90年代，多数对冲基金投资来自财富净资产为正值的高净值个人，但近年来，来自退休基金、大学、捐赠和慈善组织等机构投资者的投资比重不断上升，并超过高净值个人投资者比重。从净投资数据看机构投资的增加更为明显，美国机构投资者创造的对冲基金投资净额从2000年的2%上升到2005年的近40%，至2011年的61%。2005年来自美国的机构投资者占全球机构对冲基金投资的41%，欧洲和日本投资者占44%。

对冲基金的投资者主要有以下类型（图2.1）。

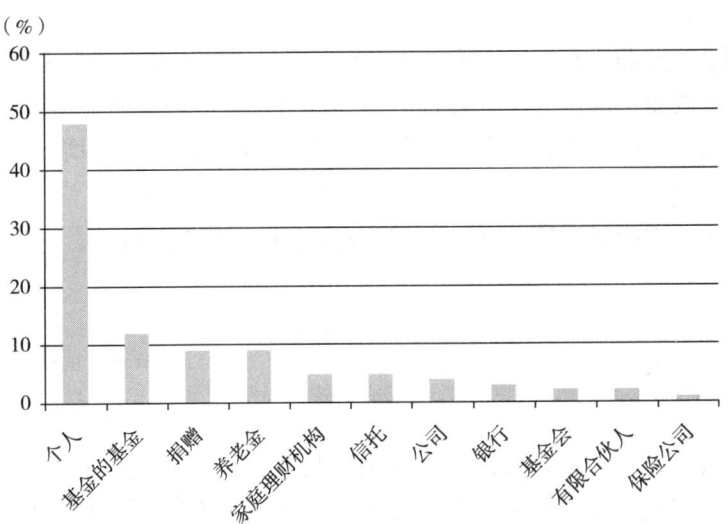

图 2.1　对冲基金的投资者类型

① 个人投资者

在美国，个人投资者是对冲基金所有投资者中占比最大的一个群体，也是最早开始投资于对冲基金的群体，是对冲基金在市场营销、投资策略、税务报告、公众政策中所考虑的最为重要的一部分。一般情况下，人们会认为个人投资者在投资对冲基金时，有着较为容易理解的动机，因为他们有着大抵相同的回报、风险和税收的关注，然而，事实上他们的利益着眼点与其他类型的投资者有着较为显著的不同。个人投资者一般比较喜欢直接投资于单一的对冲基金产品，而其他类型的投资者则比较喜欢投资于多种对冲基金产品。不过，现在个人投资者已经逐渐趋向于多元化他们的投资。

② 家族理财机构

家族理财机构是指一群投资者以及他们聘请的投资顾问、税务审计师、房产规划师以及法律顾问等。家族理财机构已经存在了近百年，专门负责打理非常富有家族的子孙们，同时他们还要负责管理经营家族的资产。通常家族理财机构只为关系亲密的家族提供服务，当然也可以应客户的需要而设立。

当然，并非所有的家族理财机构都是理想的对冲基金投资者。一个家族理财机构很可能服务了好几代的家族成员，他们拥有的财富或多或少，而且有着不同的风险容忍度、税收敏感度，然而家族理财机构却不得不去适应这些变化。对于对冲基金来说，要有更好的适应能力。不过好处在于从一个家族理财得到的投资，相当于从多个富有的个人得到数笔价值可观的投资。

【3】 基金会

一般情况下，基金会都可以免除对投资回报的征税，基金会是指有一群投资者共同设立的资产池，根据一定的规则和目标，资助特定的活动或组织。捐助到基金会的资本被视作慈善捐助，因此投资回报可以免除相应的税收。而基金会投资对冲基金的原因与其他类型的投资者大体相同，基金会也需要将资产的投资回报维持在一定的水平之上。再加上相应政策规定基金会至少要将5%的资产总额用于其资助活动，所以为了对抗通货膨胀，基金会必须要去的一定的实际回报率。当然其他的原因还包括通过对冲基金与其他资产进行组合，以达到低风险、低波动率以及低相关性。

【4】 公司

公司投资于对冲基金的理由多种多样，有的是通过低波动率和低相关性的对冲基金以提高现金流的回拨率，还有一些包括提高资产回报率或是降低公司对于日常营运的敏感度。公司在对冲基金中获得的收益要支付公司收入税。当这些收入最终支付给股东时，股东仍然要在相同的收益上支付个人所得说，这也就可以解释为什么公司有的时候宁愿支付现金红利给股东，也不愿意将现金投入到对冲基金或是购买股票中去，原因就在于双重征税政策。

【5】 养老基金

养老基金投资于对冲基金的历史相对来说比较短暂,但是发展非常迅速。养老基金所管理的资产已经达到兆亿的量级,是对冲基金最具有发展潜力的投资者之一。养老基金一般非常重视成本控制,因此对于收取较低管理费的基金经理有着强烈的偏好,因此对于管理费用相对较高的对冲基金来说,是一个挑战,再加上养老基金风险厌恶型的投资风格,因此他们更喜欢投资于对冲基金的基金,在实现多元化的同时最小化风险。

【6】 保险公司

保险公司持有巨额的财富,然而却不是对冲基金的大客户。保险公司的基金主要来源于两个方面,同时也是可能投向对冲基金的资金流。一个就是自有资本,另一个就是未付保费,也称作保费预留,这部分主要是要付而未付的保费。保险公司资产负债表上的盈余,均可投入到对冲基金中去,只是现在的情况来看,主体的投资仍然是债券,股权投资也只占了一小部分。同时由于保险公司的费率一般都是最低档,所以和税收很高的对冲基金想结合的话,可以在税收上获得一定收益。

【7】 基金的基金(Fund of Hedge Fund,FOHF)

基金的基金是按封闭式注册登记投资于对冲基金和其他集合投资工具的投资公司,其资产由对冲基金和私募基金的股份构成。FOHF 寻求资产的多元化配置,投资目标倾向于稳定性投资回报,向投资者提供对冲基金更大范围的风险管理方式。大约所有投入对冲基金的机构投资的一半都是通过 FOHF 进行的,其重要性显著上升,2001 至 2006 年,FOHF 管理的资产增长近 4 倍,达 5470 亿美元。从地域分布看,FOHF 大约 1/3 在美国,1/4 在英国,15% 在瑞士。美国 FOHF 管理的资产将近全球 FOHF 资产总值的 50%,单一 FOHF 规模通常大于欧洲。

2. 机构投资者特点

对冲基金的投资者主要是机构投资者，而机构投资者是指符合法律法规规定可以投资证券投资基金的注册登记机构或经政府有关部门批准设立的机构。在证券市场上，凡是出资购买股票、债券等有价证券的个人或机构，统称为证券投资者。机构投资者从广义上讲是指用自有资金或者从分散的公众手中筹集的资金专门进行有价证券投资活动的法人机构。在西方国家，以有价证券投资收益为其重要收入来源的证券公司、投资公司、保险公司、各种福利基金、养老基金及金融财团等，一般称为机构投资者。其中最典型的机构投资者是专门从事有价证券投资的共同基金。在中国，机构投资者目前主要是具有证券自营业务资格的证券经营机构，符合国家有关政策法规的投资管理基金等。机构投资者与个人投资者相比，具有若干显著特征[1]。

【1】投资管理专业化

机构投资者一般具有较为雄厚的资金实力，在投资决策运作、信息搜集分析、上市公司研究、投资理财方式等方面都配备有专门部门，由证券投资专家进行管理。1997年以来，国内的主要证券经营机构，都先后成立了自己的证券研究所。个人投资者由于资金有限而高度分散，同时绝大部分都是小户投资者，缺乏足够时间去搜集信息、分析行情、判断走势，也缺少足够的资料数据去分析上市公司经营情况。因此，从理论上讲，机构投资者的投资行为相对理性化，投资规模相对较大，投资周期相对较长，从而有利于证券市场的健康稳定发展。

【2】投资结构组合化

证券市场是一个风险较高的市场，机构投资者入市资金越多，承受的

---

[1] MN Firzli and V Bazi, Infrastructure Investments in an Age of Austerity: The Pension and Sovereign Funds Perspective, USAK/JTW, July 30 2011, and Revue Analyse Financière, Q4 2011.

风险就越大。为了尽可能降低风险,机构投资者在投资过程中会进行合理投资组合。机构投资者庞大的资金、专业化的管理和多方位的市场研究,也为建立有效的投资组合提供了可能。个人投资者由于自身的条件所限,难以进行投资组合,相对来说,承担的风险也较高。

❸ 投资行为规范化

机构投资者是一个具有独立法人地位的经济实体,投资行为受到多方面的监管,相对来说,也就较为规范。一方面,为了保证证券交易的"公开、公平、公正"原则,维护社会稳定,保障资金安全,国家和政府制定了一系列的法律、法规来规范和监督机构投资者的投资行为。另一方面,投资机构本身通过自律管理,从各个方面规范自己的投资行为,保护客户的利益,维护自己在社会上的信誉。

在对冲基金市场中,机构投资者的作用是不可或缺的。促成机构投资者在稳定市场和丰富金融品种方面起作用的因素有两方面,一是市场的发展的需要,一是机构投资者自身发展的需要。而且推出金融品种的目的也是为了市场的稳定。机构投资者在维护市场稳定方面作用体现在:通过自身的研究力量和信息优势,对各类信息进行真伪辨别,他们选择真正有投资价值的股票,并做中长期持有,这就能够起到抑制市场短期波动幅度过大的作用,而且有利于导入理性、成熟的投资理念,引导广大中小投资者理性投资、鼓励投资、遏制投机,促进证券市场规范、稳健、高效地运作。

第四节 对冲基金的营销策略

1. 对冲基金的市场营销

市场营销对于对冲基金的基金经理来说,是非常重要的一个环节。高效的市场营销可以提高资产规模，这也意味着更高的管理费用。一般基金过往的业绩表现就可以证明其管理能力，但是基金经理仍然要通过市场营销，来向投资者描绘出其过往业绩的具体情况。基金经理需要先设计一个产品，并据此向外推销。营销的过程中，侧重点往往不同，有些注重过往业绩，有些注重投资过程，但一般都会强调其产品的独特性。

对冲基金的市场营销受到相应法律和政策的约束，一般情况下，需要由潜在的投资者来联系对冲基金的基金经理。只有当基金经理与投资者在原来就有过合作关系时，基金经理才可以主动联系投资者。当然基金经理也可以让那些拥有广泛客户资源的机构介绍客户给他们认识，这些机构包括独立第三方的营销公司、经纪商、基金的基金的经理等等。

能够更好的吸引投资者，同时又不违反相关法律的一种营销方式，就是提供与对冲基金相关联的金融服务。比如说收集并发布历史表现数据，但是并不只针对某一只基金，而是发布综合表现，以及相应的指数作为参考。还有一些对冲基金手机研究报告，提供给感兴趣的投资者。为了能够更加有效地进行市场营销，对冲基金也需要制订营销计划，计划中要阐明营销策略与目标，对公司的产品有一个基本的定位，并且对产品所处的市场加以分析，包括市场大小、增长潜力与市场预期。作为营销计划中最重要的一部分，就是识别出潜在的投资者。

2. 第三方营销

由于对冲基金自身的市场推广受到较多的监管和限制，因此独立的第三方市场推广机构便应运而生。这个第三方机构首先必须以证券经纪商的身份在美国证券交易所进行登记，其次必须已经与潜在投资者达成共识或签有合同。这些第三方的营销机构可以牵线搭桥，将潜在的投资者介绍给对冲基金，并且在交易完成之后收取一定的佣金。

事实上，这类第三方的市场推广机构会与对冲基金之间达成排他性的协议，即机构不会为其他同类对冲基金进行市场推广活动，同时对冲基金也不会再找其他机构进行市场营销。但是对冲基金经理可以在不同的地理位置或国度选取最适合的市场营销中介。在收取费用方面，市场营销中介会收取固定费用用来基本的支出，而剩下的部分与对冲基金经理的管理费用成正比，一般情况下为20%，当然这也取决于基金经理与市场营销中介之间的协议与谈判。

采用第三方进行市场营销的好处在于为对冲基金，尤其是那些成立不久的对冲基金提供了丰富的客户资源，有助于他们立足本土市场的同时开拓国际市场，并且帮助基金经理制定详细的市场推广计划，以达到最大的市场曝光。在达成市场推广协议之前，还会对基金进行尽职调查，这也增加了对冲基金的可信度。但是第三方市场营销也存在着一些问题和不足，一个就是费用不菲，尤其是当对冲基金有着非常好的历史业绩时，这笔费用就显得过于高昂。而且如果对冲基金的基金经理可以自己锁定潜在投资者，或者其本身就拥有足够好的声誉来吸引投资者，那么他宁可自己来进行市场营销，也不会与第三方机构分享业绩提成。

市场营销中介会对基金进行尽职调查，而对冲基金在选择合作伙伴时也会进行调研。对于不同的市场营销的第三方机构来说，其资质与能力都有很大的不同。并且双方各自的业务不能产生利益冲突。好的中介机构不仅仅将潜在的投资者介绍给公司，同时还会尽一切可能激励投资者投向该对冲基金，在事后还会花力气与投资者保持良好的关系。一些证券经纪商可以担任市场营销中介，因为他们不仅拥有核心的客户资源，同时还不会违反相关的法律法规，但是它们带给投资者的建议相对客观，在向投资者推荐对冲基金的同时，也提示投资者应该形成自己的判断。

3. 自营销

除了聘请专业的市场营销机构进行市场推广活动之外，还可以使用自己的团队进行市场推广。对于那些业绩出色的对冲基金来说，口口相传是最好的广告方式，也省下了大笔的营销费用，同时使用自己的团队可以自我决策如何进行营销，并且由于对冲基金对于自己的产品定然有着更为深刻和透彻的理解，因此更能展现出产品最好的一面。

第五节 对冲基金的费用

对冲基金的费率结构有很多种，因种类、国家、税收政策等而不同，但是大多数都遵循一个基本的收费结构，就是每年收取 2% 的管理费，并且对资本利得收取 20% 的手续费率[1]。

1. 管理费

一般情况下，管理费都是基于对冲基金资产净现值的某个百分比加以收取。净现值是指一个公司或实体的资产减去其负债之后的价值。这个概念一般用于开放式基金或者共同基金，因为根据美国证券交易委员会的要求，这些基金的份额在进行赎回时，是以其基金净现值为准。其基本概念与公司财务中的账面价值或股东权益类似。净现值可以代表所有公司权益的价值，或者也可以除以投资者持有的流通股的数量，得到每股净现值[2]。

净现值以及其他会计和财务记录活动，均来自于基金记录财务数据的过程，有时也称之为证券财会、投资财会或者资产组合财会。基金财务会计是一套颇为复杂的计算系统，对投资者在基金中的资金流动，以及投资额的增加或是减少加以记录，将基金的投资收入、资本利得、损失以及运营成本钩稽连接起来。基金中的投资额和其他资产通常每日、每周或每月加以计算，取决于基金的种类、监管机构的规章制度或是投资人的要求。这里并没有一个放之四海皆准的方法，在计算基金净现值时能够准确地衡量资产与负债的价值。估值的时候也没有一定之规，取决于具体情况、估

---

[1] Wilson, Richard C. The Hedge Fund Book. Wiley, John & Sons, Incorporated. p. 6. 2010, ISBN 0470520639.

[2] New York Times, "2 + 20, And Other Hedge Math", Mark Hulbert, March 4, 2007.

值的目的以及任何相关的法律条文或会计准则。比如说,在美国注册的开放式基金,只要是纽约证券交易所开放的日子里,每天都会根据基金收盘价计算基金的价值。对于那些在美国登记的货币市场基金,投资价值一般基于摊销成本。一旦估值结束,所有的会计账目准备好之后,就可以用来计算一系列比率与指数,其中也包括了基金净现值。

对冲基金的费率设定不尽相同,一般年度费率从1%～4%都有可能,比较标准的是2%的管理年费。通常管理费是以每年占基金净现值的百分比加以表示,但是在计算或是支付的时候是月度或是季度为时间单位。基金管理费是为了能够支付基金经理管理基金的运营成本。对冲基金的基金管理费近些年来受到严格的监督和管理,一些大型的公共养老基金,比如说非常著名的 CalPERS 养老基金,已经着手开始号召基金经理降低基金管理费率[①]。CalPERS 的全称是加利福尼亚公共雇员退休系统,是一个坐落于加利福尼亚的执行机构,专门负责管理养老基金和医疗福利,为超过160万加利福尼亚公共机构的雇员、退休人员服务。在 2007～2008 的那个财政年度,CalPERS 支付了超过 108 亿美元的退休金,在 2009 年,大概 57 亿美元用来支付退休金。在 2008 年 12 月,CalPERS 筹集了一只全美最大的养老基金,资产总额达到 1792 亿美元。可是即便是这样,相比起它于 2007 年 10 月所达到的最高峰,2606 亿美元,仍然缩水了 31%。CalPERS 素以其股东的激进行为而著称,但凡被 CalPERS 放到关注名单上的股票,均会出现优于其他股票的业绩表现,人们将其称作"CalPERS 效应"。在全球范围内,CalPERS 都被当作投资业内的领头羊,并且被认为是美国最有实力的股东实体。

2. 盈利提成

盈利提成费用是对冲基金支付给基金经理的报酬,以补偿其对基金的日常管理,其报酬多少的计算是基于基金净现值的增长量而决定的,而基

---

① "Hedge Funds: Fees Down? Close Shop". Businessweek.com. 2005-08-08. Retrieved 2010-08-14.

金净现值的增长体现了该基金的投资价值。盈利费用提成被对冲基金的投资经理们广泛使用，一般情况下是将基金净现值的20%提取出来作为盈利提成支付给基金经理。举一个具体的例子，一名投资者在对冲基金中投资了100万美金，下一年中，基金的净现值提升了10%，那么投资者原来价值100万美元的投资，现在就达到了110万美元。对于价值增加的那10万美金中，20%的份额，也就是2万美金，将会作为酬劳交给基金投资经理，因此基金的净现值也相应减少了那一部分价值，使得投资者的基金净现值只剩下108万，在扣除其他任何费用之前，投资回报率就是8%。

对冲基金对超过基本收益的部分，享有提成的权利，通常情况下为20%，有的时候可能高达50%。盈利提成是基金利润的一部分，一般将已实现的利润和未实现的利润一起加总。盈利提成有时也被用来支付员工的红利。在长期的金融危机之中，甚至是消退之后，盈利提成通常会减少。事实上，盈利提成经常被人所诟病，尤其是沃伦·巴菲特，因为这种激励措施只会对盈利的基金经理实施嘉奖，却不会惩罚那些投资出现损失的基金经理，因此从某种程度上鼓励基金经理承担更多的风险[①]。

持有该主张的是赫赫有名的沃伦·巴菲特。沃伦·巴菲特出生于1930年8月30日，他所拥有的头衔包括投资家、实业家和慈善家。他被公认为世界上最成功、最出色的投资家，经常被人们尊称为"传说中的投资者"。他现在是美国伯克希尔·哈撒韦公司（全球知名保险公司）的大股东、主席以及首席执行官。他总是出现在全世界最富有的人名单中。2008年，他被评为世界最富有的人，2011年在富人排名中位列第三名。沃伦·巴菲特有时也被称作"奥马哈甲骨文"或是"奥马哈圣人"，并且以价值投资哲学所闻名。并且他坐拥巨大的财富却仍然过这节俭的生活，为人所称道。沃伦·巴菲特同时也是一位真正的慈善家，承诺在百年之后，将全部家产的99%通过盖茨基金会，捐赠给慈善事业。同时他还在格林内尔大学担任董事会成员的职务。

盈利提成的计算方法有很多种，包括高水标方法、最低回报率方法、计入赎回费用的方法。

高水印：有时也称作损失结转规定，通常用于盈利提成费用的计算。这意味着基金经理只有在基金净现值超过其上一次达到的最高值时，才可以收到额外的收益补偿。举个例子来说，如果基金设立时的基金净现值是

---

① Opalesque, "Incentive fees fall since start of the financial crisis". March 10, 2010.

100美元每股，当在第一年时基金净现值涨到120美元，那么额外的收益补偿就会基于上涨的那20美元。如果下一年基金净值下降到了110美元，那么就不会有额外的收益补偿。如果第三年基金净值涨到了130美元，那么收益补偿的计算只会基于比历史最高值120美元还要多出来的那10美元进行计算，而不会基于全部的收益20美元，也就是从110美元涨到130美元的那部分。这种收费机制并没有提供一个针对投资者的、完全的保护机制，原因在于当基金经理所管理的基金净值损失很多的时候，他完全可以关闭基金，然后重新开放一个新的基金，而不是在没有收益补偿的条件下提升基金的业绩表现。如果重新开放一个新的基金，那么就取决于基金经理是否有能力说服投资者相信他们的投资水平，继续将他们的资本投入到基金经理新开设的基金中去。

最低回报率：是盈利表现提成中的一个概念，是指基金净值的表现必须达到该水平之上以后，才能开始收取基于基金表现的利润提成。这个利润提成可以是向某个指数看齐，也可以是利润的某个百分比。那个指数可以是伦敦银行同业拆放利率或者同类指数，也可以是基金所投放市场的相关指数。第二种计算方法的主要目的是为了奖励那些业绩表现优于市场平均水平的那些基金以及基金经理，而不是那些仅仅依靠市场大势所趋而盈利的基金。以之前的例子为例，当基金这一年的回报率是10%的时候，如果将基金最低回报率设定为4%，那么盈利提成的计算仅仅会以10%超过4%的那部分超额回报而计算，而不是将基金净值提升的10%全部计算入内。由于最低回报率降低了基金费率的计算基数，并且只会奖励那些成功的投资经理，因此受到广大投资者的广泛欢迎。然而，由于近些年来对对冲基金的需求日益强劲，因而越来越少的对冲基金会使用这种费率计算方法以吸引投资者。

赎回费：如果出现投资者在某个时间段内过早赎回了基金份额（通常是一年），或者投资者的投资额超过了初始规定额度的百分比，那么一些对冲基金的基金经理还会收取赎回费用。基金经理收取这个费用的原因是为了鼓励长期投资，而不是短期投资，降低营业额，抑制投资者在基金表现不佳的时候撤出资金。赎回费用的金额往往留在基金中，惠及基金中留下的投资者们。

第六节 披露要求

作为对外发行自己基金份额的一个企业，对冲基金在 1933 年《证券法》管辖范围内，该法要求公开发行的证券必须登记注册，但是几乎所有对冲基金都采用私募形式，即只面向特定投资者发行，同时也不向公众宣传与推销自己的股份，所以对冲基金获得了这项豁免。1940 年《证券交易法》对证券经纪商与交易商进行监管，要求他们成为某个注册国民证券交易所或注册证券交易协会的会员，以确保可以将他们纳入经纪行业自律体系，但是对冲基金一般是被视为交易者而不是交易商，即不代表其他企业，只是为自己账户投资，因此也免于注册。1934 年《投资公司法》对投资公司的登记注册进行监管，但是该法有一项豁免，允许那些投资者人数不超过 100 的私募综合投资组织无需注册即可运作。这里的其他特定条件是指以个人名义投资的，个人最近两年年收入在 20 万美元以上，机构投资者则要求净资产 100 万美元以上。按照这一规定，对冲基金不属于投资公司，因此也不需要注册。1940 年的《投资咨询人员法》规定，向公众表示自己是投资咨询人员的经理，必须向 SEC 登记，而对冲基金经理将自己的服务仅限于自己所管理的综合投资组织，也不公开宣布自己是投资咨询人员，因此又获得了一项豁免。1996 年《国民证券市场推进法》对 1940 年的《投资公司法》作出了修正，无需注册的公司投资者人数限制进一步放宽到了 500 人，条件是投资者必须满足一定的财务要求，即必须拥有价值 500 万美元以上的投资证券[①]。

1. 对冲基金披露的起源

自从全球性的金融海啸爆发以来，对冲基金这个行业就受到了前所未

---

① "Final Rule: Registration Under the Advisers Act of Certain Hedge Fund Advisers; Release No. Release No. IA – 2333; File No. S7 – 30 – 04; December 2, 2004". Sec. gov. Retrieved 2010 – 08 – 14.

第二章 对冲基金：组织、营销、税收与会计要求

有的高度关注。2007年6月份，两家由贝尔斯登运营的对冲基金相继倒闭，预示了金融危机开始的征兆。对冲基金也是最早看出雷曼兄弟陷入危机中的金融机构，并于随后卖空雷曼兄弟的股票，这也被认为是加快了本已十分脆弱的银行走向破产的不归路。之前一段时间，有人向对冲基金提起诉讼，认为他们加剧了希腊债务危机，在希腊很可能违约的信用违约互换市场上进行对赌。当其他欧盟成员国还在担忧希腊债务危机的时候，对冲基金已经将它们的目光投向了欧元交易。针对SAC投资顾问公司、绿光资本、索洛斯管理基金以及保尔森公司在欧元上的看跌赌注，美国司法部展开了一轮调查，以查明这些公司是否合伙一起操控了欧元使其贬值①。

人们对于对冲基金的质疑，使得更多的投资者要求对冲基金进行更多、更全面、更透明的披露，社会舆论的导向也为《对冲基金透明度》法案的出台孕育了丰厚的土壤，该法案赋予了美国证券交易委员会权利，要求对冲基金以及其他私有的基金（包括私募基金、风险投资、房地产）进行登记，并且将它们的投资和投资者这一类信息加以披露。正如法案起草人之一，参议员查尔斯·E.格拉斯利所指出的："如若不是金融危机的发生，这种信息披露的法案是不会受到如此广泛的欢迎的。"与此同时，欧洲方面也采取了相应的举措，希望对对冲基金进行直接的监督和管理，要求基金经理从2012年后半年起，定时向监管机构汇报相应指标②。

2. 披露政策对对冲基金的挑战

在对冲基金蓬勃发展60年之后，潜在的监管与信息披露制度将给对冲基金带来怎样的挑战与成本，尚未得知。在上一个经济周期中，全球对冲基金行业所管理的资产达到了惊人的1.8兆美元，大量的保险基金、捐赠以及富裕人群纷纷将他们的资本注入对冲基金中去。在波动不断的市场

---

① "The Laws That Govern the Securities Industry：The Securities Exchange Act of 1934". Securities and Exchange Commission. Retrieved 29 March 2011.

② Adelfio NE, Griffin N. (2007). United States：SEC Affirms Its Enforcement Authority With New Anti-Fraud Rule Under the Advisers Act. Mondaq.

中，对冲基金所许诺的丰厚收益是让投资者最难以抵挡的诱惑，并且还可以对投资者的资产进行分散化，使得投资回报与市场平均收益相关度较低。尽管现在全球市场的经济形势并不乐观，但是仍旧有超过1000家的对冲基金管理着难以计数的资产。除了收益丰厚之外，由于对冲基金无需进行信息的披露，因此相当于为保险基金、捐赠及富裕人群的财富提供了一个隐秘的去处。

然而，最新出台的法律要求，资产超过5000万美元的对冲基金以及私募基金，每年都要在美国证券交易委员会进行登记，并且提交年度报告文件，包括阐明基金所有人、所有权结构以及投资者人数。法案同时要求基金向美国证券交易委员会基金资产的现值。所有的该类信息都要完全地对市场公开。对于对冲基金来说，这意味着公开了他们如何取得当前资产净值的秘密。对于某些基金来说，可能是非常简单的一个过程，但是对于某些基金来说可能是非常复杂的，尤其是那些流动性较差的投资产品，比如说是信用违约互换。监管机构还会要求基金对资料和文件加以存档、保留。

为了遵守这两个新的条约，复杂的估值以及详细的文件编档，将给基金行业带来巨大的成本。比如说，如果这份法案在美国加以实施，那么会极大地增加大部分基金的后台运营部门，同时还要聘请第三方的专业机构，对估值中的每一个过程加以检验，并参与到文件编档的活动中。同时对于大量数据的维护和组织也牵扯到科技问题。很少有公司在以前的时候就考虑过这些问题，更不要说开始着手解决这些问题了。只有很少数量的公司自觉自愿地逐步采取行动，但是更多的公司仍然需要进行较大规模的重组。

对复杂估值方法的审核带来了额外的开支，许多基金经理同时聘请了独立的风险评估师来监督基金的运营活动，并且向投资者提供详细的更新。对于第三方风险评估机构的需求，以及行政管理和会计的需求正在日益加大。对冲基金对于风险披露的相关服务的需求，较金融危机以前增加了80%。自从2008金融危机发生以来，许多对冲基金决定将它们的运营逐步透明化，以便于重新赢得投资者的青睐。单单那一年中，对冲基金中的投资者从基金中赎回了将近6000亿美元的资本。并且从2007年年底开始，对冲基金以及基金的基金的数量下降了将近20%。

3. 信息披露政策对投资者的影响

与对冲基金打交道的机构投资者有他们自己的办法和资源，使得他们的需求信息被公众所熟知。从金融危机发生以后，对冲基金加强了他们信息披露的强度，并且降低了管理费率。而投资者在将资本投入到对冲基金之前，也加强了相应的尽职调查工作，同时基金经理也再次将投资者关系维护视为最重要的工作。投资者也逐渐向更大型的对冲基金聚集，因为大型的基金有更充足的实力以满足投资者对于会计、透明度的要求。规模较小的公司也可以借着这次新法案出台的机会，获取更多的投资者资源。基金的基金也不甘躲在后台，而是积极地帮助投资者选择将资本投入到哪一个对冲基金中去[1]。

以现在的形势看来，监管机构是不太会放弃对更加透明化披露的诉求，那么对冲基金只有遵守这个游戏规则而别无选择。其实，无论监管机构是否会强制要求对冲基金进行信息披露，对冲基金都会面临来自衣食父母所施加的压力：投资者。以前投资者对于对冲基金信息的不完全披露，通常采取睁一只眼、闭一只眼的态度，主要原因是对冲基金能够给他们带来高达两位数的投资回报收益率。但是现在面临着两位数的收入损失，投资者则不得不要求了解基金运行的具体情况。

因此许多对冲基金公司为了重新赢得投资者的放心，纷纷加大了基金管理的透明度。人们已经达成了广泛的共识，认为基金监管的时代马上就要来临了。可是这对对冲基金这个行业又有着怎样特殊的含义，毕竟在金融海啸中这个行业经历了一股投资者撤资和基金倒闭的浪潮。基金该如何应对更加严格的监管法制；透明化的披露体制是否会制定成法律条文，或者仅仅是对基金行业带来难以预期的负面效应；对冲基金能否逐步扭转其在投资者以及监管机构心中的负面形象，值得深入探讨。

---

[1] Carrie Johnson, "Scrutiny Urged for Hedge Funds" The Washington Post (June 29, 2006). Retrieved March 1, 2011

第七节　税收与会计要求

1. 税收要求

对于对冲基金的课税，其实是整个税收体系的一个组成部分，对冲基金并非税法当中的一个专门主体类别。在很大程度上，之前讨论的各种对冲基金的组织结构，最主要考虑的问题，实际就是税率问题。税收安排不仅与对冲基金的运作、投资和收益相关，与个人所得税、企业所得税等多方面的法律规定也紧密联系。2007年，对冲基金行业的代表Fortress集团上市，使得对冲基金的有关税收问题迅速成为美国政界和金融界争论的焦点。

【1】纳税主体

以对冲基金行业中最为常见的合伙人制度为例，对冲基金的各项收入和费用流经到各个合伙人的账户上时，不仅将相应的数额计入合伙人的账户中核算，并且合伙人从合伙企业所分配到的所得的种类特征也会体现出来。在美国的税法当中，对不同种类所得的征税方法有很大差异。如果所得税的种类在"流经"原则下得以保留，那么合伙人就可以以合伙企业获得收入的种类来申报有关税收。例如，合伙基金收取的管理费，分配给普通合伙人后，普通合伙人需要将其作为一般收入纳税，刨除相关费用支出后，适用最高达35%的税率。如果是一年以上的长期投资收益分配给合伙人，那么合伙人可能只需按照15%的税率来纳税。

普通合伙人一般是个人，适用个人所得税的相关规定。有些时候，私募基金中的普通合伙人也可能是企业，包括美国的有限责任公司或有限合伙企业。有关收入会"流经"到作为普通合伙人的企业或公司账户上，然后这些企业再根据"流经"原则，将所得分配到最终的纳税人账户上。

而有限合伙人才是基金募集资金的主要来源。对于私募基金来说，主要的投资者包括公共养老基金、私人养老基金、大学捐赠基金、保险公司、资产管理公司等。其中，养老基金和捐赠基金是免税机构，无需缴纳联邦所得税。在有限合伙型基金的"流经"原则下，免税的投资者所获得的资本利得无需承担任何税收方面支出。然而，这种免税的规定也有例外的情况，其中最重要的就是所谓的"无关业务收入"。一般来说，免税机构参与到一些合伙企业当中的目的是为了获得资本利得，那么一些所得可能并非来源于投资，这样便构成了无关业务收入。如果利用了债务杠杆扩大了资本利得，便会形成所谓的"无关债务收入"，这也是无关业务收入的一种类型，免税机构也需要为这类收入缴纳所得税。税法规定，如果养老基金、捐赠基金和慈善基金等机构获得了包括无关债务收入在内的"无关业务收入"，那么这种收入需要缴纳所得税。对于慈善机构来说，无关业务收入对其税收负担影响巨大，因为只要存在一笔无关业务收入，则该机构的所有收入都必须缴纳所得税。

对于投资对冲基金的机构来说，无关债务收入一般是很难避免的，因为绝大部分对冲基金会通过债务杠杆来扩大头寸规模，而承担巨额负债开展收购更是私募股权基金中的主流投资模式。为了继续获得税收方面的减免优惠，大量的免税机构通过离岸的企业间接投入到基金当中，这些离岸企业一般注册在开曼群岛、BVI、百慕大等免税地。离岸企业被称为"隔离公司"。对冲基金的各类收入，通过"流经"原则计入离岸的隔离公司的账上，而免税机构仅通过隔离公司获得收益，相当于股息或资本利得，依然可以免税。

【2】 应纳所得税的分类

对应纳所得税进行严格分类是美国个人所得税的一个重要特点，也在很大程度上影响着对冲基金普通合伙人的税收负担。美国的应纳税收入分为三大类，分别为工作收入、资本利得和消极收入。

工作收入是个人收入当中最常见的部分。工作、经营小型企业、提供咨询服务甚至赌博所产生的收入都被看成是工作收入。工作收入所面对的税率在三类收入当中是最高的，但因获得工作收入无须投入初始资本，使得大部分人主要依靠工作收入来生活。

资本利得是以高于买入成本的价格出售投资物所获得的收入，也被称为"投资收入"。产生资本利得的行为包括：交易纸面资产，包括股票、债券、基金份额、ETF、定期存单、国库券、货币或其他形式的期货或衍生产品；买卖房地产；买卖其他资产，包括古董、汽车或其他产生价值升值的收藏品。

消极收入是从购买或创造的资产当中所获得的收入，但获得这种收入并不需要纳税人持续地投入时间和精力。比如，购入房屋用于出租，或者拥有一个独立于自己工作的生意，即使纳税人不花时间打理这项生意，它也可能为纳税人提供收入。

与对冲基金相关的收入类别主要是工作收入和资本利得。普通合伙人收取的2%的基金管理费，将按照"流经"原则直接计入普通合伙人的账户。这种收入属于工作收入类别，按照最高35%的累进税率征收。除了管理费之外，有时基金也会向被投资企业收取咨询费、服务费等，形成的收入亦作为工作收入。对冲基金因为存续期较短，往往会开展短期投资，那么投资所形成的资本利得将无法享受长期资本利得的优惠税率，而会按照与工作收入相同的税率缴纳资本利得税。

【3】资本利得的长期与短期

根据持有证券的时间分为长期资本利得和短期资本利得，并适用于不同的税率，充分发挥了美国的税收政策对交易行为的调节作用，使得追求长期资本利得的投资行为更具吸引力。投资者不仅关注基金投资的税前回报，更注重税后回报的收益，因为在税收政策的调节作用下，不同的投资行为影响了税后的真实收益。

美国现行税法明确规定，对持有时间不超过12个月的资产的资本利得，适用所得税累进税率；对持有时间超过12个月的资产的资本利得要征收资本利得税，普通所得适用10%和15%的纳税人的长期资本利得税率为零，普通所得适用其他税率（25%、28%、33%、35%）的纳税人的长期资本利得适用15%的税率。

个人和企业都要为资本利得缴税，但是，对于个人来说，长期投资的资本利得（超过1年的投资）税率较低，2003年，长期投资的资本利得被调降到15%（对于归入最低和次低所得税缴纳人群的两类人，资本利得税为5%）。短期投资的资本利得税率较高，与一般所得税税率相同。然而到2011年，所有被调降的资本利得税率将回复到2003年前的水平，即20%。

被调降到15%的资本利得税率本应该在2008年终止，但在2006年5月被一个新的税收法案延长到2010年。

长短期资本利得的划分依据两个原则：一是根据基金持有证券的期限确定，二是根据投资者卖出或转换基金份额的时间确认。因此，这个政策从两方面鼓励了长期投资行为：首先，投资者更倾向于对长期投资风格的基金进行投资；其次，投资者持有基金份额受税后收益的影响，更愿意长期持有。这不仅有利于基金投资行为的长期化，更为美国证券市场提供了长期稳定的资金，促进了股市的稳定繁荣。

2. 会计要求

虽然对冲基金在会计准则要求上有自己的特点，但是整体而言，还是遵从普遍的会计准则的，以下将以美国的对冲基金为例，分析在GAAP下，对其的会计要求。

① 一致性要求

是指企业的会计核算方法前后各期应当保持一致，不得随意变更。如有必要变更，应当将变更的内容、变更的累积影响，以及累积影响不能合理确定的理由等，在会计报表附注中予以说明，以使得投资者可以利用会计的一致性来进行盈利预测和可信的评估。在一般情况下，企业一经选定某一种方法，就不得随意变动，如果企业在不同的会计期间采用不同的会计核算方法，将不利于会计信息使用者对会计信息的理解，不利于会计信息作用的发挥。在符合一定条件的情况下，企业也可以变更会计核算方法，并在企业财务会计报告中作相应披露。这样有利于提高会计信息的使用价值，防止企业利用会计方法的变动，在会计核算上弄虚作假，粉饰财务会计报告。对于对冲基金而言，此原则同样适用。并且由于对冲基金的投资者的收益主要依靠一定时期内的基金表现，所以坚持会计的一致性原则对于保护对冲基金投资者的利益至关重要。

【2】披露要求

对一般的制造业和服务企业，美国的会计准则要求对其会计科目进行详尽的披露，以便报表阅读人能够很好地了解该企业。对于对冲基金而言，其往往借口过于详尽的披露可能导致信息泄露，不利于对冲基金的投资者，从而规避披露要求。但随着对对冲基金监管要求的不断提高，对冲基金也要求对其投资者和监管机构进行相应的会计披露。

【3】谨慎性要求

亦称稳健性原则，或称保守主义，是指某些会计事项有不同的会计处理方法可供选择时，应尽可能选择一种不致虚增账面利润、夸大所有者权益的方法为准的原则。企业在进行会计核算时，应当遵循谨慎性原则的要求，不得多计资产或收益、少计负债或费用，但不得设置秘密准备。遵循这一原则，要求企业在面临经济活动中的不确定因素的情况下作出职业判断并处理会计事项时，应当保持必要的谨慎，充分估计风险和损失，不高估资产或收到也不低估负债或费用。对于预计会发生的损失应计算入账，对于可能产生的收益则不预计入账。对冲基金也有相应的要求。

【4】收入确认相关要求

美国会计准则要求收入在可实现时进行确认。即当企业已将其商品或劳务用于交换现金；当企业商品或劳务用于交换，所交换的资产可随时转化为书籍金额的现金或现金要求权时，则说明收入可实现；当企业实质上已经完成为获取收入所必须付出的努力（如已向发出商品或提供劳务），预计不再会发生大量售后成本时，即赚取收入的过程已经完成或实质上已经完成。根据这一原则，销售商品而获得的收入一般在销售当日（通常是指将商品发运给顾客的日期）确认；提供劳务而获得的收入一般在履行了为顾客提供服务的责任并构成了向顾客收取服务费时确认；供他人使用本企业资产而获得的收入，一般随着时间的推移或资产的使用程序而逐步确认。一般的企业面对这样的要求往往会有因为不能确认收入实现的时点而难以确认收入的情况，对于对冲基金而言，这种情况不易出现，其收入即为代投资者投资所获得的收入,这部分简单明了,常常在每期的期末入账。

[5] 权责发生制或现金制要求

权责发生制是指凡是当期已经实现的收入和已经发生或应当负担的费用,不论款项是否收付,都应当作为当期的收入和费用;凡是不属于当期的收入和费用,即使款项已在当期收付,都不应作为当期的收入和费用。现金制则不同,又称收付实现制或实收实付制,是以现金收到或付出为标准来记录收入的实现和费用的发生。按照收付实现制,收入和费用的归属期间将与现金收支行为的发生与否,紧密地联系在一起。换言之,现金收支行为在其发生的期间全部记作收入和费用,而不考虑与现金收支行为相连的经济业务实质上是否发生。

一般公司均被要求实施权责发生制,而对冲基金则被要求采用与控制人一致的计量方法,如果控股母公司是采用权责发生制的公司,则对冲基金也需如此,但很多对冲基金的控制人是自然人,因此也会采用该控制人所采用的现金制记账方式。

第三章

对冲基金的投资策略及其收益与风险

- 第一节 投资策略分类
- 第二节 商品交易顾问
- 第三节 对冲基金的收益分析
- 第四节 对冲基金的风险分析

第一节 投资策略分类

从市场角度来看,各对冲基金的区别主要存在于其投资策略不同,以及由此所导致的收益与风险的不同。从投资策略的角度看,全球最重要对冲基金数据库之一的对冲基金研究公司(Hedge Fund Research (HFR))将对冲基金为 30 种;而另外一家重要的数据库 TASS Research 则将将其分为 17 种。学术界对于对冲基金投资策略的分类也是纷繁复杂,不一而足,没有形成统一论调。下面将介绍几个主要的分类方法。

第一,矩阵式分类(Fung and Hsieh,1997[①]),即根据对冲基金的投资风格(style)和标的资产(location)对基金的投资策略进行分类。投资风格是指多头、空头、市场中性或事件驱动;而标的资产是指股票、债券或货币。通过投资风格和标的资产的两两组合可产生不同的投资策略类型。

第二,根据是否是市场中性可将对冲基金的策略划分为市场中性(market neutral)类型基金和趋势驱动类型基金。前者的主要特点为对冲基金的投资表现和整个市场的平均收益关系很小;后者的特点则为对冲基金的投资表现和整个市场的平均收益息息相关。

第三,根据收益与风险的不同可将对冲基金的策略划分为收益增长型(return enhancer)基金和风险降低型(risk reducers)基金(Amenc, Martellini and Vaissié, 2002)。前者主要投资于例如濒临破产的证券或者投资于与某新型市场宏观表现相关的资产,以追求高收益;但相应地,其收益的波动性也较大;风险降低型基金则力图在获得超额收益的同时也降低收益的波动性,此策略类型可被细分为可转换债券套利(Convertible Bond Arbitrage)、固定收益套利(Fixed Income Arbitrage)、多/空头交易(Long/short Trading)以及卖空(Sell Short)等。

第四,根据基金经理采用的分析方法可将对冲基金的策略分为定性

[①] Fung, W., and D. A. Hsieh (1997) "Empirical Characteristics of Dynamic Trading Strategies: The Case of Hedge Funds," *Review of Financial Studies*, 10, 275–302.

（qualitative）策略和定量（quantitative）策略。采用定性策略的基金也被称为作相机决策（discretionary）策略的基金，指根据投资经理自己的判断来进行决策。采用后者的基金则被称为规则型（systematic）基金，指基金经理需要依据数量化的分析和计算机程序作出判断来进行决策。

一般将对冲基金分为六大类：事件驱动型、相对价值型、多/空策略、策略交易型、地理位置、其他。下面表列出四家主要对冲基金指数提供者对于对冲基金投资策略的分类。

指数提供者		CSFB/Tremont	MSCI	Standard & Poor	Hedge Fund Research
策略分类	子类				
事件驱动型		✓	✓	✓	✓
	事件驱动	✓	✓		✓
	事件驱动多头策略		✓		
	并购/风险套利	✓	✓	✓	✓
	濒临破产	✓		✓	✓
	特殊情形			✓	
相对价值型		✓	✓	✓	✓
	套利		✓		
	统计套利		✓		
	专家信用		✓		
	可转债套利	✓		✓	✓
	固定收益套利	✓		✓	✓
	相对价值套利				✓
多/空头		✓		✓	✓
	多空头股票	✓			
	仅卖空	✓			
	股票市场中性	✓		✓	✓
	股票对冲				✓
	多空偏误		✓		
	无偏误		✓		
	空头偏误		✓		
	可变偏误		✓		
策略		✓		✓	✓
	全球宏观	✓		✓	✓
	管理期货	✓		✓	
	多头股票			✓	

续表

指数提供者		CSFB/Tremont	MSCI	Standard & Poor	Hedge Fund Research
地理位置		✓	✓		
	发达国家		✓		
	新型市场	✓	✓		
	全球		✓		
多种策略		✓			

为简单起见，这里借鉴标准普尔的分类方法，将对冲基金策略分为三大类：方向性策略（The Directional Strategies），包括股票多/空头（Equity Long/short），管理期货（Managed futures），全球宏观（Global macro）；事件驱动策略（The Event-Driven Strategies），具体包括困境证券（Distressed Securities），兼并套利及特殊困境投资（Merger Arbitrage and Special Situations）；相对价值套利策略（The Relative Value Arbitrage Strategies），具体包括股票市场中性（Equity Market Neutral），可转换债券套利（Convertible Bonds Arbitrage），固定收益套利（Fixed Income Arbitrage）。图 3.1 给出了 2006 年各投资策略基金管理的资产份额①。从中可以看出，股票多空头和事件驱动策略所占比例较大。

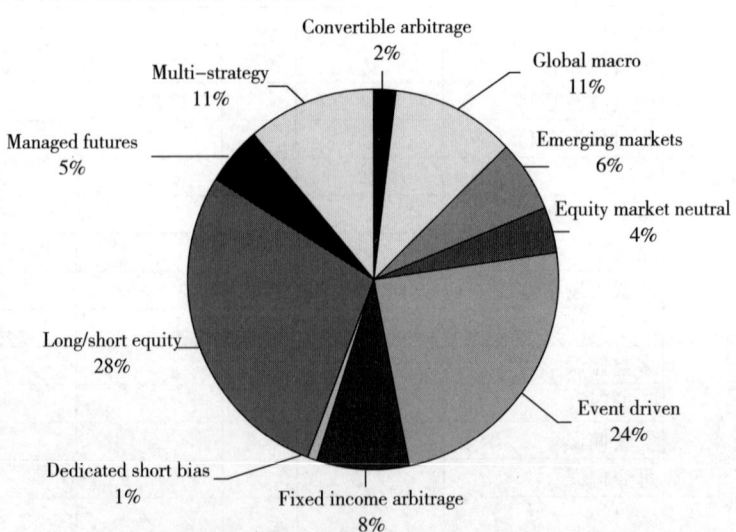

图 3.1　各投资策略基金管理资产份额（基于 CS/tremont 对冲基金指数）

---

① 由于选取的数据源有差异，因此图中的分类和本书中所用分类存在稍许差异。

1. 方向性策略（The Directional Strategies）

之所以将股票多空头、管理期货和全球宏观归为方向性策略，顾名思义是因为投资者在运用这些策略时的关键在于预测整个市场或者某个市场的未来走势，通过对未来价格的判断和预测来赚取利润，因此，预测能力和择时交易是该策略获利的主要因素。这类策略在对冲基金中的使用相当普遍，占比达50%以上。方向性策略可被分为三个子类[①]。

股票多/空头型（Equity long/short strategies）[②]。相对于其他的交易策略，股票多空头策略出现得较早，最早运用此策略的是世界上第一个对冲基金——琼斯对冲基金（A. W. Jones & Company）。其投资信条很简单：股票（多头）组合应该有相应的空头组合来对冲；多方要选择那些认为有吸引力的股票，空方则应选择那些被认为相对没有吸引力的股票。当市场表现良好时，多头价值增长要多于空头而获利；相反的，当市场表现较差时，多头价值损失要小于空头，同样会获利；如果市场呈现盘整趋势，那么获利与否就要取决于多空对比。由于该策略简单、方便、流动性较好，目前仍被广泛运用。

不同于监管当局对传统的共同基金卖空有严格的限制，对冲基金则没有此类限制。因此，资金雄厚、监管较松的对冲基金常采用高的杠杆融资，综合采取相应的多/空头配合策略来获得利润。

采用该策略最为典型的是成对交易（pairs trading），即选择历史上走

[①] 根据上面列表，还有一种策略——仅多头杠杆策略（A long-only leveraged strategy），此策略和普通的投资策略类似，唯一的区别在于大量利用杠杆，风险较高。并不是通常意义上的"对冲"。

[②] 股票多/空头与股票市场中性相似，区别在于并不承诺保持市场中性，从而使基金经理有更灵活的权力，可以使用净多头（正的市场敏感性）和净空头（负的市场敏感性）。此时会有一定的指向性，风险增大，收益增高。股票市场中性（market neutral）是指通过对股票和股票期货或期权进行反向操作，从而对冲掉市场风险，追求绝对价值（α）。这种方法减少了对冲基金的波动性，更好地看出基金经理的选股能力。专注卖空偏误型（dedicated short bias）是指一些应该被卖空的股票价格因不能卖空而高估，可以自由卖空的对冲基金利用这种偏误，大量卖空被高估的股票。

势相同但由于非基本面的原因而暂时产生价格偏离的两个公司,对这两个公司的股票采取卖高买低的策略,等股票回归正常趋势时即可获利,例如对于同一个公司在 A 股和 H 股同股不同价的情况即可采用此种策略。

股票多空头策略从长期来看,是一种非常具有吸引力的策略。从1994~2008 年近 15 年的绝对收益率看,股票多空头策略收益率远超过股票和债券,年平均回报率①高达 10.91%。进入本世纪后,这种领先优势似有扩大趋势。CISDM 股票多空头指数近 15 年的累计回报是标准·普尔 500 指数(或全球 MSCI 指数)的 2 倍多。

从分年度策略表现看,股票多空头策略的绩效与股市表现息息相关。当股市的年化收益率处于两波牛市(1994~1999 年和 2003~2007 年)最高峰时,策略的风险调整收益(夏普比率)也分别达到峰值 5.45 和 4.11。2008 年以来,受次贷危机的影响,全球股市出现大幅下挫,采用股票多空头策略的对冲基金也受到极大的影响,该策略夏普比率创出 15 年来的新低。

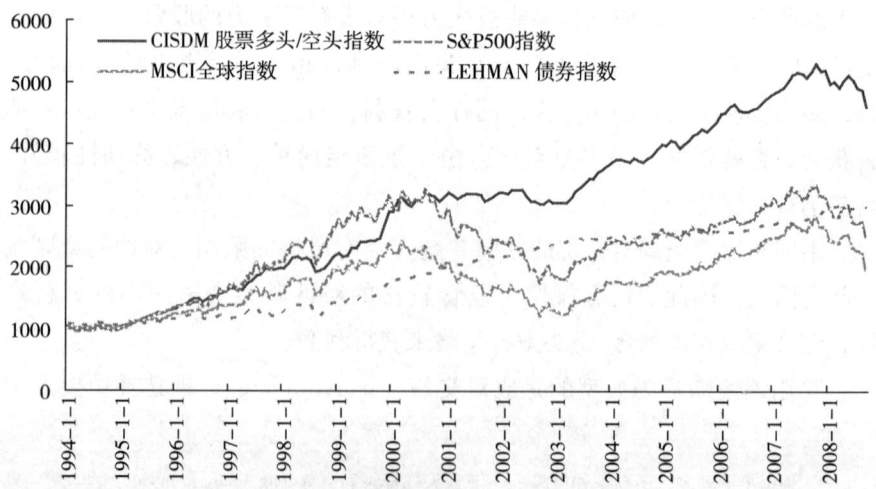

图 3.2 CISDM 股票多空头指数累计业绩表现(1000 元的增长,1994~2008.9)

数据来源:国泰君安证券研究所,BLOOMBERG。

---

① 在 2008 年平均回报率的计算中,我们将 2008 年 1~9 月的收益率年化,下同。

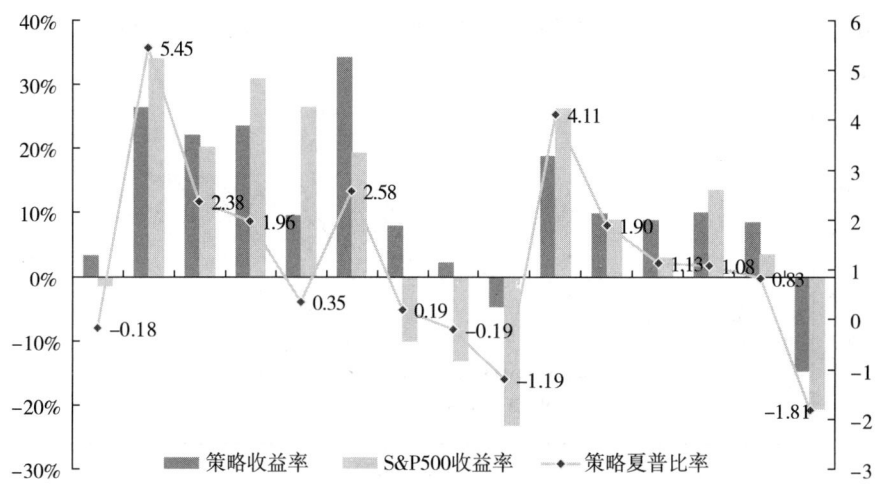

图 3.3　CISDM 股票多空头指数分年度业绩表现（1000 元的增长，1994～2008.9）

数据来源：国泰君安证券研究所，BLOOMBERG。

商品交易顾问/管理期货（Commodity Trading Advisors（CTAs）/Managed futures strategies）CTA 主要是由 NFA（美国全国期货业协会）认定，在 CFTC（商品期货交易委员会）注册并受监管的投资经理人，此类经理人常常使用管理期货类策略。期货投资基金主要有公募（Public Funds）、私募（Private Pools）和个人管理期货账户（Individual Accounts）三个类型。公募期货投资基金类似于国内的开放式或封闭式基金，相对透明，但参与成本高，操作上也没有私募基金和个人管理账户灵活，投资回报率在三者中最低。私募往往采用有限合伙的形式，操作灵活，费用低，适合于高收入的个人或机构投资者，投资者人数和最低出资额都受到严格限制。投资者也可以直接选择一个 CTA 来管理他们的资金，开立个人管理期货账户。投资者直接将账户交由 CTA 管理，实际上相当于购买了 CTA 的交易技能，其好处在于免去公募和私募的管理费。此种策略常常需要计算机程序的帮助，精确预期期货的未来价格走势并且主要关注短期走势。

管理期货的策略绝对收益似乎并不能让投资者满意，从 1994 年至 2008 年 9 月的长期表现来看，该策略并没有显著好于股票和债券指数，甚至在上世纪 90 年代的大牛市中远远跑输了股票指数。不过，从图 3.4 中我们可以看到该策略长期保持了稳定上升的态势。

从分年度表现看，该策略的绝对和相对收益率都具有一定稳定性，与股票和债券指数的相关性极弱。尽管当前的金融危机堪称百年难遇，但该策略依然保持了 11.38% 的绝对收益率和 1.01 的风险调整后收益。

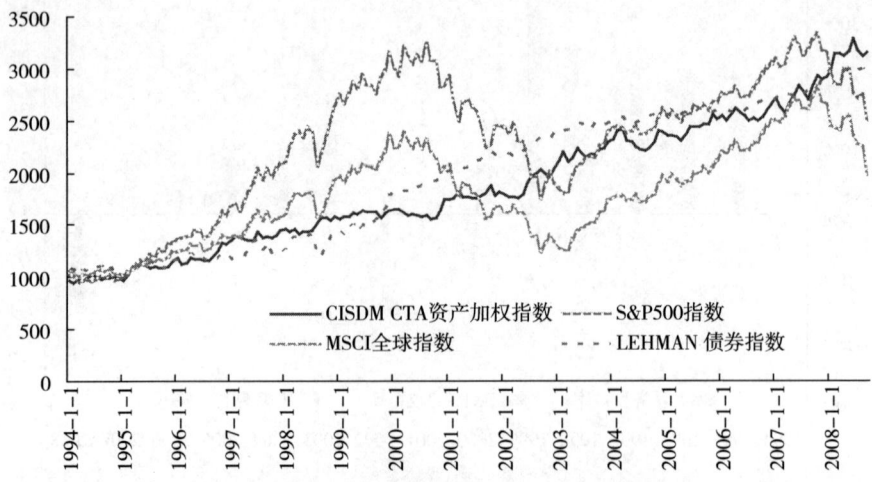

图 3.4　CISDM CTA 资产加权指数累计业绩表现（1000 元的增长，1994～2008.9）

数据来源：国泰君安证券研究所，BLOOMBERG。

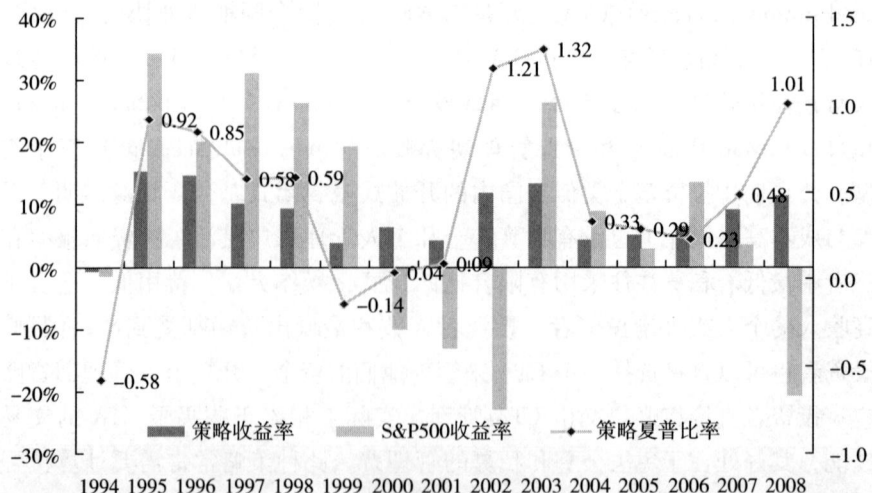

图 3.5　CISDM CTA 资产加权指数分年度业绩表现（1000 元的增长，1994～2008.9）

数据来源：国泰君安证券研究所，BLOOMBERG。

全球宏观（Global Macro）策略是通过研究宏观经济和政治事件对全球投资工具价格的影响，发现错误定价或不同市场间的价差，在该国宏观经济金融政策尚未改变或即将改变前主动出击，甚至可主动投机攻击某一金融市场，来实现获利。例如，1998 年亚洲金融危机中，享誉全球的"量子基金"和"老虎基金"就利用了这种全球宏观的策略。其首先利用外汇抵押贷款、抵押发债市场等取得目标国家或地区的货币资金,建立外汇市场和证券市场上的空仓位并卖空当地货币和债券期货或成分股票,然后利用当地经济基本面存在的问题,制造政府的信用危机;如果当地政府的外汇储备不能支持下跌的汇率而宣布货币贬值,这时就能平仓了结获利。另一著名的例子是日元的套息交易(carry trade),即利用日元利率极低的优势,大量借入日元并投入美国高利息的国库券,只要日元不升值即可大量获利。在1998年中期,de Brouwer估算大约有2亿到3亿美元的资金财投入采取了改种策略进行交易,其中一半来自于对冲基金。

相对于其他两个方向性策略(股票多空头和管理期货策略),全球宏观策略的绝对收益率介于两者之间。上世纪90年代的大牛市中跑输了股票指数,但略好于债券指数;进入21世纪后,该策略的累计绝对收益相对于股票和债券指数的优势渐显。

从分年度来看,全球宏观策路也具有较强稳定性。除1994年和2000年该策略出现了负夏普比率,即使在2008年全球暴跌的背景下,该策略依旧录得正的绝对和相对收益率。

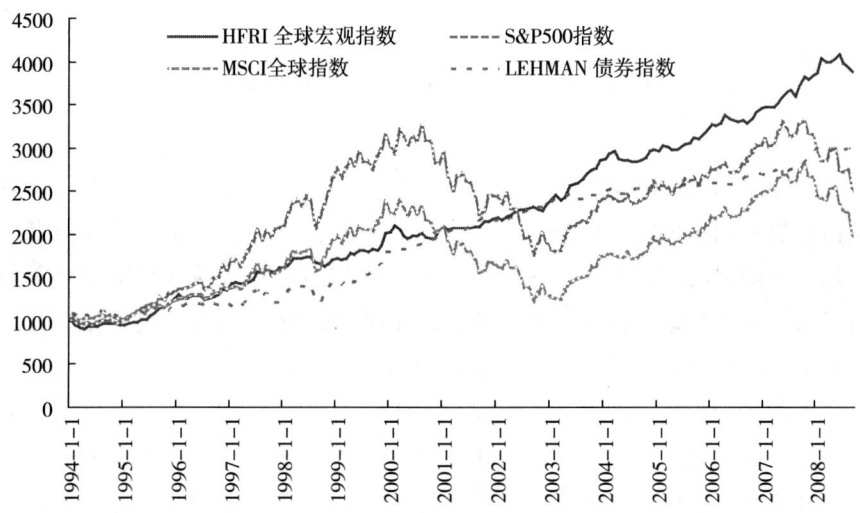

图 3.6　HFR 全球宏观指数累计业绩表现(1000 元的增长,1994~2008.9)

数据来源:国泰君安证券研究所,BLOOMBERG。

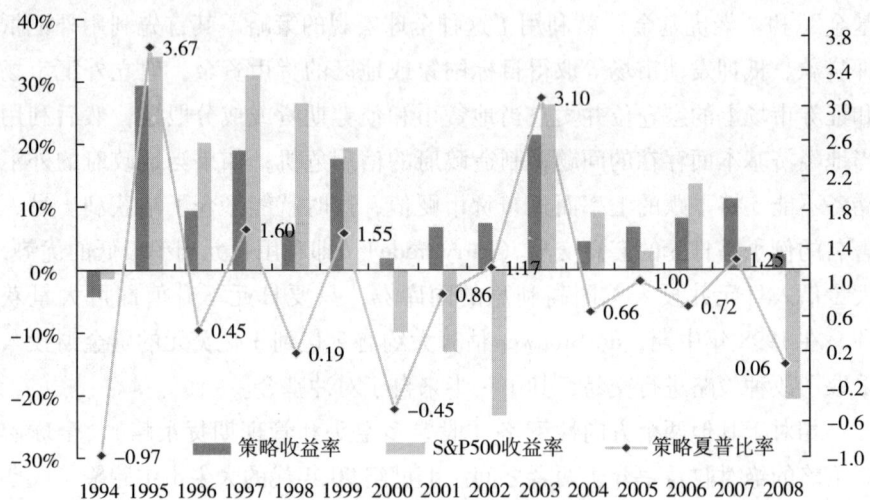

图3.7　HFR全球宏观指数分年度业绩表现（1000元的增长，1994~2008.9）

数据来源：国泰君安证券研究所，BLOOMBERG。

2. 事件驱动型（Event Driven Strategies）

事件驱动型策略主要是指利用目标公司的特殊事件来获利，此类事件包括公司并购、重组、破产、分立、评级升级、盈余公告超预期和股票回购等。根据HFRI的研究，1994~2005年的12年间，表现最佳的基金都使用了事件驱动策略。使用这种策略的基金平均获得了13.3%的回报，在所有策略中排名第二。该策略类型又可分为三个子类型。

兼并套利策略（merger arbitrage）主要关注发生兼并收购事件的公司，此类公司同时包括目标公司和发出要约邀请的公司。该策略的利润获得源泉为并购所产生的协同效应，以及由此所导致的并购公司和被并购公司的股价变化。具体而言，如果高股价公司收购低股价公司，则并购后收购公司的股价将下降，如果低股价公司收购高股价公司，则并购后收购公司的股价上升，基于此，只要采用相应的多策略即可获得利润；此外，由于对冲基金有大量资金，甚至可以通过提前介入以影响股价进而获得收益。毫无疑问，此种方法的风险也极大。例如，监管部门很可能会由于出于对垄断的担心而否定掉并购案;再者,由于杠杆收购需要大量的资金,一旦资金链断裂就会出现并购终止的情况;这两种情况的出现必然使得对冲基金遭受损失。基于此,很多对冲基金同时关注并投资很多潜在的并购公司,以期降低风险。

特殊情况策略(special situations)主要关注特殊情况的事件,如公司分立、回购股票、信用评级调整和一些法律事件等。此种策略的利润来源于对于特殊事件的预测,以及基于此提前做出的多空操作。

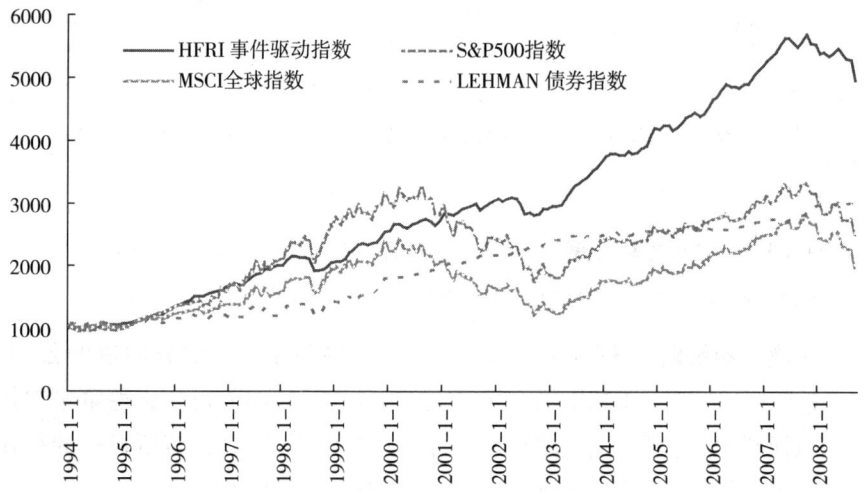

图3.8　HFR事件驱动指数①累计业绩表现（1000元的增长,1994~2008.9）

数据来源:国泰君安证券研究所,BLOOMBERG。

兼并套利以及特殊境况投资策略的绩效和股票多空头类似,两者都具有较高的绝对收益率,在长达15年的时间内,相应的收益率波动性也较大。从15年内的年均收益率来看,兼并套利以及特殊境况策略的累计收益率远高于股票和债券市场,高达11.45%,列各策略绝对收益率之首,但其收益率标准差也较大,达11.71%。

分年度看,该策略与股票市场表现具有较显著相关性。其中,2003年该策略获得最高的相对收益率夏普比率为6.39,1995、1996年该策略的表现也较好。然而,2008年的金融风暴严重拖累了策略表现,其风险调整收益为-1.93,达到历史性低点。

---

① 在HFR对冲基金系列指数中并没有针对特殊境况投资的指数,我们这里用HFR事件驱动指数代表并购套利和特殊境况投资总体的业绩表现。

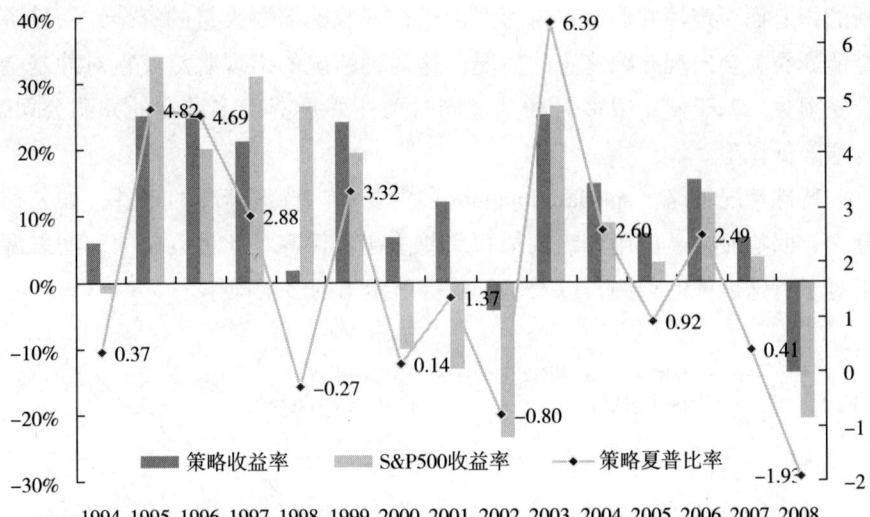

图 3.9　HFR 事件驱动指数分年度业绩表现（1000 元的增长，1994~2008.9）

数据来源：国泰君安证券研究所，BLOOMBERG。

困境证券策略（distressed securities）主要关注陷入财务困境的公司，如由违约风险或是因信用问题而引致出现财务问题的公司。该种策略常投资于包括债券、股票、银行贷款和权证等多样化的资产；其所投资的行业也呈现出多样化的特征，有些基金涉及整个市场，而有些则仅专注于某一个行业。具体而言，如果投资经理预计某家公司未来会有重组，则将持有该公司股票的多头；反之，则会采用空头策略。这种投资策略的获利途径主要来源于普通投资者由于风险厌恶产生和非理性行为所导致的过度反应；对于出现财务困境的债券，普通投资者过度抛售此类证券将会导致价格过度下跌，未来将很有可能出现反转。此外，法律所规定的交易限制使有些投资即使发现了相应的投资机会也无法进行投资，这类投资者如共同基金等。再者，由于此类陷入困境的公司往往不被分析员所看好或被证券公司的研究部所忽略，从而使得该证券的关注较少，进而使得价格被低估，提前介入很可能使得未来会有大量的利润。当然，与此类投资策略所带来的高收益相对应的必然是较高的风险。此类风险可被分为两种。一种是收益风险，即一旦预测失误，陷入困境的公司可能真正破产，这将导致对冲基金血本无归。另一种则为法律风险，该风险指有些国家规定被重组公司的股东在一定期限内不能卖出所持其的股票，这段时间内证券的价格很可反映更多的真实信息，这将导致对冲基金进行套利的可能性下降，甚至出现亏损。这种策略在美国在 20 世纪 80 年代较为盛行；欧洲则由于其破产法相对而言不够透明，其对此限制相对则较少。

困境证券投资与兼并套利以及特殊境况投资同属于事件驱动策略，两者在绩效表现上也具有较大相似性。虽然在上世纪 90 年代也弱于股票指数的走势，但近几年的累计绝对收益率要远好于股票指数和债券指数。在 2003~2007 年期间内的年均收益率高达 15.23%，跃居各策略同期间表现的榜首。

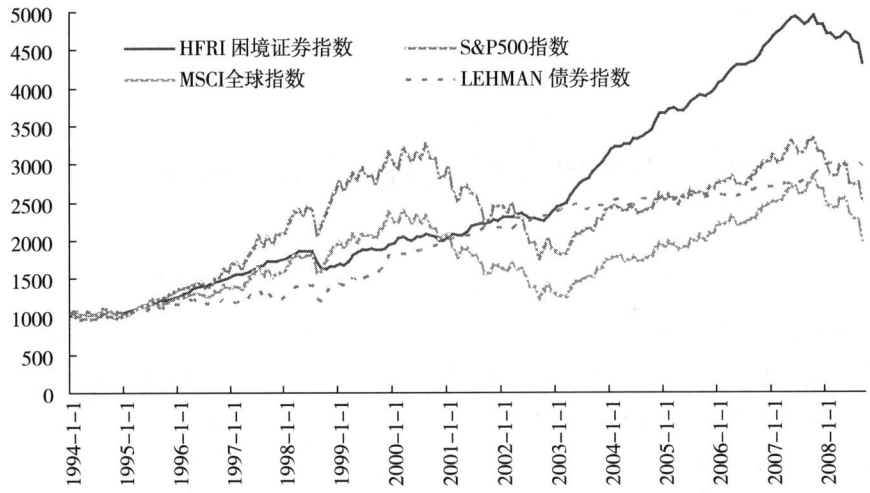

图 3.10　HFR 困境证券投资指数累计业绩表现（1000 元的增长，1994~2008.9）

数据来源：国泰君安证券研究所，BLOOMBERG。

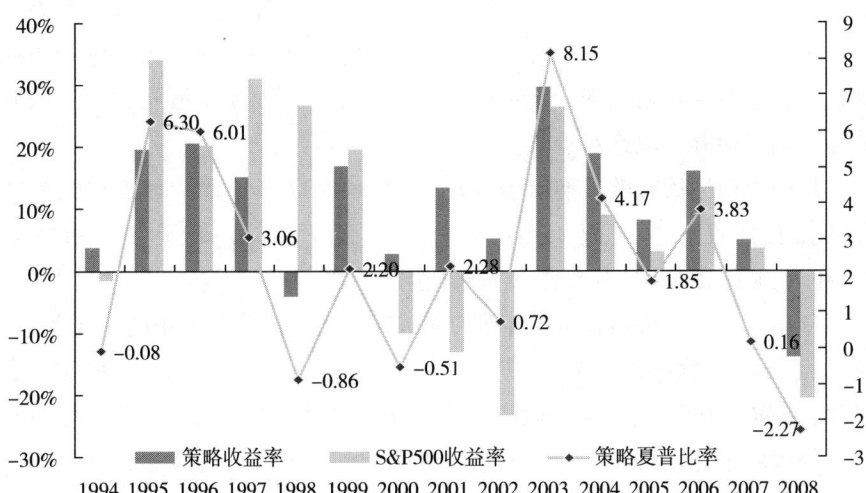

图 3.11　HFR 困境证券投资指数分年度业绩表现（1000 元的增长，1994~2008.9）

数据来源：国泰君安证券研究所，BLOOMBERG。

与兼并套利以及特殊境况投资策略相同，困境证券投资策略在1995、1996、2003年都录得了较高的相对收益率（夏普比率），其中2003年的夏普比率甚至高达8.15；但与兼并套利以及特殊境况投资相比，困境证券投资策略的相对收益率的波动性较大，该策略在1994、1998、2000、2008年均出现负夏普比率值，特别是2008年，该策略收益甚至达到了历史性的低点，在各策略中也是最低的。

3. 相对价值型（Relative Value Strategies）

这类投资策略的核心在于利用相关证券间的错误定价来低买高卖，以便证券在长期中回归正常价格时获利。这类策略同时考虑成对或相关证券，也正因为如此，采用此种策略的对冲基金的收益水平和市场收益的相关性不大，因此该策略也被认为是市场中性策略。具体而言，其可被分为以下三种子策略。

股票市场中性（Equity Market Neutral Strategy）最早由第一只对冲基金的创始人Alfred Winslow Jones提出。该策略通过对股票和股票期货或期权进行反向操作，从而对冲掉市场风险，进而追求绝对价值（α）。这种策略减少了对冲基金的波动性，可更好地看出基金经理的选股能力。例如预期某几只股票将会价格上涨，则买入这几只股票，同时卖出股指期货，以对冲掉市场风险并赚取绝对价值。

从股市中性策略的长期市场表现（1994~2008.9）看，其与股票和债券指数相比在伯仲之间，其年均收益率为7.10%，低于债券指数的7.64%，略好于S&P500指数和MSCI全球指数。

分年度看，该策略在多数年度（除2008年）都能获得正的绝对收益，波动性较小。就相对收益率（夏普比率）而言，该策略最好表现是在1995、1996、1997这三年。近些年，该策略的表现不论是绝对还是相对收益率都远弱于上世纪90年代中期，2008年更是出现了绝对和相对收益率均为负的局面。

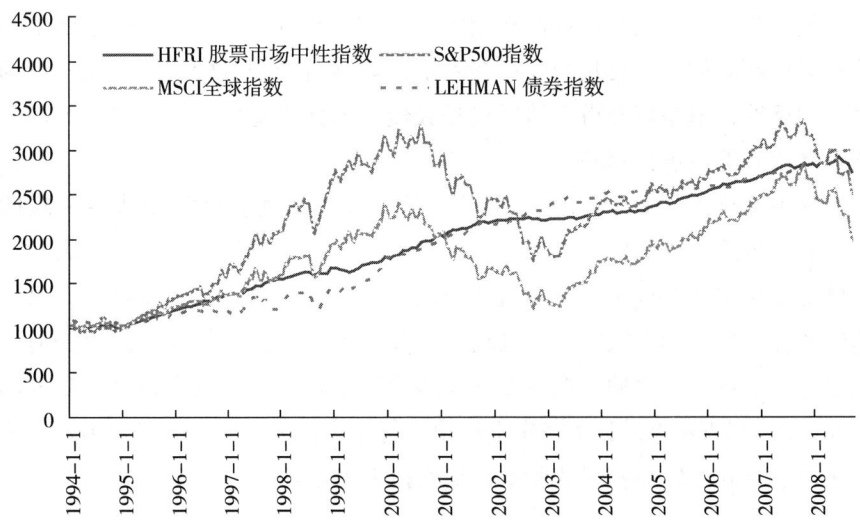

图 3.12　HFR 股市中性指数累计业绩表现（1000 元的增长，1994～2008.9）

数据来源：国泰君安证券研究所，BLOOMBERG。

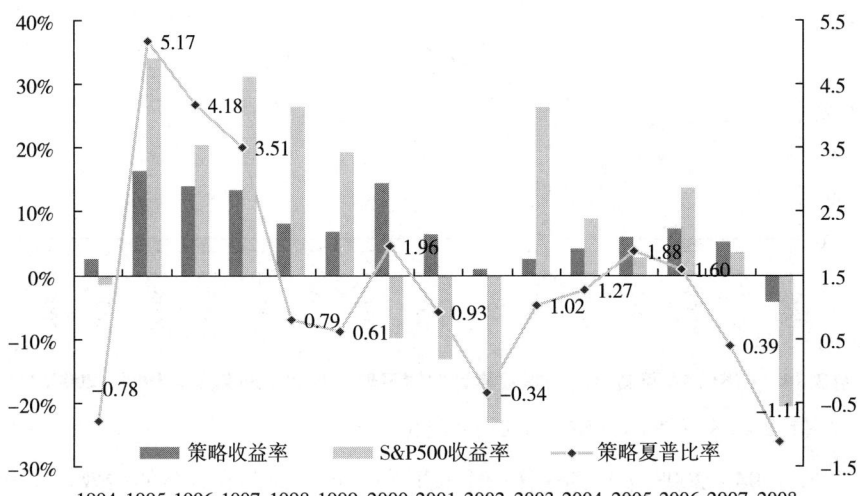

图 3.13　HFR 股市中性指数分年度业绩表现（1000 元的增长，1994～2008.9）

数据来源：国泰君安证券研究所，BLOOMBERG。

可转换债券套利策略（Convertible arbitrage）的主要特点为持有可转换债券和标的股票的某种组合。具体而言，这种策略是指通过买入相对于股票价格来说被低估的可转换债券，同时卖空与之相对应的普通股股票，并在长期趋势中随着可转债和股票回归正常价值而获利。该策略的优点是可以从债券收益和股票与债券价格相关性两方面获利。实际上，由于股票和债券对于不同的信息反映程度存在差别，如当盈余公告较差时，股票市场会立刻反映，但是债券市场的反映却较慢，因此会造成价格偏差，对冲基金可利用此偏差进行套利。

这种策略的风险包括股票风险、信用风险、利率风险和法律风险四类。股票风险是指股价下跌，此时，投资者的卖空操作就会遭受损失；信用风险是指主要有很多可转换债的信用评级都是投机级，因而可能会出现违约情况出现；利率风险则一旦利率下降，可转债的发行人可能会提前回购债券，这将使得对冲基金的投资策略无法实现；法律风险指监管政策的变动，例如1998年，日本对卖空股票进行了严格的限制，使得很多对冲机构难以卖空和可转债相对的股票，从而损失惨重。

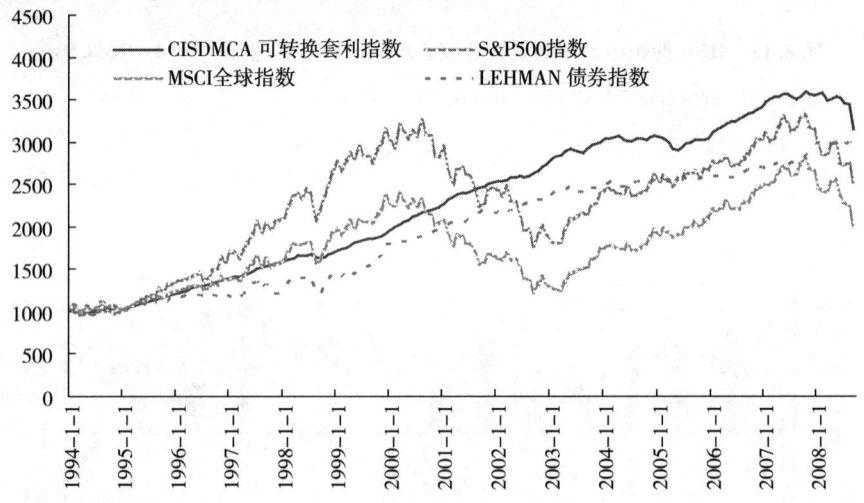

图 3.14 CISDMA 可转换套利指数累计业绩表现（1000 元的增长，1994～2008.9）

数据来源：国泰君安证券研究所，BLOOMBERG。

在 1994～2008 年 9 月这样一个长时期，可转换套利策略的绩效还是相当不错的。虽然其收益率的波动性在三个相对价值套利策略中居第一，但是其年均 8.08% 的收益率也在三个策略中位列第一。该策略遭人诟病的原因何在？通过分年度考察发现，2003 年以后该策略的表现可谓是急速下滑（除 2006 年表现略好），与其 1996 年高达 9.35 的夏普比率无法相提并论。

固定收益债券套利（Fixed income arbitrage）策略的核心在于发现不同固定收入证券间的微小错误定价，并使用杠杆来放大获利。该策略采用抵消多头和空头头寸的方法来控制头寸的敞口风险，因而其无需考虑市场走向，

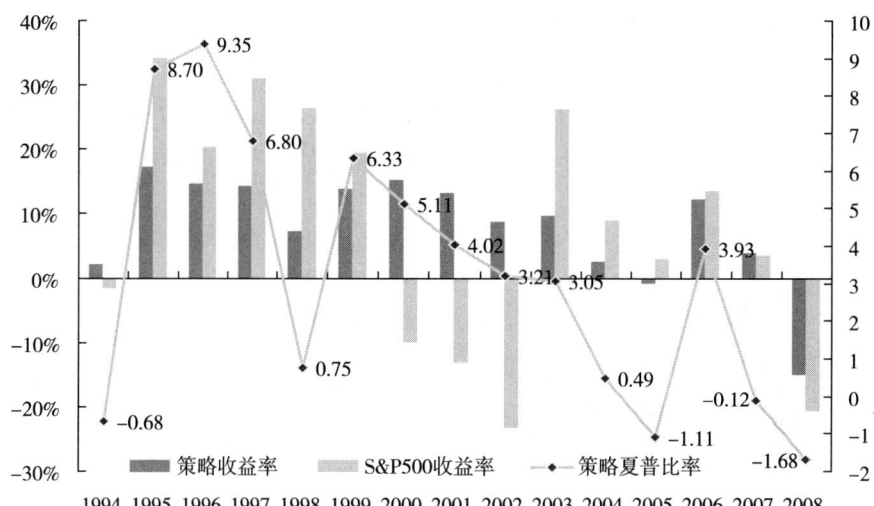

图 3.15　CISDMA 可转换套利指数分年度业绩表现（1000 元的增长，1994~2008.9）

数据来源：国泰君安证券研究所，BLOOMBERG。

但对于数量模型的要求非常之高，需利用精确且速度极快的数量模型来发现错误定价，买入价值被低估的证券，卖空价值被高估的证券。此外，由于价差通常很小，其必须用高杠杆才能获利，因此相应的风险也较高。

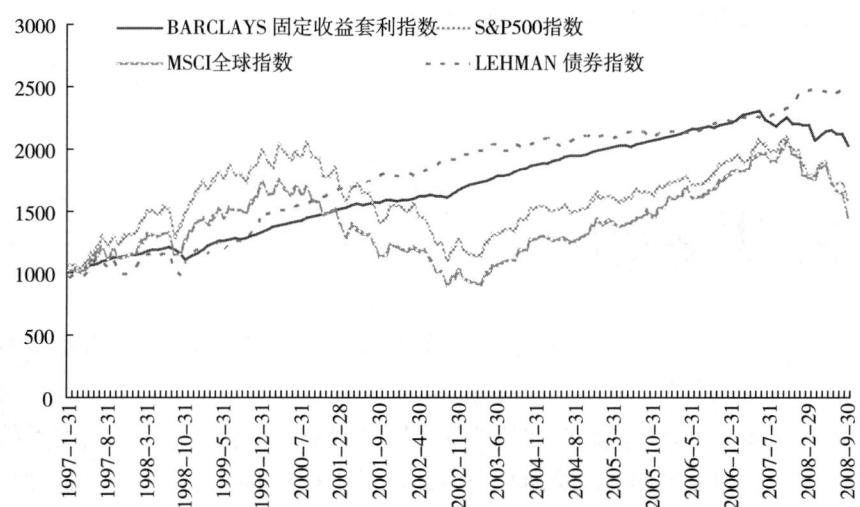

图 3.16　BARCLAYS 固定收益套利指数累计业绩表现（1000 元的增长，1997~2008.9）

数据来源：国泰君安证券研究所，BLOOMBERG。

BARCLAYS 固定收益套利指数长期（1997~2008 年 9 月）的表现不太

尽如人意①，年均收益率仅为 5.83%，是本文中所提及策略回报最低的一个，其标准差为 6.54%，显著低于可转换套利策略的 8.45%。分年度看，不同于可转换套利策略在 2003 年后的迅速下滑，除 2007、2008 年受到市场的影响相对收益率较差外，2004~2006 年均保持了较高的夏普比率。

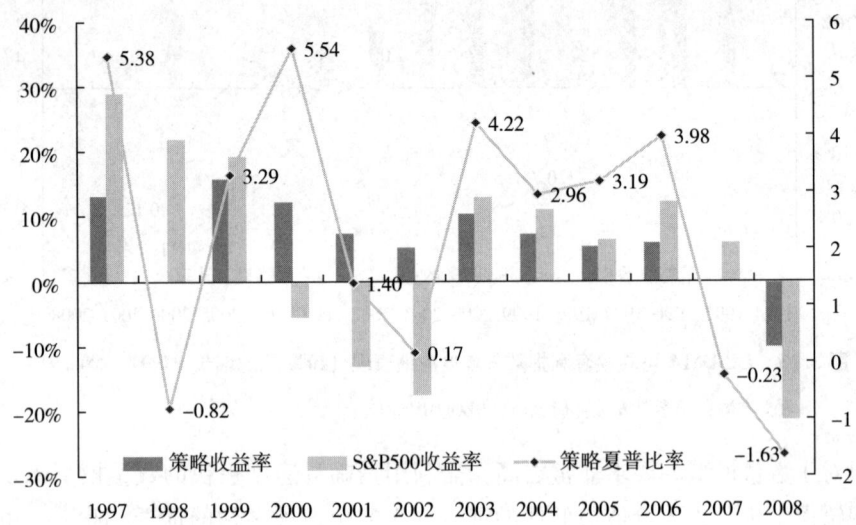

图 3.17　BARCLAYS 固定收益套利指数分年度业绩表现（1000 元的增长，1997~2008.9）

数据来源：国泰君安证券研究所，BLOOMBERG。

4. 其他策略

一般而言，新兴市场和发达市场的经济具有不同的特点，前者更加不完善，也可能存在更多的套利机会，因此新兴市场也常常成为对冲基金所关注的重点。另外，随着时间的推移，通过将资金投资到所有策略类型的对冲基金或彼此不相关的对冲基金中，可以将投资的风险分散化，这种类型的对冲基金称为对冲基金的基金。

---

① 由于 BARCLAYS 系列指数数据起始于 1996 年 12 月 31 日，因此图 3.16 中该指数与股票指数、债券指数之间的关系不可与其他策略（数据起始于 1994 年）简单比较。

新兴市场（Emerging Market Strategies）策略主要关注发展中国家或新兴市场的公司证券，例如金砖四国、巴西、俄罗斯、印度和中国的证券。一般而言，对冲基金会力图找出价值被低估的股票并建立多头头寸。新兴市场上缺乏信息、会计不规范、法律体系不健全以及投资者不成熟等特点决定了该市场相对无效率，价格出现偏误的机会也较多，对冲基金的投资者可以利用这些偏误获利，减少新兴市场的无效率性。但也正因为新兴市场具有上述诸多不成熟之处，投资于此对冲基金也会面临较高的风险。

基金的基金（Fund of hedge funds，FOFs）策略将其他对冲基金作为投资标的，投资于不同的对冲基金所构成的组合，以降低整个基金的风险。1971年Richard Elden首次将FOFs引入美国。如果给定的投资组合中一只基金表现得较差，其对FOFs的负面影响可以被其他基金的良好表现所抵消，至少这种负面影响会有所减轻。即使如此，也出现了其他一些FOFs投资于像时间驱动策略这样的特殊策略，而这种策略可能带来较高的风险。此外，近年来有些FOFs还专门投资于特定国家、地区甚至针对某个地区中运用特殊投资策略的基金会承担更大程度的系统风险。

第二节　商品交易顾问

1. 概念介绍

商品交易顾问（Commodity Trading Advisor，CTA）是出于收费或获利目的，通过直接或间接形式为他人提供是否买卖期货或期权合约建议，或者也直接代理客户进行交易，从而获取报酬的自然人或组织。

CTA基金，或称管理期货（Managed Futures）基金，它是指由专业的资金管理人运用客户委托的资金自主决定投资于全球期货或期权市场，以获取收益并收取相应的管理费和分红的一种基金组织形式。它是众多类型对冲基金（Hedge Fund）里的一种，属于另类投资工具（Alternative Investment），是国际期货市场的主要机构投资者。近年来养老基金、保险基金、捐赠基金、慈善基金等对非主流投资工具表现出浓厚的投资兴趣，CTA的规模也随之急剧膨胀，CTA基金在全球期货期权市场中的作用和影响也日渐显现。

传统意义上，CTA基金的投资品种仅局限于商品期货。但由于近30年来全球金融期货和商品期货市场的迅速发展，CTA基金已逐渐将其投资领域扩展到了股指期货、外汇期货、国债期货、天气期货以及电力期货等几乎所有期货品种。根据市场参与面和交易方法的不同，CTA可以分为以下几大类。

①程序化交易模式。程序化交易类CTA是期货CTA基金中最大的组成部分，有超过60%的期货CTA是采取程序化交易的方式进行交易。此类CTA按照一个通常由计算机系统产生的系统信号来做出交易决策，这种交易决策在一定程度上避免了决策的随意性。如果系统长期运作正常，会产生比较稳定的收益。

②多元化投资模式。多元化CTA基金投资的期货合约有时候可达百种之多，涉及的品种也非常多。采用多元化投资模式进行投资的CTA仅次于程序化交易模式，有超过700亿美元的资金是采用这类模式。

③各专项期货品种投资模式。包括金融与金属期货、农产品期货和货币期货这四个专项类别。专项期货品种投资模式的特点是该CTA主要投资于某一大类的期货品种，如农产品期货CTA主要投资目标是农产品期货品种，并且主要是利用某种套利技巧进行投资。

④自由式投资模式，又称随意型投资模式。这类CTA的投资策略一般建立在基本分析或者关键经济数据分析的基础上，由于他们经常使用个人经验来做出并执行交易决策所以，他们一般只专注于某个他们熟悉的特殊或相关的市场领域。从长期来看，自由式投资产生的风险和收益不够稳定。当然，这类模式现在也是整个期货投资基金行业的组成部分，有超过140亿美元的资金是使用这类模式进行期货期权交易。

CTA基金作为一种非主流投资工具，其分散市场风险和防范股票市场系统性风险的能力应该得到传统意义上投资股票和债券市场投资者的重视，尤其是在金融风暴背景下，我们有理由相信期货CTA将会迎来发展的繁荣时期。

2. CTA 基金的历史与现状

全球期货 CTA 最早出现在 1949 年，当时美国海登斯通证券公司的经纪人理查德·道前（Richard Donchian）建立了第一个公开发售的期货基金，道前还发展了期货投资及其资金管理的系统方法，其中包括把移动平均概念应用于期货交易系统之中。此后，于 1965 年，唐（Dunn）和哈哥特（Hargitt）作为商品交易顾问 CTA 建立了第一个著名的管理期货账户，1967 年两人把计算机交易系统试用于期货交易。到了 1969 年，人们开始将商业化的交易系统大量应用于美国期货市场的投机交易中。当时期货投资基金开始引起人们的兴趣，但投资者主要是小额资金客户。

进入 20 世纪 70 年代，期货投资基金业迎来了它发展历史上的一个重要时期。1972 年 5 月芝加哥商业交易所开始了金融期货交易。从此，以农产品交易为主的期货市场开始转向以金融期货交易为主，为货币和资本市场提供避险工具。这个变化扩大了期货市场的规模和参与群体。美国政府在金融期货推出初期做过一项调查研究，结果发现期货市场个人投资者的亏损比例高达 90%，这使得他们非常疑惑。经具体研究后发现，其原因主要是由于在金融期货推出初期，参与的大多数投资者都是传统的股票与债券投资者，由于这类人还没有真正弄清证券与期货的差别，因而造成了这类客户大面积的亏损。期货实行保证金交易，并且不限制卖空机制，具有高杠杆性以及交易策略的多样化等特点。许多股票投资者根据固有的思维方式长期持有一个期货合约，结果导致爆仓。因此，股票投资者在进行期货交易前必须具备一定的专业知识和操作技巧，而这种专业性又不是短时间就可以建立起来的，因此期货 CTA 这种专业的商品交易顾问逐渐盛行。1971 年，管理期货行业协会（Managed Futures Association）成立，标志着期货投资基金行业的形成；1975 年，美国商品期货交易委员会（CFTC）成立，对商品交易顾问（CTA）和商品基金经理（CPO）的行为进行监管。

进入 20 世纪 80 年代，期货投资基金迎来了高速发展的时期。期货交易的品种扩展到债券、货币、指数等各个领域，同时全球新兴的金融市场不断涌现。随着现代投资组合理论的诞生和投资技术的不断变化，期货投资基金在资产的风险管理与运作方面的作用日趋重要，很多机构投资者诸如养老金、信托基金、银行等都开始大量采用期货投资基金作为他们投资组合中的重要部分，以达到优化组合分散风险的目的，并且取得了良好的效果。现在，期货投资基金业已经成为全球发展最快的投资领域之一。

目前，全球期货基金的规模从 1980 年的 3.1 亿美元急剧扩大，到现在已超过 2000 亿美元。至 2011 年第二季度，全球 CTA 行业已经有 2992 亿美元的管理资产规模，全球对冲基金规模大概为 2 万亿美元，CTA 已经成为对冲基金战略中管理资产规模最大的一类。根据美国 CFTC 的数据显示，到 2008 年 9 月 30 日，美国共有期货 CPO 共 353 个，期货 CTA2534 个。欧洲、日本、澳大利亚、中国香港、新加坡等国家和地区也在快速发展，尤其是在过去几年来，亚洲的期货投资基金规模发展也十分迅猛。现在全球最大的期货 CTA 基金都在欧美，其中又以美国和英国为主，像美国的 Bridgewater Associates 管理的期货基金的规模就达到 400 亿美元，英国曼氏集团旗下的期货基金 Man AHL 规模也超过 200 亿美元。

在过去十年中，"商品基金"构成了商品市场每日交易的重要组成部分，它们成为市场内的活跃因素，并左右商品的价格走势。其中最具影响力的商品基金是期货 CTA 基金，他们在基本金属交易方面拥有最多的头寸。根据统计，LME 两种最活跃的交易商品（铜和铝）以及在国际原油市场中，CTA 基金持有的头寸占到了相当大的比例。现在，期货 CTA 基金在国际上不仅是个人投资者的重要投资工具，而且成为机构投资者组合投资中的重要组成部分。

全球期货 CTA 基金在近三十年得到快速的发展，其原因有多方面，其中有两个主要原因。

第一，CTA 基金能够防范股票债券市场系统性风险。在股票市场处于熊市的状态下，投资者可以通过在资产组合中加入 CTA 基金、对冲基金等另类投资工具防御风险。自 2007 年以来，股票市场走势低迷，使得股票持仓较重的投资组合的业绩变得十分低下，投资传统股票、债券的共同基金表现不佳，而同期期货投资基金的表现却十分优秀。所以，投资者越来越愿意，实际上也不得不在其投资组合中加入更多比例的期货 CTA 基金。

第二，期货市场发展趋于成熟。证券市场的电子交易技术不断更新换代，以及新的通讯技术与网络技术的发展将全球金融市场连接成为一个统一的大市场，现在金融资本已经可以在全球资本市场实现全天候的连续交易。金融全球化大大扩展了期货投资基金的投资渠道、对象和范围，使得期货基金可以在全球几十个金融市场、上千个品种中进行交易，寻求获利机会。交易金额和参与人数的增多，流动性的增强，给大规模期货 CTA 基金的运作创造了必要条件。

第三，全球流动性泛滥，助长了资产市场"牛市"。2000 年美国纳斯达克股市泡沫破灭，美国经济面临衰退的风险。为刺激总需求，美国政府采取了宽松的财税政策，美联储由加息周期转为减息周期。美联储从 2001 年 1 月至 2003 年 6 月连续 13 次降息，将联邦基金利率从下调至 1%，达到近 50 年来的最低水平，之后一直保持到 2004 年 6 月的水平。与之相呼应，日本央行为了刺激经济复苏、走出低谷，从 2001 年开始，实行了长达 5 年的将基准利率维持在接近于"零"的超宽松货币政策，同时还引进了数量放松作为货币政策的杠杆，即日本央行通过公开市场操作提高商业银行在央行的超额储备。此外，日本央行还采取另外两项特殊政策为金融市场直接提供流动性。一是大举买入日本国债。每月买入的日本国债达万亿日元，约占日本新发国债的 1/3。二是当日经指数在 2002 年 9 月跌至 9000 点时，入市购买了 2 万亿日元的匿名股票。欧洲中央银行在 2001 年后也进入降息周期，2001 年连续 4 次降息，共降低 150 个基点，2003 年 6 月开始，将 2% 的低利率维持了近两年半的时间。除了上述显性的政策措施外，以美联储为代表的主要经济体央行加强货币政策透明度的努力，有效（甚至过度）降低了市场的风险预期，体现在金融产品风险溢价长期偏低。这种偏低的风险溢价使国际金融市场的融资条件长期处于宽松状况，各种杠杆交易、衍生品交易、货币套利交易应运而生。

第四，近年来商品期货市场极其活跃，大量热钱涌入。一些期货品种价格波动犹如过山车般剧烈，原油从涨到顶峰的 147 美元，到跌到谷底的 40 美元左右，再反弹至 70 美元附近，也只不过用了短短一年。这种疯狂的暴利效益吸引了无数基金前赴后继，推动了全球期货 CTA 基金规模猛增。

可支配资金超过 100 万元以上的投资者有望获得新的金融获利机会。据悉，国投瑞银基金公司旗下的一款托管于交通银行的期货套利专户产品已经获批发行，这也是境内首个获准发行的含有商品期货套利策略基金专户。这只产品的问世，意味着基金专户的投资标的大幅增加，即对金融衍生品的投资扩大到了农产品、金属、橡胶等 26 种商品期货合约，为专户投资人转战对冲时代又添投资新工具。

3. CTA 基金投资策略与功能

国外 CTA 的操作手段分为两类，一类是系统程序化交易，即基于数量模型产生的买卖信号进行投资决策，依赖于计算机的复杂、快速、有效运算；另一类是非系统程序化交易，也称为相机性交易（discretionary trading），即基于建立在基本分析或关键经济数据分析的基础上，由人为来操作。经过多年的发展，现在系统化交易基金已经占据了主导地位，系统化交易基金规模为 2500 亿美元，非程序化操作的基金规模大约为 300 亿美元左右。全球超过 80% 的 CTA 业务采用系统交易，操作模型被开发出来后，在交易的过程中人不会相机决策，通常完全由电脑程序来决定。

CTA 基金交易策略大体分为两类：趋势交易策略和反趋势交易策略。趋势跟踪策略是目前 CTA 基金运用最为广泛的交易策略，其最重要的是通过量化的方法来识别目前的趋势是上行还是下行。通常地，CTA 基金运用一些指标去除市场噪声寻找市场趋势（根据时间周期不同，又可分为短线交易者、中线交易者和长线交易者），只要发现有趋势，就会增加风险配置，从趋势走势中获利。趋势策略的原理是在呈现出不同走势格局的多个市场同时持有期货合同，无论是做多还是做空，根据交易信号的强弱和其他因素每天进行仓位的调整。在国外趋势跟踪最大的特点不是用在单一市场，而是用在非常多元化的市场。国外一些规模较大的 CTA，尤其是排名靠前的大部分都采用系统化趋势跟踪策略，或者是以系统化趋势跟踪策略为理论基础的一些衍生策略。反趋势交易策略通常运用头肩形态、突破形态等反转指标来发现趋势的转折信号，然后建立头寸。

CTA 基金具有改善与优化投资组合的功能。CTA 基金或对冲基金等另类投资工具与股票、债券等资产相关性较小甚至为负。当别的股票市场在下降的时候，CTA 基金可以展现出优势，给投资人带来比较好的回报。在美国科技泡沫阶段股指下跌，CTA 基金与股指呈现负相关性。由于投资策略与其他的对冲基金策略，以及传统的股票市场、债券市场的策略相关程度非常低，因此通过配置 CTA 资产可以为其他投资提供对冲，CTA 基金可以作为多元化资产组合的一部分来进行配置。

在国外管理期货,不仅是一种避险的工具,而且还会对流动性非常好的期权和期货市场进行投资。从 1980 年到现在,在过去的几次危机中,CTA 资产规模不但没有缩水,而且几乎是不断增长的;在 2002~2007 年的股指牛市中,CTA 与股指相关性为正。这意味着 CTA 基金在熊市能避免资产缩水,在牛市也能赚钱。从 1990~2010 年,CTA 基金只有两年是亏损的,平均业绩做到了 10% 左右,回报还是比较稳定的。

4. CTA 基金绩效评价

对于众多的 CTA 基金,投资者需要对其经营业绩做出评价。通常是将具体的 CTA 基金业绩与 CTA 基准指数相比较,因此对 CTA 业绩评估主要集中在 CTA 基金指数构造的探索,投资者则可以使用这些刻画 CTA 行业表现的基准指标来选择经理,判别业绩归因,做出资产配置决略。

构造基准指数一般有两种做法,一是反映基金市场的综合变动情况而编制的指数;二是对众多期货合约运用某种投资策略而构造的指数。

对于第一种方法,CTA 指数的编制通常主要是为跟踪分散化趋势跟进(diversified trend-following)型 CTA 基金的绩效,如管理账户报告(MAR)、巴克莱投资服务指数、Tass 等,这些指数也称为主动管理指数(active indexes),因为这些指数是基于许多单个 CTA 实际报告的业绩编制构造的。分散化 CTA 在许多衍生品市场交易,这些市场包括商品、货币、利率、股票等衍生品市场。趋势跟踪是指捕捉资产价格的长期变化趋势,遵循市场趋势顺势来进行投资交易。一般的,趋势跟进策略包括买入价格正在上升的投资品种或资产,卖出价格正在下降的投资品种或资产。当然,不是所有的 CTA 都是分散化趋势跟踪性交易者。有些 CTA 使用经济基础分析决定资产买或卖,这些策略与动量不相关,另外一些 CTA 运用趋势跟踪策略但将可交易资产限定为一个小范围内,如货币期货或农产品期货。因此分散化趋势跟踪性指数对这些 CTA 基金的绩效不是一个合适的基准指标。

对第二种方法,主要是运用众多期货合约对被动管理策略而构造的基准指数,即其设计出来是为了跟踪动态策略的表现。已有许多由商品期货价格构造的被动管理指数（passive indexes），而大多数指数采取"购买—持有"策略进行构造。高盛商品指数（Goldman Sachs commoity index）、道琼斯期货指数（Dow Jones futures index）、商品研究局指数（Commodity research bureau index）等作为投资工具或作为商品持有型投资策略基准指标是很有用的，但作为卖空或交易金融期货合约策略的基准是没有用的（Schneeweis and Spurgin，1997）。上证综合指数、S&P500 指数、雷曼债券指数等较好地反映股票债券市场的大致走势，这些被动管理基准指标常常用于评估共同基金的业绩（主要是股票和债券市场）。因为共同基金经理被限制于仅能持有股票而不能卖空操作，同时也不能使用杠杆。然而，CTA 基金经常在各个市场进行卖空交易，也可以动态地改变它们的杠杆率，因此期货价格指数不能对 CTA 基金提供准确的评价和预测。目前，已有对许多期货合约采用动量为基础的投资策略（momentum - based investment strategy）而构造的基准指数，如 MLM 指数（Mount Lucas Management Index）、巴克莱期货指数（Barclay Futures Index）、FXDX 等。所谓动量策略即为购买价格上升的资产，卖空价格下跌的资产。最常见的动量策略之一的是移动平均策略（moving - average strategy），它是买入价格位于最近平均价格以上的资产，卖空价格位于最近平均以下的资产；如，由 Mount Lucas 管理公司开发的 MLM 指数就跟踪了 12 个月移动平均策略规则的表现；由 Lequeux 和 Acar（1998）提出的 FXDX 跟踪了在许多货币期货市场上动量策略的表现。

由第一种方法编制的指数与由第二种方法构造的被动管理指数的基本区别，是前者一般不能被单一投资者应用策略复制这些主动指数的收益，后者主要是设计用来作为投资工具——被动管理指数，它可以为投资者不需选择投资经理而对管理期货进行分散化投资，这些指数容易被执行但与主动管理 CTA 相关性不高。

CTA 基金指数的分类：从管理及获取基金数据的主动性上来分，CTA 基金分为主动管理 CTA 基金指数和被动管理 CTA 基金指数。前者进行主动的基金指数管理，而后者则大多跟踪并记录某种特定的系统化 CTA 交易策略的收益状况。依据是否可进行投资，主动管理 CTA 基金指数又可分为不可投资的主动管理 CTA 基金指数（通常从主要数据库提供商处获取 CTA 基金经理报告的数据）和可投资的主动管理 CTA 基金指数（直接用指数来报告收益率和账户交易的相关数据）两大类。具体来说，在国际上，上述几类 CTA 基金指数的典型代表有，主动管理 CTA 基金指数主要有：管理账户报告（MAR）、巴克莱投资服务指数、Tass、CASAM 指数、CISDM 指数、瑞士信贷/Tremont 管理期货指数、巴克莱 BTOP 指数、标准普尔管理期货指数、Tremont 指数、英国金融时报 CTA 指数等；被动管理的 CTA 基金指数[①]则主要有：MLM 指数、FXDX、巴克莱期货指数（Barclay Futures Index）、MFSB 指数等。

目前，我国还没有开展 CTA 业务，相应的基金指数也处于空白阶段，但 CTA 基金指数是 CTA 业务链条中不可或缺的一环，对其进行梳理，可以使我们对 CTA 业务有整体、全面的认识和理解，也有利于投资者对 CTA 的选择以及资产配置。

5. 期货 CTA 产品的销售流程[②]

目前，期货 CTA 有两种主要发行模式：一是专户理财发行模式；二是信托产品发行模式。根据两者发行方式的不同，它们的资产委托人参与计划程度、计划实施中信息披露规则、资金筹集方式以及销售流程都存在比较大的差异。

1 专户理财销售流程

专户理财模式针对的客户范围比较狭窄，在信息披露方面有较大的透明度，需要资产委托人参与计划的流程节点较多，因而其从产品设计到销售都与客户的资产规模、风险承受力及偏好、自身的投资经验和技能等有着密不可分的关系。专户理财业务要求期货 CTA 与客户之间存在更多的互动，在销售流程各环节，资产委托人都将是某一任务的承担者，而不是简单的出资购买份额。

---

① MLM 跟踪 25 种交易活跃的商品、货币和利率期货合约的 12 个月移动平均交易规则的表现，主要是为作为投资工具而不是基准指标而设计。与 MLM 指数相似，巴克莱期货指数包含 25 种金融和商品期货合约，也主要是为作为投资工具而不是基准指标而设计。Waxman（2000）报告了巴克莱指数与主动管理 CTA 相关性较高。

② 本小节来自王兵等：《期货 CTA 业务模式及配套制度建设》，中国金融出版社 2010 年版。

专户理财销售流程大致分为三个阶段：前期沟通、托管运行和收益分配。

第一步，前期沟通。资产委托人向期货 CTA 专户业务的投资顾问陈述其专户投资目标、投资限制和具体个人偏好等，投资顾问出具客户风险承受力及偏好资料，对客户风险方面特征进行客观的评估，并在资产委托人充分了解自身需求及风险特征的情况下，根据委托人需求制定个性化的投资管理方案。通过与客户沟通讨论，对方案提出若干建议，优化方案直至获得认可后，由投资顾问与委托人商讨并确定投资管理费用以及资产管理合同。一般，讨论方案的过程持续时间在 7~10 个工作日内。

第二步，托管及运行。该步骤主要包括开立账户和移交委托资产，资产托管人按照规定开立委托财产的资金账户和期货交易账户。客户在商业银行和期货公司分别开立资金账户和交易账户，期货 CTA 向客户出具《风险提示书》，并确认客户认真阅读《风险提示书》内容并签字确认，客户将不少于 5000 万的初始委托财产足额划拨至托管人，同时资产托管人向资产委托人及资产管理人发送《委托财产起始运作通知书》并确认委托资产运作起始日。专户理财计划运作过程中涉及委托资产的追加和提取，在合同有效期内，资产委托人有权以书面通知或指令的形式追加委托财产，当委托财产高于 5000 万元人民币时，资产委托人可以提取部分委托财产，但提取后的委托财产不得低于 5000 万元人民币；当委托财产少于 2000 万元人民币时，资产委托人不得提前提取，但可以提前终止合同。

第三步，收益分配或资产清算。委托期限截止时，按照资产管理合同约定，客户向基金管理公司和托管银行结清专户管理所应支付的费用，并向基金管理公司支付所实现的业绩报酬。

【2】信托产品销售流程

信托产品销售流程也大致分为三个阶段：期货 CTA 参与信托计划、托管运行和收益分配。

第一步，期货 CTA 参与信托计划。该步骤有两种形式，第一种是集合资金信托，即期货 CTA 作为信托计划的一部分，与其他投资产品合作配比分散风险，形成结构化的投资理财工具，形成组合投资信托模式，即结构化信托产品，同时其运行与其他投资产品独立；第二种是单独成立商品期货投资信托，独立运营。鉴于目前期货市场发展现状，资金流动量及投资者的需求程度都处在初期上升阶段，结构化信托产品较为适用。信托产品形成过程无需资产委托人参与，而是封闭设计产品，以完整的形式呈现在投资者面前，供投资者按自身需求选择。

第二步，信托产品销售及运营。包括信托产品单位及单位制设定，收益率计算方法，商业银行销售等事宜。信托公司与商业银行将信托计划认购流程及具体项目，以统一格式向公众公布，资产委托人可于商业银行或者信托公司购买信托产品。由于信托产品的内部结构是比较固定的，资产委托人在进行风险承受力及偏好测试后，可根据测试结果及专业指导选择适合自己投资需求的产品。

第三步，收益分配或资产清算。信托产品一般规定一个适度的收益率上限，即在上限以内的收益率，由投资者全额获得，超出上限部分即需支付给期货 CTA 一定比例的业绩薪酬，一般约定为 30%，这部分薪酬的设定从一定程度上对资产投资顾问形成一定的激励作用。

销售过程中需向资产委托人出具的相关资料：

①投资方向、范围及各方关系。在结构化投资信托产品中，期货 CTA 要明确其负责部分，主要投资于国内商品期货市场，有完整的投资计划及相应的风控方法和资产核算规则。

②投资策略描述。结构化投资信托产品中的期货市场投资，对收益率和投资风险控制的要求较高。比较适用的投资策略有套利交易的组合投资、跨品种套利、跨期套利组合长期或中期甚至日内的期策略结合。在跨期或跨品种套利时又可以分支出若干子策略，根据波动比率、价格量纲等因素对各策略做资产配置。

③风险控制。主要是对商品期货投资策略中子策略资金分配比列设置上限及预警线，并在客户申购时以书面形式出具。如需调整比例，必须向信托计划委托人和受托人提出书面申请，并征得信托计划委托人和受托人的同意。如套利资金分布达到预警值，风险顾问须向投资顾问提出书面预警并做好强制平仓准备，一旦触及限额指标比例范围的上限，应对相应投资策略或品种进行强制平仓操作。

④止损比例指标设置。对信托产品，当本信托计划的信托单位值等于或低于某一值时，风险顾问对投资品种进行强行平仓，投资顾问与风险顾问应每日监控投资组合的运作。一旦触及止损指标应进行强制平仓操作，委托人有权要求受托人提前终止信托计划，同时本理财计划也相应提前终止。

对专户理财，投资顾问需根据最终确认的投资策略，用合理的计量方法计算 VaR 值，再与资产委托人商定止损比例（亏损值/资产总值），当亏损额达到某一上限时，应立即撤回资金，终止专户理财运营。

【3】信息披露

信托计划与专户理财投资顾问及相关商业银行要充分保证资产委托人的知情权，应当依照法律法规和中国证监会的规定，履行与特定资产管理业务有关的信息报告与信息披露义务。如到期日、估值日和理财计划提前终止事件的相关信息等。

第三节 对冲基金的收益分析

1. 收益评估模型

对冲基金的评估模型和指标各有不同，学术界和实务界常采用以下几种方法。

①资本资产定价模型①（The Capital Asset Pricing Model），此模型简称 CAPM 模型，是根据 Sharpe（1964）and Lintner（1965）的经典模型推导而来：

$$R_{pt} - R_{ft} = \alpha_p + \beta_p(R_{mt} - R_{ft}) + \varepsilon_{pt}$$

R_{pt} 是指 P 基金在第 t 个月的收益率，R_{ft} 是指第 t 个月的无风险收益率，R_{mt} 是指市场组合在第 t 个月的收益率，ε_{pt} 是指误差项。通过回归基金的风

---

① Sharpe, W. F., 1964. Capital asset prices: a theory of market equilibrium under conditions of risk. Journal of Finance 19, 425-442.

Lintner, J., 1965. The valuation of risk assets and the selection of risky investments in stock portfolio and capital budgets. Review of Economics and Statistics 47, 13-37.

险收益率 $R_{pt} - R_{ft}$ 和市场组合的风险收益率 $R_{mt} - R_{ft}$，可以得出基金的绝对回报 α_p 和相对回报 β_p。α_p 也被称作 Jensen's alpha（1968），如果 α_p 为正，且显著异于零，则说明此种对冲基金打败了市场，有超过市场的超额回报，如果 α_p 为负，且显著异于零，则说明此种对冲基金没有打败市场，表现不如市场组合。如果 β_p 大于 1，则此基金对市场系统风险的敏感性较大，基金表现的波动率要大于市场组合，如果 β_p 小于 1，则此基金对市场系统风险的敏感性较小，基金表现的波动率要小于市场组合，如果 β_p 等于 1，则此基金对市场系统风险中性，基金表现的波动率和市场组合一致。

②Fama-French 三因素模型[1]及其国际延伸模型[2]：Fama-French 三因素模型（1993）是在经典的 CAPM 单因素模型中加入公司大小和账面市值比后所得模型：

$$R_{pt} - R_{ft} = \alpha_p + \beta_{p1}(R_{mt} - R_{ft}) + \beta_{p2}SMB_t + \beta_{p3}HML_t + \varepsilon_{pt}$$

SMB_t 是指大规模公司和小规模公司收益率之差，HML_t 是指高账面市值比和低账面市值比公司的收益率之差。除了对市场的敏感性，这一模型也考虑了公司大小和账面市值比的因素。因为小公司风险高，往往投资收益率也大；而高账面市值比的公司股票往往被低估，因此其投资收益率也往往也大。在去除三因素之后，此时的 α_p 可以真正用于衡量投资经理的选股能力，α_p 可被称为是绝对收益。

国际延伸的 Fama-French 模型（1998）考虑了 12 个主要的 EAFE（除美国外，还考虑位于欧洲、澳洲和远东的国家）国家和几个新兴市场国家的情况，模型如下：

$$R_{pt} - R_{ft} = \alpha_p + \beta_{p1}(R_{mt} - R_{ft}) + B_{p2}IHML_t + \varepsilon_{pt}$$

其中 $IHML_t$ 是国际延伸模型中的账面市值比之差，在这种情况下，可以评估在全球进行投资的对冲基金的收益情况，并看出收益来源的组成。

③Carhart 四因素模型[3]：该模型在 Fama-French 三因素模型并多加入了动量因素。动量因素是指在短期内，好的股票仍旧有好的趋势，坏的股票有坏的趋势；考虑动量因素的策略一般为买入之前的赢家，卖出之前的输家。

---

[1] Fama, E. F., French, K. R., 1993. Common risk factors in the returns on stocks and bonds. Journal of Financial Economics 33, 3-56.

[2] Fama, E. F., French, K. R., 1998. Value versus growth: the international evidence. Journal of Finance, 1975-1999.

[3] Carhart, M. M., 1997. On persistence in mutual fund performance. Journal of Finance 52, 57-82.

$$R_{pt} - R_{ft} = \alpha_p + \beta_{p1}(R_{mt} - R_{ft}) + B_{p2}SMB_t + \beta_{p3}HML_t + \beta_{p4}PR1YR_t + \varepsilon_{pt}$$

其中 $PR1YR_t$ 是指投资组合的动量效应。α_p 为排除了非系统性风险、规模大小、账面市值比和动量效应四大风险回报后的绝对收益，该收益只与对冲基金经理的选股能力和择时交易水平相关。

④扩展的多因素模型①：基于 CAPM（1964、1965）、Fama – French（1993）、Carhart（1997）基础上，Ackermann、McEnally 和 Ravenscraft（1999）、Agarwal 和 Naik（2002）以及 Agarwal（2001）考虑了对冲基金特点的扩展型多因素模型。Agarwal 和 Naik（2002）考虑了违约因素（default factor），用雷曼 BAA 级公司债指数（Lehman BAA Corporate Bond Index）来代表此因素。除上述五大因素外，Ackermann 等人（1999）还考虑了非美股投资基金，即剔除美股的摩根斯坦利资本国际世界指数（MSCI World Index excluding US）；此外，他们还考虑了同时投资美股和美股以外市场（含新兴市场）的对冲基金，即雷曼美国总债券指数、所罗门世界政府债券指数和摩根大通新兴市场债券指数（Lehman US Aggregate Bond Index, Salomon World Government Bond Index, and JP Morgan Emerging Market Bond Index）。最后，考虑到对冲基金还可能投资于商品市场，因而他们还加入了高盛商品指数（Golman Sachs Commodity Index）。为了尽可能地涵盖大规模和小规模的公司，此模型的市场组合采用了可以覆盖95%可投资的美股的罗塞尔 3000 指数（Russel 3000）。公式为：

$$\begin{aligned}R_{pt} - R_{ft} = & \alpha_p + \beta_{p2}(R_{mt} - R_{ft}) + \beta_{p2}SMB_t + \beta_{p3}HML_t + \beta_{p4}IHML_t \\ & + \beta_{p5}PR1YR_t + \beta_{p6}(MSWXUS_t - R_{ft}) + \beta_{p7}(LAUSBI_t - R_{ft}) \\ & + \beta_{p8}(SWGBI_t - R_{ft}) + \beta_{p9}(JPMEMBI_t - R_{ft}) \\ & + \beta_{p10}(LEHBAA_t - R_{ft}) + \beta_{p11}(GSCI_t - R_{ft}) + \varepsilon_{pt}\end{aligned}$$

其中 R_{mt} 为罗塞尔 3000 指数的回报（return on the Russel 3000 index），$MSWXUS_t$ 为摩根斯坦利资本国际世界指数回报（return on MSCI World Index excluding US），$LAUSBI_t$ 为雷曼美国总债券指数的回报（return on the Lehman Aggregate US Bond Index），$SWGBI_t$ 为所罗门世界政府债券指数的回报（return on the Salomon World Government Bond Index），$JPMEMBI_t$ 为摩根大通新兴市场债券指数的回报（return on the JP Morgan Emerging Market Bond Index），$LEHBAA_t$ 为雷曼 BAA 级公司债指数（return of the Lehman

---

① Ackermann, C., R. McEnally, and D. Ravenscraft, 1999, The Performance of Hedge Funds: Risk, Return, and Incentives, Journal of Finance, 54, 833 – 74.

BAA Corporate Bond Index），为高盛商品指数的回报（return on the Goldman Sachs Commodity Index）。

2. 收益评估可能存在的偏差

由于对冲基金具有私密性，与公开透明接受大众监督和严格监管的共同基金相比，在数据搜集上会存在一些偏差。这种偏差往往是由于对冲基金自愿报送给数据供应商所造成的。常见的偏差有：生存偏差（Survivorship bias）、回填偏差（Back-filling Bias）（或称为及时历史偏差）以及自我选择偏差（self-selection bias）。这些偏差会导致数据供应商所提供的数据存在对对冲基金业整体水平的高估，在运用上述模型和指标进行评判时需要进行相应的调整，以下是对这些偏差的介绍。

生存偏差。这种偏差存在是由于在某个样本期内，仅保留了在此期间存续下来的基金，而通常来讲只有好的基金才能存续下来，表现不佳的基金则会被市场淘汰，因此数据所显示的收益率要高于整个对冲基金业的水平。学术界对于生存偏差有两种定义，第一种是存续基金和消亡基金之间的回报差异，第二种是存续基金和所有基金间的回报差异。不论是哪种定义，在基金消亡率（attrition rate）比较高的时候，生存偏差就会比较大。例如在Brown，Goetzmann和Ibbotson（1999）[①]里提到，在1987至1996年对冲基金消亡率有14%之高，在这种情况下，生存偏差会比较高。根据Ackermann，McEnally和Ravenscraft（1999）的研究，他们将HFR和TASS的数据库相结合，包括了2796只对冲基金，其中有1995只存续基金和801只消亡基金，包括了1984年至2000年的数据，且含有两个子存续期，分别是1984至1993年、1994至2000年。根据第一种定义，第一个存续期内的年度偏差为1.96%，第二个存续期为7.79%，整体而言有4.45%。根据第二种定义，第一个存续期内的年度偏差为0.6%，第二个存续期为1.22%，整体而言有0.89%。具体如表所示：

[①] Brown. S. J, W. N. Goetzmann, and R. G. Ibbotson. Offshore Hedge Funds：Survival and Performance 1989 – 1995, Jounal of Business, 72 (1999), 91 – 117。

第一种定义：存续基金和消亡基金			第二种定义：存续基金和所有基金		
偏差 1984~1993	0.16	（每）月度	偏差 1984~1993	0.05	（每）月度
	1.96	（每）年度		0.60	（每）年度
偏差 1994~2000	0.65	（每）月度	偏差 1994~2000	0.09	（每）月度
	7.79	（每）年度		1.22	（每）年度
偏差 1984~2000	0.36	（每）月度	偏差 1984~2000	0.07	（每）月度
	4.45	（每）年度 r		0.89	（每）年度

回填偏差，也称作及时历史偏差（instant history bias）。这种偏差是在数据库添加新的基金时，往往要求基金经理报告其之前的表现，而基金经理一般都会选择比较好的数据进行填报，从而导致高估的指数水平。根据 Ackermann, McEnally 和 Ravenscraft (1999) 的研究，其分了两个对比组，一个是全部观察的月度收益，被称作可观察组合（the observable portfolio），一个是去除第 12 个月、24 个月、36 个月、60 个月后的收益率，被称作调整后的可观察组合（the adjusted observable portfolio）。通过对比两组数据可以发现，从 1984 年 1 月至 2000 年 6 月，可观察组年化的月度回报为 1.49%，调整 12 个月后的为 1.42%，调整 24 个月后的为 1.26%，调整 36 个月后的为 1.2%，调整 60 个月后得为 1.15%。调整的月份越多，偏差越大，平均而言有 0.9%。从 1994 年 1 月至 2000 年 6 月，偏差平均而言有 1.2%。从此可以看出选择的样本时间跨度越大，回填偏差越小，另一个原因可能是因为很多数据库都是在 1995 年左右建立的，因此 1994 至 2000 年的回填偏差要大一些。

自我选择偏差。由于对冲基金不像共同基金有着严格的监督管理和信息披露要求，往往对冲基金会基于原则向数据供应商提供数据，而为了更好地向投资者展现自己的实力，基金经理往往只提供那些相对而言表现比较好的基金，以期吸引更多的投资者。这时，就会产生自我选择偏差，使得数据提供商所提供的数据好于实际真实的对冲基金的表现。另一方面，数据供应商也有自己的样本选取原则，此时也会产生自我选择偏差。比如 Hedge Fund Research 就没有包括管理期货，而在 TASS 中就包括了这类型的对冲基金，因此算出的结果往往也不同。

第四节　对冲基金的风险分析

对冲基金由于采用多种策略投资多种资产，因而可以降低相应的风险敞口，但是，它们并不能完全对冲风险，而仅能在某种程度上降低风险。据 Hennessee Group 统计，在 1993 年至 2010 年间，对冲基金的波动率是标普波动率的 1/3[①]。由于对冲基金所采取的策略的复杂性，和其所追求高额收益的本性，对冲基金大多数需要严格地控制风险。

1. 风险管理的原因

综合而言，主要有以下四个方面会使得风险管理非常重要[②]。

杠杆性：杠杆提高了资产的风险敞口，大量的损失会使得借款方要求对冲基金提高保证金的比率，从而增加了成本，也会使得投资者尽快赎回自己的投资以止损，另一方面，借款方一般都会要求一个最低的风险管理水平，才敢把钱借给对冲基金。此原因与风险管理正相关。

基金规模：由于风险管理的实践需要很大的成本，如建立模型、实施监督等，因此，风险管理的成本会一定程度上降低基金规模。但同时采用风险管理之后，基金的质量较高，表现会相对而言比较稳定，因此会吸引大量的投资者投资，又会增大投资规模。投资规模大的基金往往更有实力进行风险管理，覆盖相应费用，从而产生一个良性循环的过程。此原因与风险管理正相关。

基金经理投入的个人财富：有些基金要求基金经理将一部分的个人财富投入到对冲基金中，由于人都是风险厌恶的，因此，基金经理就更有激

[①] Hennessee, Protecting Capital During Market Downturns. *Hedge Fund Journal*. 22 July 2010. Retrieved 30 March 2011.

[②] Cassar, Gavin and Gerakos, Joseph, How Do Hedge Funds Manage Portfolio Risk？. *EFM Symposium*. European Financial Management Association. Retrieved 17 March 2011.

励进行风险控制,分散风险,以降低损失自己财富的可能性。此原因与风险管理正相关。

基金声誉:一旦由于没有做好风险管理而导致出现了巨额亏损,则会使得基金的声誉受到影响,从而使得保持现有客户,开发新客户,投放新基金方面都会受到重大影响。而且越是老牌基金和名声在外的基金越有激励从事风险管理。此原因与风险管理正相关。

2. 主要的风险

风险分两类,一类是与其他共同基金所共有的风险,而另一类是对冲基金所特有的风险。

【1】 与其他共同基金所共有的风险

违约风险:也被称作是信用风险,有两方面组成,一方面是交易对手的违约可能性,即基金的交易对手未能履行约定契约中的义务,从而造成自己经济损失的风险。风险的大小取决于对手的经营状况、信用级别、履约记录等。另一方面是自身违约的可能性,由于很多情况下对冲基金都采用杠杆操作,因此,会有大量的借贷和保证金交易,且杠杆水平越高,违约的可能性越大。但根据 NBER(National Bureau of Economic Research)的统计显示,与投资银行相比,对冲基金的平均杠杆水平并不算过高,在 1.5~2.5 之间,而投行则有 14.2 之高[①]。

政策风险:政策风险是指在对冲基金所投资的各大市场,其监管政策法律的变更造成的风险。一般来讲,新兴市场由于其政治的不稳定性,以及监管体系不够成熟,经常处于变化之中,其政策风险也会大一些,而发达的市场也并非没有政策风险,如 1992 年的欧洲汇率机制危机,西班牙等国因无法对抗冲击而宣布实行资本管制就给对冲基金一定的打击。

市场风险:由于不可预料的市场整体变动,或是某一行业的巨变,从

---

① Ang, Andrew; Gorovyy, Sergiy; van Inwegen, Gregory, *Hedge Fund Leverage*:*NBER Working Paper No.* 16801, 2011, NBER. Retrieved 4 April 2011.

而导致价格反向变动，属于不易分散的系统性风险，如2008年金融危机就属于影响广阔而深远的市场风险，有很多对冲和共同基金难逃此劫。

操作风险：由于内控系统人员，外部系统以及自然灾害，火灾等的影响造成的损失和影响。

流动性风险：流动性水平是指资产能够转化成现金的能力。对冲基金有些具有锁定期，在一定时间内是不能够变现或者撤资的，而封闭式基金也是在其存在期间是不能赎回的，因此对于此类的对冲基金，其流动性差，风险大，投资者需要根据是否能够接受在锁定期内承受流动性风险来进行选择。

【2】对冲基金所特有的风险

估值风险：此类风险是由于对基金净现值估计的偏误产生的。这可能是由于基金经理对未来形势或者自己能力过于乐观的估计造成，也可能是对于交易费用等未能准确估算造成的，比如，计算机操作系统的不完善或设备故障而引致的估值不准确的风险。

集中风险：此类风险的出现主要是由于基金经理过于集中的将资金投入一种策略、行业或是资产之中，从而当此种策略、行业、资产可能出现亏损的时候没有别的相反的操作能够将其对冲并消减风险。此种风险可以通过制定严格的规则来予以规避，如对每种策略或是资产有一个投资比例，并建立止损规模。

缺乏透明性：由于对冲基金很多都不需向外界公布自己的投资数据，也不像共同基金一样受到监管部门的严格监管，因此，对冲基金的风险往往较大且不能得到纠正。

经理风险：由于对冲基金经理有着很大程度上的自主权和相机抉择的权利，有可能会偏离策略本身，冒极大的风险投资。

3. 风险评估

夏普比率（Sharp Ratio）：其公式为 $\dfrac{E[R_p] - R_f}{\sigma_p}$，其中 $E[R_p]$ 为投

资组合预期报酬率，R_f 为无风险利率，σ_p 为投资组合的标准差。我们把它应用到对冲基金中，即为用基金净值增长率的平均值减去无风险利率，再除以基金净值增长率的标准差，就可以得到基金的夏普比率。如果夏普率为正值，说明基金的平均净值增长率超过了无风险利率；如果夏普率为负值，说明基金的平均净值增长率小于无风险利率。如果夏普率大于1，则在承担一定风险的水平下，收益高，超过了所承担的风险水平；夏普率小于1，则在承担一定风险的水平下，收益低，未能超过所承担的风险水平。

VaR 值（Value at Risk）指在一定的置信水平下，某一金融资产（或证券组合）在未来特定的一段时间内的最大可能损失。根据国际清算银行（BIS）的标准，置信区间有 95%、99% 和 99.6% 三种，交易期为 1 天和 10 天两种①。举一个简单的例子：A 组合在 2011 年置信水平为 99% 的日 VaR 值为 100 万美元，则对冲基金可以以 99% 的把握保证，在某一特定时点上 A 组合在未来 24 小时内，其最大的损失为 100 万美元；也就是说，只有 1% 的可能其损失大于 100 万美元。一般来讲，有三种算法，蒙特卡洛法、历史模拟法、方差协方差法，对于持有复杂且非线性头寸的对冲基金来讲，蒙特卡洛法最为合适。下表是测算的不同指标的日 VaR 值②。

	VaR 99% (Gauss)	VaR 99% (Empirical)	VaR 99.6% (Gauss)	VaR 99.6% (Empirical)
MSCI World Sovereign Index	-0.85%	-0.90%	-0.97%	-1.10%
Foreign Exchange (USD/GBP)	1.21%	1.37%	1.38%	-1.78%
Daily Hedge Fund Index	-1.71%	-1.95%	-1.96%	-2.41%
Dow Jones Industrial	-2.48%	-2.92%	-2.83%	-3.76%
Brazilian Stock Index	6.59%	7.85%	7.56%	-10.13%

利用 VaR 的方法进行风险控制，可以使对冲基金的基金经理明确他们在进行多大风险的交易和投资，如果为其设置 VaR 限额，则可以有效防止过度投机的行为出现。如果执行严格的 VaR 管理，一些金融交易的重大亏损也许就完全可以避免。其也具有一些局限性，VaR 值表明在一定置信度

---

① Jaeger, Lars, Risk Management for Hedge Fund Portfolios. Presentation at ETHZ [Eidgenössische Technische Hochschule Zürich]. Partners Group, 28 April 2005. Retrieved 17 March 2011.

② P. Blum, M. Dacorogna, L. Jaeger, Performance and risk measurement challenges for hedge funds: empirical considerations, in L. Jaeger (ed.)

内可能发生的最大损失,但这并不能绝对排除高于VaR值的可能性。举例来说,假设一天99%置信度下的VaR为100万美元,则仍会有1%的可能性,损失超过100万美元。另外,VaR的假设是在市场完全有效的情况下且市场波动是随机的,不存在自相关,在现实世界中,这两个条件并不一定满足,从而会导致此方法存在误差。

  压力测试(Stress Test)指将整个或某一资产组合置于特定的、主观想象的极端市场情况下,例如,当利率骤升1%,或者本币突然贬值30%,股价暴跌20%等异常的市场变化,然后测试此资产组合在这些关键市场变量突变的压力情形下的表现状况,看是否能经受得起这种市场的突变。压力测试常包括敏感性测试和情景测试两种,敏感性测试通常是一个因素变化,导致资产组合的变化情况。情景测试常是多个变量变化,或是在经济繁荣、上行、下行、萧条的大环境下,资产组合的变化情况。一般来讲,有七个步骤:步骤一定义模型,步骤二估计模型,步骤三模型估计结果分析,步骤四设计冲击场景,步骤五构造频率分布,步骤六计算均值和VaR值,步骤七测算对冲基金盈利能力所受的影响。这一测试可以很好的监测对冲基金在极端的条件下可能发生的损失,是风险管理的良好手段。

第四章

对冲基金经济学（一）：收益、风险和相关问题

- 第一节 对冲基金的数据特征
- 第二节 流动性不足、收益平滑化效应和收益自相关
- 第三节 对冲基金的贝塔（beta）复制
- 第四节 AMH 和 A/P 分解法
- 第五节 对冲基金的系统风险
- 第六节 投资对冲基金的一个系统框架

本书前三章分别介绍了对冲基金的概念、发展历史、种类和相应的风险收益情况以及适用于对冲基金的法律法规。从这些内容中可以知道，对冲基金的规模已非常大，其给投资者带来了比较客观的回报，对冲基金内部组织结构以及对冲基金和投资者之间的委托代理结构也日趋复杂，且针对对冲基金的各种法律法规也越来越完善。那么，一个显而易见的问题是，对冲基金的收益和风险具备什么特征，以至于如此多的投资者会将资金交与对冲基金经理去管理？对冲基金所获得的高额回报的来源是什么？其投资策略可以被复制吗？如果投资者投资于对冲基金，是否有一个较为系统的投资分析框架？关于这些问题，金融学的学术界一直对其有较为严格的探讨。本章将介绍不同学者关于这些问题的最新研究成果，以期从不同的角度对这些问题进行回答。

本章将分为六节。第一节将依据 Brook 和 Kat（2002）及 Lo（2007），介绍有关对冲基金的一些数据特征，为本章后面各节的内容提供数据支持。首先，该小节将阐明关于本章研究所给予数据的来源、数据处理方法、可能出现的偏误以及影响。其次，将从收益率、波动率、夏普比率和对市场风险的暴露程度来对比对冲基金与传统投资工具之间的差异，并给出一些直观解释。再次，该节将介绍对冲基金承担的一些特别的风险特征，包括域变（regime shifting）风险、流动性不足风险（illiquidity risk）以及由之导致的序列相关性。最后，本小节还将给出对冲基金发展的规模、结构和清算的特点。

第二节则主要依据 Getmansky，Lo 和 Makrov（2004）的研究，介绍对冲基金流动性不足风险、平滑化收益（smoothed return）、收益率的序列自相关以及其对对冲基金收益率与风险度量的影响。首先，该节将讨论收流动性不足风险、收益平滑化和收益率序列自相关的关系及含义。其次，该节介绍两种估计收益平滑化的计量模型及估计量的统计性质，以及基于该模型所做的估计结果。最后，该节依据之前得到的冲基金流动性不足风险、收益平滑化、收益率的序列自相关以及其对对冲基金收益率与风险度量的影响机制，重新计算对冲基金的夏普比率。结算结果表明，即使考虑了这些因素，其夏普比率仍旧高于传统投资工具。

第四章 对冲基金经济学（一）：收益、风险和相关问题

第三节主要依据 Lo（2007）的研究结果，讨论市场风险因素可在多大程度上解释对冲基金的收益，以及用市场指数来复制对冲基金收益的情况。首先，用对冲基金收益率对五类市场风险因素做线性回归的结果表明，对冲基金可获得显著为正的 α 值，也即对冲基金可获得超出市场风险因素之外的超额收益。其次，该节采用线性模型并以六类市场指数的回报率作为复制资产对对冲基金的收益率进行复制，复制结果表明，后者虽在一定程度上可被复制，但仍有相当大的一部分无法在此框架下被解释。最后，该节对基于线性定价模型对对冲基金收益的解释做了相应的评论。

第四节将主要基于 Lo（2004）的工作，从适应性市场假说（Adaptive Market Hypothesis AMH）的角度来探讨对冲基金可以获取超额收益的原因。该假说认为市场并非总是有效的，市场的有效程度将是一个动态的演化过程。在这样一个市场中，对冲基金经理可对其投资组合进行主动管理，即利用其对各资产收益率的未来变化的预期来构建合适的投资组合，以利用套利机会进行套利。此外，基于 AMH，该节还介绍了一种新的度量对冲基金业绩的方法：主动/被动分解法（Active/Passive Decomposition）。该方法可以很好地体现对冲基金拟主动管理的动态性特征。

第二至四节内容的主要关注点为对冲基金收益率的一些特点以及可能导致对冲基金获得超额收益率的原因。诚然，作为一种投资工具，理解其收益率的特征无疑为至关重要，但另一个重要的问题也不应被忽视，即对冲基金总体的风险特征和度量。第五节将主要关注于此。首先，该小节用各种类对冲基金收益率的一阶序列相关系数的加权平均来度量对冲基金行业的总体流动性风险。对于域变风险，该小节给出了一个简单模型，随后用极大似然估计法对其进行了估计，并且依据估计结果计算了对冲基金在好坏两种状态之间转换的极限概率。最后，该小节用 Logit 模型估计了影响对冲基金被清算概率的因素，这些因素包括对冲基金成立的时间、所管理的资产规模和上期收益率等；并且，基于估计结果，该小节给出了各类型对冲基金在不同时间上的被清算概率。

第六节则将依据前五节对对冲基金的研究结果，从总体上介绍投资于对冲基金时的一个系统性分析框架。

第一节 对冲基金的数据特征

如本章开始时所述，本章的目的在于介绍一些关于对冲基金的较严谨和较新的研究成果，以期从整体的角度来分析作为一种投资工具的对冲基金所具有的收益和风险特征，解释其收益和风险的形成机制，进而寻求其有别于传统投资工具的根源。既然目的如此，首先必须从总体上明白对冲基金的一些基本的数据特征，以较清晰地查明后面几节所期望解释问题。具体而言，首先需要明白的是，自对冲基金成立起，收益率和波动率状况如何？相比于一些传统的投资工具而言，其表现是优是劣？对冲基金的市场风险暴露怎样？直觉上，对冲基金作为一种有别于传统的另类投资工具（alternative investment asset），其可能还具有除市场风险之外的风险暴露，这些风险暴露在数据中如何体现？整个对冲基金行业的规模变化情况如何？本节将参考 Lo（2007）及 Brook 和 Kat（2002），列出关于对冲基金拟的数据特征，以回答上述问题；同时，本节还将对这些数据特征做直观上的解释，并提出本章后面几节所要力图分析的问题。

具体而言，本节共分为四个小节来回答上述问题。第1小节将首先介绍本章所有研究所采用的数据的来源：Lipper TASS 数据库和 CS Tremont 数据库；其中，将较详细地介绍这两个数据库中搜集数据的方法、数据的分类和大小、数据时间频率和时间区间、由于数据原因所可能导致的偏误以及这些偏误对分析可能造成的影响；此外，为了分析的严谨性，还需要对原始数据做一些筛选和处理，该小节也将对此做一定的介绍。

第2小节将从总体和分类型两个角度介绍对冲基金的收益率的均值、方差、夏普比率和对各市场风险因子的风险暴露情况；特别地，该小节还将同时给出一些传统投资工具（如标准普尔500指数）与一些共同基金的收益率的相应统计特征，以对比两类投资工具的表现；与此同时，该小节还将对上述对比结果做一些直观的解释。

第3小节将给出对冲基金所可能面临的其他一些风险特征的数据表现。这些特征与对冲基金动态的投资方式紧密相关，包括域变风险、流动性不足的风险以及由之导致的收益率的序列相关等。

第 4 小节则将主要用 Lipper TASS 数据库中的数据来描述对对冲基金被清算的情况;特别地,该小节将介绍 Lipper TASS 的两个子数据库中对冲基金的收益率特征的不同,并介绍各种类对冲基金的数量随时间而变化的情况。

1. 数据来源及初步处理

由于对冲基金的良好业绩以及近年来该行业的快速发展,此类基金吸引了越来越多的投资者、监管者和学术界的关注;进而,对对冲基金信息的需求也越来越多且越来越详细。因此,很多商业性数据公司开发了关于对冲基金的数据库。客观上,这些数据库为对冲基金的学术研究提供了必需的数据支持。比较著名的数据库包括 CISDM 数据库、CS/Tremont 数据库、Altvest 数据库、HFR 数据库以及 HedgeFund.net 数据库和 Lipper Tass 数据库。本章实证分析所用数据主要来自两个数据库:CS/Tremont 数据库和 Lipper Tass 数据库。

CS/Tremont 数据库主要提供了根据对冲基金所管理资产(assets under management,AUM)的大小而计算的总体加权指数(以下称此指数为总指数),以及依据投资风格划分的十个子指数。进入计算样本的对冲基金必须满足以下条件:①所管理的资产总额至少为 1000 万美元;②至少有连续一年的相关数据记录和具有被审计过的财务报表。该数据库中总指数每季度调整并计算一次,而各子指数则每个月计算并调整一次。

相对于 CS/Tremont 数据库,Lipper TASS 数据库所包含的信息则较为详细。其包含了 1977~2007 年间的 7924 只对冲基金的月度收益、管理资产的情况和其他一些反映基金特质的信息。特别地,该数据库收集数据的方法为对冲基金自愿报告的数据。根据其给基金所报告的收益状况,Lipper TASS 首先在月度总收益中提剔除了基金管理费(management fee)、激励费(incentive fee)和其他的一些费用;然后再除以月初所管理的资金总额,得到月度收益率,因此其所收录的收益率为投资者实际得到的收益率。对于那些非美元计价的基金,Lipper TASS 用相应的汇率进行换算后再用上述方法计算收益率。

Lipper TASS 数据库被分为两个子数据库，一个是 Live Funds 数据库，另一个为 Graveyard 数据库。截至 2007 年 8 月 31 日，两个子数据库共收录了 7924 只基金的相关数据。Live Funds 子数据库包含了在数据记录时刻仍按时报告信息的基金，该子数据库共记录从 1977 年 2 月至 2007 年 8 月的 4266 只基金的信息。Graveyard 子数据库记录那些不再按时报告信息的基金，且这些基金是从 Live Funds 数据库中转移而来，该子数据库则共记录从 1994 年到 2007 年 8 月的 3658 只基金的信息。也即在 1994 年之前，如果一些基金被剔除出了 Live Funds 数据库，则其并未被移至 Graveyard 数据库。实际上，如下文所分析，被移至 Graveyard 数据多因为被清算而不再报告信息。

为了分析的严谨性，要求所有样本数据具有同质的特征，因此需要对原始数据做相应的处理。①为了避免汇率波动可能对分析造成的偏误，剔除那些以非美元的货币计价的对冲基金。此步共删除 1735 只基金，Live Funds 数据库剩余 3088 只基金，Graveyard 数据库中剩余 3101 只基金。②如果基金只报告了总收益率，则 Lipper TASS 数据库需估计其净收益率，这种过程可能带来误差，因此删除此类基金。此步共删除 57 只基金，Live Funds 数据库剩余 3068 只基金，Graveyard 数据库中剩余 3064 只基金。③如果基金以季度为基准报告信息，则也会产生估算偏差，因此删除此类基金。此步共删除 25 只基金，Live Funds 数据库剩余 3065 只基金，Graveyard 数据库中剩余 3042 只基金。④如果基金没有报告其所管理资产的信息，则 Lipper TASS 在估计净收益率时仍可能产生误差，因此删除此类基金。此步之后，Live Funds 数据库剩余 2701 只基金，Graveyard 数据库中剩余 2916 只基金。经过这些筛选后，样本中共有 5617 只基金；Live Funds 数据库中共有 2701 只基金，而 Graveyard 数据库则含有 2916 只基金。此外，在第二节进行实证分析时，还将连续报告信息时间不超过 5 年的基金删除。

根据 Lipper TASS 收录数据的规则，如果对冲基金向 Lipper TASS 数据库申请报告数据，则该基金在报告日之前的所有信息都会被收录到 Live 子数据库中。这种收录数据的过程可能会造成 back-fill 偏误。但由于 Lipper TASS 并没有对申请加入的基金施加任何的限制，因此这种偏误的影响应该不大。此外，由于该数据库同时涵盖了正在运营的基金（Live 子数据库中的基金）和已经不再运营的基金（Graveyard 子数据库），因此存活性偏误也应不大。

2. 对冲基金收益率的均值、波动、夏普比率和对市场风险的敏感系数

对冲基金作为一种发展迅速的另类投资工具，一般认为其表现优于传统的投资工具，而它最吸引人的地方在于其较高的收益率均值和较低的风险，以及由此所造成的较高的夏普比率。此外，作为一种资产，如果其和市场风险因子的相关度不高甚至为负，则该资产可以作为投资者构造投资组合时分散风险的极佳工具。实际上，对冲基金的市场风险因子一直被认为具有此性质。本节将给出具体的数据来说明对冲基金收益率的均值、波动、夏普比率和对市场风险的敏感度，并比较其与传统投资工具的差别。

[1] 对冲基金收益率的均值、波动和夏普比率

首先看表4.1，该表列出了对冲基金的和一些代表市场状况的指数的基本收益和风险特征。这些指数的具体含义列示于表4.2中。具体而言，计算所用的数据为年度CS/Tremont数据库中的总指数和10个子指数的收益，以及一些代表市场风险的指数的收益情况。首先，可以看出，各种类对冲基金的年度收益率和标准差呈现较大的异质性；如，年度收益率最低的基金为偏向卖空（Dedicated Short Bias）类型基金（-0.6%），最高则为全球宏观（Global Macro）类型基金（13.39%）。年度风险最低的基金为股权市场中性（Equity Market Neutral）类型基金（2.83%），最高的则为新兴市场（Emerging Markets）类型基金15.66%。

表4.1　对冲基金和各市场指数的对比

	均值	标准差	夏普比率
对冲基金总指数	10.87	7.52	0.65
可转换套利型	8.71	4.56	0.59
偏向卖空型	-0.6	16.75	-0.39
新兴市场型	10.59	15.66	0.29

续表

	均值	标准差	夏普比率
股票市场中性型	9.61	2.83	1.28
事件驱动型	11.68	5.47	1.04
固定收入套利型	6.2	3.65	0.05
全球宏观型	13.39	10.52	0.70
做多/做空股票型	12.09	9.86	0.62
管理期货型	6.9	11.91	0.08
多重策略型	9.62	4.24	0.85
事件驱动多重策略型	11.03	5.93	0.85
濒危型	13.09	6.14	1.15
风险套利型	7.63	4.07	0.40
S&P500	11.22	14.09	0.37
LIBOR	0.13	0.072	-81.53
USD	-1.07	7.28	-0.97
石油（Oil）	17.04	30.16	0.37
黄金（Gold）	4.73	12.97	-0.10
雷曼债券 Lehman bond	5.99	3.98	0.00
Large minus small cap	-2.1	11.98	-0.68
Value minus growth	1.13	15.19	-0.32
信用利差 Credit spread	4.03	1.36	-1.45
期限利差 Term spread	1.47	1.18	-3.84
VIX	0.08	4.03	-1.47

注：可转换套利（Convertible Arbitrage），偏向卖空型（Dedicated Short Bias），新兴市场型（Emerging Markets），股票市场中性型（Equity Market Neutral），事件驱动型（Event Driven），固定收益套利型（Fixed Income Arbitrage），全球宏观型（Global Macro），做多/做空型（Long/Short Equity），管理期货型（Managed Futures），多重策略型（Multi-Strategy），事件驱动多重策略型（Event Driven – Multi – Strategy），濒危型（Distressed），风险套利型（Risk Arbitrage）。

表 4.2　　市场条件和风险因子的总体衡量指标的定义

S&P500	S&P500 指数（包括红利）的月度收益率
LIBOR	美元的 6 个月期伦敦同业拆借利率的月度数据的一阶差分
USD	即期美元指数（U.S. Dollar Spot Index）的月度收益率
石油（Oil）	纽约商品期货交易所的原油即月（front-month）期货合约的月度收益率
黄金（Gold）	黄金即期价格指数的月度收益率
雷曼债券 Lehman bond	道琼斯/雷曼债券指数（Dow Jones/Lehman Bond Index）的月度收益率
Large minus small cap	道琼斯大盘股指数和小盘股指数的月度收益率之差
Value minus growth	道琼斯价值型股票指数和成长型股票指数的月度收益率之差

续表

信用利差 Credit spread	每月初的 KDP 高收益率日度指数（KDP High Yield Daily Index）与美国 10 年期收益率（U.S. 10-year yield）之差
期限利差 Term spread	每月初的 10 年期美元掉期率（10-year U.S. dollar swap rate）减去 6 个月期美元 Libor 之差
VIX	VIX 隐含波动率指数（VIX implied volatility index）的月度数据的一阶差分

各市场指数的收益率和标准差的波动也较大。此外，直观上看，各类型对冲基金收益率的均值多在 7% 以上，而各市场指数的均值的分布更为分散。但只看均值无法判断对冲基金的表现是否更优异。表 4.1 第三列数据展示了对冲基金和各市场指数的夏普比率。显然，除新兴市场型基金、偏向卖空型基金、管理期货型基金和固定收益套利型基金之外，其余种类对冲基金的夏普比率都比市场指数高。这说明如果以夏普比率来衡量投资组合的表现，对冲基金要优于市场指数。

Lo（2007）则从收益率、标准差和夏普比率的角度比较了对冲基金和共同基金两类投资组合的表现，他的分析结果列示于表 4.3。不同于表 4.1，Lo（2007）按照先按月度收益率计算了相应的均值、标准差和夏普比率，然后用公式（4.1）式将月度的夏普比率转化为年度的夏普比率。

$$SR_{年} = \frac{E(R_{年}) - R_{年f}}{\sqrt{Var(R_{年})}} = \frac{12(E(R_{年}) - r_{月f})}{\sqrt{12}\sigma_{月}} = \sqrt{12}SR_{月} \quad (4.1)$$

表 4.3 共同基金和对冲基金的原始夏普比率与经调整的夏普比率 *

	起始日	T	$\hat{\mu}$ (%)	$\hat{\sigma}$ (%)	Q_{11} 的 p 值(%)	月度 $\hat{SR}$	月度 SE_3
共同基金							
先锋 500 指数	1976 年 10 月	286	1.30	4.27	64.5	0.21	0.06
富达麦哲伦基金	1967 年 01 月	402	1.73	6.23	28.6	0.21	0.06
美国投资公司	1963 年 01 月	450	1.17	4.01	80.2	0.19	0.05
杰纳斯	1970 年 03 月	364	1.52	4.75	58.1	0.23	0.06
富达反向基金	1967 年 05 月	397	1.29	4.97	58.2	0.18	0.05
华盛顿共同投资者	1963 年 01 月	450	1.13	4.09	22.8	0.17	0.05
杰纳斯全球基金	1992 年 01 月	102	1.81	4.36	13.2	0.32	0.11
富达成长与收益	1986 年 01 月	174	1.54	4.13	60.9	0.27	0.09
美国世纪至上基金	1981 年 12 月	223	1.72	7.11	54.5	0.18	0.07
美国成长基金	1964 年 07 月	431	1.18	5.35	45.4	0.14	0.05

续表

	起始日	T	$\hat{\mu}$ (%)	$\hat{\sigma}$ (%)	Q_{11} 的 p 值(%)	月度	
对冲基金							
可转换/期权套利型	1992年05月	104	1.63	0.97	0.0	1.26	0.28
相对价值型	1992年12月	97	0.66	0.21	4.5	1.17	0.17
抵押贷款支持证券型	1993年01月	96	1.33	0.79	0.1	1.16	0.24
高收益债务型	1994年06月	79	1.30	0.87	5.2	1.02	0.27
风险套利型基金A	1993年07月	90	1.06	0.69	30.6	0.94	0.20
做多/做空股票型	1989年07月	138	1.18	0.83	0.1	0.92	0.06
多重策略型基金A	1995年01月	72	1.08	0.75	0.3	0.89	0.40
风险套利型基金B	1994年11月	74	0.90	0.77	96.1	0.63	0.14
可转换套利型基金A	1992年09月	100	1.38	1.60	0.8	0.60	0.18
可转换套利型基金B	1994年07月	78	0.78	0.62	23.4	0.60	0.18
多重策略型基金B	1989年06月	139	1.34	1.63	0.0	0.57	0.16
基金的基金	1994年10月	75	1.68	2.29	23.4	0.56	0.19

* 为一个由共同基金和对冲基金组成的样本估计的月度和年度夏普比率。估计是基于这些基金的月度总收益率进行的。共同基金样本从各种起始日期开始到2000年6月底为止,对冲基金样本从各种起始日期开始到2000年12月底为止。Q_{11} 表示 Ljung-Box(1978)的 Q 统计量 $T(T+2)\sum_{k=1}^{11}\rho_k^2/(T-k)$,在"不存在序列相关"的零假设下,该统计量渐近地服从 χ_{11}^2 分布。$\widehat{SR}$ 表示基于月度数据计算的、常用的夏普比率统计量 $\frac{(\hat{\mu}-R_f)}{\hat{\sigma}}$,其中假设 R_f 等于每月 $\frac{5.0\%}{12}$,所有的标准误差都是基于广义矩估计量估计的,使用的是 Newey and West(1987)提出的估计步骤,其中标有"SE_3"和"$SE_3(12)$"的那两列的截断滞后阶数(truncation lag)$m=3$,标有"SE_6"和"$SE_6(12)$"的那两列的截断滞后阶数 $m=6$。

显然,从表中数据可以看出,所有对冲基金的年度夏普比率要高于共同基金的夏普比率。这说明如果用夏普比率作为比较不同资产间的表现,则对冲基金获得了超额收益。那么这里的问题是,对冲基金能够获得超额收益的原因是什么?对冲基金的收益可否被一个更为广泛的市场风险组合所解释?这些问题将在本章的第三节、第四节和第五节进行回答。

【2】 较低的市场风险因子暴露

除了较高的夏普比率之外,对冲基金还有一个较为突出的特点,即其对各市场风险因子的 β 系数很低,甚至为负;而同时其 α 值却显著为正。Lo(2007)用 Lipper TASS 数据库中的数据对七种市场指数进行回归,以得到七个市场风险因子的 β 系数和 α 值。其计算结果列示于表4.4。

如表中数据所示,首先,截距项的估计量为 α_i 的估计值。所有类型基金的截距项的均值都为正值。这表明在平均意义上,对冲基金经理创造了正的收益。

其次,从表4.4中各 β 系数的 t 统计量上看,除偏向卖空型基金对 R_{CS} 的 β 系数之外,所有的 β 系数没有显著地异于零。例如,在所有类型的对冲基金中,新兴市场中性型基金对所有风险因素的系数的显著性最差,这显然是因为其保持对市场风险中性的策略;而且,由于其力图对市场风险保持中性,因此其也不应获得相应的风险回报,这可以从其较低的平均收益上看出。

由此,对冲基金对市场风险因子的敏感度较差,可以作为对冲市场风险的资产以构建合适的投资组合。

3. 对冲基金其他的风险特征

对冲基金作为一种另类投资工具,其投资策略一直被认为是动态的,其风险也可能有别于传统的投资工具。本小节将从数据上介绍对冲基金非线性风险、流动性不足的风险及与之紧密相关的序列相关性。

[1] 非线性风险

现代的投资理论告诉我们,分散投资于不同风险的资产有助于降低组合的风险。因此,对冲基金的这个特性对于分散投资的投资者而言具有非凡的吸引力。但与之相伴随的一个特点是对冲基金和各种市场指数之间的相关性甚至各对冲基金指数之间的相关性并不稳定,在构建投资组合时要充分考虑到此不稳定性。

首先,表4.5给出了13种类型的对冲基金之间以及对冲基金指数之间的静态相关系数,以及所有类型的基金与四种市场指数之间的相关系数。从表4.5中数据可知,大多数种类的对冲基金与市场指数的相关程度较低,一些甚至呈现负相关。此外,各类基金之间的相关系数的变化也较大,最小的为做多/做空股票型基金和偏向卖空型基金之间的相关系数(-71.9%),最大的为事件驱动型基金和濒危型基金的相关系数(92.9%)。

下面考察动态的相关系数的特征。图4.1给出了多重策略型基金与标准普尔500指数之间相关系数的动态变化路径。该路径反映的是1999年5月到2007年7月间，两种组合在60个月的月度数据的滚动相关系数。从图中可以明显地看出，两种组合的相关系数随时间的波动较为明显，变化趋势大致为增加。这种和指数之间的随时间而变的相关系数表明了对冲基金的收益承担了动态的非线性的风险。当然，图中所示的变化部分地归因估计误差，但造成相关系数具有上升趋势的一个更可能的解释也许是近年来多策略类基金和基金的基金受到更多投资者的青睐，从而使得该类基金越来越难以运用市场中性投资策略。此外，图中也列示了该类基金与滞后一期标准普尔指数的相关系数；显然，该系数也呈现明显的上升趋势，这在某种程度上也意味着此类基金的流动性风险暴露越来越大。

此外，各类对冲基金之间的滚动相关系数也呈现出较大的波动。表4.6给出了1997年4月至1999年12月以及2000年1月至2007年7月两个时间段的相关系数。如表中数据所述，对于可转换套利型基金和新兴市场指数（Emerging Markets Index）基金而言，其相关系数在第一个时间区间内为45.7%，在第二个时间区间内却降为3%。表4.6的第三栏为各基金相关系数在两个时间区间的差异，显然，该栏的数据表明了这种差异较为普遍。

值得注意的是，各类对冲基金之间的滚动相关系数还呈现出很有趣的锁相行为（phase-locking behavior），也即在某个日期之前，相关性非常弱，一旦数据涵盖该日期数据，就呈现非常强的相关性。例如，图4.2画出了可转换套利型基金和新兴市场指数型基金在1999年1月至2007年间60个月的滚动相关系数。该图最明显的特点是相关系数在2003年9月发生了巨大的向下跳跃。在2003年之前，相关系数一直维持在较高的水平，而在2003年9月突然从30%以上的相关性降为负相关，并且在相当长的一段时间内都维持较低相关水平。实际上，从1999年1月起，2003年9月所对应的滚动相关系数是首次没有包含1998年8月收益数据的相关系数，而1998年8月正是长期资本管理公司事件（Long Term Capital Management Event）的开始时间。事实上，俄罗斯政府的违约行为导致了全球范围的安全投资转移（Flight toQuality），这又进而使得很多对冲基金之间的相关系数从0附近水平值在短时间内上升至接近于1。在这个月，10种类型的基金都出现了负的收益；而在整个样本区间内，这种负的收益是非常极端的异常值。因此，相对于未包含该月的滚动相关系数，包含该月数据的滚动相关系数则要高得多。

表 4.4

类型	样本容量	统计量	R_{CS}					ΔVLX				
			最小值	中值	均值	最大值	标准差	最小值	中值	均值	最大值	标准差
可转换套利型	66	贝塔	0.00	0.44	0.59	2.72	0.56	−0.23	0.05	0.05	0.23	0.07
		t统计量	0.04	3.49	3.46	8.34	1.80	−1.6	0.70	0.74	3.54	0.90
偏向卖空型	14	贝塔	−0.84	−0.08	−0.02	1.42	0.68	−0.23	0.04	0.07	0.66	0.25
		t统计量	−2.14	−0.19	−0.07	2.96	1.38	−1.77	0.18	0.10	1.26	0.97
新兴市场型	118	贝塔	−0.50	0.38	0.50	2.82	0.56	−1.38	003	0.06	1.90	0.31
		t统计量	−1.97	1.32	1.28	4.71	1.29	−3.36	0.20	0.22	2.64	1.22
股票市场中性型	103	贝塔	−1.55	0.03	0.03	1.12	0.35	−1.10	−0.02	−0.02	0.64	0.22
		t统计量	−3.81	0.10	−0.12	3.0	1.53	4.81	−0.24	−0.14	3.02	1.51
事件驱动型	217	贝塔	−1.46	0.25	0.32	2.51	0.43	−0.57	0.01	0.00	0.75	0.16
		t统计量	−4.35	1.43	1.82	11.65	2.07	−7.01	0.14	0.01	3.27	1.36
固定收益套利型	90	贝塔	−1.24	0.17	0.27	1.50	043	−0.4	0.0	0.05	0.66	0.19
		t统计量	−3.03	1.13	1.55	12.98	2.22	−3.21	0.39	0.81	5.64	2.05
全球宏观型	81	贝塔	−0.91	0.16	0.15	1.53	0.47	−0.86	0.04	0.08	0.90	0.28
		t统计量	−2.77	0.26	0.40	4.13	1.24	−3.42	0.33	0.28	2.68	1.19
做多/做空股票对冲型	602	贝塔	−2.35	0.17	0.21	4.38	0.61	−1.66	0.05	0.04	2.29	0.32
		t统计量	−4.78	0.54	0.59	4.89	1.36	−4.82	0.30	0.26	3.95	1.27
管理期货型	127	贝塔	−3.95	−0.29	−0.3	1.53	0.64	−0.86	0.09	0.11	0.95	0.29
		t统计量	−2.89	−0.67	−0.62	2.56	1.02	−2.92	0.44	0.55	3.00	1.20
多重策略型	88	贝塔	−1.23	0.17	0.25	3.12	0.54	−0.85	0.04	0.04	0.86	0.22
		t统计量	−203	1.20	1.54	6.11	1.99	−3.44	0.49	0.68	4.43	1.55
基金的基金型	591	贝塔	−1.80	0.16	0.18	1.51	0.29	−0.86	0.06	0.07	0.64	0.12
		t统计量	−3.60	1.17	1.23	6.43	1.43	−2.20	0.92	0.92	4.92	1.11

Lipper TASS 活数据库中的对冲基金的月度收益率的多元线性回归的概括性统计量（1986年2月至2007年8月）*

类型	样本容量	统计量	截距					$R_{S\&P500}$				
			最小值	中值	均值	最大值	标准差	最小值	中值	均值	最大值	标准差
可转换套利型	66	贝塔	-0.32	0.58	0.59	1.53	0.33	-0.29	0.00	-0.01	0.50	0.11
		t统计量	-1.32	3.31	5.44	57.62	8.76	-3.00	0.08	0.08	3.57	1.18
偏向卖空型	14	贝塔	-0.17	0.58	0.69	2.26	0.52	-1.74	-1.13	-1.08	-0.50	0.34
		t统计量	-0.19	1.36	1.27	2.53	0.68	-12.88	-4.80	-5.87	-0.78	3.53
新兴市场型	118	贝塔	-0.64	0.99	1.26	6.11	0.98	-0.49	0.30	0.40	2.16	0.42
		t统计量	-0.97	2.49	2.92	10.57	2.07	-2.38	2.01	1.88	6.02	1.61
股票市场中性型	103	贝塔	-0.42	0.59	0.68	2.14	0.43	-1.11	0.01	0.03	1.05	0.28
		t统计量	-0.76	2.66	3.64	17.26	3.43	-3.90	0.10	0.47	4.25	1.87
事件驱动型	217	贝塔	-0.22	0.87	0.93	3.02	0.43	-0.56	0.09	0.13	1.05	0.20
		t统计量	-0.72	4.25	5.34	105.56	7.57	-3.51	1.15	1.36	14.77	1.90
固定收益套利型	90	贝塔	-0.22	0.60	0.66	2.02	0.39	-0.34	0.02	0.00	0.31	0.11
		t统计量	-0.41	3.63	5.15	53.91	6.98	-2.38	0.27	0.11	3.33	1.15
全球宏观型	81	贝塔	-1.23	0.56	0.52	2.40	0.69	-0.50	0.10	0.29	2.35	0.49
		t统计量	-2.10	1.24	1.37	8.39	1.68	-3.47	0.80	0.90	5.68	1.72
做多/做空股票对冲型	602	贝塔	-1.83	0.76	0.84	5.15	0.66	-1.10	0.35	0.42	3.95	0.48
		t统计量	-2.11	1.98	2.07	11.33	1.50	-24.85	2.01	2.28	20.86	2.65
管理期货型	127	贝塔	-4.50	0.44	0.37	3.26	0.91	-1.24	0.06	0.17	3.43	0.56
		t统计量	-2.30	0.84	0.92	8.86	1.66	-2.44	0.39	0.51	10.08	1.45
多重策略型	88	贝塔	-0.78	0.74	0.79	4.17	0.56	-0.94	0.08	0.17	1.59	0.34
		t统计量	-0.94	3.44	4.07	11.75	3.09	-2.38	1.32	1.46	6.85	1.71
基金的基金型	591	贝塔	-3.12	0.45	0.48	4.74	0.41	-0.78	0.16	0.22	1.72	0.24
		t统计量	-3.19	2.59	3.03	15.41	2.38	-2.96	2.04	2.33	27.18	2.12

续表

类型	样本容量	统计量	R_{LB}					R_{USD}				
			最小值	中值	均值	最大值	标准差	最小值	中值	均值	最大值	标准差
可转换套利型	66	贝塔	-0.17	0.18	0.22	1.21	0.23	-0.70	-0.03	-0.07	0.63	0.25
		t统计量	-0.88	1.44	1.43	4.48	1.21	-2.23	-0.23	-0.07	3.65	1.33
偏向卖空型	14	贝塔	-1.50	-0.03	0.04	0.85	0.61	-0.46	0.06	0.27	1.11	0.54
		t统计量	-1.72	-0.06	0.07	1.41	1.03	-1.30	0.23	0.38	1.75	0.94
新兴市场型	118	贝塔	-3.67	-0.03	-0.03	2.24	0.66	-2.19	-0.37	-0.41	2.16	0.64
		t统计量	-2.70	-0.06	0.11	3.41	1.18	-6.62	-1.03	-1.07	2.25	1.34
股票市场中性型	103	贝塔	-1.43	-0.01	-0.01	1.75	0.41	-2.49	0.00	-0.06	1.25	0.43
		t统计量	-3.75	-0.12	-0.01	3.20	1.24	-4.19	-0.01	-0.09	3.71	1.39
事件驱动型	217	贝塔	-1.99	0.04	0.02	1.34	0.36	-2.02	-0.09	-0.17	0.52	0.37
		t统计量	-3.64	0.26	0.26	4.61	1.26	-4.10	-0.51	-0.43	3.74	1.40
固定收益套利型	90	贝塔	-0.89	0.07	0.16	1.81	0.39	-1.28	0.03	0.03	0.76	0.33
		t统计量	-3.75	0.60	0.73	4.08	1.47	-3.82	0.33	0.37	4.18	1.55
全球宏观型	81	贝塔	-3.95	0.10	0.08	1.74	0.73	-2.68	-0.12	-0.21	1.35	0.81
		t统计量	-3.74	0.23	0.35	7.38	1.61	-7.69	-0.49	-0.64	3.57	1.86
做多/做空股票对冲型	602	贝塔	-3.79	-0.01	-0.01	3.04	0.55	-5.96	-0.09	-0.17	2.35	0.72
		t统计量	-2.46	-0.03	0.01	3.44	1.04	-4.50	-0.28	-0.32	4.05	1.29
管理期货型	127	贝塔	-1.43	0.50	0.54	2.49	0.68	-3.81	-0.25	-0.34	1.68	0.73
		t统计量	-1.63	1.04	1.12	6.48	1.31	-5.10	-0.63	-0.60	1.99	1.08
多重策略型	88	贝塔	-1.89	0.07	0.02	2.39	0.55	-4.93	-0.01	-0.20	0.87	0.76
		t统计量	-2.84	0.41	0.44	4.68	1.43	-3.97	-0.07	-0.08	3.27	1.49
基金的基金型	591	贝塔	-2.16	0.03	0.05	1.82	0.29	-3.43	-0.14	-0.19	0.80	0.35
		t统计量	-2.63	0.23	0.37	12.29	1.21	-5.65	-0.89	-0.81	3.37	1.23

续表

类型	样本容量	统计量	R_{CS}					ΔVIX				
			最小值	中值	均值	最大值	标准差	最小值	中值	均值	最大值	标准差
可转换套利型	66	贝塔	0.00	0.44	0.59	2.72	0.56	-0.23	0.05	0.05	0.23	0.07
		t统计量	0.04	3.49	3.46	8.34	1.80	-1.66	0.70	0.74	3.54	0.90
偏向卖空型	14	贝塔	-0.84	-0.08	-0.02	1.42	0.68	-0.23	0.04	0.07	0.66	0.25
		t统计量	-2.14	-0.19	-0.07	2.96	1.38	-1.77	0.18	0.10	1.26	0.97
新兴市场型	118	贝塔	-0.50	0.38	0.50	2.82	0.56	-1.38	0.03	0.06	1.90	0.31
		t统计量	-1.97	1.32	1.28	4.71	1.29	-3.36	0.20	0.22	2.64	1.22
股票市场中性型	103	贝塔	-1.55	0.03	0.03	1.12	0.35	-1.10	-0.02	-0.02	0.64	0.22
		t统计量	-3.81	0.10	-0.12	3.00	1.53	-4.81	-0.24	-0.14	3.02	1.51
事件驱动型	217	贝塔	-1.46	0.25	0.32	2.51	0.43	-0.57	0.01	0.00	0.75	0.16
		t统计量	-4.35	1.43	1.82	11.65	2.07	-7.01	0.14	0.01	3.27	1.36
固定收益套利型	90	贝塔	-1.24	0.17	0.27	1.50	0.43	-0.49	0.03	0.05	0.66	0.19
		t统计量	-3.03	1.13	1.55	12.98	2.22	-3.21	0.39	0.81	5.64	2.05
全球宏观型	81	贝塔	-0.91	0.16	0.15	1.53	0.47	-0.86	0.04	0.08	0.90	0.28
		t统计量	-2.77	0.26	0.40	4.13	1.24	-3.42	0.33	0.28	2.68	1.19
做多/做空股票对冲型	602	贝塔	-2.35	0.17	0.21	4.38	0.61	-1.66	0.05	0.04	2.29	0.32
		t统计量	-4.78	0.54	0.59	4.89	1.36	-4.82	0.30	0.26	3.95	1.27
管理期货型	127	贝塔	-3.95	-0.29	-0.33	1.53	0.64	-0.86	0.09	0.11	0.95	0.29
		t统计量	-2.89	-0.67	-0.62	2.56	1.02	-2.92	0.44	0.55	3.00	1.20
多重策略型	88	贝塔	-1.23	0.17	0.25	3.12	0.54	-0.85	0.04	0.04	0.86	0.22
		t统计量	-2.03	1.20	1.54	6.11	1.99	-3.44	0.49	0.68	4.43	1.55
基金的基金型	591	贝塔	-1.80	0.16	0.18	1.51	0.29	-0.86	0.06	0.07	0.64	0.12
		t统计量	-3.60	1.17	1.23	6.43	1.43	-2.20	0.92	0.92	4.92	1.11

第四章 对冲基金经济学（一）：收益、风险和相关问题

续表

类型	样本容量	统计量	R_{GSCI}				统计量	显著性（%）			
			最小值	中值	均值	最大值	标准差		最小值	中值	均值	最大值	标准差

类型	样本容量	统计量	最小值	中值	均值	最大值	标准差	统计量	最小值	中值	均值	最大值	标准差
可转换套利型	66	贝塔	-0.04	0.01	0.02	0.10	0.03	调整的 R^2	-5.8	17.6	16.8	64.4	13.3
		t 统计量	-1.53	0.63	0.52	1.70	0.74	$p(F)$	0.0	0.3	9.1	89.8	20.2
偏向卖空型	14	贝塔	-0.29	-0.08	-0.07	0.17	0.11	调整的 R^2	14.3	47.6	46.5	79.9	17.7
		t 统计量	-1.95	-0.93	-0.78	1.50	1.04	$p(F)$	0.0	0.0	0.5	6.2	1.6
新兴市场型	118	贝塔	-0.15	0.07	0.08	0.38	0.09	调整的 R^2	-0.8	17.3	20.7	67.9	14.2
		t 统计量	-2.07	1.02	0.99	2.93	0.97	$p(F)$	0.0	0.1	4.8	51.0	11.4
股票市场中性型	103	贝塔	-0.11	0.01	0.02	0.28	0.06	调整的 R^2	-9.2	7.1	8.4	47.2	10.6
		t 统计量	-2.66	0.46	0.44	2.63	1.17	$p(F)$	0.0	7.5	23.1	96.6	28.2
事件驱动型	217	贝塔	-0.20	0.02	0.02	0.29	0.05	调整的 R^2	-7.6	18.6	20.2	70.0	16.1
		t 统计量	-2.63	0.74	0.74	4.98	1.13	$p(F)$	0.0	0.2	9.4	95.1	19.1
固定收益套利型	90	贝塔	-0.05	0.01	0.01	0.10	0.03	调整的 R^2	-13.5	8.3	12.4	77.3	16.1
		t 统计量	-1.76	0.21	0.36	2.59	1.06	$p(F)$	0.0	5.8	22.2	97.1	28.5
全球宏观型	81	贝塔	-0.08	0.04	0.08	0.53	0.14	调整的 R^2	-10.9	7.9	16.0	61.5	18.9
		t 统计量	-1.34	0.77	0.98	6.16	1.49	$p(F)$	0.0	3.8	19.0	87.7	25.1
做多/做空股票对冲型	602	贝塔	-0.33	0.06	0.08	0.83	0.11	调整的 R^2	-12.9	18.4	21.8	92.7	18.0
		t 统计量	-2.59	1.18	1.15	6.75	1.28	$p(F)$	0.0	0.1	10.0	99.7	20.1
管理期货型	127	贝塔	-0.31	0.08	0.12	0.72	0.15	调整的 R^2	-5.5	8.5	11.6	45.0	10.7
		t 统计量	-1.83	1.19	1.29	5.74	1.24	$p(F)$	0.0	1.7	11.2	76.7	18.5
多重策略型	88	贝塔	-0.06	0.03	0.07	0.78	0.14	调整的 R^2	-4.5	17.5	18.8	67.8	16.7
		t 统计量	-0.83	1.23	1.33	8.36	1.35	$p(F)$	0.0	0.2	13.3	93.4	25.2
基金的基金型	591	贝塔	-0.17	0.04	0.05	0.60	0.05	调整的 R^2	-10.2	22.9	25.3	93.6	16.4
		t 统计量	-3.03	1.72	1.66	5.72	1.02	$p(F)$	0.0	0.1	3.9	98.4	11.5

* 这 6 个因子是 S&P500 指数总收益率、雷曼 AA 级中期公司债券指数的收益率、美元指数的收益率、雷曼 BAA 级长期信用债券指数与雷曼长期国债指数的收益率之差、芝加哥期权交易所波动率指数月末均值的一阶差分，以及高盛商品指数（GSCI）的总收益率。

表 4.5　CS/Tremont 对冲基金指数收益率的相关系数矩阵（1994 年 1 月至 2007 年 7 月）*

指数	对冲基金指数	可转换套利型	偏向卖空型	新兴市场型	股票市场中性型	事件驱动型	固定收益套利型	全球宏观型	做多/做空股票型	管理期货型	多重策略型	事件驱动多重策略型	濒危证券型	风险套利型	大公司股票	小公司股票	长期公司债券	长期政府债券
对冲基金指数	100.0	41.1	−48.8	65.2	33.3	67.4	44.2	85.4	79.3	16.1	23.0	68.6	58.6	39.8	48.6	57.7	18.4	11.7
可转换套利型	41.1	100.0	−25.7	30.1	33.9	56.5	53.7	29.1	28.7	−11.2	39.8	56.4	49.5	40.2	14.1	27.6	7.6	2.7
偏向卖空型	−48.8	−25.7	100.0	−54.5	−31.8	−62.6	−9.9	−13.5	−71.9	8.6	−12.3	−54.0	−62.0	−49.8	−75.6	−78.4	−0.9	10.9
新兴市场型	65.2	30.1	−54.5	100.0	22.1	67.2	27.1	41.5	59.7	−6.9	2.6	66.7	58.9	42.2	48.2	54.9	1.4	−8.9
股票市场中性型	33.3	33.9	−31.8	22.1	100.0	35.1	13.1	21.9	34.8	2.6	23.1	32.0	33.4	30.7	36.5	24.2	7.2	4.4
事件驱动型	67.4	56.5	−62.6	67.2	35.1	100.0	38.3	37.9	66.7	−11.3	24.6	93.5	92.9	66.0	56.1	65.4	5.6	−8.1
固定收益套利型	44.2	53.7	−9.9	27.1	13.1	38.3	100.0	44.2	21.7	−3.9	30.2	40.8	32.2	15.0	3.4	12.4	11.9	8.3
全球宏观型	85.4	29.1	−13.5	41.5	21.9	37.9	44.2	100.0	43.0	24.7	14.3	41.9	31.4	13.9	23.5	23.3	23.7	21.4
做多/做空股票型	79.3	28.7	−71.9	59.7	34.8	66.7	21.7	43.0	100.0	3.4	22.1	64.5	59.0	51.3	59.2	76.4	10.6	2.4
管理期货型	16.1	−11.2	8.6	−6.9	2.6	−11.3	−3.9	24.7	3.4	100.0	6.8	−12.7	−8.0	−13.7	−13.8	−10.6	18.1	24.0
多重策略型	23.0	39.8	−12.3	2.6	23.1	24.6	30.2	14.3	22.1	6.8	100.0	28.7	17.0	12.0	10.2	24.0	2.8	−1.8
事件驱动多重策略型	68.6	56.4	−54.0	66.7	32.0	93.5	40.8	41.9	64.5	−12.7	28.7	100.0	74.3	63.0	48.9	62.0	1.6	−9.8
濒危证券型	58.6	49.5	−62.0	58.9	33.4	92.9	32.2	31.4	59.0	−8.0	17.0	74.3	100.0	55.0	54.8	59.9	9.3	−4.7
风险套利型	39.8	40.2	−49.8	42.2	30.7	66.0	15.0	13.9	51.3	−13.7	12.0	63.0	55.0	100.0	44.5	56.7	1.8	−8.9
大公司股票	48.6	14.1	−75.6	48.2	36.5	56.1	3.4	23.5	59.2	−13.8	10.2	48.9	54.8	44.5	100.0	61.2	8.0	−5.1
小公司股票	57.7	27.6	−78.4	54.9	24.2	65.4	12.4	23.3	76.4	−10.6	24.0	62.0	59.9	56.7	61.2	100.0	−0.1	−14.0
长期公司债券	18.4	7.6	−0.9	1.4	7.2	5.6	11.9	23.7	10.6	18.1	2.8	1.6	9.3	1.8	8.0	−0.1	100.0	94.3
长期政府债券	11.7	2.7	10.9	−8.9	4.4	−8.1	8.3	21.4	2.4	24.0	−1.8	−9.8	−4.7	−8.9	−5.1	−14.0	94.3	100.0

* 表中的所有数值都是基于月度数据计算出来的百分点数。多策略型指数数据期间是 1994 年 4 月~2007 年 7 月；大公司股票型、小公司股票型、长期公司债券和长期政府债券的数据期间则是 1994 年 1 月~2006 年 12 月。

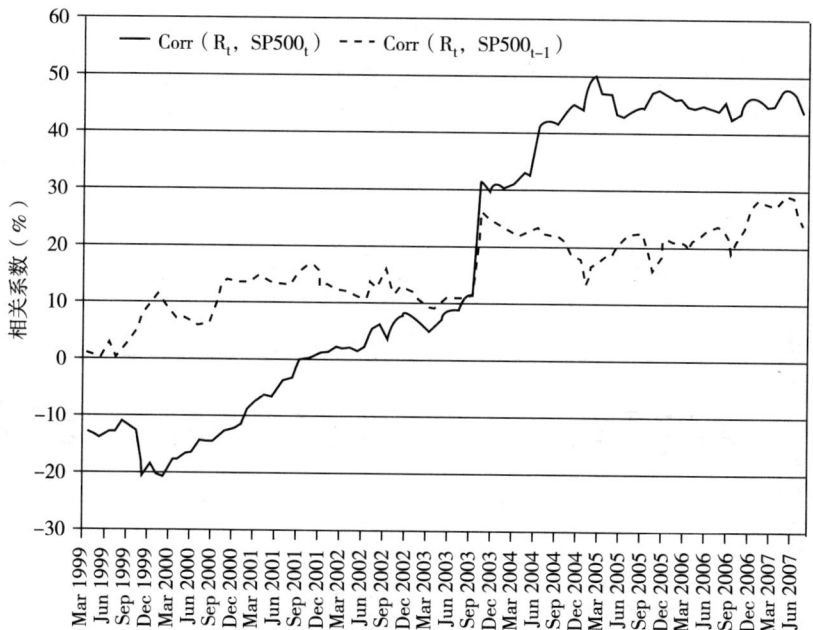

图 4.1　CS/Tremont 多重策略型指数收益率与 S&P500 指数收益率的当期项、滞后项之间的 60 个月滚动相关系数（1999 年 3 月~2007 年 7 月）

注：在"不存在相关性"的零假设下，相关系数的近似标准误差是 $1/\sqrt{60}=13\%$。因此，样本前半部分的相关系数与后半部分的相关系数之差在 1% 的显著性水平上是统计显著的。

图 4.2　CS/Tremont 可转换套利型指数收益率与新兴市场型指数收益率之间的 60 个月滚动相关系数（1999 年 1 月~2007 年 7 月）

注：2003 年 9 月的相关系数之所以突然下降，是因为在这个月，1998 年 8 月的观测值第一次没有被包括在 60 个月滚动窗口里。

表 4.6　七种 CS/Tremont 对冲基金指数收益率的相关系数矩阵（1994 年 4 月～2007 年 7 月）*

	对冲基金指数	可转换套利型	新兴市场型	股票市场中性型	濒危证券型	做多/做空股票型	多重策略型
1994 年 4 月至 1999 年 12 月							
对冲基金指数	100.0	52.8	65.5	38.3	58.1	70.9	8.8
可转换套利型	52.8	100.0	45.7	31.3	62.1	37.9	29.5
新兴市场型	65.5	45.7	100.0	26.8	60.1	59.2	-11.7
股票市场中性型	38.3	31.3	26.8	100.0	48.0	44.9	17.4
濒危证券型	58.1	62.1	60.1	48.0	100.0	64.3	1.5
做多/做空股票型	70.9	37.9	59.2	44.9	64.3	100.0	4.4
多重策略型	8.8	29.5	-11.7	17.4	1.5	4.4	100.0
2000 年 1 月至 2000 年 7 月							
对冲基金指数	100.0	23.7	74.2	11.8	57.3	97.0	60.5
可转换套利型	23.7	100.0	3.0	39.2	32.7	16.9	57.7
新兴市场型	74.2	3.0	100.0	18.9	52.8	72.5	45.4
股票市场中性型	11.8	39.2	18.9	100.0	0.8	9.0	36.9
濒危证券型	57.3	32.7	52.8	0.8	100.0	47.9	53.5
做多/做空股票型	97.0	16.9	72.5	9.0	47.9	100.0	56.1
多重策略型	60.5	57.7	45.4	36.9	53.5	56.1	100.0
两个相关系数矩阵之差							
对冲基金指数	0.0	29.0	-8.7	26.5	0.8	-26.1	-51.7
可转换套利型	29.0	0.0	42.7	-7.9	29.4	21.0	-28.2
新兴市场型	-8.7	42.7	0.0	7.9	7.3	-13.4	-57.1
股票市场中性型	26.5	-7.9	7.9	0.0	47.2	36.0	-19.4
濒危证券型	0.8	29.4	7.2	47.2	0.0	16.4	-52.0
做多/做空股票型	-26.1	21.0	-13.4	36.0	16.4	0.0	-51.7
多重策略型	-51.7	-28.2	-57.1	-19.4	-52.0	-51.7	0.0

第四章 对冲基金经济学（一）：收益、风险和相关问题

实际上，由市场情况剧变所导致的锁相行为并非鲜见，因为自从建立有组织的金融市场以来，市场崩溃的事件就时有发生。但即使如此，直到长期资本管理公司事件发生时，对冲基金经理和投资者才开始系统地将这种风险纳入到其投资过程中。

一种度量锁相行为对对冲基金间相关性影响的方法，是显式地将这种对所有基金都产生影响的事件反映在一个风险定价模型里。例如，假设基金 i 的收益是如下两因素模型生成：

$$R_{it} = \alpha_i + \beta_i \Lambda_t + I_t Z_t + \xi_{it} \quad (4.2)$$

$$E(\Lambda_t) = \mu_\lambda, Var(\Lambda_t) = \sigma_\lambda \quad (4.3)$$

$$E(Z_t) = 0, Var(Z_t) = \sigma_Z \quad (4.4)$$

$$E(\xi_{it}) = 0, Var(\xi_{it}) = \sigma_{\xi i} \quad (4.5)$$

$$\Pr(I_t = 0) = p, \Pr(I_t = 1) = 1 - p \quad (4.6)$$

其中，Λ_t、I_t、Z_t 和 ξ_{it} 都为 IID，且它们之间相互独立。I_t 为 1 时，表明锁相事件发生（记概率为 p），I_t 为 0 时，则没有发生。显然，（4.2）～（4.5）式表明该基金的收益由三部分组成，第一部分为其 α_i，第二部分为市场风险 Λ_t 的回报 β_i，第三部分则为对任何基金都相同的锁相效应（phase-locking effect）风险。如果假设锁相事件发生的概率非常小（如 0.001），则绝大多数的时间里该基金的收益都由 $\alpha_i + \beta_i \Lambda_t + \xi_{it}$ 所决定。但当 Z_t 的方差 σ_Z 远大于 σ_λ 和 $\sigma_{\xi i}$ 时，一旦 $I_t = 1$ 发生，该基金的收益将由 Z_t 做决定；此时所有基金的收益都将呈现强烈的正相关，锁相效应就发生了。

根据上述基金的收益决定模型，可以计算任意两个基金 i 和 j 的条件相关系数如下[①]。

$$Corr(R_{it}, R_{jt}/I = 0) = \frac{\beta_i \beta_j \sigma_\lambda^2}{\sqrt{\beta_i^2 \sigma_\lambda^2 + \sigma_{\xi i}^2} \sqrt{\beta_j^2 \sigma_\lambda^2 + \sigma_{\xi j}^2}} \approx 0 \quad (4.7)$$

$$Corr(R_{it}, R_{jt}/I = 1) = \frac{\beta_i \beta_j \sigma_\lambda^2 + \sigma_Z^2}{\sqrt{\beta_i^2 \sigma_\lambda^2 + \sigma_Z^2 + \sigma_{\xi i}^2} \sqrt{\beta_j^2 \sigma_\lambda^2 + \sigma_Z^2 + \sigma_{\xi j}^2}} \quad (4.8)$$

$$\approx \frac{1}{\sqrt{1 + \sigma_{\xi i}^2/\sigma_Z^2} \sqrt{1 + \sigma_{\xi j}^2/\sigma_Z^2}}$$

显然，由（4.7）式和（4.8）式可知，当灾难事件不发生时（绝大多数时间的市场情况），两个基金的相关系数接近于零；而当灾难事件发生

[①] 此处假设了市场风险的系数 β_i 与 β_j 均约等于零，本节相关系数计算也做此假设。由于多数对冲基金期望其所持组合为市场中性的，因此该假设是可以接受的。

且 σ_Z 远大于 σ_λ 和 $\sigma_{\xi i}$ 时，也即当灾难发生对市场造成的震荡非常剧烈时，两种基金的相关系数接近于 1，锁相行为也就发生了。

而上述过程的无条件相关系数则相对较小，计算过程稍显复杂：

$$Corr(R_{it}, R_{jt}) = \frac{Cov(R_{it}, R_{jt})}{\sqrt{Var(R_{it})Var(R_{jt})}} \rightarrow$$

$$\approx \frac{\beta_i \beta_j \sigma_\lambda^2 + p\sigma_Z^2}{\sqrt{\beta_i^2 \sigma_\lambda^2 + p\sigma_Z^2 + \sigma_{\xi i}^2}\sqrt{\beta_j^2 \sigma_\lambda^2 + p\sigma_Z^2 + \sigma_{\xi j}^2}}$$

$$\approx \frac{p}{\sqrt{p + \sigma_{\xi i}^2/\sigma_Z^2}\sqrt{p + \sigma_{\xi j}^2/\sigma_Z^2}} \quad (4.9)$$

显而易见，$Corr(R_{it}, R_{jt})$ 是 σ_Z^2 的增函数。但当假设 $p = 0.001$ 且 σ_Z^2 是 $\sigma_{\xi j}^2$ 的 10 倍时，仅为 0.0099。事实上，如果使得 $Corr(R_{it}, R_{jt})$ 为 0.1，则须使 σ_Z^2 是 $\sigma_{\xi j}^2$ 的 100 倍才可以。

对冲基金还面临着另外一种非线性的风险，即其对市场风险的敏感系数随市场收益为正或为负而不同。例如，考虑如下模型：

$$R_{it} = \alpha_i + \beta_i^+ \Lambda_t^+ + \beta_i^- \Lambda_t^- + \xi_{it} \quad (4.10)$$

$$\Lambda_t^+ = \begin{cases} \Lambda_t, \Lambda_t > 0 \\ 0, \Lambda_t \leq 0 \end{cases}, \quad \Lambda_t^- = \begin{cases} 0, \Lambda_t > 0 \\ \Lambda_t, \Lambda_t \leq 0 \end{cases} \quad (4.11)$$

其中，R_{it} 为对冲基金 i 的收益，Λ_t 为标准普尔 500 指数的收益。显然，当 $\beta_i^+ = \beta_i^-$ 时，（4.10）式和（4.11）式与标准的单因素模型没有区别。但事实并非如此。基于（4.10）式与（4.11）式对 13 种类型的对冲基金的收益进行估计，结果如表 4.7 所示。例如，对于管理期货指数（Managed Futures Index）型基金而言，其对于正的市场收益的 β 系数为 0.14，对于市场下降使的 β 系数却为 -0.34。其他基金的 β 系数也呈现出较大的差异。这种对标准普尔指数上升和下降所表现出不对称的 β 系数的原因很可能为对冲基金采用了非线性的投资策略，尤其当基金所构造的投资组合具有某种期权性质时。显然，这种非线性的投资策略可使对冲基金更好地进行组合分散化，但如果投资者对这种策略所面临的非线性风险不了解，其也很可能遭受由之带来的损失。

除了上述锁相行为和风险因子暴露的 β 系数的不对称之外，对冲基金面临着其他非线性的风险，如跳跃风险（jump risk）和非平稳性（nonstationarity）等。如以上的分析表明，标准的线性定价模型如 CAPM 和 APT 不能很好地刻画对冲基金收益的非线性特征。因此，我们需要更加复杂的非线性的风险模型，以更精确地刻画对冲基金所持资产的收益特征，如固定收益证券、商品和金融衍生品等。

第四章 对冲基金经济学（一）：收益、风险和相关问题

表 4.7 用 CS/Tremont 对冲基金指数的月收益率对 S&P500 指数月收益率进行回归，以及对正的、负的 S&P500 指数月收益率进行回归的结果（1994 年 1 月～2007 年 7 月）*

类型	α	$t(\alpha)$	β	$t(\beta)$	调整的R^2(%)	R^2(%)	F统计量的p值(%)	α	$t(\alpha)$	β^+	$t(\beta^+)$	β^-	$t(\beta^-)$	调整的R^2(%)	R^2(%)	F统计量的p值(%)
对冲基金	0.66	4.34	0.26	7.12	23.5	23.9	0.0	0.94	3.77	0.18	2.58	0.35	4.87	23.9	24.9	0.0
可转换套利型	0.68	6.49	0.05	1.90	1.6	2.2	5.9	0.73	4.20	0.03	0.71	0.06	1.27	1.0	2.3	15.9
偏向卖空型	0.79	3.10	−0.90	−14.69	57.0	57.3	0.0	0.50	1.20	−0.82	−7.05	−0.99	−8.24	56.9	57.5	0.0
新兴市场型	0.39	1.21	0.53	6.86	22.1	22.6	0.0	1.29	2.47	0.26	1.84	0.81	5.41	23.9	24.8	0.0
股票市场中性型	0.73	11.93	0.07	5.00	12.9	13.4	0.0	0.64	6.29	0.10	3.67	0.04	1.53	13.1	14.2	0.0
事件驱动型	0.77	7.29	0.22	8.52	30.6	31.1	0.0	1.26	7.53	0.07	1.56	0.37	7.69	35.7	36.5	0.0
固定收益套利型	0.51	5.94	0.01	0.60	−0.4	0.2	54.7	0.72	5.21	−0.05	−1.36	0.08	2.01	1.4	2.6	12.1
全球宏观型	0.95	4.00	0.18	3.08	5.0	5.6	0.2	1.13	2.87	0.12	1.14	0.23	2.06	4.6	5.7	0.9
做多/做空股票型	0.62	3.35	0.42	9.38	35.0	35.4	0.0	0.82	2.71	0.36	4.24	0.48	5.53	34.8	35.6	0.0
管理期货型	0.66	2.40	−0.09	−1.39	0.6	1.2	16.6	−0.15	−0.32	0.14	1.17	0.34	2.66	3.1	4.2	3.1
事件驱动多重策略型	0.73	6.04	0.20	6.97	22.7	23.2	0.0	1.20	6.16	0.06	1.21	0.35	6.26	26.4	27.3	0.0
濒危证券型	0.87	7.26	0.24	8.35	29.8	30.2	0.0	1.42	7.50	0.08	1.47	0.41	7.60	34.9	35.7	0.0
风险套利型	0.52	6.07	0.13	6.26	19.1	19.6	0.0	0.71	5.10	0.07	1.85	0.19	4.73	20.1	21.1	0.0
多重策略型	0.77	7.74	0.03	1.44	0.7	1.3	15.3	0.83	5.08	0.02	0.38	0.05	1.13	0.2	1.4	32.5

* 多重策略型指数的数据期间是 1994 年 4 月至 2007 年 7 月。

【2】 流动性不足的风险和自相关

上一小节介绍了对冲基金收益的所具有的非线性风险暴露。除此之外，对冲基金的收益还具备另外一种特征，即流动性不足（illiquidity）的风险暴露。

在一个信息有效市场中，如果资产的价格被理性地预期，则该资产的收益是不可预测的，因为任何新的信息都已经反映在了收益中；一旦资产的收益偏离了市场的均衡收益，则套利会立刻发生并使收益回归均衡。事实上，最早的金融定价理论正是用鞅来描述资产的收益，也即任何两期的收益都是序列无关的（serially uncorrelated）。显然，这种信息完全的市场是一种理摩擦，如交易成本，借贷约束，搜集和处理信息的成本以及卖空限制等。事实上，这些市场摩擦的最常见表现形式就是流动性不足，也即如果要大量交易某项资产，会造成该资产的价格发生显著变化或伴随较大的交易成本①；这显然又会导致市场的套利无法无成本地立刻实现，因而即使某种资产的当期收益可以预测下一期的收益，市场也无力驱动该资产的价格发生变化进而使得当期收益完全反应所有的信息。基于此，收益间的序列相关程度也许作为衡量对资产收益的流动性不足的指标。

为了在直观上给出对冲基金收益的序列相关性和流动性不足的关系，下面用统计方法来计算各种类对冲基金收益的序列相关性。衡量序列相关性所采用的统计量由 Ljung 和 Box（1978）所提出：

$$Q = T(T+2) \sum_{k=1}^{p} \hat{\rho}_k^2 / (T-k)$$

T 为样本个数，$\hat{\rho}_k^2$ 为当期收益与滞后 k 阶收益的序列相关系数，p 的含义为当期收益最多受到滞后 p 阶收益的影响。在不存在序列相关的假设下，Q 统计量渐近服从 χ_p^2 分布。显然，不管 $\hat{\rho}_k$ 的符号是否为正，只要绝对值大，Q 统计量就会变大。因此，如果一只基金的收益序列相关系数绝对值越大，则 Q 统计量越有可能拒绝零假设。

Lo（2007）计算了 10 只最大的共同基金和 12 只对冲基金②的 Q 统计量和各自 1 到 6 阶的序列相关系数 $\hat{\rho}_k$，计算结果如表 4.8 所示。该表的上

---
① 显然，这两种影响都会给交易者带来损失。
② Lo（2007）为了保护商业机密，没有直接说明对冲基金的名字，而只是采用各自的投资风格作为其身份的标识。

第四章 对冲基金经济学（一）：收益、风险和相关问题

表 4.8 共同基金收益率和对冲基金收益率的自相关系数*

共同基金	起始日期	T	$\hat{\mu}$ (%)	$\hat{\sigma}$ (%)	$\hat{\rho}_1$ (%)	$\hat{\rho}_2$ (%)	$\hat{\rho}_3$ (%)	$\hat{\rho}_4$ (%)	$\hat{\rho}_5$ (%)	$\hat{\rho}_6$ (%)	Q_6 的 p 值 (%)
先锋 500 指数（Vanguard 500 Index）	1976 年 10 月	286	1.30	4.27	−3.99	−6.60	−4.94	−6.38	10.14	−3.63	31.85
富达麦哲伦基金（Fidelity Magellan）	1967 年 01 月	402	1.73	6.23	12.37	−2.31	−0.35	0.65	7.13	3.14	17.81
美国投资公司（Investment Company of America）	1963 年 01 月	450	1.17	4.01	1.84	−3.23	−4.48	−1.61	6.25	−5.60	55.88
杰纳斯（Janus）	1970 年 03 月	364	1.52	4.75	10.49	−0.04	−3.74	−8.16	2.12	−0.60	30.32
富达反向基金（Fidelity Contrafund）	1967 年 05 月	397	1.29	4.97	7.37	−2.46	−6.81	−3.88	2.73	−4.47	42.32
华盛顿共同投资者（Washington Mutual Investors）	1963 年 01 月	450	1.13	4.09	−0.10	−7.22	−2.64	0.65	11.55	−2.61	16.73
杰纳斯全球基金（Janus Worldwide）	1992 年 01 月	102	1.81	4.36	11.37	3.43	−3.82	−15.42	−21.36	−10.33	10.95
富达成长与收益（Fidelity Growth and Income）	1986 年 01 月	174	1.54	4.13	5.09	−1.60	−8.20	−15.58	2.10	−7.29	30.91
美国世纪至上基金（American Century Ultra）	1981 年 12 月	223	1.72	7.11	2.32	3.35	1.36	−3.65	−7.92	−5.98	80.96
美国成长基金（Growth Fund of America）	1964 年 07 月	431	1.18	5.35	8.52	−2.65	−4.11	−3.17	3.43	0.34	52.45
对冲基金											
可转换/期权套利型	1992 年 05 月	104	1.63	0.97	42.59	28.97	21.35	2.91	−5.89	−9.72	0.00
相对价值型（Relative Value）	1992 年 12 月	97	0.66	0.21	25.90	19.23	−2.13	−16.39	−6.24	1.36	3.32
抵押贷款支持证券型	1993 年 01 月	96	1.33	0.79	42.04	22.11	16.73	22.58	6.58	−1.96	0.00
高收益债务型（High Yield Debt）	1994 年 06 月	79	1.30	0.87	33.73	21.84	13.13	−0.84	13.84	4.00	1.11
风险套利型基金 A（Risk Arbitrage A）	1993 年 07 月	90	1.06	0.69	−4.85	−10.80	6.92	−8.52	9.92	3.06	74.10
做多/做空股票型（Long/Short Equities）	1989 年 07 月	138	1.18	0.83	−20.17	24.62	8.74	11.23	13.53	16.94	0.05
多重策略型基金 A（Multi‑Strategy A）	1995 年 01 月	72	1.08	0.75	48.88	23.38	3.35	0.79	−2.31	−12.82	0.06
风险套利型基金 B（Risk Arbitrage B）	1994 年 11 月	74	0.90	0.77	−4.87	2.45	−8.29	−5.70	0.60	9.81	93.42
可转换套利型基金 A（Convertible Arbitrage A）	1992 年 09 月	100	1.38	1.60	33.75	30.76	7.88	−9.40	3.64	−4.36	0.06
可转换套利型基金 B（Convertible Arbitrage B）	1994 年 07 月	78	0.78	0.62	32.36	9.73	−4.46	6.50	−6.33	−10.55	8.56
多重策略型基金 B（Multi‑Strategy B）	1989 年 06 月	139	1.34	1.63	49.01	24.60	10.60	8.85	7.81	7.45	0.00
基金的基金（Fund of Funds）	1994 年 10 月	75	1.68	2.29	29.67	21.15	0.89	−0.90	−12.38	3.01	6.75

* 共同基金和对冲基金的月度总收益率的均值、标准差和自相关系数。共同基金样本从各种起始日期一直到 2000 年 6 月底，对冲基金样本从各种起始日期一直到 2000 年 12 月底。"$\hat{\rho}_k$"表示第 k 阶自相关系数；"Q_6 的 p 值"表示 Ljung‑Box（1978）的 Q 统计量 $T(T+2)\sum_{k=1}^{6}\hat{\rho}_k^2/(T-k)$ 的显著性水平，该统计量渐近地服从 χ_6^2 分布。该表使用的各种样本期间的数据都是月度数据。数据来源：AlphaSimplex Group.

半部分为十只共同基金的相关统计量。容易看出，共同基金 Q 统计量的 p 值最小为 10.95%，最大为 80.96%。显然，在 5% 的显著性水平下，无法拒绝共同基金没有序列相关的假设。这个统计结果较为符合直觉。由于共同基金投资组合的透明性以及其所面临证券交易委员会（SEC）的严厉监管，因此其多持有流动资产，其收益也更多地呈现出序列不相关。表格的第二部分则列示了对冲基金的相关统计量。显然，对冲基金的序列相关性与公共基金形成强烈的对比。所有 12 只对冲基金的一阶序列相关系数都相对较高；而且有 8 只基金的 Q 统计量都在 5% 的水平上拒绝了没有序列相关的零假设；10 只基金在 10% 的显著水平上拒绝零假设。只有风险套利基金 A（Risk Arbitrage A）和风险套利基金 B（Risk Arbitrage B）两只基金的 Q 统计量无法在 10% 的显著性上拒绝零假设。对冲基金的这种结果亦符合直觉：在这 12 只对冲基金中，风险套利基金所持资产的流动性应该最高，因为其资产多为在交易所交易的证券，因此其收益的序列相关性会很弱。

诚然，序列相关性并不能完全反映出对冲基金的流动性特征，因为一些投资于具有高度流动性资产的对冲基金也会有较显著的序列相关，但序列相关系数和其 Q 统计量作为衡量对冲基金流动性风险暴露的一个方法，仍旧可以从一个角度提供相当有价值的信息。

4. 对冲基金规模、结构和清算

为了更为完整地从整体上介绍对冲基金的特点，有必要对对冲基金整个行业的规模、结构和清算（*liquidation*）的进行介绍。特别地，遭到清算可被视为对冲基金最大的一种风险，因而对对冲基金的分析必然要考虑其原因；事实上，本章第五节将从对冲基金面临的系统风险角度来详细分析其被清算的风险。

【1】对冲基金整个行业的规模和结构

首先，有必要介绍对冲基金行业中基金数量的特征。通过计算 *Lipper TASS* 数据库中每年进入介绍对冲基金数量的变化情况。表 4.9 给出了 *Lip-*

per TASS 数据库中 1977～2007 年间对冲基金数量的变化情况。表中"年初基金数"表示当年进入 Live Fund 数据库且在年末没有退出的基金;"新退出数"表示年初在 Live Fund 数据库中,但在此年份中从 Live Fund 数据库退出并移到 Graveyard 数据库中的基金;"耗损率"为"退出的基金"除以年初基金与"当年进入的基金"之和。该表具有如下特征:①虽然该数据库从 1977 年开始记录数据,但直到上世纪 90 年代对冲基金数量的才呈现较快的上升趋势;②2004 年的新增对冲基金数量达到最大,2006 退出数据库①的对冲基金数量最大。

表4.9(a) 每年进入和退出 Lipper TASS 对冲基金合并数据库中的基金数目(1977 年 2 月～2007 年 8 月)*

年份	年初既存的基金数	当年新进入的基金数	当年新退出的基金数	当年进入又退出的基金数	基金总数	淘汰率(%)
1977	0	2	—	—	2	—
1978	2	1	—	—	3	—
1979	3	1	—	—	4	—
1980	4	2	—	—	6	—
1981	6	1	—	—	7	—
1982	7	3	—	—	10	—
1983	10	4	—	—	14	—
1984	14	8	—	—	22	—
1985	22	5	—	—	27	—
1986	27	15	—	—	42	—
1987	42	22	—	—	64	—
1988	64	12	—	—	76	—
1989	76	37	—	—	113	—
1990	113	62	—	—	175	—
1991	175	58	—	—	233	—
1992	233	99	—	—	332	—
1993	332	205	—	—	537	—
1994	537	229	7	14	759	1.3
1995	759	269	51	8	977	6.7
1996	977	301	100	10	1178	10.2
1997	1178	341	93	7	1426	7.9

① 这里的"退出"仅指 Lipper TASS 数据库无法获得某基金的数据,而将该基金从 Live Fund 数据库退出并移到 Graveyard 数据库中的基金;这并不意味着该基金被赎回或投资失败,可能是因为该基金的收益较好,因而不愿将其数据公布于众。当然,如下文所述,由于收益较好而"退出"数据库的基金所占比重较小。

续表

年份	年初既存的基金数	当年新进入的基金数	当年新退出的基金数	当年进入又退出的基金数	基金总数	淘汰率（%）
1998	1426	309	120	12	1615	8.4
1999	1615	408	164	16	1859	10.2
2000	1859	388	199	11	2048	10.7
2001	2048	415	244	6	2219	11.9
2002	2219	443	243	11	2419	11.0
2003	2419	522	230	15	2711	9.5
2004	2711	526	295	16	2942	10.9
2005	2942	422	413	18	2951	14.0
2006	2951	232	471	11	2712	16.0
2007	2712	118	129	2	2701	4.8

* 该表是使用经过过滤的数据编制的，对每一个基金都没有施加最小样本容量滤子（minimum-sample-size filter）。

表4.9（b） 每年进入和退出 Lipper TASS 对冲基金合并数据库中的基金数目（1977年2月~2007年8月）*

年份	年初既存的基金数	当年新进入的基金数	当年新退出的基金数	当年进入又退出的基金数	基金总数	淘汰率（%）
1977	0	4	—	—	4	—
1978	4	2	—	—	6	—
1979	6	2	—	—	8	—
1980	8	4	—	—	12	—
1981	12	3	—	—	15	—
1982	15	6	—	—	21	—
1983	21	9	—	—	30	—
1984	30	15	—	—	45	—
1985	45	8	—	—	53	—
1986	53	23	—	—	76	—
1987	76	33	—	—	109	—
1988	109	34	—	—	143	—
1989	143	46	—	—	189	—
1990	189	116	—	—	305	—
1991	305	112	—	—	417	—
1992	417	161	—	—	578	—
1993	578	260	—	—	838	—
1994	838	273	19	2	1092	2.3
1995	1092	314	69	1	1337	6.3
1996	1337	352	124	5	1565	9.3

续表

年份	年初既存的基金数	当年新进入的基金数	当年新退出的基金数	当年进入又退出的基金数	基金总数	淘汰率（%）
1997	1565	384	107	6	1842	6.8
1998	1842	383	169	9	2056	9.2
1999	2056	469	189	5	2336	9.2
2000	2336	490	228	6	2598	9.8
2001	2598	644	244	4	2998	9.4
2002	2998	684	280	7	3402	9.3
2003	3402	819	267	9	3954	7.8
2004	3954	926	342	11	4538	8.6
2005	4538	727	522	17	4743	11.5
2006	4743	433	673	9	4503	14.2
2007	4503	96	333	1	4266	7.4

* 在 1994 年之前不存在 Lipper TASS 死数据库，因此只能计算出 1994～2007 年间的淘汰率。该表是使用经过过滤的数据编制的。

更详细地说，各类型对冲基金也具有较明显的数量变化特征。如图 4.3 所示，11 种投资风格的基金数量在基金总数额中所占比重并不平均，相反，70% 左右的基金数量集中于四类投资风格，如在 Live Funds 数据库和 Graveyard Funds 数据库中，Long/Short Equity 类型基金的比重分别占到了 28% 和 33%，Fund of Funds 类型基金分别占 26% 和 18%，Managed Future 类型基金分别占 6% 和 12%，Event Driven 类型基金占 10% 和 8%。

除了数量大量集中于四种投资风格外，还有一个非常值得注意的特征，即各种类型在两个子数据库中所占份额的变化。显然，对于 Fund of Funds 类型基金、Event Driven 类型基金和 Fixed Income Arbitrage 类型基金而言，其在 Live Funds 数据库中所占比重高于其在 Graveyard 中所占的比重，其中尤其以 Fund of Funds 类型基金为明显，其比重之差达 12%；而对于 Long/Short Equity 类型基金、Managed Future 类型基金、Multi－Stratety 类型基金和 Golobal Macro 类型基金而言，其在 Live Funds 数据库中所占比重则较低，其中尤其以 Long/Short Equity 类型基金为明显，其比重之差为 11%。这种比重上的差异至少反应一个信息，即在不同的时间段内，不同投资风格的对冲基金的增长速度会有不同，比如，相对于 Long/Short Equity 类型基金而言，Fund of Funds 类型基金的增长速度显然更快。

表 4.10 和表 4.11 给出了 Lipper TASS 数据库中所记录的 1977 年～2007 年间各种类型基金在年末所管理资产的数额以及相应的增长率。首先，从总体上看，对冲基金所管理的资产上升较快，从 1977 年以来，年均

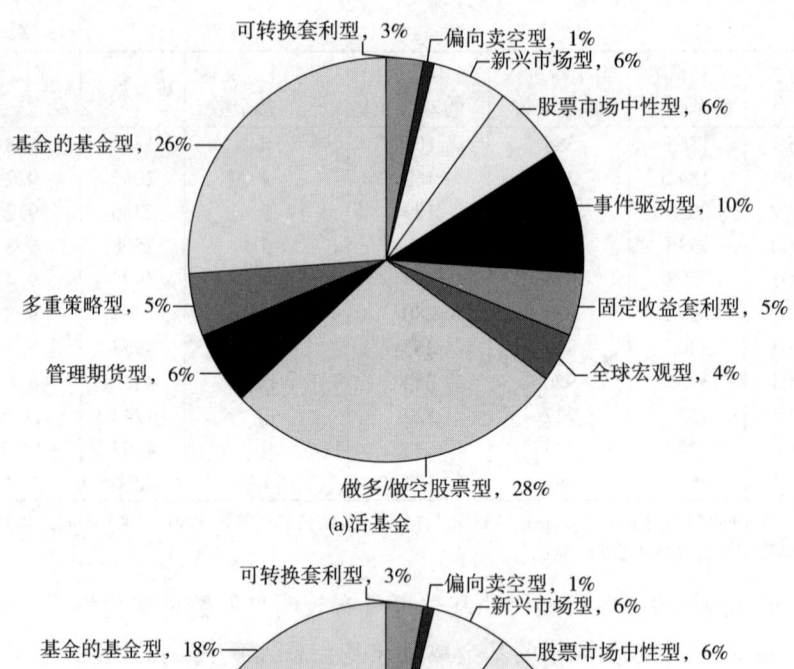

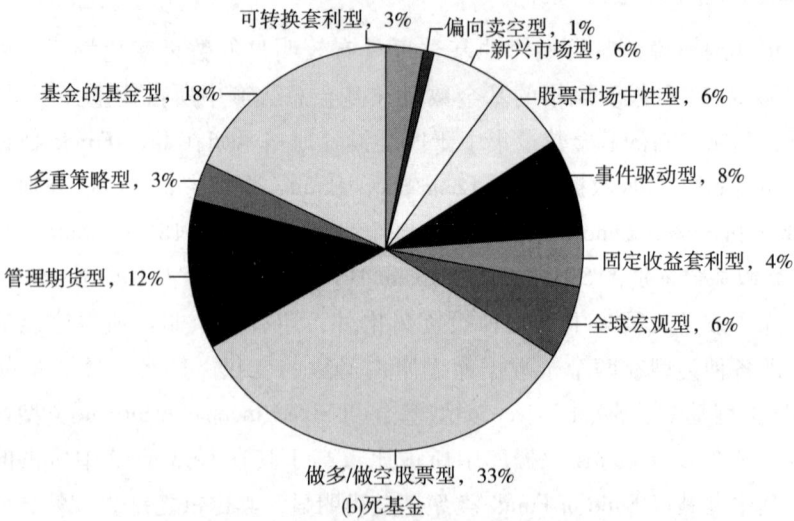

图 4.3 Lipper TASS 数据库中 Live 子数据库（上图中的活基金）和 Graveyard 子数据库（死基金）中各按类型分类情况

增长率达到 53%；所管理的总数额从 1977 年的 740 万美元狂飙至 2007 年的 6538 亿美元。特别地，表中右下角的数据为 2007 年末所有基金（同时包括 Live Fund 数据库和 Graveyard 数据库）所管理资产的数额，总计为 6538 亿美元。一般认为，对冲基金在 2007 年所管理的资产数额在 10000 亿美元左右；因此，Lipper TASS 数据库所记录的基金资产占全部的 65%。基于此，有理由相信用 Lipper TASS 数据库中的数据所做的研究具有一定的代表性。

第四章 对冲基金经济学（一）：收益、风险和相关问题

表 4.10　Lipper TASS 数据库中各类型基金所管理的资产金额

单位：百万美元

	可转换套利型	偏向卖空型	新兴市场型	股票市场中性型	事件驱动型	固定收入套利型	全球宏观型	做多/做空股票型	管理期货型	多重策略型	基金的基金	总量
1977									5.4			7.4
1978									18.0			21.7
1979									44.3			50.3
1980									55.0			67.0
1981									62.3			81.7
1982					2.0	13.5			72.1		65.7	179.0
1983					3.7	20.4			62.4		96.7	245.2
1984					6.0	21.7			60.2		126.3	339.1
1985					12.0	16.5	5.7	6.4	112.9		212.3	554.9
1986					19.4	63.2	4.2	12.9	209.6		256.2	954.4
1987	3.8				27.7	94.4	70.6	45.8	582.9		396.1	3487.8
1988	54.2		133.8	41.8	59.3	92.4	84.3	115.6	843.0		708.4	4656.1
1989	82.8	63.4	202.8	38.5	112.3	135.0	167.9	228.8	926.2		850.3	6299.0
1990	196.0	57.3	478.5	61.0	163.2	268.2	343.4	405.1	1122.3		1127.2	8497.1
1991	417.7	61.5	968.1	115.2	239.2	582.1	782.5	924.3	1373.3		1184.7	13246.5
1992	917.5	79.3	2952.5	338.6	271.3	821.1	1533.1	1544.2	1508.1		2782.9	22241.9
1993	940.6	160.4	5154.9	527.5	621.8	1516.5	5036.4	2817.1	2646.8		6243.1	45364.2
1994	973.9	171.5	5229.8	751.2	769.1	2107.5	13626.6	4824.9	3141.1		6884.7	49641.6
1995	1634.1	253.8	74531.5	1577.4	684.2	3155.3	11341.5	8345.1	2897.4		9898.2	61413.4
1996	31454.7	428.1	12123.3	3214.6	1105.4	5321.2	12599.3	10645.5	2833.4		13395.4	82302.5
1997	3693.0	622.3	6935.1	5407.6	1810.4	9306.7	15856.9	13782.7	2273.7	11830.0	20742.3	127488.2
1998	4292.0	691.5	9003.7	8142.9	3215.0	8955.3	24960.7	18895.9	3689.2	1813.9	22172.2	131816.5
1999	5849.5	928.7	7325.1	11809.6	4192.0	7936.3	22979.7	28531.4	4314.8	2120.9	25943.3	156093.5
2000	14698.5	914.0	7396.5	16748.1	5349.1	7677.8	16118.8	31028.1	4265.8	2581.0	30961.0	177311.7
2001	17830.7	520.4	9276.7	17511.2	75748.9	10243.2	5743.4	49537.7	5999.3	3157.9	40694.9	219053.9
2002	24093.8	360.9	18412.9	19444.5	12066.5	15528.3	4351.1	66909.9	8894.0	3895.5	51109.0	244514.4
2003	4292.0	329.3	28116.2	21717.0	16353.7	20236.3	6090.3	7,907.3	17025.6	5483.3	76751.7	347313.7
2004	27170.0	329.3	28116.2	21717.0	18716.2	29282.7	14667.8	66612.0	23720.1	4572.0	115384.1	479391.6
2005	16678.0	353.9	38820.8	20067.6	24515.9	21207.2	80901.4	103535.7	4265.8	6605.2	124325.4	538149.6
2006	18966.6	664.2	52089.7	22572.5	31908.0	31021.8	22965.2	126980.6	24797.1	7523.8	139596.3	621038.8
2007	9717.4	566.8	58449.2	22766.8	34093.0	31678.0	30113.8	151131.4	29661.6	10689.2	146626.9	653843.2

表 4.11　　　　　1997~2007 年间对冲基金数量的变化表

	年初基金数	新进入数	新退出数	总基金数	耗损率
1977	0	2	0	2	
1978	2	1	0	3	
1979	3	1	0	4	
1980	4	2	0	6	
1981	6	1	0	7	
1982	7	3	0	10	
1983	10	4	0	14	
1984	14	8	0	22	
1985	22	5	0	27	
1986	27	15	0	452	
1987	42	22	0	64	
1988	64	12	0	76	
1989	76	37	0	113	
1990	113	62	0	175	
1991	175	58	0	233	
1992	233	99	0	332	
1993	332	205	0	537	
1994	537	209	7	759	1.3
1995	759	269	51	977	6.7
1996	977	301	100	1178	10.2
1997	1178	341	93	1426	7.9
1998	1426	309	120	1651	8.4
1999	1615	408	164	1859	10.2
2000	1869	388	199	2048	10.7
2001	2048	415	244	2219	11.9
2002	2219	443	243	2419	11.0
2003	2419	522	230	2711	9.5
2004	2711	526	295	2942	10.9
2005	2942	422	413	2951	14.0
2006	2951	232	471	2712	16.0
2007	2712	118	129	2701	4.8

[2] 对冲基金的清算

当对冲基金表现不好时,其很可能会被清算;而清算则显然为对冲基金最大的风险。本节将从总体上介绍被清算的对冲基金的特点,并从直观上给出导致其被清算的原因。

第四章 对冲基金经济学（一）：收益、风险和相关问题

Lipper TASS 数据库中的 Graveyard 子数据库给出了 1994～2007 年间没有按规定向数据库报告信息的基金。表 4.12 列示了基金被移入 Graveyard 子数据库的七个原因。显然，这七个原因中的"被清算"直接与我们的关注点一致。"转向新的投资"则与我们的关注点最不相关，因为"转向新的投资"极有可能意味着基金运行较为成功。而其他的六个原因则无法得知其被移入 Graveyard 的原因是收益过差而被清算或还是自动不愿报告信息。直观上，删除因为"转向新的投资"而被移入 Graveyard 子数据库的基金也许会使分析更为精确，但考虑到这样做会给 Live Fund 数据库中基金的表现造成下偏；而且"转向新的投资"并不完全意味着基金的表现非常好，因此，为了不给分析带来新的偏误，这里对 Graveyard 子数据库中的基金将不从这七个原因的角度做任何处理①。事实上，如表 4.12 所示，由于前三种原因而被移入 Graveyard 子数据库的基金为 2644 只，占到了该数据库中基金总数的 91%，而前三种原因基本可认为与基金的收益情况差密切相关。剩余的 272 只中只有 6 只基金由于"转向新的投资"而被移入 Graveyard 子数据库。总之，在分析遭到清算基金的特征时，下文将默认 Graveyard 子数据库中所有的基金为被清算的基金，而不对这些数据进行筛选，以免造成新的偏误。

表 4.12　基金被移入 Graveyard 子数据库的原因

编号	定义
1	被清算
2	没有报告信息
3	无法接触该基金
4	转向新的投资
5	与其他的法人合并
6	基金休眠（Fund dormant）
7	原因未知

为了研究影响对冲基金业是否被清算的原因，除需了解上文所述各类型基金在两个子数据库中的数量变化外，还有必要分析 Live Fund 数据库的基金和 Graveyard 数据库中基金的收益与波动特征。直觉上，由于 Graveyard 数据库中的基金多因投资不利而被移出 Live Fund 数据库，因此其平均收益相对较低，其波动率会相对较高。事实上，确实如此。如表 4.13 所

---

① 如前文介绍，对数据库所作的筛选标准为以美元计价和以月度为基准报告信息等。

示,平均而言,Live Fund 数据库中基金的年度收益率和方差分别为 12.36% 和 10.21%,年度的夏普比率和调整过的年度夏普比率分别为 1.85% 和 1.76%;而 Graveyard 数据库中相应的数值则为 7.49%、14.97%、0.68% 和 0.92%;毋庸讳言,Live Fund 数据库中基金在上述四个指标上的表现显著优于 Graveyard 数据库中的基金。具体到各类型的基金而言,从上述四个指标上比较,绝大多数类型的基金在 Live Fund 数据库的表现也都优于其在 Graveyard 数据库中的表现。本章第七节将用计量模型更加具体地研究此问题。

此外,直觉上,如果一只对冲基金在最近时间内累积收益率越低,则其在当期或下期被清算的概率就越高。图 4.4 所列示的内容正印证了此直觉:该分布图呈现明显的左偏;这意味着这种累计收益率是影响基金是否被清算的重要因素。值得注意的是,直方图的右半部分所占比率也较高,这说明还有其他重要因素影响基金的清算。

第三个值得关注的特点是被清算基金的存续期和所管理的资金规模。Lo(2007)计算得出,被清算基金的存续期的中位数为 36 个月,也即一半的基金只存续了不到三年。这个特点说明对于作为投资工具的对冲基金而言,其被清算的风险较高。而各基金在清算日时所持资产的中位数为 1050 万美元,这也从直觉上说明管理资产较少的基金可能容易被清算。

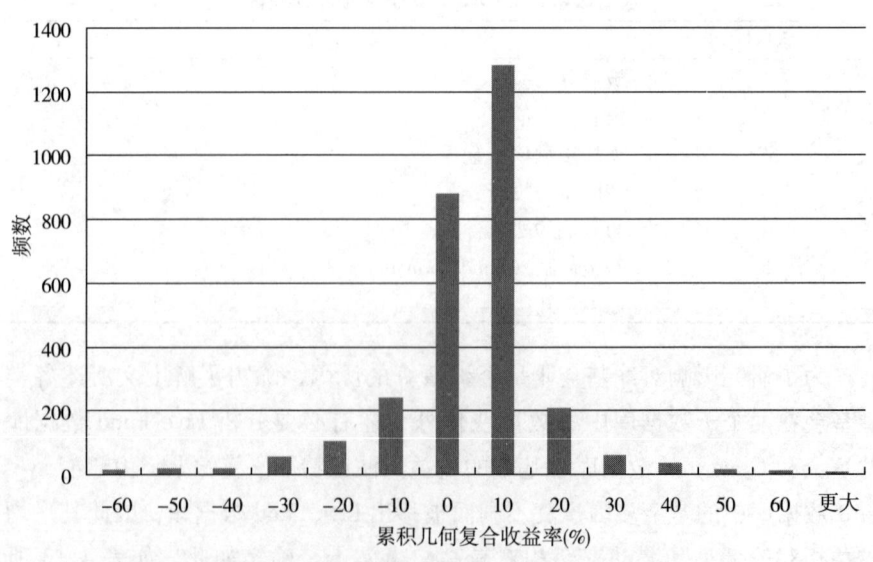

图 4.4 Lipper TASS 死数据库中的对冲基金在被清算时的
累积收益率直方图(1994 年 1 月 ~ 2007 年 8 月)

第四章 对冲基金经济学（一）：收益、风险和相关问题

表 4.13 Lipper TASS 对冲基金活数据库、死数据库和合并数据库中的对冲基金收益率的基本概括性统计量的均值和标准差（1977 年 2 月 ~ 2007 年 8 月）*

类　型	样本容量	年度化均值(%) 均值	年度化均值(%) 标准差	年度化标准差(%) 均值	年度化标准差(%) 标准差	ρ_1(%) 均值	ρ_1(%) 标准差	年度化夏普比率 均值	年度化夏普比率 标准差	年度化经调整的夏普比率 均值	年度化经调整的夏普比率 标准差	Ljung-Box 的 Q_{12} 统计量的 p 值(%) 均值	Ljung-Box 的 Q_{12} 统计量的 p 值(%) 标准差
Live 子数据库													
可转换套利型	75	8.80	4.96	6.22	7.04	38.8	20.7	2.66	3.82	1.50	1.59	12.9	23.5
偏向卖空型	17	-1.58	6.71	19.70	10.40	0.1	13.7	-0.18	0.43	-0.23	0.58	55.4	31.1
新兴市场型	175	20.31	21.69	16.45	13.25	12.7	18.5	1.80	1.76	1.93	2.19	36.4	30.7
股票市场中性型	149	7.82	9.48	6.46	4.84	3.0	23.1	1.85	1.98	1.98	1.55	45.5	34.0
事件驱动型	257	13.06	11.13	6.72	4.74	20.7	19.1	3.15	6.18	2.54	3.78	31.3	31.6
固定收益套利型	134	8.13	7.59	5.29	3.35	16.0	25.8	2.52	4.23	2.27	2.26	42.3	34.8
全球宏观型	111	10.51	10.36	12.25	7.31	3.2	18.3	0.97	0.88	1.21	1.16	44.6	28.7
做多/做空股票对冲型	771	14.90	10.73	13.68	8.41	8.1	18.7	1.26	1.01	1.32	0.89	39.8	30.9
管理期货型	173	11.71	17.12	18.26	10.97	3.5	17.9	0.82	0.98	0.85	0.61	43.5	31.5
多重策略型	135	12.74	14.52	8.54	11.17	15.1	22.9	2.58	3.37	2.40	3.35	34.6	32.1
基金的基金型	704	10.23	7.76	6.08	4.30	17.8	18.4	2.12	1.70	2.04	1.63	35.3	28.4
所有基金	2701	12.36	11.99	10.21	8.79	12.9	20.8	1.85	2.74	1.76	1.99	37.5	31.0
所有基金（除基金的基金型）	1997	13.12	13.08	11.67	9.49	11.2	21.3	1.76	3.01	1.66	2.09	38.3	31.9
Graveyard 子数据库													
可转换套利型	101	6.65	6.49	6.32	5.21	25.7	25.4	1.83	4.28	1.55	2.62	27.9	32.0
偏向卖空型	20	3.30	10.33	24.69	18.62	2.9	17.2	0.36	0.87	0.20	0.41	50.8	30.4
新兴市场型	174	5.71	31.94	25.35	20.37	11.4	19.4	0.60	1.26	0.73	1.42	45.8	31.0
股票市场中性型	182	7.33	21.66	9.49	10.84	3.4	24.1	0.85	1.34	0.82	1.23	41.5	30.1
事件驱动型	247	9.83	12.29	9.29	9.59	14.6	22.9	1.78	3.25	1.46	1.81	34.3	31.9
固定收益套利型	125	6.20	13.06	6.93	6.69	14.5	23.5	2.54	5.13	2.22	4.62	43.0	34.0

续表

类 型	样本容量	年度化均值(%) 均值	年度化均值(%) 标准差	年度化标准差(%) 均值	年度化标准差(%) 标准差	ρ_1(%) 均值	ρ_1(%) 标准差	年度化夏普比率 均值	年度化夏普比率 标准差	年度化经调整的夏普比率 均值	年度化经调整的夏普比率 标准差	Ljung-Box 统计量 Q_{12} 的 p 值(%) 均值	Ljung-Box 统计量 Q_{12} 的 p 值(%) 标准差
全球宏观型	178	7.78	43.65	16.86	18.75	0.6	22.8	0.41	1.00	0.47	1.06	47.2	31.9
做多/做空股票对冲型	947	9.84	19.96	18.37	15.18	4.0	22.0	−0.08	22.74	0.78	1.18	43.8	30.4
管理期货型	356	4.87	25.56	19.53	19.59	−1.6	18.7	0.30	1.28	0.36	1.13	47.6	29.9
多重策略型	95	5.12	18.93	11.97	15.23	6.2	26.0	1.22	3.46	1.43	4.29	45.0	34.3
基金的基金型	491	5.36	9.83	9.63	9.48	13.2	21.6	1.10	1.58	1.07	1.24	40.9	31.3
所有基金	2916	7.49	21.65	14.97	15.46	7.2	22.9	0.68	13.13	0.92	1.82	42.6	31.4
所有基金（除基金的基金型之外）	2425	7.92	23.30	16.05	16.19	6.0	23.0	0.59	14.39	0.89	1.92	42.9	31.4
合并后的基金													
可转换套利型	176	7.57	5.97	6.27	6.04	31.3	24.3	2.19	4.10	1.53	2.22	21.4	29.5
偏向卖空型	37	1.06	9.07	22.40	15.41	1.6	15.6	0.11	0.75	0.00	0.53	53.0	30.4
新兴市场型	349	13.03	28.21	20.89	17.72	12.0	18.9	1.21	1.64	1.33	1.94	41.1	31.2
股票市场中性型	331	7.55	17.25	8.13	8.79	3.2	23.6	1.30	1.73	1.34	1.50	43.3	31.9
事件驱动型	504	11.48	11.81	7.98	7.62	17.7	21.2	2.47	5.00	2.03	3.06	32.7	31.8
固定收益套利型	259	7.20	10.61	6.08	5.29	15.3	24.7	2.53	4.67	2.25	3.58	42.6	34.4
全球宏观型	289	8.83	34.84	15.09	15.54	1.6	21.2	0.63	0.99	0.76	1.15	46.1	30.6
做多/做空股票对冲型	1718	12.11	16.66	16.27	12.81	5.9	20.7	0.53	16.86	1.03	1.09	41.9	30.7
管理期货型	529	7.10	23.55	19.11	17.25	0.1	18.5	0.47	1.21	0.52	1.01	46.2	30.5
多重策略型	230	9.60	16.87	9.96	13.08	11.5	24.5	2.03	3.46	2.02	3.76	38.6	33.3
基金的基金型	1195	8.23	8.99	7.54	7.13	15.9	19.9	1.70	1.72	1.65	1.56	37.5	29.7
所有基金	5617	9.83	17.84	12.68	12.92	10.0	22.1	1.25	9.64	1.33	1.95	40.0	31.3
所有基金（除基金的基金型之外）	4422	10.26	19.53	14.07	13.75	8.4	22.4	1.12	10.83	1.25	2.04	40.8	31.7

* 这些列中所包含的各个基金的 Ljung-Box 的 Q 统计量的 p 值的均值和标准差，是使用各个基金收益率的前 11 阶自相关系数的 Q 统计量来计算的 p 值来计算的。

最后，表4.14介绍了对冲基金的耗损率①情况。从表中数据可知，1994~2006年间的平均耗损率为9.9%。总耗损率在1998有较大上升，这可能是由于长期资本管理公司事件和其引发的金融动荡所致；总耗损率在2001年达到最大值11.9%，这主要是由于Long/Short Equity类型基金大量被清算所引致，而后者发生的原因则可能为当年技术泡沫的破裂。Lo (2008) 的研究也表明，具体到每种类型的对冲基金而言，其耗损率呈现出较大的差异性。直觉上，某种类型对冲基金的耗损率的高低可以从一定程度上反应该类型基金的风险。对照表4.15和表4.13可以验证这个直觉：Event Driven类型基金的耗损率最低，为7.6%，其收益的平均波动率也为最低，只为7.98%；而耗损率最高的Global Macro类型基金的平均波动率则高达15.09%，为波动率最高的类型之一。

从表4.14中还可以看出，每种类型对冲基金的耗损率也会随时间呈现不同的特征。例如，在1998年东南亚金融危机期间，新兴市场国家的资产回报率很差，Emerging Markets类型基金的收益也随之陷入低谷；与此同时，该类基金在1998年的耗损率也达到最大的16.7%。耗损率的另一个极端例子是在1995~2000年间美国经济增长强劲，Long/Short Equity类型基金的耗损率仅为3.5%至7.3%，而当科技泡沫破灭之后的2001~2003年间，该类型基金的耗损率则上升到13.3%、13.0%和12.0%。这种时间而变的耗损率较容易理解：所持资产所在行业或地区发展好坏决定了资产的回报，而资产的回报则又决定了对冲基金的收益和耗损率。

如上文所述，本小节从直觉上介绍了导致对冲基金被清算的原因和典型性事件。那么一个无法回避的问题为是否存在一些同时影响所有对冲基金被清算概率的原因？本章第五节将介绍关于此问题的研究成果。

---

① 耗损率即为当期退出Live Fund子数据库的基金与期初Live Fund子数据库中基金数的比值。

表 4.14（a） Lipper TASS 对冲基金数据库中每种风格类型内部所有对冲基金的淘汰率（1994年7月~2007年8月，经过过滤的数据）

年份	年初既存的基金数	当年新进入的基金数	当年新退出的基金数	当年进入又退出的基金数	基金总数	淘汰率(%)	指数收益率(%)	年初既存的基金数	当年新进入的基金数	当年新退出的基金数	当年进入又退出的基金数	基金总数	淘汰率(%)	指数收益率(%)
所有基金								股票市场中性型						
1994	537	229	7	14	759	1.3	-4.4	10	6	0	0	16	0.0	-2.0
1995	759	269	51	8	977	6.7	21.7	16	9	1	0	24	6.3	11.0
1996	977	301	100	10	1178	10.2	22.2	24	7	0	0	31	0.0	16.6
1997	1178	341	93	7	1426	7.9	25.9	31	14	0	0	45	0.0	14.8
1998	1426	309	120	12	1615	8.4	-0.4	45	28	1	2	72	2.2	13.3
1999	1615	408	164	16	1859	10.2	23.4	72	36	12	2	96	16.7	15.3
2000	1859	388	199	11	2048	10.7	4.8	96	17	13	0	100	13.5	15.0
2001	2048	415	244	6	2219	11.9	4.4	100	37	6	0	131	6.0	9.3
2002	2219	443	243	11	2419	11.0	3.0	131	31	17	2	145	13.0	7.4
2003	2419	522	230	15	2711	9.5	15.4	145	33	22	2	156	15.2	7.1
2004	2711	526	295	16	2942	10.9	9.6	156	39	35	2	160	22.4	6.5
2005	2942	422	413	18	2951	14.0	7.6	160	25	24	0	161	15.0	6.1
2006	2951	232	471	11	2712	16.0	13.9	161	14	26	1	149	16.1	11.2
2007	2712	118	129	2	2701	4.8	8.7	149	14	14	0	149	9.4	5.6

续表

年份	年初既存的基金数	当年新进入的基金数	当年新退出的基金数	当年进入又退出的基金数	基金总数	淘汰率(%)	指数收益率(%)
做多/做空股票对冲型							
1994	126	46	0	2	172	0.0	-8.1
1995	172	64	6	0	230	3.5	23.0
1996	230	104	13	1	321	5.7	17.1
1997	321	115	23	2	413	7.2	21.5
1998	413	108	27	3	494	6.5	17.2
1999	494	154	36	9	612	7.3	47.2
2000	612	176	53	6	735	8.7	2.1
2001	735	147	98	2	784	13.3	-3.7
2002	784	127	102	6	809	13.0	-1.6
2003	809	139	97	5	851	12.0	17.3
2004	851	140	105	5	886	12.3	11.6
2005	886	135	138	5	883	15.6	9.7
2006	883	61	148	5	796	16.8	14.4
2007	796	25	50	0	771	6.3	9.0
可转换套利型							
1994	17	10	0	0	27	0.0	-8.1
1995	27	9	2	1	34	7.4	16.6
1996	34	11	4	0	41	11.8	17.9
1997	41	6	3	0	44	7.3	14.5
1998	44	11	5	0	50	11.4	-4.4
1999	50	9	2	0	57	4.0	16.0
2000	57	12	1	0	68	1.8	25.6
2001	68	30	10	0	88	14.7	14.6
2002	88	27	2	0	113	2.3	4.0
2003	113	17	10	0	120	8.8	12.9
2004	120	7	19	0	108	15.8	2.0
2005	108	6	23	0	91	21.3	-2.5
2006	91	2	17	0	76	18.7	14.3
2007	76	1	2	0	75	2.6	4.0

续表

年份	年初既存的基金数	当年新进入的基金数	当年新退出的基金数	当年进入又退出的基金数	基金总数	淘汰率(%)	指数收益率(%)	年初既存的基金数	当年新进入的基金数	当年新退出的基金数	当年进入又退出的基金数	基金总数	淘汰率(%)	指数收益率(%)
多重策略型								新兴市场型						
1994	14	5	2	2	17	14.3	—	32	26	0	0	58	0.0	12.5
1995	17	10	1	0	26	5.9	11.9	58	30	2	0	86	3.4	-16.9
1996	26	13	1	0	38	3.8	14.1	86	23	4	0	105	4.7	34.5
1997	38	9	7	0	40	18.4	18.3	105	45	6	0	144	5.7	26.6
1998	40	9	3	1	46	7.5	7.7	144	27	24	3	147	16.7	-37.7
1999	46	12	1	0	57	2.2	9.4	147	29	13	0	163	8.8	44.8
2000	57	15	1	1	71	1.8	11.2	163	20	26	3	157	16.0	-5.5
2001	71	14	1	0	84	1.4	5.5	157	4	24	0	137	15.3	5.8
2002	84	17	5	0	96	6.0	6.3	137	8	11	0	134	8.0	7.4
2003	96	26	12	3	110	12.5	15.0	134	21	12	0	143	9.0	28.8
2004	110	21	13	2	118	11.8	7.5	143	19	9	0	153	6.3	12.5
2005	118	27	20	1	125	16.9	7.5	153	26	8	1	171	5.2	17.4
2006	125	21	16	0	130	12.8	14.5	171	23	14	0	180	8.2	20.5
2007	130	7	2	0	135	1.5	8.1	180	9	14	0	175	7.8	12.1

第四章 对冲基金经济学（一）：收益、风险和相关问题

续表

年份	年初既存的基金数	当年新进入的基金数	当年新退出的基金数	当年进入又退出的基金数	基金总数	淘汰率（%）	指数收益率（%）	年初既存的基金数	当年新进入的基金数	当年新退出的基金数	当年进入又退出的基金数	基金总数	淘汰率（%）	指数收益率（%）
全球宏观型								基金的基金型						
1994	40	14	1	1	53	2.5	-5.7	97	48	0	1	145	0.0	—
1995	53	17	7	0	63	13.2	30.7	145	58	11	3	192	7.6	—
1996	63	11	12	4	62	19.0	25.6	192	55	19	1	228	9.9	—
1997	62	18	7	0	73	11.3	37.1	228	57	15	1	270	6.6	—
1998	73	14	3	2	84	4.1	-3.6	270	52	17	0	305	6.3	—
1999	84	17	17	1	84	20.2	5.8	305	77	22	0	360	7.2	—
2000	84	10	28	0	66	33.3	11.7	360	66	30	1	396	8.3	—
2001	66	12	12	0	66	18.2	18.4	396	97	44	0	449	11.1	—
2002	66	33	5	0	94	7.6	14.7	449	113	39	1	523	8.7	—
2003	94	23	7	1	110	7.4	18.0	523	142	28	1	637	5.4	—
2004	110	24	10	0	124	9.1	8.5	637	148	48	5	737	7.5	—
2005	124	23	24	0	123	19.4	9.2	737	88	79	5	746	10.7	—
2006	123	15	29	0	109	23.6	13.5	746	47	97	3	696	13.0	—
2007	109	9	7	0	111	6.4	9.0	696	26	18	2	704	2.6	—

* 表中的"指数收益率"是 CS/Tremont 对冲基金指数的年度复合收益率。由于 Lipper TASS 在将一个不报告财务数据的基金从活数据库转移到死数据库之前，通常要等待 8 到 10 个月，因此，截至 2007 年 8 月，活数据库中的很多不报告财务数据的基金尚未被转移到死数据库，故而 2007 年的淘汰率是被严重低估的。

表 4.14（b） Lipper TASS 对冲基金数据库中每种风格类型内所有对冲基金的淘汰率（1994年7月~2007年8月，未经过滤的数据）

年份	年初既存的基金数	当年新进入的基金数	当年新退出的基金数	当年进入又退出的基金数	基金总数	淘汰率（%）	指数收益率（%）	年初既存的基金数	当年新进入的基金数	当年新退出的基金数	当年进入又退出的基金数	基金总数	淘汰率（%）	指数收益率（%）
所有基金								股票市场中性型						
1994	838	273	19	2	1092	2.3	-4.4	14	9	1	0	22	7.1	-2.0
1995	1092	314	69	1	1337	6.3	21.7	22	10	1	0	31	4.5	11.0
1996	1337	352	124	5	1565	9.3	22.2	31	12	0	0	43	0.0	16.6
1997	1565	384	107	6	1842	6.8	25.9	43	16	0	0	59	0.0	14.8
1998	1842	383	169	9	2056	9.2	-0.4	59	31	2	1	88	3.4	13.3
1999	2056	469	189	5	2336	9.2	23.4	88	41	10	0	119	11.4	15.3
2000	2336	490	228	6	2598	9.8	4.8	119	19	17	0	121	14.3	15.0
2001	2598	644	244	4	2998	9.4	4.4	121	57	7	0	171	5.8	9.3
2002	2998	684	280	7	3402	9.3	3.0	171	62	17	1	216	9.9	7.4
2003	3402	819	267	9	3954	7.8	15.4	216	54	28	0	242	13.0	7.1
2004	3954	926	342	11	4538	8.6	9.6	242	48	37	1	253	15.3	6.5
2005	4538	727	522	17	4743	11.5	7.6	253	48	37	0	264	14.6	6.1
2006	4743	433	673	9	4503	14.2	13.9	264	17	41	1	240	15.5	11.2
2007	4503	96	333	1	4266	7.4	8.7	240	7	37	0	210	15.4	5.6

第四章 对冲基金经济学（一）：收益、风险和相关问题

续表

年份	年初既存的基金数	当年新进入的基金数	当年新退出的基金数	当年进入又退出的基金数	基金总数	淘汰率（%）	指数收益率（%）	年初既存的基金数	当年新进入的基金数	当年新退出的基金数	当年进入又退出的基金数	基金总数	淘汰率（%）	指数收益率（%）
做多/做空股票对冲型								可转换套利型						
1994	198	58	3	0	253	1.5	-8.1	27	13	0	0	40	0.0	-8.1
1995	253	80	9	0	324	3.6	23.0	40	9	0	0	49	0.0	16.6
1996	324	121	21	0	424	6.5	17.1	49	13	8	0	54	16.3	17.9
1997	424	130	22	3	532	5.2	21.5	54	9	3	0	60	5.6	14.5
1998	532	132	31	2	633	5.8	17.2	60	15	6	0	69	10.0	-4.4
1999	633	178	47	3	764	7.4	47.2	69	11	3	0	77	4.3	16.0
2000	764	224	56	4	932	7.3	2.1	77	15	0	0	92	0.0	25.6
2001	932	225	99	2	1058	10.6	-3.7	92	29	8	0	113	8.7	14.6
2002	1058	179	118	4	1119	11.2	-1.6	113	28	4	0	137	3.5	4.0
2003	1119	212	110	3	1221	9.8	17.3	137	17	11	0	143	8.0	12.9
2004	1221	252	136	4	1337	11.1	11.6	143	10	14	0	139	9.8	2.0
2005	1337	221	166	4	1392	12.4	9.7	139	12	34	0	117	24.5	-2.5
2006	1392	143	207	3	1328	14.9	14.4	117	4	18	0	103	15.4	14.3
2007	1328	24	119	0	1233	9.0	9.0	103	2	9	0	96	8.7	4.0

续表

年份	年初既存的基金数	当年新进入的基金数	当年新退出的基金数	当年进入又退出的基金数	基金总数	淘汰率（%）	指数收益率（%）	年初既存的基金数	当年新进入的基金数	当年新退出的基金数	当年进入又退出的基金数	基金总数	淘汰率（%）	指数收益率（%）
事件驱动型								管理期货型						
1994	66	17	0	0	83	0.0	0.7	194	55	8	1	241	4.1	12.0
1995	83	26	0	0	109	0.0	18.3	241	40	26	0	255	10.8	-7.1
1996	109	30	2	0	137	1.8	23.1	255	47	51	1	251	20.0	12.0
1997	137	30	2	0	165	1.5	20.0	251	38	35	1	254	13.9	3.1
1998	165	29	4	1	190	2.4	-4.9	254	26	40	0	240	15.7	20.6
1999	190	34	16	0	208	8.4	22.3	240	39	44	0	235	18.3	-4.7
2000	208	44	15	0	237	7.2	7.3	235	19	34	0	220	14.5	4.2
2001	237	51	17	2	271	7.2	11.5	220	24	21	0	223	9.5	1.9
2002	271	64	28	2	307	10.3	0.2	223	24	37	0	210	16.6	18.3
2003	307	64	25	1	346	8.1	20.0	210	42	19	1	233	9.0	14.1
2004	346	61	28	0	379	8.1	14.5	233	67	20	1	280	8.6	6.0
2005	379	43	36	2	386	9.5	9.0	280	42	41	0	281	14.6	-0.1
2006	386	35	69	1	352	17.9	15.7	281	23	46	3	258	16.4	8.1
2007	352	2	20	0	334	5.7	11.9	258	4	28	1	234	10.9	2.2

续表

第四章 对冲基金经济学（一）：收益、风险和相关问题

年份	年初既存的基金数	当年新进入的基金数	当年新退出的基金数	当年进入又退出的基金数	基金总数	淘汰率（%）	指数收益率（%）	年初既存的基金数	当年新进入的基金数	当年新退出的基金数	当年进入又退出的基金数	基金总数	淘汰率（%）	指数收益率（%）
偏向卖空型								固定收益套利型						
1994	11	3	0	0	14	0.0	14.9	23	16	0	0	39	0.0	0.3
1995	14	0	1	0	13	7.1	-7.4	39	12	5	0	46	12.8	12.5
1996	13	3	1	0	15	7.7	-5.5	46	16	4	0	58	8.7	15.9
1997	15	3	1	0	17	6.7	0.4	58	16	3	1	71	5.2	9.3
1998	17	1	0	0	18	0.0	-6.0	71	15	14	0	72	19.7	-8.2
1999	18	5	1	0	22	5.6	-14.2	72	13	8	0	77	11.1	12.1
2000	22	3	0	0	25	0.0	15.8	77	14	11	0	80	14.3	6.3
2001	25	1	7	0	19	28.0	-3.6	80	23	6	0	97	7.5	8.0
2002	19	1	1	0	19	5.3	18.1	97	29	7	0	119	7.2	5.8
2003	19	4	0	0	23	0.0	-32.6	119	57	6	0	170	5.0	8.0
2004	23	1	4	0	20	17.4	-7.7	170	53	10	0	213	5.9	6.9
2005	20	2	1	0	21	5.0	17.0	213	31	29	1	215	13.6	0.6
2006	21	0	3	0	18	14.3	-6.6	215	22	41	0	196	19.1	8.7
2007	18	1	0	0	19	0.0	4.8	196	7	10	0	193	5.1	1.7

171

续表

年份	年初既存的基金数	当年新进入的基金数	当年新退出的基金数	当年进入又退出的基金数	基金总数	淘汰率（%）	指数收益率（%）	年初既存的基金数	当年新进入的基金数	当年新退出的基金数	当年进入又退出的基金数	基金总数	淘汰率（%）	指数收益率（%）
	多重策略型							新兴市场型						
1994	25	6	3	1	28	12.0	—	50	25	0	0	75	0.0	12.5
1995	28	12	7	0	33	25.0	11.9	75	34	0	0	109	0.0	-16.9
1996	33	15	1	0	47	3.0	14.1	109	26	5	0	130	4.6	34.5
1997	47	16	3	0	60	6.4	18.3	130	43	8	0	165	6.2	26.6
1998	60	13	5	1	68	8.3	7.7	165	27	30	2	162	18.2	-37.7
1999	68	14	2	0	80	2.9	9.4	162	31	13	0	180	8.0	44.8
2000	80	17	2	0	95	2.5	11.2	180	22	26	1	176	14.4	-5.5
2001	95	20	2	0	113	2.1	5.5	176	6	28	0	154	15.9	5.8
2002	113	29	5	0	137	4.4	6.3	154	14	14	0	154	9.1	7.4
2003	137	32	12	2	157	8.8	15.0	154	24	12	1	166	7.8	28.8
2004	157	32	13	2	176	8.3	7.5	166	39	9	0	196	5.4	12.5
2005	176	42	25	1	193	14.2	7.5	196	50	9	0	237	4.6	17.4
2006	193	31	26	0	198	13.5	14.5	237	35	26	0	246	11.0	20.5
2007	198	14	13	0	199	6.6	8.1	246	4	19	0	231	7.7	12.1

第四章 对冲基金经济学（一）：收益、风险和相关问题

续表

年份	年初既存的基金数	当年新进入的基金数	当年新退出的基金数	当年进入又退出的基金数	基金总数	淘汰率（%）	指数收益率（%）	年初既存的基金数	当年新进入的基金数	当年新退出的基金数	当年进入又退出的基金数	基金总数	淘汰率（%）	指数收益率（%）
	全球宏观型							基金的基金型						
1994	56	12	3	0	65	5.4	-5.7	174	59	1	0	232	0.6	—
1995	65	21	6	0	80	9.2	30.7	232	70	14	1	288	6.0	—
1996	80	14	16	4	78	20.0	25.6	288	55	15	0	328	5.2	—
1997	78	20	7	1	91	9.0	37.1	328	63	23	0	368	7.0	—
1998	91	20	8	2	103	8.8	-3.6	368	74	29	0	413	7.9	—
1999	103	15	15	1	103	14.6	5.8	413	88	30	1	471	7.3	—
2000	103	18	32	0	89	31.1	11.7	471	95	35	0	531	7.4	—
2001	89	18	13	0	94	14.6	18.4	531	190	36	0	685	6.8	—
2002	94	38	7	0	125	7.4	14.7	685	216	42	0	859	6.1	—
2003	125	41	10	1	156	8.0	18.0	859	272	34	0	1097	4.0	—
2004	156	37	10	0	183	6.4	8.5	1097	326	61	3	1362	5.6	—
2005	183	43	29	1	197	15.8	9.2	1362	193	115	8	1440	8.4	—
2006	197	22	39	0	180	19.8	13.5	1440	101	157	1	1384	10.9	—
2007	180	7	13	0	174	7.2	9.0	1384	24	65	0	1343	4.7	—

* 表中的"指数收益率"是 CS/Tremont 对冲基金指数的年度复合收益率。由于 Lipper TASS 在将一个不报告财务数据的基金从活数据库转移到死数据库之前，通常要等待 8 到 10 个月，因此，截至 2007 年 8 月，活数据库中的很多不再报告财务数据的基金尚未被转移到死数据库，故而 2007 年的淘汰率是被严重低估的。

表 4.15 Lipper TASS 对冲基金数据库中所有基金的淘汰率（1994 年 1 月～2007 年 8 月）按风格类型的分解、对应的 CS/Tremont 对冲基金指数收益率，以及所管理资产的规模*

年份	所有基金(%)	可转换套利型	偏向卖空型	新兴市场型	股票市场中性型	事件驱动型	固定收益套利型	全球宏观型	做多/做空股票对冲型	管理期货型	多重策略型	基金的基金型
总淘汰率(%) 按风格类型分解												
1994	1.3	0.0	0.0	0.0	0.0	0.0	0.0	0.2	0.0	0.7	0.4	0.0
1995	6.7	0.3	0.1	0.3	0.1	0.0	0.3	0.9	0.8	2.4	0.1	1.4
1996	10.2	0.4	0.1	0.4	0.0	0.3	0.2	1.2	1.3	4.2	0.1	1.9
1997	7.9	0.3	0.0	0.5	0.0	0.1	0.3	0.6	2.0	2.4	0.6	1.3
1998	8.4	0.4	0.0	1.7	0.1	0.3	0.9	0.2	1.9	1.6	0.2	1.2
1999	10.2	0.1	0.0	0.8	0.7	1.1	0.6	1.1	2.2	2.1	0.1	1.4
2000	10.7	0.1	0.0	1.4	0.7	0.7	0.4	1.5	2.9	1.4	0.1	1.6
2001	11.9	0.5	0.3	1.2	0.3	0.8	0.2	0.6	4.8	1.0	0.0	2.1
2002	11.0	0.1	0.0	0.5	0.8	1.1	0.3	0.2	4.6	1.3	0.2	1.8
2003	9.5	0.4	0.0	0.5	0.9	0.9	0.3	0.3	4.0	0.5	0.5	1.2
2004	10.9	0.7	0.1	0.3	1.3	1.1	0.8	0.4	3.9	0.6	0.5	1.8
2005	14.0	0.8	0.1	0.3	0.8	1.2	0.8	0.8	4.7	1.3	0.7	2.7
2006	16.0	0.6	0.0	0.5	0.9	2.2	0.8	1.0	5.0	1.2	0.5	3.3
2007	4.8	0.1	0.0	0.5	0.5	0.2	0.3	0.3	1.8	0.4	0.1	0.7
均值	9.9	0.3	0.1	0.6	0.5	0.7	0.4	0.7	2.9	1.6	0.3	1.7
标准差	3.5	0.2	0.1	0.5	0.4	0.6	0.3	0.4	1.7	1.0	0.2	0.8

第四章 对冲基金经济学（一）：收益、风险和相关问题

续表

各类型的 CS/Tremont 对冲基金指数收益率（%）

	所有基金	可转换套利型	偏向卖空型	新兴市场型	股票市场中性型	事件驱动型	固定收益套利型	全球宏观型	做多/做空股票对冲型	管理期货型	多重策略型	基金的基金型
1994	-4.4	-8.1	14.9	12.5	-2.0	0.7	0.3	-5.7	-8.1	12.0	—	—
1995	21.7	16.6	-7.4	-16.9	11.0	18.3	12.5	30.7	23.0	-7.1	11.9	—
1996	22.2	17.9	-5.5	34.5	16.6	23.1	15.9	25.6	17.1	12.0	14.1	—
1997	25.9	14.5	0.4	26.6	14.8	20.0	9.3	37.1	21.5	3.1	18.3	—
1998	-0.4	-4.4	-6.0	-37.7	13.3	-4.9	-8.2	-3.6	17.2	20.6	7.7	—
1999	23.4	16.0	-14.2	44.8	15.3	22.3	12.1	5.8	47.2	-4.7	9.4	—
2000	4.8	25.6	15.8	-5.5	15.0	7.3	6.3	11.7	2.1	4.2	11.2	—
2001	4.4	14.6	-3.6	5.8	9.3	11.5	8.0	18.4	-3.7	1.9	5.5	—
2002	3.0	4.0	18.1	7.4	7.4	0.2	5.8	14.7	-1.6	18.3	6.3	—
2003	15.4	12.9	-32.6	28.8	7.1	20.0	8.0	18.0	17.3	14.1	15.0	—
2004	9.6	2.0	-7.7	12.5	6.5	14.5	6.9	8.5	11.6	6.0	7.5	—
2005	7.6	-2.5	17.0	17.4	6.1	9.0	0.6	9.2	9.7	-0.1	7.5	—
2006	13.9	14.3	-6.6	20.5	11.2	15.7	8.7	13.5	14.4	8.1	14.5	—
2007	8.7	4.0	4.8	12.1	5.6	11.9	1.7	9.0	9.0	2.2	8.1	—
均值	11.3	9.5	-1.3	11.6	10.1	12.1	6.6	14.1	12.9	6.8	10.7	—
标准差	9.9	10.2	14.6	22.1	5.2	9.1	6.2	12.3	14.3	8.4	4.1	—

续表

年份	所有基金管理资产总规模（百万美元）	可转换套利型	偏向卖空型	新兴市场型	股票市场中性型	事件驱动型	固定收益套利型	全球宏观型	做多/做空股票对冲型	管理期货型	多重策略型	基金的基金型
					和各类型所占的百分比（%）							
1994	49642.0	1.8	0.3	10.4	1.1	8.4	4.2	22.8	21.4	6.3	9.2	13.9
1995	61413.0	1.6	0.3	8.5	1.2	8.7	5.1	20.5	22.4	4.7	10.8	16.1
1996	82303.0	2.0	0.3	9.0	1.9	9.2	6.5	19.3	23.0	3.4	9.1	16.3
1997	127488.0	2.5	0.3	9.5	2.5	9.5	7.3	19.6	22.4	1.8	8.4	16.3
1998	131817.0	2.8	0.5	5.3	4.1	12.4	6.8	17.4	23.5	2.8	7.6	16.8
1999	156093.0	2.7	0.4	5.8	5.2	12.0	5.1	10.3	31.7	2.8	7.3	16.6
2000	177312.0	3.3	0.5	4.1	6.7	13.8	4.3	3.2	37.7	2.4	6.4	17.5
2001	219054.0	6.7	0.4	3.4	7.6	14.6	4.7	2.0	32.4	2.7	6.9	18.6
2002	244514.0	7.3	0.2	3.8	7.2	13.9	6.4	2.5	27.2	3.6	7.0	20.9
2003	347314.0	6.9	0.1	5.3	5.6	14.1	5.8	4.2	23.3	4.9	7.7	22.1
2004	479392.0	5.7	0.1	5.9	4.5	14.9	6.1	4.4	21.6	4.9	7.9	24.1
2005	538150.0	3.1	0.1	7.2	3.7	16.1	5.8	4.3	23.6	4.6	8.4	23.1
2006	621039.0	3.1	0.1	8.4	3.6	15.3	5.1	4.8	24.7	4.8	7.7	22.5
2007	653843.0	1.5	0.1	8.9	3.5	14.1	5.2	4.8	25.8	4.5	9.3	22.4
均值	248887.0	3.8	0.3	6.7	4.2	12.5	5.6	10.4	25.8	3.8	8.0	18.8
标准差	189445.0	2.1	0.2	2.3	2.2	2.7	1.0	8.1	5.1	1.3	1.2	3.3

* 由于 Lipper TASS 在将一个不报告财务数据的基金从活数据库转移到死数据库之前，通常要等待 8 到 10 个月，截至 2007 年 8 月，活数据库中的很多不再报告财务数据的基金还没有被转移到死数据库，故而 2007 年的淘汰率是被严重低估的。因此，表中所列出的三个部分所列出的均值和标准差都用 1994～2006 年间的数据计算的。

第二节 流动性不足、收益平滑化效应和收益自相关

如上节分析，对冲基金作为一种投资工具，根据其报告的收益率所计算结果表明，其具有相对较高的期望收益、较低的方差、较大的夏普比率和较弱市场风险暴露等良好特点。直观上看，对冲基金比传统的投资工具要更优秀。但很多学者经过研究发现，第一节介绍的直观结果可能存在一定的偏误，尤其是当对冲基金面临严重的收益率自相关时，如 Getmansky，Lo 和 Makrov（2004），以及 Lo（2007）等。本节将主要介绍他们的工作。

众所周知，如果要保证基于样本数据来计算资产的收益、方差和夏普比率的准确性，那么必须要求该资产的收益率服从很好的分布特征。特别地，如果从收益率、方差和夏普比率的角度来比较两种资产，那么必须要保证样本数据可以真实一致地估计上述三个指标。那么，几个无法回避的问题是，当对冲基金存在流动性不足的敞口（illiquidity exposure）和收益率数据存在平滑化效应（smoothing effect）时，直接计算期望收益率、方差和夏普比率是否准确？它们是否能直接和股票指数等交易所交易的资产的相应指标直接比较？如果不能直接进行比较，那么上一节所给出的统计数据就不能说明对冲基金优于其他传统的投资工具；如果要比较对冲基金和传统的投资工具，需要做哪些调整？经过调整后的对冲基金的上述三个指标是否仍旧优于传统的投资工具？本节将试图从理论和实证两个角度来回答这些问题。此外，由于流动性不足和收益平滑化效应都极有可能导致对冲基金收益率存在显著地自相关，而自相关性有可能会影响估计得到的夏普比率，因此本节也将解释上一节中所展示的对冲基金收益率存在强烈的自相关现象。

具体而言，本节将分三个小节来回答上述问题。第 1 小节将首先将介绍导致收益率自相关性的原因，其中会着重介绍流动性不足敞口和收益平滑化这两个原因；其次，将给出一个较一般化的收益平滑化的模型，并简要解释其含义；再次，本小节还将根据模型分析收益平滑化导致观测到的对冲基金收益存在显著自相关的机制，以及根据所观测的数据所计算的期

望收益、方差和夏普比率可能存在的偏误；此外，本小节还将给出两个具体的收入平滑化的例子，以便更形象地说明其可能产生的影响。

第 2 小节将在第 1 小节所给出的较一般化的收益平滑化模型的基础上，介绍两种根据样本数据估计模型的计量方法以及其统计性质。这两种方法分别为极大似然估计法（MLE）和线性回归法（LS）。随后，本小节还将介绍 Lo（2007）给出的用 Lipper TASS 数据库中数据估计平滑化模型的结论，并对其估计方法进行简单的评论。

第 3 小节将基于第 1 小节和第 2 小节的结论，给出在存在平滑化效应时计算夏普比率的方法及其统计性质；并将该方法应用到 CS/Tremont 数据库中各类型基金指数的夏普比率的计算中；随后，本小节还将调整后的夏普比率和共同基金的相应指标进行比较，以重新衡量对冲基金的表现是否表现更好。

1. 对冲基金收益率存在自相关的原因和收益平滑化的影响

[1] 对冲基金收益率存在自相关的原因：流动性不足和收益平滑化

如第一节所述，各种类型的对冲基金收益率存在显著的自相关性。直观上，如果一种资产当期收益率和下期收益存在显著自相关，则说明可基于当期的收益率预测下一期的收益率。这也意味着市场中存在套利机会，理性的投资者肯定会利用这种相关性来构造相应的套利组合以此获利。显然，这种市场没有达到信息有效（informational efficient）。但 Getmansky，Lo 和 Makrov（2004）认为，对于对冲基金而言，这种观测到的收益自相关性并不意味着存在套利机会，因为该相关性更多地反映了对冲基金所持投资组合的流动性不足。例如，如果对冲基金所持资产在半年内没有交易，而其又须每季度报告收益状况，在这种情况下基金经理可能会基于过去的收益而对季度收益做某种线性估算，这种估算并没有反应基金的真实收益率。显然，这种由于所持资产流动性不足所导致的线性估算，会造成观测到的收益率存在自相关性。事实上，基金经理的上述行为导致所观测到的收益率成为经平滑化的收益率（smoothed return），也即当期观测到的收益率可以表示过去真实收益的某种线性组合。当然，即使没有收益平滑化，也即每期都可观测到真实收益率，对冲基金所持资产的流动性不足本身也会造成收益自相关；例如，对冲及基金持有房地产资产时，房地场回报的自相关性显然会导致对冲基金收益率的自相关性。

事实上，虽然有很多关于金融资产收益自相关现象的解释，但是 Getmansky，Lo 和 Makarow（2004）在详细考察了对冲基金的收益相关性之后，认为对冲基金的流动性不足和收益平滑化才是其主要的原因。虽然流动性不足和收益平滑化是两种不同的现象，但两者之间有密切的联系，比如在没有交易成本的市场中不会存在流动性不足的情形，而且在交易成本为零的市场中也没有理由出现收益存在平滑化的现象。上述例子也表明，流动性不足往往是收益平滑化出现的一个重要原因。基于此，当考察对于对冲基金自相关的影响时，将两者放在一起考虑将会带来一定的便利性。

当然，非同步性交易（nonsynchronous trading）也许是造成对金融资产收益率自相关的一个原因。Lo 和 Mackinlay（1988，1990a）以及 Kadlec 和 Patterson（1999）研究表明非同步性交易造成的股票组合收益自相关性上限为 10%~15%；Lo 和 Mackinlay（1990a）也认为，平均而言，金融资产只有连续相隔几天不交易才可产生高达 30% 的收益自相关。问题是他们的结论对于交易所交易的股票而言才成立的。事实上，连续相隔几天不交易对于在交易所交易的金融资产是非常不现实的。相反，对于对冲基金而言，这种情况则要符合现实得多，因为很多对冲基金的资产组合中主要资产为新兴市场国家的债务、房地产、受限的证券以及其他的一些场外交易的证券。因此，非同步交易很可能是对冲基金收益相关性的一个原因。但 Getmansky，Lo 和 Makarow（2004）的研究表明，对冲基金的非同步性交易及其造成的结果可作为流动性不足和收益平滑化所造成结果的一个特例而已。

值得注意的是，即使不存在非同步性交易，也即每个月末度量一次对冲击基金的价格，流动性不足仍可能通过其他一些渠道来影响对冲基金的收益自相关性。如本小节开始时所举例子，对流动性较差的资产的一种估值方法根据该资产最近的一次报价，运用线性推算法来估计现在的价格；通过这种方法估计的价值通常是一条直线或至少是一组直线的组合。显然，相对于信息可以自由和完全地反映在价格中且可以完全自由交易的情形而言，基于这种线性推算法所计算的回报率会呈现更强的平滑性、更低的波动性和更强的自相关性。事实上，对于那些交易频率低，甚至在相当一段时间内没有交易的资产而言，要得到实时价格的时间成本和资金成本都很高，因此很难高频率地去计算其反映真实经济活动的价格。很多对冲基金所持资产都具有上述特点，因此其收益呈现出自相关性也不足为奇。

即使对冲基金经理没有采用线性推算法来估计其所持投资组合中证券的价值，他仍可能会无奈地去接受一些经过平滑化处理的收益数据，例如当其从经纪人和做市商那里获得数据，而这些经纪人和做市商对数据做了平滑化处理的时候。一种可能出现的情况是，一个负责的对冲基金经理可能会从三个不同的经纪人获得某种资产的价格数据，并且对这三个价格进行平均，以期获得更为准确的回报率估计。无论如何，加入任何一个经纪人对所报数据做了线性推算法处理，则该基金经理的行为已经无意中成为一种平滑化数据的行为。事实上，经纪人用线性推算法对流动性差的资产进行估算的情况很常见，因为他们除此以外已无更有效的办法。通过这种渠道获得的数据会低估投资组合的波动性，组合收益的相关性也会被"无意"地增强。

最后，观测的收益率自相关性还可能是由有意的"绩效平滑化"（performance smoothing）所造成的收益平滑化而导致。所谓绩效平滑是指基金经理为了获得更优秀的经过风险调整的收益指标而在收益较高的时候低报收益，以抵消未来潜在的损失所带来收益大的波动性；显然，这种行为会使得对冲基金波动下降和夏普比率上升。对于交易所交易的证券而言，由于交易价格的透明性，绩效平滑则很难做到。而对于组合中包含有很多流动性很差的资产的对冲基金而言，这种绩效平滑则较为容易地做到。虽然很多法律和会计准则都禁止这种绩效平滑行为，但事实上，很多基金经理确实在一定程度上具有这样做的倾向，如 Chandar 和 Bicker（2002）的研究表明，一些封闭式基金的经理确实审慎性地对其实际收益进行了处理，从而使其所管理基金的收益率的基准维持在一个较容易实现的水平。由此，在理解对冲基金收益的实证数据时，这种绩效平滑的行为应该被考虑。

【2】收益平滑化的模型和其影响

为了更清楚地认识由上述情况所导致的对冲基金所报告的收益自相关

性，这里介绍由 Lo（2007）给出一个数量化的例子。假设一种证券的真实收益由线性因子模型所描述：

$$R_t = \mu + \beta \Lambda_t + \varepsilon_t$$
$$E[\Lambda_t] = E[\varepsilon_t] = 0, Var(R_t) = \sigma^2 \quad (4.12)$$
$$\varepsilon_t, \Lambda_t \sim IID$$

其中，R_t 代表证券的真是回报率，其大小由决定均衡时证券价值的信息流所决定。再假设反映真实经济活动的 R_t 无法直接观察到；用 R_t^0 来代表观察到或被报告证券的收益率，假设其可表示为证券真实收益率的当期和滞后 k 期的加权平均：

$$R_t^0 = \theta_0 R_t + \theta_1 R_{t-1} + \cdots\cdots + \theta_k R_{t-k}$$
$$\theta_j \in [0,1], j = 0, \cdots k \quad (4.13)$$
$$\theta_0 + \cdots + \theta_k = 1$$

上述的加权平均过程可以描述收益平滑化的一些核心特征。从由流动性不足所导致收益平滑化的角度上看，上式和研究非同时交易的模型相一致，如 Cohen 等（1986）给出了一个类似的加权平均模型来描述所观察到的回报率。此外，上式也可视为当证券的市场价格不可得时对投资组合收益的线性推算法。当然，上式亦可描述"故意"的绩效平滑所造成的收益平滑化。

（4.13）式中对于权数之和为 1 的假设意味着在第 t 期的信息不会在当期全部反映到所观测到收益数据中，而会在其发生之后的 k 期内才会完全被所观测到的数据所体现。应该注意的是，即使是流动性极差的资产最终也会被交易；而此时的交易价格会反映之前所有的影响该资产收益的累计信息。由此，k 值的选取应该与该项资产的流动性情况相一致。例如，对于房地产市场而言，相对的 k 值较大；而交易所交易的股票的 k 值要小得多。对于"故意"的绩效平滑所造成的收益平滑，k 则要反映外部审计机构对基金报表审核的时间间隔。

本节开始时即提出问题：当收益率存在平滑化时，基于样本数据直接计算期望收益、方差和夏普比率是否准确？下面将根据上述收益平滑化的模型来介绍 Getmansky，Lo 和 Makarow（2004）得出的一些结论。

假设观测到的资产的收益率由（4.12）和（4.13）所决定，则可以根据所观测到的数据计算如下统计特征：

$$E(R_t^0) = \mu \quad (4.14)$$

$$Var(R_t^0) = c_\sigma \sigma^2 \leq \sigma^2 \quad (4.15)$$

$$SharpeRatio^0 = \frac{E(R_t^0)}{\sqrt{Var(R_t^0)}} = c_s SR \geq SR \equiv \frac{E(R_t)}{\sqrt{Var(R_t)}} \quad (4.16)$$

$$Cov(R_t^0, R_{t-m}^0) = \begin{cases} \dfrac{\sum_{j=0}^{k-m} \theta_j \theta_{j+m}}{k}, 0 \leq m \leq k \\ 0 \end{cases} \quad (4.17)$$

$$\beta_m^0 \equiv \frac{Cov(R_t^0, \Lambda_{t-m})}{Var(\Lambda_{t-m})} = \begin{cases} c_{\beta,m} \beta, 0 \leq m \leq k \\ 0, m > k \end{cases} \quad (4.18)$$

$$Corr(R_t^0, R_{t-m}^0) = \frac{Cov(R_t^0, R_{t-m}^0)}{Var(R_t^0)} \begin{cases} \dfrac{\sum_{j=0}^{k-m} \theta_j \theta_{j+m}}{\sum_{j=0}^{k} \theta_j^2}, 0 \leq m \leq k \\ 0, m > k \end{cases} \quad (4.19)$$

其中：

$$c_\mu \equiv \theta_0 + \theta_1 + \cdots + \theta_k \quad (4.20)$$

$$c_\sigma \equiv \theta_0^2 + \theta_1^2 + \cdots + \theta_k^2 \quad (4.21)$$

$$c_s \equiv 1/\sqrt{\theta_0^2 + \theta_1^2 + \cdots + \theta_k^2} \quad (4.22)$$

$$c_{\beta,m} \equiv \theta_m \quad (4.23)$$

从（4.14）式至（4.23）式可以看出，由（4.12）和（4.13）式所描述的收益平滑化并不会影响投资基金的期望收益，但却会使收益的方差降低，进而使得观测到的收益的夏普比率上升，上升幅度为 c_s 倍。此外，从（4.18）式可以看出，观测到的基金收益的 β 会比其真实的市场风险来得小，这会造成基金的表现更加市场中性。基于此处的结论，本章第一节所介绍的对冲基金的表现优于传统投资工具的结论是有待商榷的。本节第三小节将介绍对夏普比率进行修正的方法，并用此修正的方法重新估计 CS/Tremont 数据库中各类型对冲基金指数的夏普比率，进而重新与传统的投资工具进行比较。

值得注意的是，从（4.19）式可以看出，平滑化后的收益会造成收益具有滞后 k 阶的自相关特点。这也许可以解释本章第一节所描述的对冲基金收益率存在显著自相关的现象（本节第2小节将给出估计的具体结果）。自相关的程度则由平滑化过程的权重 $\{\theta_j\}$ 决定。显然，如果权重集中于少数的某几期，则自相关会较小；而如果权重的分配较为平均，则其自相关的程度越大。一个较为合理的度量权重分配情况的统计量为 ξ：

$$\xi = \sum_{j=0}^{k} \theta_j^2 \in [0,1]$$

显然，ξ 为（4.19）式中的分母。当各个权重都等于 $1/(k+1)$ 时，ξ 达到最小值。某一个权重等于 1 而其他权重都为 0 时，ξ 达到最大值 1。可以理解，一个较大的 ξ 意味着收益的平滑化程度较低（对应的自相关程度也较低），而较小的 ξ 则意味着收益的平滑化程度较高（对应的自相关程度也较高）。

另一个值得注意的问题是，既然所观测到的对冲基金的收益是被平滑过的数据，那么它们与真实的收益的差别有多大呢？根据（4.12）式和（4.13）式，观测到的收益和真实收益有如下关系：

$$\Gamma(T) = (R_1^0 + R_2^0 + \cdots + R_T^0) - (R_1 + R_2 + \cdots R_T)$$
$$= \sum_{j=0}^{k-1} (R_{-j} - R_{T-j})(1 - \sum_{i=0}^{j} \theta_i)$$

且，$E(\Gamma(T)) = 0$

$$Var(\Gamma(T)) = 2\sigma^2 \sum_{j=0}^{k-1} (1 - \sum_{i=0}^{j} \theta_i) = 2\sigma^2 \zeta, \zeta = \sum_{j=0}^{k-1} (1 - \sum_{i=0}^{j} \theta_i) \leq k$$

显见，观测到的收益和真实收益之差的期望为 0，方差的上限为 $2\sigma^2 k$。也即 k 越大，观测置于真实值的差别的波动越大。

2. 对平滑化过程的实证估计

从上节的分析可知，平滑化过程所描述的收益数据能在一定程度上反应流动性不足和绩效平滑等很多造成收益自相关原因的特征；因此，有理由相信 Lipper TASS 数据库 CS/Tremont 数据库中所观测到的收益数据也很可能为真实收益率平滑化之后的数据。假设确实如此，那么可以用计量方法对这种平滑化过程进行估计；进而在显式地得到平滑化过程的同时，也可检验上节所提出模型是否能够较好地刻画样本数据。参照 Lo（2007），这里介绍两种常用的方法，即极似然估计法（MLE）和线性回归方法（LS）。这两种估计方法对具体的平滑化过程并没有施加比（4.12）式和（4.13）式更多的约束，因此其适用性相对较好。

(1) MLE估计

为了阐述方便，首先对所观测到的数据进行去均值处理，处理之后的变量定义为 $X_t = R_t^0 - \mu$，则 X_t 的平滑化过程为：

$$X_t = \theta_0 \eta_t + \theta_1 \eta_{t-1} + \cdots + \theta_k \eta_{t-k}, \tag{4.24}$$

$$\theta_0 + \theta_1 + \cdots + \theta_k = 1 \tag{4.25}$$

此外，为了 MLE 的估计方便，假设 $\eta : N(0, \sigma_\eta)$。显然，X_t 是一个 $MA(k)$ 的过程。从（4.24）和（4.25）式可以看出，这里并没有假设对冲基金真实收益率的产生过程，也即没有用到假设（4.12）式。

给定 X_t 的 k 个观测值，$[X_1, X_2, \cdots, X_{K-1}, X_K]'$，可一些出如下似然函数：

$$L(\theta, \sigma_\eta) = (2\pi)^{-T/2}(\det\Omega)^{-1/2}\exp(-\frac{1}{2}X'\Omega^{-1}X), \tag{4.26}$$

其中 $\Omega \equiv E(X'X)$,

$$\theta = [\theta_0, \cdots, \theta_k]'$$

显然，似然函数中的待估参数为向量 θ 和 σ_η。从（4.13）式可以验证似然函数具有如下的性质：

$$L(\lambda\theta, \sigma_\eta/\lambda) = L(\theta, \sigma_\eta)$$

也即似然函数具有某种齐次性。因此，如果要识别待估参数 θ 和 σ_η，还需施加一个约束条件。时间序列文献中常用的做法为假设 θ_0 为1。但（4.13）式已经施加了所有权重之和为 1 的约束，该约束保证了参数可以被识别。Getmansky, Lo 和 Makrov (2004) 用 Brock 和 Davis (1991) 所提出的信息算法（innovations algorithm）对上述似然函数进行了估计，得出如下结论。

命题4.1 当模型为（4.12）式和（4.13）式且 $K = 2$ 时，则 X_t 在集合 $\{\theta: \theta_0 + \theta_1 + \theta_2 = 1, \theta_1 < 1/2, \theta_1 < 1 - 2\theta_2\}$ 上可逆，并且估计值 $\hat{\theta}$ 满足如下性质：

$$\hat{\theta}_0 + \hat{\theta}_1 + \hat{\theta}_2 = 1$$

$$\sqrt{T}(\begin{pmatrix} \hat{\theta}_1 \\ \hat{\theta}_2 \end{pmatrix} - \begin{pmatrix} \theta_1 \\ \theta_2 \end{pmatrix}) \stackrel{a}{\sim} N(0, V_\theta)$$

$$V_\theta = \begin{pmatrix} -(-1+\theta_1)(-1+2\theta_1)(-1+\theta_1+2\theta_2) & \theta_2(-1+2\theta_1)(-1+\theta_1+2\theta_2) \\ (-1+2\theta_1)(-1+\theta_1+2\theta_2) & (-1+\theta_1-2(-1+\theta_2)\theta_2)(-1+\theta_1+2\theta_2) \end{pmatrix}.$$

第四章 对冲基金经济学（一）：收益、风险和相关问题

至此，通过上述方法，可以用数据库中对冲基金的收益率来估计可能的收益平滑化过程，并根据上述命题作相应的假设检验，来从统计上验证平滑化过程是否存在。

[2] 线性回归估计

如果对真实的收益过程做更多的假设，则可以用线性回归的方法估计平滑化过程。此处，假设（4.12）式成立，将（4.12）式代入（4.13）式得到：

$$R_t^0 = \mu + \beta(\theta_0 \Lambda_t + \theta_1 \Lambda_{t-1} + \cdots + \theta_k \Lambda_{t-k}) + u_t \qquad (4.27)$$

$$u_t = \theta_0 \xi_t + \theta_1 \xi_{t-1} + \cdots + \theta_k \xi_{t-k} \qquad (4.28)$$

此处假设市场风险因子 Λ_t 可被观测。因此，将观测到的基金收益作为上述线性回归模型的因变量，而将市场风险因子的当期和滞后 k 阶的值作为自变量，则可作如下的线性回归：

$$R_t^0 = \mu + \gamma_1 \Lambda_t + \gamma_2 \Lambda_{t-1} + \cdots + \gamma_k \Lambda_{t-k} + u_t \qquad (4.29)$$

此外，由于 $\theta_0 + \theta_1 + \cdots + \theta_k = 1$，根据（4.27）和（4.28）可知，

$$\beta = \beta(\theta_0 + \theta_1 + \cdots + \theta_k)$$
$$= \gamma_0 + \gamma_1 + \cdots + \gamma_k$$

由此，各参数的估计量也有类似的关系：

$$\hat{\beta} = \hat{\gamma}_0 + \hat{\gamma}_1 + \cdots \hat{\gamma}_k, \hat{\theta}_j = \frac{\hat{\gamma}_j}{\hat{\beta}} \qquad (4.30)$$

注意到，由于（4.29）式中的残差 u_t 存在自相关，因而（4.30）式之中的估计量并非有效，其标准误也并非准确，但根据大数定律和中心极限定律，上述线性回归的估计量仍为一致估计量；其仍可以在一定程度上反映出平滑化过程的特征。

至此为止，根据假设（4.12）和（4.13）式，已经可估算收益平滑化的过程。但如本节开始时所述，流动性不足本身亦可导致对冲基金收益率存在自相关性。那么，是否存在一种方法可以从样本数据中单独地估计这种流动性不足影响？Lo（2007）给出了一个方法。其假设对冲基金的真实收益率可被观察到，且收益率由单因素模型决定：

$$R_t = \mu + \beta \Lambda_t + \xi_t, \xi_t \sim IID(0, \sigma_\xi^2) \qquad (4.31)$$

注意，这里与（4.12）和（4.13）式的假设不同，这里并没有假设 Λ_t 为 IID，而是假设其存在序列相关。这点微小不同的含义却非常重要。Λ_t 的

序列自相关意味着基金真实的收益率受到一个共同的流动性差因子的影响；这时，基金真实的收益率每期都可被观测，其仍存在自相关。这种由市场风险因子本身流动性不足所造成的自相关被称为"系统性平滑化（systematic smoothing）；而当市场收益本身不存在自相关时，单纯由（4.12）式和（4.13）式所造成的观测到的基金收益自相关被称为"异质性平滑化（idiosyncratic smoothing）"。显然，具有共同市场风险的一类基金具有相同的系统性平滑化效应。举例说明，假设具有共同市场风险的一类基金I没有异质性平滑化效应，则对于该类基金中任意的一只基金i，其不同滞后期的自协方差之比与i无关：

$$\frac{Cov(R^0_{i,t}, R^0_{i,t-k})}{Cov(R^0_{i,t}, R^0_{i,t-j})} = \frac{\beta_i Cov(\Lambda_t, \Lambda_{t-k})}{\beta_i Cov(\Lambda_t, \Lambda_{t-j})} = \frac{Cov(\Lambda_t, \Lambda_{t-k})}{Cov(\Lambda_t, \Lambda_{t-j})} \quad (4.32)$$

此外，如果（4.31）式的假设成立，则对（4.29）式中所有滞后期的市场风险的系数都应为0，并且残差项不存在序列相关。基于此，可以通过对（4.28）和（4.29）式做回归，并且检验所有滞后项的系数是否显著异于0，从而判断造成观测到的基金收益的相关性是由系统性平滑化效应造成还是由异质性平滑化效应造成。显然，如果 R^0_t 的自相关性主要由异质性平滑化所造成，则（4.29）式所有滞后项的系数应该显著异于零，并且从统计意义上残差应该序列相关；其所有的 $\hat{\gamma}_j / \hat{\theta}_j$ 都应相等，且该比值衡量的是该基金真实收益 R_t 对市场风险 Λ_t 的 β 系数。

这种分离系统性平滑化效应和异质性平滑化效应方法的难点在于如何识别合适的风险因子，因为不同类型的对冲基金会有不同风险因子。如果对某个对冲基金假设了不合适的风险因子，但其该风险本身却具有较强的相关性，则很可能会低估异质性平滑性效应对造成该基金观测收益自相关的影响，而高估系统性平滑性效应。因此，市场风险因素 Λ_t 的选择必须非常小心，对（4.28）式和（4.29）式的回归系数的理解也应持谨慎态度，也即对其做各种可行的假设检验之后才可判断哪种效应更大。

【3】简要评述

本节介绍了两种估计对冲基金收益平滑化的方法：极大似然估计和线性回归估计。这两种方法各有优缺点。例如，在大样本下，当一些正则性条件被满足且残差满足正态分布时，极大似然估计可以得到一致有效且渐进正态的估计量。但当这些条件不能满足时，这种估计方法得不到性质较好的估计量。另一方面，线性回归方法最大的局限性则在于其对基金真实收益与定价模型中风险因子的线性关系假设。虽然这种假设是很多金融工具定价的基础，如 CAPM 和 APT 等，但如前所述，其并不一定适用于对冲基金。因此，极大似然估计和线性回归都可能面临着设定偏误（specification bias），也即估计所用的线性模型与对冲基金收益的真实模型差异太大。实际上，Lo 和 Makarov（2004）给出了几种检验模型设定（specification test）的方法，可供参考。总之，在决定选择哪种估计方法时，要视样本数据对两种方法所要求假设的满足程度而定。在实际操作时，一个相对较好的选择是同时使用两种方法对估计的参数进行估计，从而得到更为稳健的估计量（robust estimate）。

【4】关于平滑化和流动性不足的实证分析

本节将参照 Getmansky，Lo 和 Makarov（2004）的研究方法和结果，介绍 Lipper TASS Combined Hedge Fund 数据库中所公布的 1977～2004 年间对冲基金的月度收益平滑化过程。首先，对于样本数据，Getmansky，Lo 和 Makarow（2004）剔除了该数据库中连续报告期未超过五年的对冲基金；经过剔除后，样本数据中共有 1837 个对冲基金；其次，他们假设（4.12）式和（4.13）式中的平滑化过程为滞后两期，且假设残差服从正态分布，继而用极大似然估计法对其进行估计；最后，对由样本数据得出的估计值做相应的假设检验。

表 4.16 给出了相应的估计结果。从表中结果可知，除偏向卖空型基金和管理期货型基金外，其余基金的三类基金 $\hat{\theta}_0$ 都小于 1。另外，有三只基金具有相对较小的平均的 $\hat{\theta}_0$，它们是可转换套利型基金（0.719），事件驱动型基金（0.786）和固定收益套利型基金（0.775）。这些数据的含义较为明显。例如，对于属于可转换套利型基金的 79 只基金而言，其平均的 $\hat{\theta}_0$ 为 0.719；从某种程度上讲，可将此估计量视为整个可转换套利型基金基金 $\hat{\theta}_0$ 的平均点估计，这意味着对于此类基金而言，当月真实收益只占到当月所观测到的收益的 71.9%；当月观测到的收益的 20.1% 则是上个月的真实收益，8% 的收益则应归因于滞后两个月的收益。

为了更严谨地判断各类对冲基金是否存在平滑化过程，需要对表 4.16 中的估计量做相应的假设检验。Getmansky，Lo 和 Makarow（2004）构造了如下零假设：$\theta_0 = 1$，并计算了相应的 z^- 统计量。z^- 统计量为估计值 $\hat{\theta}_0 - 1$ 与 $\hat{\theta}_0$ 的标准差的估计值的比值。在各基金的 $\hat{\theta}_0$ 互不相关的假设下，$\hat{\theta}$ 的标准差的估计值可通过如下方式近似得到：

$$\hat{\sigma}_{\hat{\theta}_0} = \sqrt{\frac{\sum_{i=1}^{N}(\hat{\theta}_{i,0} - \bar{\hat{\theta}}_0)^2}{N}}$$

在零假设下，z^- 统计量渐进服从正态分布。表4.16中的最后一列给出了各类基金的 z^- 统计量，其统计量基本符合直觉，即 $\hat{\theta}_0$ 小于1的基金的 z^- 统计量都显著地拒绝了 $\theta_0 = 1$ 的原假设。这说明有8种类型的基金指数的收益都存在显著的平滑化效应。此外，表4.16的其他估计值和相应的统计量也基本与直觉相吻合，即对于投资于流动性较差的资产或投资策略呈现出"流动性不足"特点的基金而言，其观测到收益的平滑化效应和自相关程度也较高。

3. 平滑调整的夏普比率（Smoothing-adjusted Sharpe Ratios）

如第1小节分析，由于观测到的对冲基金的收益受到收益平滑化的影响，因此观测到的数据会呈现出较强的自相关，也会导致观测到收益率的波动下降，进而使得基于观测到的收益率所计算的夏普比率会较真实值上偏。根据（4.16）式和（4.22）式，可对基于观测到的数据计算得到的夏普比率做相应调整，已得到真实的夏普比率 $SharpRatio$；调整方法为：

$$Sharp\hat{R}atio = \frac{Sharp\hat{e}Ratio^0}{\hat{c}_s} = \frac{1}{\hat{\sigma}_{R_t^0}}(\bar{R}_t^0 \times \sqrt{\theta_0^2 + \theta_1^2 + \cdots + \theta_k^2})$$

其中，$\hat{c}_s \equiv 1/\sqrt{\hat{\theta}_0^2 + \hat{\theta}_1^2 + \cdots + \hat{\theta}_k^2}$

$$\bar{R}_t^0 = \frac{1}{T}\sum_{t=1}^{T} R_t^0$$

$$\hat{\sigma}_{R_t^0} = \sqrt{\frac{1}{T}\sum_{t=1}^{T}(R_t^0 - \bar{R}_t^0)^2}$$

表 4.16　MA (2) 平滑过程 $R_t^o = \theta_0 R_t + \theta_1 R_{t-1} + \theta_2 R_{t-2}$ 的最大似然估计值的均值和标准差*

类型	基金数	MA (2) 的系数估计值						ξ		零假设 $H:\theta_0=1$ 的检验统计量 $z(\theta_0)$
		θ_0		θ_1		θ_2				
		均值	标准差	均值	标准差	均值	标准差	均值	标准差	
可转换套利型	76	0.719	0.161	0.201	0.148	0.080	0.101	0.621	0.327	15.558
偏向卖空型	16	1.070	0.484	0.045	0.166	-0.115	0.331	1.508	2.254	-0.579
新兴市场型	136	0.836	0.145	0.146	0.098	0.018	0.106	0.762	0.285	13.179
股票市场中性型	65	0.891	0.203	0.047	0.189	0.062	0.138	0.895	0.396	4.326
事件驱动型	183	0.786	0.143	0.158	0.105	0.056	0.102	0.687	0.235	20.307
固定收益套利型	65	0.775	0.169	0.147	0.104	0.078	0.120	0.682	0.272	10.714
全球宏观型	88	0.999	0.202	0.047	0.161	-0.047	0.147	1.090	0.501	0.036
做多/做空股票对冲型	532	0.880	0.179	0.092	0.125	0.028	0.142	0.851	0.398	15.453
管理期货型	230	1.112	0.266	-0.032	0.193	-0.080	0.162	1.379	0.942	-6.406
多重策略型	47	0.805	0.157	0.113	0.128	0.082	0.076	0.713	0.270	8.503
基金的基金型	396	0.874	0.638	0.102	0.378	0.024	0.292	0.409	10.917	3.931
全部	1,837	0.890	0.357	0.092	0.223	0.017	0.188	1.014	5.096	

* 这一过程服从正规化条件 $1 = \theta_0 + \theta_1 + \theta_2$, 其中 $\xi = \theta_0^2 + \theta_1^2 + \theta_2^2$. 数据是为 Lipper TASS 合并数据库中 1977 年 2 月～2004 年 8 月期间具有至少 5 年的历史收益率的 1837 个对冲基金计算的。

当观测到收益率的时间频率与所要计算夏普比率的时间频率相同时，上述调整方法固然可以得到真实夏普比率的估计量。但是，当两者的频率不同时，则会出现另外一种导致导致夏普比率上偏的情形，即在短期收益加总到长期收益时所可能出现夏普比率的上偏。造成这种上偏的本质仍旧是观测到收益的自相关，比如，q 期的累计收益可以写成每期收益之和[①]：

$$R_t(q) \equiv R_t + R_{t-1} + \cdots + R_{t-q+1} \tag{4.33}$$

则 q 期累计收益的夏普比率为：

$$SR_t(q) = \frac{E(R_t(q)) - R_f}{\sqrt{Var(R_t(q))}} \tag{4.34}$$

通常的做法为假设 $[R_t, R_{t-1} \cdots R_{t-q+1}]$ 之间互不相关，因此 q 期累计收益的夏普比率为：

$$SR_t(q) = \frac{E(R_t(q)) - R_f}{\sqrt{Var(R_t(q))}} = \frac{q\mu - qr_f}{\sqrt{q}\sigma} = \sqrt{q}SR \tag{4.35}$$

但如前所述，所观测到的对冲基金收益存在较强的自相关，因此上述计算方法存在偏误，因为 $Var(R_t(q))$ 不应只包含各短期收益的方差之和，还应包含个短期收益之间的协方差。具体而言，如果短期收益 $\{R_t\}$ 为平稳序列，则有如下关系成立：

$$Var(R_t(q)) = \sum_{i=0}^{q-1}\sum_{j=0}^{q-1} Cov(R_{t-i}, R_{t-j}) = q\sigma^2 + 2\sigma^2 \sum_{k+1}^{q-1}(q-k)\rho_k$$
$$\tag{4.36}$$

其中，$\rho_k = \frac{Cov(R_t, R_{t-k})}{Var(R_t)}$。此时，$q$ 期累计收益的夏普比率为：

$$SR_t(q) = \eta(q)SR, 其中 \eta(q) = \frac{q}{\sqrt{q + 2\sum_{k=1}^{q-1}(q-k)\rho_k}} \tag{4.37}$$

显然，当 $[R_t, R_{t-1} \cdots R_{t-q+1}]$ 之间互不相关时，（4.37）式退化为（4.35）式。而当 $[R_t, R_{t-1} \cdots R_{t-q+1}]$ 存在正相关时，则（4.35）式的计算则会上偏。回想本章第一节的内容，由于 CS/Tremont 所提供的数据为月度数据，而表 4.1 所计算的年度收益的夏普比率，因此，即使考虑了本节所提出的收益平滑化，只要收益率存在自相关性，表 4.1 中所计算的夏普比率仍有可能出现偏误。（4.37）式中的 $\eta(q)$ 不仅是 q 的函数，而且是短期

---

① 为了陈述方便，这里只考虑用算术法计算的累计收益。

第四章 对冲基金经济学（一）：收益、风险和相关问题

收益的滞后 $q-1$ 阶相关系数的函数。$\hat{\eta}(q)$ 可以用样本的相关系数来估计：

$$\hat{\eta}(q) \equiv \frac{q}{\sqrt{q + 2\sum_{k=1}^{q-1}(q-k)\hat{\rho}_k}} \tag{4.38}$$

其中 $\hat{\rho}_k = \dfrac{\frac{1}{T}\sum_{t=k+1}^{T}(R_t - \hat{\mu})(R_{t-k} - \hat{\mu})}{\frac{1}{T}\sum_{t=1}^{T}(R_t - \hat{\mu})^2}, \hat{\mu} \equiv \frac{1}{T}\sum_{t=1}^{T}R_t$

当短期收益为平稳序列且满足遍历性（stationary and ergodic）时，Lo（2002）用广义矩方法计算得出了 $\hat{\eta}(q)$ 的渐近分布。但对于对冲基金来说，其样本数量很难满足大样本的要求。实际上，由于对冲基金行业的特殊性，对每只基金而言，五年期的月度数据已属较长的数据。基于此，Getmansky，Lo 和 Makarow（2004）用 Richardson 和 Stock（1989）所提出的连续时间渐进性（continuous-record asymptotics）计算了 $\hat{\eta}(q)$ 的渐进分布。该计算假设如下条件成立：

$$\lim_{q,T \to \infty} q/T = \tau \in (0,1)$$

其中，T 为总的样本量。他们表明，这个条件可以为一些小样本情形提供一个相对更为精确的近似。上式表明，在小样本情况下，只要当 q 是 T 一个显著的比例即可。例如，当整个样本期为 60 个月且要计算 12 个月的夏普比率时，q 与 T 的比值为 0.2；这种情况是可以的。

显然，当 q 增加到无穷大时，$\hat{SR}_t(q)$ 也会趋近于无穷大；因此，必须对 $\hat{SR}_t(q)$ 进行正则化。具体如下：

$$\lim_{q \to \infty} \frac{SR(q)}{\sqrt{q}} = \lim_{q \to \infty} \frac{\mu - R_f}{\sqrt{Var(R_t(q))/q}} = \frac{\mu - R_f}{\bar{\sigma}}$$

其中，$\bar{\sigma}$ 可以视为对冲基金收益的长期平均标准差。显然，$\bar{\sigma}$ 一般与 R_t 的无条件标准差不相等，除非 $[R_t, R_{t-1} \cdots R_{t-q+1}]$ 之间互不相关。一般通过两种方法来估计 $\bar{\sigma}$。一种方法为 Lo（2002）所提出的方法，另一种方法则是直接用 Newey 和 West（1987）所提出的方法来估计：

$$\widetilde{\sigma}_{NW} \equiv \frac{1}{T}\sum_{1}^{T}(R_t - \hat{\mu}) + \frac{2}{T}\sum_{j=1}^{m}\left(1 - \frac{j}{m+1}\right)\sum_{t=j+1}^{T}(R_t - \hat{\mu})(R_{t-j} - \hat{\mu})$$

其中，$\hat{\mu}$ 为样本均值。关于 $\widetilde{\sigma}_{NW}$ 的统计性质，请参考 Getmansky，Lo 和 Makarow（2004）。

根据本小节分析，Lo（2007）用 CS/Tremont 数据库中各类型基金指数的月度收益率估计了（4.37）式的平滑调整后的夏普比率；此外，为了便于对比，他计算表 4.3 中所列示共同基金的相应夏普比率；计算结果列示于表 4.17。Lo（2007）首先计算了各类型基金指数月度收益率三阶自相关系数 $\hat{\rho}_1$、$\hat{\rho}_2$ 和 $\hat{\rho}_3$；然后将这三个相关系数带入（4.35）式中。

首先，表 4.17 中列出了各类型基金和各共同基金月度收益率的相关系数估计值。很容易地看出，绝大多数对冲基金的相关系数为正值，而共同基金的自相关系数则有超过半数的相关系数为负。根据上面的分析，月度收益负相关会导致未经调整的夏普比率下偏，因此，这种结果说明共同基金的调整后夏普比率会较表 4.3 中的数据上升；相反的，对于对冲基金而言，经调整后的夏普比率将会下降。为了检验两类基金月度收益自相关性的强弱，Lo 还计算了 Ljung-Box Q 统计量的 p 值。可以预见，对于共同基金而言，由于其多持有在交易所交易的资产，其收益率的相关性会较弱；如表所示，共同基金 Q 统计量的 p 值最大为 80.2%（Investment Company of America 基金），最小值为 13.2%（Janus Worldwide 基金）。因此，在 10% 的显著性水平上，共同基金全都无法拒绝没有自相关的假设。而对于 12 只对冲基金而言，有 8 只基金的统计量的 p 值都低于 10%，有 7 只基金的 Q 统计量的 p 值都低于 5%。这说明对冲基金存在较显著的自相关。

其次，从表中的数据可知，对于 10 只共同基金而言，7 只基金的调整后夏普比率较未调整的比率上升，3 只基金的调整后夏普比率下降。这显然是由于相关系数多为负值所致。值得注意的是，不管调整后的夏普比率上升还是下降，其与未调整的夏普比率相差都不大。例如，即使对于一阶自回归系数最大的 Fidelity Magellan 基金而言，两者的差异也仅仅为 0.06，并且这个差别没有显著地异于零；显然，由于所有的共同基金都无法显著地拒绝不存在自相关的假设，因此（4.37）式的计算结果与（4.35）式的计算结果必然类似。对于 12 只对冲基金而言，除风险套利 A 类型基金和风险套利 B 类型基金外，其余基金的修正后夏普比率较未调整的夏普比率有所下降，且下降幅度较大。例如，对于 Mortgage-Backed Securities 类型基金而言，其未调整的夏普比率为 4.03，调整后的仅为 2.44；这表明未调整的夏普比率被高估了 65%。上述两类基金的调整后夏普比率上升的原因显然是由于其自相关系数为负值所致。表中数据来列出了两类夏普比率的稳健标准误差（robust standard error）。显然，在 5% 的显著水平上，所用共同基金和对冲基金的两类夏普比率都显著地异于零。

最后，分别从未调整夏普比率和调整后夏普比率两个角度，来比较对冲基金和共同基金的表现可以容易地发现，就平均而言，相对于调整前的夏普比率之间的差别，调整后夏普比率的差别显著地减少了。但即使如此，从上表中的数据可以看出，即使考虑了由流动性不足和收益平滑化所导致的收益率自相关性，对冲基金的表现仍优于传统的投资工具。

表 4.17　共同基金和对冲基金的原始夏普比率与经调整的夏普比率*

	起始日	T	$\hat{\mu}$（%）	$\hat{\sigma}$（%）	Q_{11} 的 p 值（%）	月度 $\widehat{SR}$	SE_3
共同基金							
先锋 500 指数	1976 年 10 月	286	1.30	4.27	64.5	0.21	0.06
富达麦哲伦基金	1967 年 01 月	402	1.73	6.23	28.6	0.21	0.06
美国投资公司	1963 年 01 月	450	1.17	4.01	80.2	0.19	0.05
杰纳斯	1970 年 03 月	364	1.52	4.75	58.1	0.23	0.06
富达反向基金	1967 年 05 月	397	1.29	4.97	58.2	0.18	0.05
华盛顿共同投资者	1963 年 01 月	450	1.13	4.09	22.8	0.17	0.05
杰纳斯全球基金	1992 年 01 月	102	1.81	4.36	13.2	0.32	0.11
富达成长与收益	1986 年 01 月	174	1.54	4.13	60.9	0.27	0.08
美国世纪至上基金	1981 年 12 月	223	1.72	7.11	54.5	0.18	0.07
美国成长基金	1964 年 07 月	431	1.18	5.35	45.4	0.14	0.05
对冲基金							
可转换/期权套利型	1992 年 05 月	104	1.63	0.97	0.0	1.26	0.28
相对价值型	1992 年 12 月	97	0.66	0.21	4.5	1.17	0.17
抵押贷款支持证券型	1993 年 01 月	96	1.33	0.79	0.1	1.16	0.24
高收益债务型	1994 年 06 月	79	1.30	0.87	5.2	1.02	0.27
风险套利型基金 A	1993 年 07 月	90	1.06	0.69	30.6	0.94	0.20
做多/做空股票型	1989 年 07 月	138	1.18	0.83	0.1	0.92	0.25
多重策略型基金 A	1995 年 01 月	72	1.08	0.75	0.3	0.89	0.40
风险套利型基金 B	1994 年 11 月	74	0.90	0.77	96.1	0.63	0.14
可转换套利型基金 A	1992 年 09 月	100	1.38	1.60	0.8	0.60	0.18
可转换套利型基金 B	1994 年 07 月	78	0.44	0.62	23.4	0.60	0.18
多重策略型基金 B	1989 年 06 月	139	1.34	1.63	0.0	0.57	0.16
基金的基金	1994 年 10 月	75	1.68	2.29	23.4	0.56	0.19

* 为一个由共同基金和对冲基金组成的样本估计的月度和年度夏普比率。估计是基于这些基金的月度总收益率进行的。共同基金样本从各种起始日期开始到 2000 年 6 月底为止，对冲基金样本从各种起始日期开始到 2000 年 12 月底为止。Q_{11} 表示 Ljung-Box（1978）的 Q 统计量 $T(T+2)\sum_{k=1}^{11}\rho_k^2/(T-k)$，在"不存在序列相关"的零假设下，该统计量渐近地服从 χ_{11}^2 分布。$\widehat{SR}$ 表示基于月度数据计算的、常用的夏普比率统计量 $\frac{(\hat{\mu}-R_f)}{\hat{\sigma}}$，其中假设 R_f 等于每月 $\frac{5.0\%}{12}$，所有的标准误差都是基于广义矩估计量估计的，使用的是 Newey and West（1987）提出的估计步骤，其中标有"SE_3"和"$SE_3(12)$"的那两列的截断滞后阶数（truncation lag）$m=3$，标有"SE_6"和"$SE_6(12)$"的那两列的截断滞后阶数 $m=6$。

第三节 对冲基金的贝塔（beta）复制

由第二节的内容可知，如果以夏普比率度量资产的表现，即使考虑到对冲基金所具有的流动性不足风险，则其表现仍旧优于传统的投资工具，如共同基金等。众所周知，在一个信息有效的市场上，收益是和风险相对应的；如果一个资产的期望收益率较高，则其必然承担了较高的风险。现在假设市场是信息有效的，那么对冲基金的优异表现也必然是由于其承担了某种风险。因此，我们不禁要问：这些风险是什么？对冲基金的收益完全可以用更一般化的市场风险所解释吗？如果不能全部，市场风险可以解释多少？对于市场风险不能解释的部分，还可能用什么风险来解释？本节将介绍一些最新的研究结果，以回答上述问题。

事实上，已有文献如 Bertsimas、Kogan 和 Lo（2001）以及 Kat 和 Palaro（2005，2006a）表明，用期货和期权等流动性更强且更为复杂的动态投资策略，可在相当高的精度上复制对冲基金的收益；即使如此，相对于被复制的对冲基金投资策略而言，这些复制策略本身可能更加复杂；如果用这种策略复制对冲基金，其风险和收益的特征也许更加不符合很多机构投资者的要求。基于此，这里着重介绍 Lo（2007）做所的基于市场风险因子的线性复制技术及其结果。

具体而言，本节分为三部分。第 1 小节将介绍 Lo（2007）采用线性定价假设所做的研究。他将 Lipper TASS 数据库中的基金收益作为因变量，选取六类市场指数的收益水平作为市场风险因素的代表，并做回归，以期考察对冲基金因承担市场风险所获收益在其总收益率中所占的平均比重，并衡量对冲基金超额收益的 α 值[1]是否得到实现。这五种市场指数为股票市场指数、债券市场指数、货币市场指数、商品市场指数和信用市场指数。

第 2 小节将通过线性复制的方法，来检验基于市场风险因子的线性定

---

[1] 关于用值衡量基金超额收益的详细论述，已超出本章的范围，有兴趣的读者请参考 Jensen（1968）。

价法可以多大程度上复制对冲基金的收益。为了使得复制的结果具有可比性，该方法首先通过一定的变换，使得复制组合和被复制资产的方差相等，进而比较两种资产的收益率情况。在具体复制时，Lo（2007）分别采用了固定权重（fixed weight）复制策略和滚动窗口（rolling window）复制策略。

第3小节则为小结。特别地，该小节将从直觉上说明除市场风险之外的一些风险因素可能会导致对冲基金能够获得超额收益。

1. 线性回归分析

根据 Lo（2007），线性回归中所用的对冲基金数据来自 Lipper TASS 数据库中 Live Funds 子数据库。但由于 Lipper TASS 数据库并不能涵盖所有的对冲基金，只采用该数据库中的数据可能会对分析造成偏误。具体而言，由于 Lipper TASS 数据库搜集数据的方式为自愿报告，因此那些吸引新投资者的基金更愿意报告其收益状况，而那些资金充足且收益良好的基金则不愿被数据库收录，这显然会造成平均的收益降低；此外，如果对冲基金的收益非常好，则其也可能会中断信息的报告，进而自愿从 Live Funds 子数据库移至 Graveyard 子数据库中；而如果基金表现差以至于被清算，则它也会被移至 Graveyard 子数据库中。对于这些情况所可能造成的样本偏误，Lo（2007）认为线性回归的最终目的是考察对冲基金可被复制的程度，以及比较复制组合（replicating portfolio）与被复制对冲基金的收益/风险之间的差别，因此，虽然这些偏误会同时影响对冲基金和复制组合，但对它们之间收益和风险的比较产生的影响却相对较小。即使如此，Lo（2007）也承认，基于这种样本所做的分析应该以一种审慎的态度来理解。

实际上，Lo（2007）也根据分析的需要对样本做了一些筛选，具体为：①剔除1986年之前的基金数据，因为各种市场指数的数据只在1986年之后可得；②剔除没有以美元计价的基金数据；③剔除没有按月度报告信息的基金数据；④剔除没有报告所管理资产的精确数额的基金数据。经过这些筛选，用来做回归分析和基金复制的样本量为2097只基金。

表4.18列出了关于样本的一些基本统计特征。首先，基金数量在11

个种类中的分布并不均匀，其中79%集中于以下五类基金：做多/做空股票型（共602只）、基金的基金型（共591只）、事件驱动型（共217只）、管理期货型（共127只）和新兴市场型（共118只）。其次，10种类型对冲基金的夏普率要优于标准普尔500指数。最后，很多种类的对冲基金都呈现出非常强的正序列相关，如可转换套利型基金（42.7%），事件驱动型基金（21.1%）和新兴市场型基金（13.0%）等。Getmansky、Lo 和 Makarov（2004）表明，显著的序列相关很可能意味着对冲基金有流动性不足的风险暴露。

Lo（2007）认为，回归模型的解释变量应该尽可能涵盖影响各类型对冲基金收益的市场风险因素；从这个角度上看，各种市场指数是较好的选择。此外，市场指数本身应该具有较好的流动性，否则基于他们所做的线性复制即使在理论上可以完成，在实践中也将会遇到困难。基于此，Lo（2007）选择了以下六种市场指数作为线性回归的自变量：①USD：美元指数的收益；②BOND：AAA公司债券指数；③CREDIT：BAA级公司债券指数与国债指数之间收益率差；④SP500：标准普尔500收益率；⑤CMDTY：商品指数总收益率；⑥DVIX：CBOE指数月末值的一阶差分。上述六种指数中都有相应的期货或者期权市场；CBOE 在 2004 年创立了 VIX 的期货交易，虽然其流动性不如其他五种强，但关于 CBOE 波动情况的场外交易却增长迅速；因此，为了衡量波动性与对冲基金的关系，有必要引入 DVIX。综上，线性回归模型为：

$$R_{it} = \alpha_i + \beta_{i1} RiskFactor_{1t} + \cdots + \beta_{i6} RiskFactor_{6t} + \xi_{it} \quad (4.38)$$

其期望和方差为：

$$E[R_{it}] = \alpha_i + \beta_{i1} E[RiskFactor_{1t}] + \cdots + \beta_{i6} E[RiskFactor_{6t}] \quad (4.39)$$

$$Var[R_{it}] = \beta_{i1}^2 Var[RiskFactor_{1t}] + \cdots + \beta_{i6}^2 Var[RiskFactor_{6t}]$$
$$+ Cov + Var[\xi_{it}] \quad (4.40)$$

其中，Cov 为各风险因素的协方差。从（4.39）式可知，对冲基金的期望回报被假设为两部分，一部分为各风险因素与相应 β 系数的乘积，即对冲基金的收益所承担各市场风险的溢价与相应 β 系数的乘积；第二部分为 α 收益，该收益被认为是由基金经理特殊的投资策略所创造。直观上看，似乎 α 代表没有风险的收益，但实际上其代表了线性模型中六个市场风险因素之外的风险的对应回报。

第四章 对冲基金经济学（一）：收益、风险和相关问题

表 4.18 样本中包含的 Lipper TASS 活对冲基金的概括性统计量（1986 年 2 月~2007 年 8 月）

类型	样本容量	年度化的均值 (%)		年度化的标准差 (%)		年度化的夏普比率		ρ_1 (%)		Ljung–Box Q_{12} 统计量的 p 值		基金的等权重投资组合的年度化业绩		夏普比率
		均值	标准差	均值	标准差	均值	标准差	均值	标准差	均值	标准差	均值 (%)	标准差 (%)	
可转换套利型	66	7.79	5.44	5.83	5.01	2.36	3.59	42.7	15.7	6.3	14.0	10.13	4.37	2.32
偏向卖空型	14	-1.19	7.62	20.84	10.95	-0.19	0.50	5.8	10.1	50.6	24.6	-3.04	25.15	-0.12
新兴市场型	118	19.63	13.19	15.61	11.52	1.68	1.14	13.0	14.5	38.6	30.3	19.29	16.25	1.19
股票市场中性型	103	8.12	6.35	6.51	5.33	1.82	1.46	4.1	24.1	42.0	33.5	10.55	3.18	3.32
事件驱动型	217	12.00	5.85	6.67	5.08	2.71	4.23	21.2	15.8	29.8	29.8	13.20	6.13	2.15
固定收益套利型	90	7.72	4.31	5.32	3.61	3.21	8.19	15.4	22.9	37.7	32.6	8.64	3.66	2.36
全球宏观型	81	9.61	7.22	11.15	5.32	0.97	0.75	8.2	17.2	43.3	30.2	15.91	10.76	1.48
做多/做空股票对冲型	602	13.82	8.28	13.25	7.91	1.24	0.76	9.1	16.9	39.8	30.1	16.80	8.25	2.04
管理期货型	127	10.15	6.85	17.76	9.57	0.70	0.65	5.9	16.2	33.8	28.1	13.91	15.58	0.89
多策略型	88	11.39	8.20	8.47	9.01	2.01	1.66	18.2	20.4	25.9	28.5	18.65	11.10	1.68
基金的基金型	591	9.97	4.71	6.06	3.72	2.03	1.33	19.5	14.4	29.9	28.7	11.24	5.40	2.08
全部基金	2097	11.55	7.72	9.81	7.89	1.77	2.55	14.7	18.4	34.1	30.2	13.96	5.98	2.33

根据（4.38）式，Lo（2007）对 2097 个对冲基金和相应的市场指数的月度数据分别做了回归，回归结果按照基金类型列示于表 4.19 中。其中，表中列出了每类基金中每个参数估计量的最大值、最小值、均值、中位数和标准误。首先，截距项的估计量为 α_i 的估计值。从表中可知，所有类型基金的截距项的均值都为正值；最小为管理期货型基金（0.37%），最大为新兴市场型基金（1.26%）。这表明在平均意义上，对冲基金经理创造了正的收益。

其次，表 4.19 中各 β 系数的估计值也基本符合直觉。例如，对于可转换套利型的基金而言，其主要的市场风险因素为三个，即债券市场指数、信用市场指数和波动率指数，但其对标准普尔 500 指数的系数却为负且不显著；这个结果是较好理解的，因为该种类型基金的主要投资策略为做多可转换债券同时做空相应的股票，因此，其收益对于影响利率的风险因素以及与波动率有关的风险因素的收益具有显著的 β 系数，而对与标准普尔指数却为负且不显著。再例如，在所有类型的对冲基金中，新兴市场中性型基金对所有风险因素的系数的显著性最差，这显然是因为其保持对市场风险中性的策略；而且，由于其力图对市场风险保持中性，因此其也不应获得相应的风险回报，这可以从其较低的平均收益上看出。

最后，表 4.19 的最右边给出了各个回归的调整的可决系数。可决系数的最大值为股票市场中性型基金的（8.4%），最小值为偏向卖空型基金（46.5%）。显然，从整体上看，可决系数的值都不高，这反映了对冲基金的收益中有相当一部分无法被市场因素所揭示。特别地，对于股票市场中性型基金而言，其投资策略正为使收益对市场风险呈现中性，因此其可决系数最小就不足为奇。

至此为止，已经得到（4.38）式的估计值：

$$\hat{R}_{it} = \hat{\alpha}_i + \hat{\beta}_{i1} RiskFactor_{1t} + \ldots + \hat{\beta}_{i6} RiskFactor_{6t} \tag{4.41}$$

根据（4.41）式，可以计算出对冲基金的平均收益中 α 和各市场风险的回报所占比重。显而易见，如果市场风险可占到显著的份额，则用这六种市场指数的线性组合来复制这部分收益。由于这六种市场指数都在交易所进行交易，因而相对于对冲基金的管理费而言，用这种方法复制的成本很低；此外，通过这种方法复制的组合可以被线性地放大倍数。表 4.19 给出了各类型对冲基金收益分解的平均状况。如表所示，最右一列数据为对冲基金收益中 α 所占的比例。其中较为特别的是偏向卖空型基金的收益分解，α 所占比例为负值，标准普尔 500 指数则占到了 141.3%！这说明，在

第四章 对冲基金经济学（一）：收益、风险和相关问题

表 4.19 Lipper TASS 活数据库中的对冲基金的月度收益率的多元线性回归的概括性统计量（1986 年 2 月 ~ 2007 年 8 月）*

类型	样本容量	统计量	截距					R_{SP500}				
			最小值	均值	中值	最大值	标准差	最小值	均值	中值	最大值	标准差
可转换套利型	66	贝塔	-0.32	0.59	0.58	1.53	0.33	-0.29	-0.01	0.00	0.50	0.11
		t统计量	-1.32	5.44	3.31	57.62	8.76	-3.00	0.08	0.08	3.57	1.18
偏向卖空型	14	贝塔	-0.17	0.69	0.58	2.26	0.52	-1.74	-1.08	-1.13	-0.50	0.34
		t统计量	-0.19	1.27	1.36	2.53	0.68	-12.88	-5.87	-4.80	-0.78	3.53
新兴市场型	118	贝塔	-0.64	1.26	0.99	6.11	0.98	-0.49	0.40	0.30	2.16	0.42
		t统计量	-0.97	2.92	2.49	10.57	2.07	-2.38	1.88	2.01	6.02	1.61
股票市场中性型	103	贝塔	-0.42	0.68	0.59	2.14	0.43	-1.11	0.03	0.01	1.05	0.28
		t统计量	-0.76	3.64	2.66	17.26	3.43	-3.90	0.47	0.10	4.25	1.87
事件驱动型	217	贝塔	-0.22	0.93	0.87	3.02	0.43	-0.56	0.13	0.09	1.05	0.20
		t统计量	-0.72	5.34	4.25	105.56	7.57	-3.51	1.36	1.15	14.77	1.90
固定收益套利型	90	贝塔	-0.22	0.66	0.60	2.02	0.39	-0.34	0.00	0.02	0.31	0.11
		t统计量	-0.41	5.15	3.63	53.91	6.98	-2.38	0.11	0.27	3.33	1.15
全球宏观型	81	贝塔	-1.23	0.52	0.56	2.40	0.69	-0.50	0.29	0.10	2.35	0.49
		t统计量	-2.10	1.37	1.24	8.39	1.68	-3.47	0.90	0.80	5.68	1.72
做多/做空股票对冲型	602	贝塔	-1.83	0.84	0.76	5.15	0.66	-1.10	0.42	0.35	3.95	0.48
		t统计量	-2.11	2.07	1.98	11.33	1.50	-24.85	2.28	2.01	20.86	2.65
管理期货型	127	贝塔	-4.50	0.37	0.44	3.26	0.91	-1.24	0.17	0.06	3.43	0.56
		t统计量	-2.30	0.92	0.84	8.86	1.66	-2.44	0.51	0.39	10.08	1.45
多重策略型	88	贝塔	-0.78	0.79	0.74	4.17	0.56	-0.94	0.17	0.08	1.59	0.34
		t统计量	-0.94	4.07	3.44	11.75	3.09	-2.38	1.46	1.32	6.85	1.71
基金的基金型	591	贝塔	-3.12	0.48	0.45	4.74	0.41	-0.78	0.22	0.16	1.72	0.24
		t统计量	-3.19	3.03	2.59	15.41	2.38	-2.96	2.33	2.04	27.18	2.12

续表

类型	样本容量	统计量	R_{LB}					R_{USD}				
			最小值	中值	均值	最大值	标准差	最小值	中值	均值	最大值	标准差
可转换套利型	66	贝塔	-0.17	0.18	0.22	1.21	0.23	-0.70	-0.03	-0.07	0.63	0.25
		t统计量	-0.88	1.44	1.43	4.48	1.21	-2.23	-0.23	-0.07	3.65	1.33
偏向卖空型	14	贝塔	-1.50	-0.03	0.04	0.85	0.61	-0.46	0.06	0.27	1.11	0.54
		t统计量	-1.72	-0.06	0.07	1.41	1.03	-1.30	0.23	0.38	1.75	0.94
新兴市场型	118	贝塔	-3.67	-0.03	-0.03	2.24	0.66	-2.19	-0.37	-0.41	2.16	0.64
		t统计量	-2.70	-0.06	0.11	3.41	1.18	-6.62	-1.03	-1.07	2.25	1.34
股票市场中性型	103	贝塔	-1.43	-0.01	-0.01	1.75	0.41	-2.49	0.00	-0.06	1.25	0.43
		t统计量	-3.75	-0.12	-0.01	3.20	1.24	-4.19	-0.01	-0.09	3.71	1.39
事件驱动型	217	贝塔	-1.99	0.04	0.02	1.34	0.36	-2.02	-0.09	-0.17	0.52	0.37
		t统计量	-3.64	0.26	0.26	4.61	1.26	-4.10	-0.51	-0.43	3.74	1.40
固定收益套利型	90	贝塔	-0.89	0.07	0.16	1.81	0.39	-1.28	0.03	0.03	0.76	0.33
		t统计量	-3.75	0.60	0.73	4.08	1.47	-3.82	0.33	0.37	4.18	1.55
全球宏观型	81	贝塔	-3.95	0.10	0.08	1.74	0.73	-2.68	-0.12	-0.21	1.35	0.81
		t统计量	-3.74	0.23	0.35	7.38	1.61	-7.69	-0.49	-0.64	3.57	1.86
做多/做空股票对冲型	602	贝塔	-3.79	-0.01	-0.01	3.04	0.55	-5.96	-0.09	-0.17	2.35	0.72
		t统计量	-2.46	-0.03	0.01	3.44	1.04	-4.50	-0.28	-0.32	4.05	1.29
管理期货型	127	贝塔	-1.43	0.50	0.54	2.49	0.68	-3.81	-0.25	-0.34	1.68	0.73
		t统计量	-1.63	1.04	1.12	6.48	1.31	-5.10	-0.63	-0.60	1.99	1.08
多重策略型	88	贝塔	-1.89	0.07	0.02	2.39	0.55	-4.93	-0.01	-0.20	0.87	0.76
		t统计量	-2.84	0.41	0.44	4.68	1.43	-3.97	-0.07	-0.08	3.27	1.49
基金的基金型	591	贝塔	-2.16	0.03	0.05	1.82	0.29	-3.43	-0.14	-0.19	0.80	0.35
		t统计量	-2.63	0.23	0.37	12.29	1.21	-5.65	-0.89	-0.81	3.37	1.23

续表

类型	样本容量	统计量	R_{CS}				ΔVIX				
			最小值	中值	均值	最大值	标准差	最小值	中值	均值	最大值	标准差
可转换套利型	66	贝塔	0.00	0.44	0.59	2.72	0.56	-0.23	0.05	0.05	0.23	0.07
		t 统计量	0.04	3.49	3.46	8.34	1.80	-1.66	0.70	0.74	3.54	0.90
偏向卖空型	14	贝塔	-0.84	-0.08	-0.02	1.42	0.68	-0.23	0.04	0.07	0.66	0.25
		t 统计量	-2.14	-0.19	-0.07	2.96	1.38	-1.77	0.18	0.10	1.26	0.97
新兴市场型	118	贝塔	-0.50	0.38	0.50	2.82	0.56	-1.38	0.03	0.06	1.90	0.31
		t 统计量	-1.97	1.32	1.28	4.71	1.29	-3.36	0.20	0.22	2.64	1.22
股票市场中性型	103	贝塔	-1.55	0.03	0.03	1.12	0.35	-1.10	-0.02	-0.02	0.64	0.22
		t 统计量	-3.81	0.10	-0.12	3.00	1.53	-4.81	-0.24	-0.14	3.02	1.51
事件驱动型	217	贝塔	-1.46	0.25	0.32	2.51	0.43	-0.57	0.01	0.00	0.75	0.16
		t 统计量	-4.35	1.43	1.82	11.65	2.07	-7.01	0.14	0.01	3.27	1.36
固定收益套利型	90	贝塔	-1.24	0.17	0.27	1.50	0.43	-0.49	0.03	0.05	0.66	0.19
		t 统计量	-3.03	1.13	1.55	12.98	2.22	-3.21	0.39	0.81	5.64	2.05
全球宏观型	81	贝塔	-0.91	0.16	0.15	1.53	0.47	-0.86	0.04	0.08	0.90	0.28
		t 统计量	-2.77	0.26	0.40	4.13	1.24	-3.42	0.33	0.28	2.68	1.19
做多/做空股票对冲型	602	贝塔	-2.35	0.17	0.21	4.38	0.61	-1.66	0.05	0.04	2.29	0.32
		t 统计量	-4.78	0.54	0.59	4.89	1.36	-4.82	0.30	0.26	3.95	1.27
管理期货型	127	贝塔	-3.95	-0.29	-0.33	1.53	0.64	-0.86	0.09	0.11	0.95	0.29
		t 统计量	-2.89	-0.67	-0.62	2.56	1.02	-2.92	0.44	0.55	3.00	1.20
多重策略型	88	贝塔	-1.23	0.17	0.25	3.12	0.54	-0.85	0.04	0.04	0.86	0.22
		t 统计量	-2.03	1.20	1.54	6.11	1.99	-3.44	0.49	0.68	4.43	1.55
基金的基金型	591	贝塔	-1.80	0.16	0.18	1.51	0.29	-0.86	0.06	0.07	0.64	0.12
		t 统计量	-3.60	1.17	1.23	6.43	1.43	-2.20	0.92	0.92	4.92	1.11

续表

类型	样本容量	统计量	R_{GSCI}				统计量	显著性 (%)			
			最小值	中值	均值	最大值	标准差		最小值	中值	均值	最大值	标准差
可转换套利型	66	贝塔	−0.04	0.01	0.02	0.10	0.03	调整的 R^2	−5.8	17.6	16.8	64.4	13.3
		t 统计量	−1.53	0.63	0.52	1.70	0.74	$p(F)$	0.0	0.3	9.1	89.8	20.2
偏向卖空型	14	贝塔	−0.29	−0.08	−0.07	0.17	0.11	调整的 R^2	14.3	47.6	46.5	79.9	17.7
		t 统计量	−1.95	−0.93	−0.78	1.50	1.04	$p(F)$	0.0	0.0	0.5	6.2	1.6
新兴市场型	118	贝塔	−0.15	0.07	0.08	0.38	0.09	调整的 R^2	−0.8	17.3	20.7	67.9	14.2
		t 统计量	−2.07	1.02	0.99	2.93	0.97	$p(F)$	0.0	0.1	4.8	51.0	11.4
股票市场中性型	103	贝塔	−0.11	0.01	0.02	0.28	0.06	调整的 R^2	−9.2	7.1	8.4	47.2	10.6
		t 统计量	−2.66	0.46	0.44	2.63	1.17	$p(F)$	0.0	7.5	23.1	96.6	28.2
事件驱动型	217	贝塔	−0.20	0.02	0.02	0.29	0.05	调整的 R^2	−7.6	18.6	20.2	70.0	16.1
		t 统计量	−2.63	0.74	0.74	4.98	1.13	$p(F)$	0.0	0.2	9.4	95.1	19.1
固定收益套利型	90	贝塔	−0.05	0.01	0.01	0.10	0.03	调整的 R^2	−13.5	8.3	12.4	77.3	16.1
		t 统计量	−1.76	0.21	0.36	2.59	1.06	$p(F)$	0.0	5.8	22.2	97.1	28.5
全球宏观型	81	贝塔	−0.08	0.04	0.08	0.53	0.14	调整的 R^2	−10.9	7.9	16.0	61.5	18.9
		t 统计量	−1.34	0.77	0.98	6.16	1.49	$p(F)$	0.0	3.8	19.0	87.7	25.1
做多/做空股票对冲型	602	贝塔	−0.33	0.06	0.08	0.83	0.11	调整的 R^2	−12.9	18.4	21.8	92.7	18.0
		t 统计量	−2.59	1.18	1.15	6.75	1.28	$p(F)$	0.0	0.1	10.0	99.7	20.1
管理期货型	127	贝塔	−0.31	0.08	0.12	0.72	0.15	调整的 R^2	−5.5	8.5	11.6	45.0	10.7
		t 统计量	−1.83	1.19	1.29	5.74	1.24	$p(F)$	0.0	1.7	11.2	76.7	18.5
多重策略型	88	贝塔	−0.06	0.03	0.07	0.78	0.14	调整的 R^2	−4.5	17.5	18.8	67.8	16.7
		t 统计量	−0.83	1.23	1.33	8.36	1.35	$p(F)$	0.0	0.2	13.3	93.4	25.2
基金的基金型	591	贝塔	−0.17	0.04	0.05	0.60	0.05	调整的 R^2	−10.2	22.9	25.3	93.6	16.4
		t 统计量	−3.03	1.72	1.66	5.72	1.02	$p(F)$	0.0	0.1	3.9	98.4	11.5

*这 6 个因子是 S&P500 指数总收益率、雷曼 AA 级中期公司债券指数的收益率、美元指数的收益率、雷曼 BAA 级长期信用债券指数与雷曼长期国债指数的收益率之差、芝加哥期权交易所波动率指数月末值的一阶差分，以及高盛商品指数（GSCI）的总收益率。

第四章 对冲基金经济学（一）：收益、风险和相关问题

表 4.20 对 Lipper TASS 活数据库中 2097 个对冲基金的总收益率均值的分解（1986 年 2 月～2007 年 8 月）*

类型	样本容量	E[R] 的平均值	各个因子对总期望收益率的平均贡献率（%）						
			CREDIT	USD	SP500	BOND	DVIX	CMDTY	阿尔法
可转换套利型	66	9.4	6.3	4.9	-0.1	12.1	-0.6	1.9	75.5
偏向卖空型	14	-1.2	4.6	-0.9	141.3	61.0	-0.5	30.6	-136.1
新兴市场型	118	19.8	0.4	3.6	17.4	-0.8	-0.1	5.1	74.3
股票市场中性型	103	9.1	0.2	0.6	24.9	-5.0	-0.7	17.0	62.9
事件驱动型	217	13.6	1.1	3.5	10.3	2.8	-0.2	2.0	80.6
固定收益套利型	90	9.4	0.9	3.4	-2.2	10.1	0.0	1.3	86.6
全球宏观型	81	11.7	-0.5	12.8	38.3	10.7	2.1	10.2	26.3
做多/做空股票对冲型	602	15.3	0.4	2.0	37.1	1.8	0.1	6.0	52.5
管理期货型	127	11.9	-0.2	-1.8	-2.2	35.1	1.0	15.2	52.9
多重策略型	88	12.8	-0.6	4.3	10.7	4.4	-0.3	4.8	76.8
基金的基金型	591	9.5	0.9	8.4	41.7	-1.6	-0.3	7.3	43.7
全部基金	2097	12.4	0.7	4.4	28.3	4.0	0.0	6.9	55.6

* 表中的值是基于 6 个因子和基金经理特有的阿尔法贡献的百分比计算出来的。

平均意义上，由对冲基金经理投资技巧所增加的收益为负值，也即基金经理反而使得该类型对冲基金的收益下降！对于其他类型的基金而言，收益分解的差异性很大。但对全部样本而言，平均有55.6%的收益可以归结为 α，44.4%则可归结为市场风险的回报。这也说明，对冲基金获得了市场风险无法代表的收益。

2. 线性复制

第1小节介绍了用线性回归方法来对对冲基金收益进行分解的过程和结果。本小节则将着重介绍两种复制对冲基金收益中由市场风险暴露而带来收益的方法，以期更进一步地了解对冲基金是否可以获得超额收益。一种方法为固定权重组合（fixed-weight portfolios），另一种则为"滚动窗口回归"（rolling-window regression）。

首先，考虑固定权重组合的方法。顾名思义，该复制方法设定在所有时间内，各个复制工具所占的权重为固定。复制的过程为对以下模型进行线性回归：

$$R_{it} = \beta_{i1} RiskFactor_{1t} + \cdots + \beta_{i5} RiskFactor_{5t}, \quad t = 1, 2, \cdots T \quad (4.42)$$

约束条件为 $\quad \beta_{i1} + \cdots + \beta_{i5} = 1 \quad (4.43)$

显然，该方法用对冲基金全部的样本来估计复制工具的权重。值得注意的是，相对于(4.38)、(4.42)式中没有截距项，且少了一项市场风险因素，即少了代表市场波动率的DVIX。省略常数项可以迫使使用因子收益率的均值来拟合基金收益率的均值。Lo（2007）认为，复制的目的在于估计一个可最好地拟合基金收益市场风险的组合，该组合为各市场风险的加权平均。因此，删除截距项且加上(4.43)式的约束之后，β 系数可代表不同市场风险的权重。此外，值得注意的是 β 系数可为负值，也即可以对各个市场风险进行卖空。(4.41)式中只之所以没有代表市场波动率风险的DVIX，是因为无法用流动性很好且可交易的金融工具来代表该风险（虽然可以计算其值）。实际上，除DVIX之外的其他五种指数，都有以之为标的资产且流动性很强衍生工具在交易所交易。

第四章 对冲基金经济学（一）：收益、风险和相关问题

然后，我们把估计得到的回归系数 $\{\beta_{ik}^*\}$ 作为投资组合中五个因子的权重，因此投资组合的收益率就等价于由定义（4.42）式和（4.43）式的估计值为：

$$R_{it}^* \equiv \beta_{i1}^* RiskFactor_{1t} + \cdots + \beta_{i5}^* RiskFactor_{5t}$$

根据线性回归的性质，直接用拟合值 R_{it}^* 的均值和对冲基金实际收益的均值相比较意义不大。为此，Lo（2007）对 R_{it}^* 做了一定的标准化，使之转换为 $\hat{R}_{it}$。转换过程如下：

$$\hat{R}_{it} = \gamma_i R_{it}^* \quad \gamma_i = \sqrt{\frac{\sum_{t=1}^{T}(R_{it} - \bar{R}_{it})^2/(T-1)}{\sum_{t=1}^{T}(R_{it}^* - \bar{R}_{it}^*)^2/(T-1)}} \quad (4.44)$$

其中 $\bar{R}_{it}^*$ 和 $\bar{R}_{it}$ 分别为 R_{it} 和 R_{it}^* 的样本均值。显然，经过这种变换后，$\hat{R}_{it}$ 与 R_{it} 的样本方差相等。γ_i 代表为了得到与基金波动率水平相当而对复制组合的杠杆率所做的调整。这时，比较 R_{it} 的样本均值 $\bar{R}_{it}$ 与拟合值 R_{it}^* 的均值 $\bar{R}_{it}^*$ 之间大小就有很强的经济学意义。如果复制组合的风险与被复制的对冲基金的风险一致，但其收益较低，说明复制组合的表现差于对冲基金。

其次，对于滚动窗口回归的方法，Lo（2007）认为其优点在于（1）克服了固定组合方法存在的前瞻性偏差（look-ahead bias）[①]；（2）可以很好地处理时间序列中的不平稳性问题，如时变的均值和方差等。滚动窗口回归的模型如下：

$$R_{it-k} = \beta_{it1} RiskFactor_{1t-k} + \cdots + \beta_{it5} RiskFactor_{5t-k}$$
$$k = 1,2,\cdots s, t = s+1, s+2, \cdots T \quad (4.45)$$

约束条件 $\beta_{it1} + \cdots + \beta_{it5} = 1$

其中，s 为滚动窗口的窗口大小；Lo（2007）取 s 为 24 个月。对（4.45）式做回归，共可获得 $T-s$ 组 β 的估计值。类似于固定权重法，对上述回归的拟合值做一定的标准化，以使每个窗口的拟合值和相应实际值的样本方差相等，进而比较标准化后拟合值的均值与现实值均值的相关性质。事实上，滚动窗口回归法也有一些缺点，如这里的 s 为 24 个月，使得

[①] 即用样本数据用来估计参数，并此参数带入模型，并预测样本外的数据时所产生的偏差为预测偏差。

进入窗口的样本太小，回归精度较差。当然，具体选择哪一种复制方法依赖于相应时间序列的特征以及复制的目的。Lo（2007）认为其目的在于比较复制组合的收益和实际对冲基金的收益之间性质，因此为了尽可能少地出现偏误，他同时采用了两种方法进行复制，结果列示于表 4.21 中。

表 4.21 中的第一个显著特点是不管对于固定权重组合方法还是滚动窗口方法，除管理期货型基金和全球宏观型基金外，复制组合的平均收益和平均夏普比率都要低于对冲基金拟的实际收益水平。这是可以理解的，由五个市场指数收益组成的复制组合的流动性非常好，且是线性组合，因此其无法体现对冲基金所承担的很多流动性不足和域变（regime shifting）等很多非线性的风险；进而，这些复制组合也不能得到非线性风险所带来的相应收益。这个解释可以从表 4.21 中的最右的四列数据中得到印证。显而易见，除管理期货型和股票市场中性型之外的其他基金而言，复制组合的一阶序列相关系数都要更小，Q 统计量的 p 值也呈现出类似的特征。如第一节第 2 小节的分析表明，序列相关系数作为流动性强弱的衡量标准；因此，对于大多数的基金而言，复制组合的流动性更好，其也就无法得到流动性不足所带来的收益。对于管理期货型基金和全球宏观型基金而言，虽然复制组合的平均收益优于对冲基金的实际收益，但表中数据显示复制组合的标准差较大，因而统计性质不好。但即使复制组合的是收益水平较低，进行复制也有意义。因为表中给出了各类对冲基金的平均收益水平，具体到每个投资基金而言，收益水平的差异也可能较大，投资者如果直接投资对冲基金，可能选择不到优秀的投资经理；此外，如本章开始时所述，投资者还可能会承担如下一些成本或风险；如较高的基金管理费（management fee）和激励费（incentive fee）以及投资策略不透明等。而如果投资复制组合，则其在获得一部分对冲基金收益的同时，却只承担了相对非常低的交易成本，同时具有较透明的投资策略和非常好的流动性。但即使如此，对冲基金的收益率中仍有相当大的部分无法被复制。

当然，虽然在理论上采用上述两种复制方法有其优点，但在具体实践时还有很多问题仍未解决。如模型中计算复制组合权重的方法为简单的线性回归方法，但实际数据中很可能会出现导致估计量不一致的情形；此外，实际上，(4.44) 式中重新正规化因子 γ_i 代表了在复制时所采用的杠杆率，而这个杠杆率的讨论还不够充分；以及滚动窗口模型中 (4.45) 式的 s 的选取仍需做进一步的探讨等。Lo（2007）认为这些问题可以作为将来研究的方向。

表4.21 Lipper TASS 活数据库中对冲基金的固定权重线性克隆、滚动窗口线性克隆与它们对应的基金的业绩的比较（1986年2月~2007年8月）

类型	样本容量	年度收益率均值(%)		年度标准差(%)		固定权重线性克隆						
						年度夏普比率		ρ_1 (%)		Q_{12} 统计量的 p 值 (%)		
		均值	标准差	均值	标准差	均值	标准差	均值	标准差	均值	标准差	
基金												
可转换套利型	66	9.42	4.80	5.93	4.69	2.46	3.22	43.3	14.5	5.2	11.8	
偏向卖空型	14	-1.23	7.64	22.67	9.24	-0.15	0.48	3.1	9.7	42.6	32.6	
新兴市场型	118	19.80	12.15	17.81	13.32	1.54	1.03	17.0	11.9	30.7	29.2	
股票市场中性型	103	9.14	4.94	7.15	5.51	1.72	1.20	4.0	21.7	37.7	32.4	
事件驱动型	217	13.58	5.75	7.27	5.09	2.63	4.12	23.7	15.2	24.8	30.1	
固定收益套利型	90	9.38	4.16	5.58	3.52	2.78	4.33	18.6	21.7	38.4	33.3	
全球宏观型	81	11.72	7.43	12.54	6.90	1.01	0.56	5.0	12.7	42.3	28.8	
做多/做空股票对冲型	602	15.28	7.63	14.56	8.13	1.22	0.61	11.4	14.2	34.7	30.6	
管理期货型	127	11.90	7.90	18.59	9.86	0.77	0.67	3.5	10.9	39.7	32.8	
多重策略型	88	12.85	8.26	9.17	9.41	1.99	1.11	20.5	18.2	23.8	28.2	
基金的基金型	591	9.52	4.29	6.35	4.08	1.85	0.99	21.3	13.8	29.7	27.3	
全部基金	2097	12.44	7.46	10.65	8.48	1.68	1.95	16.3	16.9	31.6	30.1	
全部基金（除基金的基金以外）	1506	13.59	8.10	12.33	9.13	1.61	2.21	14.4	17.6	32.4	31.1	

续表

类型	样本容量	年度收益率均值 (%)		年度标准差 (%)		固定权重线性克隆						
						年度夏普比率		p_1 (%)		Q_{12} 统计量的 p 值		
		均值	标准差	均值	标准差	均值	标准差	均值	标准差	均值	标准差	
线性克隆												
可转换套利型	66	6.00	2.38	5.93	4.69	1.28	0.50	12.9	9.0	50.2	22.4	
偏向卖空型	14	-7.34	10.15	22.67	9.24	-0.46	0.62	0.0	5.6	62.4	29.4	
新兴市场型	118	14.63	9.64	17.81	13.32	1.08	0.56	1.3	7.9	58.7	27.8	
股票市场中性型	103	8.89	6.80	7.15	5.51	1.36	0.63	2.8	8.9	48.8	25.9	
事件驱动型	217	9.40	5.91	7.27	5.09	1.43	0.44	5.2	9.2	54.6	25.2	
固定收益套利型	90	7.10	4.47	5.58	3.52	1.41	0.53	8.9	8.0	58.0	27.0	
全球宏观型	81	15.42	9.48	12.54	6.90	1.28	0.62	3.3	9.1	47.1	25.0	
做多/做空股票对冲型	602	14.69	9.50	14.56	8.13	1.14	0.51	-0.1	8.8	56.5	26.9	
管理期货型	127	23.60	12.87	18.59	9.86	1.33	0.46	3.8	8.4	45.8	27.1	
多重策略型	88	11.01	10.76	9.17	9.41	1.43	0.53	2.1	8.0	58.8	23.0	
基金的基金	591	9.18	5.90	6.35	4.08	1.54	0.39	1.7	9.0	55.4	26.6	
全部基金	2097	11.97	9.26	10.65	8.48	1.32	0.53	2.4	9.2	54.7	26.5	
全部基金（除基金的基金外）	1506	13.06	10.08	12.33	9.13	1.24	0.56	2.7	9.3	54.5	26.5	

3. 小结

如本节第 1 小节和第 2 小节的论述，对冲基金对多种市场风险的敏感度很低，且基本无法显著地异于零；此外，对冲基金基本都获得了正的超额收益，这可以从显著为正的 α 值上得到验证；最后，当复制组合的方差等于与对冲基金的方差时，单纯用代表市场指数作为复制工具的组合无法能够复制一部分对冲基金的收益，但仍有相当大的部分无法被市场指数所解释。

这里不禁要问，第二节和本节介绍模型无法完全解释对冲基金的收益，是否意味着其真的可以获得超额收益？至今为止，学术界对这个问题还存在争论。下面分别介绍争论双方的观点。对冲基金无法获得超额收益的观点认为上述模型存在设定偏误，也即模型中没有完全体现对冲基金所承担的风险，因而仅仅用模型中所给出的市场指数来对对冲基金进行复制结果必然不会令人满意。他们认为对冲基金还可能承担的风险可能为很多非线性的风险，因而仅仅用线性模型无法很好地进行刻画对冲基金的风险特征，这类文献如 Bertsimas Kogan 和 Lo（2001）以及 Kat 和 Palaro（2005，2006a）；此外，还有一部分学者认为对冲基金承担了一些无法量化的风险，如操作风险（operational risk）和锁定风险（Lock-up risk）；前者指对冲基金经理的目标可能为最大自己的激励费，而非投资者的净收益率，从而导致对冲基金面临巨额亏损的情况；后者则指投资者投资对冲基金时被要求在一个固定的时间内不能赎回其投资，当投资者需要流动时，则会面临损失。但由于研究者永远无法知道对冲基金真正的风险结构，所以也就无法验证对冲基金是否可以获得超额收益。

认为对冲基金可以获得超额收益的观点为，此超额收益的源泉为对冲基金经理高超的投资技巧和市场盈利机会增加的结合。本质上，持这种观点的文献否认了有效市场假说，如 Lo（2007）。他提出了适应性市场假说（Adaptive Market Hypothesis）。简而言之，这种假说认为市场环境的是动态的，也即套利者和套利机会之间力量的对比也会周期性的发生变化，这会导致对冲基金（套利者）可以利用自己的投资技巧获得超额的收益。关于非有效市场和基于非有效市场对对冲基金业绩进行度量的方法将在本章第五节进行介绍。

第四节 AMH 和 A/P 分解法

如本章导言和前三节所述,如果用夏普比率作为度量方法,对冲基金作为一种投资工具从整体上可获得较市场指数和一些传统投资工具更高的超额收益。实际上,对冲基金经理的投资策略被广泛认为是一种主动投资策略,该策略反映了基金经理对未来的判断以及其构造投资组合进行套利的高超技巧。对冲基金可获得超额收益也在很大程度上被投资者所认同。我们知道,如果市场是有效的,任何资产在经过风险调整之后应都无法获得超额收益。因此,如果我们认为第三节进行复制时所用的众多市场指数在总体上可代表市场风险,那么该节的结论已经证伪了有效市场假说,也即对冲基金只有在非有效市场里获得超额的收益。当然,有效市场假说并不等同于线性定价模型,这里也无意于争论市场是否真正信息有效,因为这已经超出了本章所要讨论的范围。本节的目的仅仅在于介绍一个挑战有效市场假说的现在较为前沿的理论:适应性假说(Adaptive Market Hypothesis),并基于此假说来从直觉上解释对冲基金获得超额收益的原因。此外,如果承认 AMH,那么由于各对冲基金经理都会采用主动投资策略以进行套利,且由于其投资技巧优劣有差别,则其业绩也会有所不同;因此本节也将介绍由 Lo(2007)所提出的一种有别于传统基金业绩的方法:主动/被动分解法(Active/Passive Decomposition)。

本章将分两部分。第 1 小节将简要介绍 Lo(2004)所提出的 AMH 假说及其含义;该假说虽尚处研究的初级阶段,但其在某些方面已经可较好地解释对冲基金的一些特征。第 2 节则在承认 AMH 的基础上,详细介绍 Lo(2007)所提出的度量对冲基金进行主动管理进行套利业绩的方法:A/P 分解法。

1. 有效市场假说 VS 适应性市场假说

如前几章所分析，如果以夏普比率和线性定价模型的截距两个指标来衡量，对冲基金显然可以获得与其所承担风险不对称的超额收益。而且，事实上，多数对冲基金也正是采取积极投资策略的主要市场参与者。如何解释这种超额收益呢？本小节将首先从有效市场假说（EMH）的角度来解释这种超额收益，进而讨论关于 EMH 的各种争论。其次，将简要介绍 Lo 提出的关于适应性市场价假说（AMH）所给出的解释，并进一步地讨论该假说对对冲基金投资者的一些启示。

[1] 有效市场假说

现代经济学和金融学里最具影响力的思想当属有效市场假说，该假说的含义是资产的当期市场价格理性地反映了当期所有的信息。该假说所反映的思想可追溯到 Samuelson（1965），其最早来自法国数学家 Bachelier 在 1900 年所撰写的博士论文《投机理论》（Theory of Speculation）中。Fama（1965）对市场参与者所拥有的各种信息集赋予正式的结构，从而第一次在文献中正式给出了这个假说。有效市场假说认为，如果市场无摩擦且交易无成本，则价格会完全反映所有可得的信息和投资者对未来的预期，也即任何基于信息的交易策略都无法获得超额收益。换言之，基于当前时刻可得的某个信息集，对未来价格的最好预测就是当前价格；所有的金融价格都能准确、实时地反映信息集中的所有内容。

按照 EMH 的逻辑，对冲基金也无法获得任何超额收益。对于前几节所述之超额收益，EMH 的支持者的观点为，夏普比率和线性模型中的风险因子并不能完全涵盖对冲基金所承担的风险。但由于研究者永远无法知道所有的风险来源，因此，从 EMH 的角度来说，对冲基金是否可获得超额收益是一个无法被证伪的命题。

在阐述关于这些争论的文献之前，有必要首先介绍 Stigliz 和 Grossman（1980）著名的批判。EMH 的支持者认为，市场上的任何基于信息的套利机会都会立刻被理性的参与者利用，并导致资产价格发生变化，最终导致资产价格完全反映信息。也即市场上将不存在套利机会。Stigliz 和 Grossman（1980）则认为，如果没有获利机会，市场收集信息的动力随之消失，金融市场的价格发现功能就会瘫痪。没有金融市场，何来市场有效？因此，市场中必然存在套利机会。

关于 EMH 的实证检验较早的文献为 Fama 和 Blume（1966），他们对技术分析是否能超越市场做了实证分析，结果无法拒绝有效市场假说。但随后 Brock，Lakonishok 和 LeBaron（1992）以及 Sullivan，Timmermann 和 White（1999）则的研究则得出了相反的结论。特别地，为了避免联合检验的问题，Lo（2004）通过计算机模拟运算了自 1871 年到 2003 年 4 月标准普尔综合指数月收益的滚动一阶自回归系数的状况。如果按照有效市场理论的算法（随机行走假说的收益在时间序列上是不相关的，因而相关系数应为 0），该相关系数应当在市场交易的早期年份里数值比较大，近年来随着美国市场效率的提高，该数值应当显著下降。然而，根据滚动一阶自回归检验的结果，美国的市场效率呈现周期性变化的现象，比如根据数据检验 20 世纪 50 年代市场效率要高于 90 年代。这种结果显然与有效市场假说的假设显然不同。此外，针对有效市场假说的核心推论"随机游走模型"，很多学者的研究也给予否认，如 Schwartz 和 Whitcomb（1977）以及 Lo 和 Mackinlay（1988）等。据此，可以说有效市场假说是值得怀疑的。进而，有效市场假说也许无法为对冲基金的超额收益提供一个良好的分析框架。

【2】适应性市场假说

对于上述关于有效市场的质疑，很多学者从行为金融学的角度进行解释。但是行为金融学对于有效市场的攻击有三个重要不足之处，一是在解释市场时通常是选择行为的偏差自由度较大；如 Barberis 和 Thaler（2002）认为某种异象可以用不同的行为偏差解释，而不同的行为偏差似乎从直觉上是毫无关联的。二是从个体的行为偏差加总到总体偏差的机制无法解释清楚。最重要的是，科学的进步一直被认为是用一个理论来取代另一个理论，而行为金融模型被认为是描述特定市场异象的工具，而非一个具有统一框架的理论。

针对有效市场假说和行为金融模型的种种不足，Lo（2004）在 Bernstain（1998）、Farmer 和 Lo（1999）以及 Farmer（2002）的基础上将演进原则（evolutionary principle）引入到金融市场中，进而提出了适应性市场假说（Adaptive Market Hypothesis，AMH）。不同于有效市场理论，AMH 同时借鉴了生物进化论和西蒙斯所提出的有限理性论，将近几十年来在西方金融投资市场占主导地位的有效市场假说以及近十几年来兴起的实验金融学和行为金融学结合起来，产生了一种新的综合。具体而言，该假说认为，金融市场环境可以看作一个生态圈，每个投资者包括机构投资者、个体投资者都依靠这个生态圈生存。而且，市场中具有相似性特质和行为的参与者的群体可被视为生物系统中的一个物种，这些特质包括禀赋和风险偏好等。例如，所有的对冲基金可以被视为一个物种，个体投资者和共同基金则可被视为另外两个不同的物种。不同的物种在同一个市场中为了某种稀缺的资源进行竞争。市场中的套利机会即可被视为生物系统中的资源，金融市场也类似生物系统似的充满了竞争和捕猎。不同的投资者所具有的投资技术好像他们生存技巧。此外，投资者是有限理性的，其无法完全预期到市场将来所可能发生的变化，他们的行为往往由情绪所主导；因此，当市场环境发生变化时，并非所有的投资者都可立刻调整投资策略以适应这种变化，相反，他们更可能会用试错法去形成适应性的预期和做出相应的改变。正因如此，某种类型的投资者所代表的物种有可能因为市场环境发生变化而遭受投资损失，甚至会消亡：退出市场。

某类投资者退出市场即意味着新的市场结构的形成，市场中风险和溢价的关系也会发生相应的变化。随着市场中物种数量越多，物种的生存技巧即投资能力越高，则市场竞争越激烈，各种物种搜集信息的动机也越强烈，市场也就越有效。当如上所述，由于投资者的有限理性和市场环境周期性地发生变化，市场中不同物种的数量和物种投资能力也会发生此消彼长，进而也会导致市场的有效性发生强弱的周期性变化。这使得 AMH 截然不同于 EMH，后者认为市场有效性一定是逐渐增强的。

投资者在金融市场中的行为主要是一个自我启发、自发适应过程，其中包括投资者行为乖戾、贪婪与恐惧等诸多行为，都可以从动态生物学的角度予以解释。

AMH 虽然仍处于发展的初级阶段，但却被认为在理论上具有重大的创新意义。特别地，本章前几节所述之所谓的对冲基金超额收益可以在 AMH 框架下得到解释。

首先，在时间序列上看，适应性市场假说认为风险和收益之间关系可能并不稳定。AMH 的理论认为，市场生态系统中形态各异的参与者的规模和偏好以及管制环境等都会随时间发生变化，相应的，风险和收益也可能被影响。如果按照理性预期据恒模型，当风险和偏好发生变化时，资产的风险溢价也要发生变化。而 AMH 认为总的风险偏好并非固定，它会随着市场生态系统中各种群力量的对比变化而变化。而生态系统的选择决定了市场中各参与者之间力量的变化：某种投资者的投资策略可能无法适应市场的变化，因而会遭受重大的损失并被迫离开市场；而剩下的投资者风险偏好和投资策略会截然不同，这显然会影响风险溢价。对于对冲基金而言，即使从传统意义上看，其作为一种资产所承担的风险不高，但仍可能获得较高的风险溢价。

其次，不同于 EMH，AMH 认为总是存在套利机会。如上文所述，Stiglitz 和 Grossman（1980）已经从逻辑上表明，如果没有套利机会，市场参与者就没有动机去搜集信息，那么金融市场也就无法存在。诚然，套利机会会因为市场参与者之间的逐利性和竞争而消失，但在市场这个生态系统中，即使就的获利机会消失，随着市场的组织结构、监管方式以及外部经济环境等因素的变化，新的获利品种和机会又会出现。实际上，Neely，Weller 和 Ulrich（2006）通过严格的计量方法对外汇市场做了检验，检验结果发现该市场中持续性地存在盈利机会。更近一步地，AMH 还认为市场效率并非如 EMH 所说的在不断地向有效而演变；相反，随着市场生态系统中结构的变化，市场效率的高低是动态周期性变化的，它时常充满了各种情绪以及由此引发的投资狂热、泡沫和狂跌等现象。当市场周期性地处于效率较低的时候，套利机会也会相应地存在。进而，可以认为某种策略在一定时期可以进行套利并获得超额收益。当然，由于市场的环境会出现周期性的变化且市场上同类物种的增加所带来的竞争和学习，如果只使用一种投资策略，则也不可持续性地获得超额收益（如全球宏观类型基金），而这种推论也被 Neely，Weller 和 Ulrich（2006）所验证。对于对冲基金而言，由于套利机会会长期存在，基金经理可以通过其对市场行为的判断以及利用各种复杂的数量化交易方法获得此套利机会，从而收获差额收益。

最后，由于外部的市场环境会周期性的发生变化，且各市场参与物种的学习、繁衍和竞争，市场中的套利机会以及风险和收益之间的关系也会发生周期性的变化，因此，一定的物种如果要长期生存，则必须使自己的投资策略随市场环境而发生变化，换而言之，要时刻创新自己的投资策略。于对冲基金而言，基金经理的投资能力、分析方法和投资技巧体现于其投资策略随市场情况变化而做出相应的调整,也正是这种调整使得基金可以获得 α 收益。

当然,Lo(2004)也承认,作为一种新的范式,AMH 正处于发展之中。他认为 AMH 距离成为萨缪尔森所谓的"操作性意义定理"① 还有很长的路要走。但即使在发展的初级阶段,AMH 也可对有效市场和对冲基金相矛盾的地方进行较为合理的解释。实际上,有效市场假说可被视为市场的生态不发生变化时稳态性的极限状态,而适应性市场假说则意味着市场中的某些物种可能会随着市场生态的变化对自身行为做出相应的调整。当然,关于 AMH 含义的更加严格和细致的考察,要求用严谨的归纳和演绎方法对 AMH 进行推演,例如对动态演化过程机理理论上的分析、对金融市场中演化发生的动力进行实证分析以及对个体和群体决策行为的实验性分析等。有兴趣的读者可参考 Lo(2004)。

2. 度量对冲基金业绩的新方法:主动/被动分解法(Active/Passive Decompositon)

如第 1 小节所述,如果市场是适应性而非总是有效的,则对冲基金可采用一种主动的投资方式(active investment),也即基金经理通过对整个市场和各单个资产的收益的判断,综合运用卖空、买空和期权期货等各种方式进行投资,以获取最大的收益。这种主动投资的最突出的特点之一是基金经理对资产收益走势的判断以及基于其判断做出投资组合权重的调整。而基于传统的投资组合理论所做的投资多为被动投资(passive investment),即组合的目的为最大化地分散资产的个体风险,从而获取市场风险所应补偿的收益。那么,一个显然的问题是,基于传统投资组合理论所发展出来的衡量投资绩效的指标,如组合的 α 值、对市场风险的 β 值、波动率和信息比率等,是否也适用对冲基金呢?实际上,这些指标也确实可以从某种角度上度量对冲基金的绩效,但它们都无法反映对冲基金进行主

---

① 指在理想条件下可被证伪的经济事实性假设,也即定理是否具有操作意义决定于它在一定条件下是否具有可证伪性。

动投资的特点，因为主动投资意味着对冲基金经理根据对未来资产收益的判断调整投资组合，也即当预期某种资产的未来收益上升时，其会调高该项资产在组合中的比重，否则调低比重。基于此，如果一个对冲基金经理很优秀，则他应该可以较好地预期未来的收益；那么衡量对冲基金业绩的一个方法也应反映对冲基金经理的这种预测能力。

本质上，基于当期对未来的预测而进行投资的方式为动态投资方式，因为这种投资方式涉及跨时点的资产选择。显然，组合的 α 值、β 值、波动率和信息比率等指标所计算的都为同一时点上组合中资产收益的不同矩值，不能反映动态投资方式的特征。因此，本小节将介绍另外一种可度量采用主动投资方式进行投资的绩效的方式：A/P 分解（active/passive decomposition）。这种方法显示地考虑了投资组合所体现出的对未来的预测能力。如果基金经理的预测能力优秀，则被调高组合权重的资产的未来收益也应上升，也即组合中的资产当期被赋予的权重与下期收益应呈正相关。这种正的相关性应被视为基金经理的主动投资策略所给组合增加的价值，这里称该价值为组合收益的主动成分（active component）；而度量组合收益的主动成分也正是 A/P 分解的目的。

当然，简单地长期持有股票市场指数的投资组合并且维持该组合的权重不变，也会获得正的平均收益。即使如此，按照上文对主动成分的定义，主动成分对该组合的收益贡献为零。因此，这里认为此类投资方式为被动投资方式。进一步地，这里给出被动投资组合（active portfolio）的定义：如果组合中各资产的权重和资产收益不相关，则称该组合为被动投资组合。对于被动投资组合而言，当期的组合权重没有包含未来收益的任何信息，其唯一的收益来源为只能为风险溢价。显然，传统的度量指标 α 值、β 系数、波动率和信息比率等即可很好地度量被动投资组合的绩效，因此，本章将主要关注非被动投资组合的绩效度量问题。

值得指出的是，由于 A/P 分解法的定义可从组合的平均收益恒等式中计算得到，因此可以较容易地对其进行计算，并进一步区分组合收益中主动部分和被动部分所占比例，进而实现对基金绩效的评估。逻辑上，应该将 A/P 分解法应用于衡量对冲基金实际的业绩，但由于无法得到各对冲基金详细的资产构成，因此本小节将介绍由 Lo（2007）构造的三个例子，以更形象地说明该分解方法。

1 投资绩效评估方法的回顾

理论上，最早的绩效度量方法可追溯至 CAPM 模型：

$$R_{pt} = R_f + \beta_p(R_{mt} - R_f) + \xi_{pt} \quad (4.46)$$

Treynor（1965）和 Sharpe（1966）等认为，如果一个共同基金的平均收益超过由（4.46）式所决定的数值，则该基金的绩效较好。很多学者还根据上式衍生出其他的一些度量标准，如：

$$夏普比率 = \frac{E(R_{pt}) - r_f}{\sigma_p} \quad (4.47)$$

$$特雷诺比率 = \frac{E(R_{pt}) - r_f}{\beta_p} \quad (4.48)$$

$$信息比率 = \frac{\sigma_p}{\sigma_\xi} \quad (4.49)$$

显然，这些度量指标在本质上都是静态的；因为从数学上讲，他们都是对同一时刻收益的某种积分。而 Sharpe（1992）所做的基于回归的分解和 Mazuy（1966）所做的对（4.46）式的拓展的回归也仅仅将上述（4.47）~（4.49）式拓展为更为复杂的条件矩，但其积分所基于的信息集与当期的收益处于同一时刻，因此他们的度量方法仍未改变静态度量的本质。

近年来，Moore（2005）和 Treynor（2005）对市场资本化权重的基本面指数化进行了研究，其在对该指该数化的潜在改进进行解释的过程中引入了权重和当期收益的协方差。显然，该协方差包含了上一期信息（组合权重）和当期信息（当期收益）的相关性，业绩包含了过去对现在的预测，因此其在本质上是动态的。即使如此，该度量方法的应用范围较窄。此外，Merton（1983）和 Henriksson（1984）年在研究最优的市场时机（market timing）时也引入了动态的度量的方法；但和 Moore（2005）和 Treynor（2005）一样，其应用范围都较窄。基于此，下文将介绍 Lo（2007）所提出的一种更为直接的度量对冲基金业绩的动态性方法：A/P 度量法。

2 对冲基金绩效的度量：A/P 分解法

如前所述，对冲基金经理根据对未来的预测来调整组合中个资产的权重，因此，基于上期对当期的预测所构造的组合权重与当期组合收益之间的正相关性的程度反映了基金经理的投资绩效。本小节将详细介绍如何对此投资绩效进行有效地度量。

首先，定义如下投资组合在 $t-1$ 期和 t 期间所获得的收益：

$$R_{pt} = \sum_{t=1}^{n} \omega_{it} R_{it} \tag{4.50}$$

其中，ω_{it} 和 R_{it} 为组合中资产 i 所占的权重和其收益。为了使分析更为严谨，Lo（2007）给出以下两个假设：

假设 1 资产 i 的收益 R_{it} 为一个满足平稳性（stationarity）和遍历性（ergodicity）的随机过程，且其一到四阶矩都为有限。

假设 2 资产 i 在时刻 t 时的权重 ω_{it} 为一个满足平稳性（stationarity）和遍历性（ergodicity）的随机过程，且其为 $t-1$ 期的状态变量 X_{t-1} 的函数。

第一个假设为关于投资的文献中的标准假设，其含义也较为明显：它保证了收益的均值、方差和协方差都为有限值，其保证它们的估计值都有较好的极限分布，因而可以对其进行相应的统计检验。

第二个假设具有两个重要的特征。第一个特征为组合权重为随机变量而非固定。传统的投资组合理论一般都假设组合权重为选择变量，即在一直资产既定的随机分布的前提下，选择最优的组合权重以最大化期望效用。在这种传统的假设下，组合的期望收益即为各资产期望收益的加权平均；其权重即为最优化所选择的权重。显然，对于对冲基金经理而言，组合权重的性质与传统投资理论并无差异。但对于对冲基金的投资者而言，组合权重则并非选择变量。实际上，基金经理因为外界因素发生了随机性的变化才会做出组合权重的调整，而且该调整机制本身也可能具有随机性。因此，除非投资者完全掌握和基金经理一样的外界因素的变化和其根据变化做出调整权重的机制，否则组合权重也为随机。基于此，对于投资者而言，对冲基金的期望回报同时依赖于组合中各资产的收益和组合权重的联合分布。

假设 2 的第二个特征为 $\{\omega_{it}\}$ 只依赖于上一期的状态变量 X_{t-1}。该特征意味着基金经理只能根据上一期的信息来调整当期的组合权重；这种信息结构排除了一种无风险套利的可能。显然，如果对冲基金经理可根据当期的状态变量来调整当期组合的权重，则其定会无限量做多收益为正的证券且无限量做空收益为负的证券。

基于上述假设，Lo（2007）给出如下 A/P 分解的定义：

$$E(R_{pt}) = \sum_{i=1}^{N} E(\omega_{it} R_{it}) = \sum_{i=1}^{N} Cov(\omega_{it}, R_{it}) + \sum_{i=1}^{N} E(\omega_{it}) E(R_{it})$$
$$\equiv \delta_p + \nu_p \tag{4.51}$$

其中,$\delta_p \equiv \sum_{i=1}^{N} Cov(\omega_{it}, R_{it})$,$\nu_p \equiv \sum_{i=1}^{N} E(\omega_{it}) E(R_{it})$。此处,称 δ_p 为主动成分(active component),ν_p 为被动成分(passive component)。显然,在假设 1 和 2 满足时,(4.51)式为协方差定义的一个恒等变换。它将投资组合的期望收益分解为主动成分和被动成分两部分,主动成分为资产的权重与资产收益的协方差,被动成分为各资产收益期望的加权平均,权重为各资产在组合中所占权重的期望。

经过变换,(4.51)式具有丰富的经济学含义。首先,将 δ_p 称为主动成分即意味着其可反映对冲基金经理对于未来的预测能力或选择买卖时机的能力。基金经理有意地买卖投资组合中资产对组合期望收益的影响反映在组合权重和资产收益的协方差中。如果就平均而言,基金经理能够持有未来收益为正的资产或总是能够卖出收益为负的资产,则组合权重和资产收益的协方差就为正,基金经理的主动管理也就增加了组合的期望收益。当然,在实践中,组合中每种资产的权重与其收益的协方差都为正的可能性很小,但保持 δ_p 在总体上为正值则是可以实现的。

对于 ν_p 而言,称其为被动成分即意味着其与基金经理有意识地调整组合权重的行为无关。事实上,如果基金经理不变地持有多头的期望收益为正的资产或卖空期望收益为负的资产,其也会获得正的期望收益。一个典型的例子为长期持有标准普尔 500 指数的组合将会获得该组合的为正的期望风险溢价。此外,从数学上看,ν_p 仅为两个随机变量的一阶矩的乘积,没有包含任何的两个随机变量的二阶矩的信息,因此其不能反映 ω_{it} 对 R_{it} 预测性。

为了更清晰地区分风险溢价和对组合权重的主动调整对组合期望收益的影响,有必要对(4.51)式做出如下变换:

$$E(R_{pt}) = \sum_{i=1}^{N} \sigma(\omega_{it}) \sigma(R_{it}) Corr(\omega_{it}, R_{it}) + \sum_{i=1}^{N} E(\omega_{it}) E(R_{it}) \tag{4.52}$$

直觉上,如果组合权重 ω_{it} 为常数,则意味着基金经理没有主动地选择时机来调整组合的权重,该组合应该为被动组合。对应于(4.52)式,$\sigma(\omega_{it})$ 也应为零,也即主动成分对组合期望收益的贡献为 0;这也意味着组合的期望收益全部来自于各单个资产风险溢价的加权平均。此外,从(4.52)

式等号右面第一项可看出，如果基金经理对资产未来收益的预测失误，则其可能会使得 $Corr(\omega_{it}, R_{it})$ 为负，最终会该组合的期望收益带来负面影响，而此时较大的单个资产的波动或组合权重的波动会加剧这种负面影响。

上面介绍了投资组合的期望收益中由主动管理所创造价值的绝对量的度量指标 δ_p，下面介绍一种相对的度量指标——主动比率（active ratio），定义为：

$$\hat{\theta}_p = \frac{\delta_p}{\delta_p + \nu_p} \tag{4.53}$$

相较于静态的度量指标夏普比率和信息比率，主动比率具有动态性的特征，其大小也不随度量收益的时间区间变化而变化；此外，它并没有对定价模型有任何的要求。上文已对 δ_p 的动态性特做过较多解释，这里不再赘述。主动比率的第二个特征也显而易见，因为 θ_p 的分子和分母都为单位时间收益的同次幂函数，所以扩大或者缩小时间区间不会改变 θ_p 的大小。

3　A/P 分解法的简单拓展

第 2 小节介绍了度量对冲基金业绩的 A/P 分解法，其核心思想为用各资产在组合中的权重与各自收益的协方差代表主动管理创造的价值。基于同样的思想，本小节将介绍由 Lo（2004）给出的被动投资组合一个新的定义。

传统上，被动投资一般指投资者购买股市指数成分股的全部股票，且使投资于某种股票的金额与该种股票的市值占股票市场总市值的比率成正比的投资方式。对于这种投资方式，其组合权重与收益不相关。Lo（2004）给出了更加一般化的定义：如果一个投资组合中各资产所占权重与相应的收益不相关，则称该组合为被动投资组合。

下面说明，在单个资产的收益服从随机游走的假设时，则传统定义中的被动投资组合也符合 Lo（2004）给出的定义。例如，假设 P_{it} 和 S_{it} 代表资产 i 在时刻 t 的价格和市场中流通的数量，则根据传统的定义，下一期投资组合的权重 ω_{it} 为：

$$\omega_{it} = \frac{P_{it-1}S_{it-1}}{\sum_{n=1}^{N} P_{nt-1}S_{nt-1}} = \frac{P_{it-2}(1+R_{it-1})S_{it-1}}{\sum_{n=1}^{N} P_{nt-2}(R_{nt-1}+1)S_{nt-1}} \tag{4.54}$$

显然，上式定义的投资权重符合传统的被动投资组合定义。给定上期与当期收益无关,则 ω_{it} 与当期收益 R_{it} 也无关,即其也符合 Lo(2004)的定义。当然,如果资产收益在跨期之间存在相关性,则传统定义中的被动投资组合就不符合 Lo(2004)的定义。

事实上,Lo(2004)的定义还有一个优点,即不管构成投资组合各资产的收益是否有基准的定价模型,都可通过该定义来判断一个投资组合是否为被动组合。例如,假设一个投资组合对标准普尔 500 指数的 β 系数为 1;如果在该组合中加入固定权重的一揽子商品的组合,则新的组合对标准普尔 500 指数的 β 系数仍接近于1[①]。此时,虽然新组合的平均收益很可能因为承担了商品组合的风险而获得了高于标准普尔 500 指数的收益率,但根据 A/P 分解法,由于新加入的组合的权重为常数,其与资产收益的相关性为 0,因此这种收益的上升不能归因于对投资组合的主动管理,新的组合仍为被动组合。

【4】 A/P 分解法的应用

上文阐述了由 Lo(2007)提出的 A/P 分解法的理论推导、经济学含义和一个简单的拓展。本小节将主要介绍 A/P 分解法的实际应用。具体而言,本小节将介绍 A/P 分解法的估计方法、估计过程中所采用样本的区间选择以及一些应用的例子。

①A/P 分解法的估计方法。由(4.54)式和(4.53)式可知,将对冲基金所持组合的期望收益分解为主动成分 δ_p 和被动成分 ν_p 的过程等价于对协方差定义的恒等变换。因此,对主动成分、被动成分和主动比率的估计等同于计算组合中各资产和相应权重的样本一阶矩和二阶矩。实际上,假设 1 和假设 2 保证了上述样本一阶矩和二阶矩的估计值具有良好的统计性质。此外,通过对组合权重与相应收益协方差的样本估计值,进行简单的恒等变换可得到一个与(4.51)式相同结构的分解形式,具体如下:

$$\frac{1}{N}\sum_{i=1}^{N}\left(\frac{1}{T}\sum_{t=1}^{T}(\omega_{it}-\overline{\omega}_i)(R_{it}-\overline{R}_i)\right)$$
$$=\frac{1}{N}\sum_{i=1}^{N}\left(\frac{1}{T}\sum_{t=1}^{T}(\omega_{it}R_{it}-\overline{\omega}_i R_{it}-\omega_{it}\overline{R}_i+\overline{\omega}_i\overline{R}_i)\right)$$

---

① 历史数据表明,商品的收益和标准普尔 500 指数之间的相关性很弱,因而新组合对标准普尔 500 指数的系数仍接近于 1。

$$= \frac{1}{N}\sum_{i=1}^{N}(\frac{1}{T}\sum_{t=1}^{T}\omega_{it}R_{it} - \frac{\overline{\omega}_i}{T}\sum_{t=1}^{T}R_{it} - \frac{\overline{R}_i}{T}\sum_{t=1}^{T}\omega_{it} + \overline{\omega}_i\overline{R}_i) \quad (4.55)$$

$$= \frac{1}{N}\sum_{i=1}^{N}(\frac{1}{T}\sum_{t=1}^{T}\omega_{it}R_{it}) - \frac{1}{N}\sum_{i=1}^{N}\overline{\omega}_i\overline{R}_i$$

进而有，

$$\frac{1}{N}\sum_{i=1}^{N}(\frac{1}{T}\sum_{t=1}^{T}\omega_{it}R_{it}) = \frac{1}{N}\sum_{i=1}^{N}(\frac{1}{T}\sum_{t=1}^{T}(\omega_{it}-\overline{\omega}_i)(R_{it}-\overline{R}_i)) + \frac{1}{N}\sum_{i=1}^{N}(\overline{\omega}_i\overline{R}_i)$$
$$(4.56)$$

显然，（4.56）式严格对应了（4.51）式。（4.56）等号左边恰为 $\sum_{i=1}^{N}E(\omega_{it}R_{it})$ 的样本估计量，等号右边的两项则正好为 $\sum_{i=1}^{N}Cov(\omega_{it},R_{it})$ 和 $\sum_{i=1}^{N}E(\omega_{it})E(R_{it})$ 的样本估计量。上述简单的计算意味着 A/P 分解不仅为总体矩的恒等变换，也是样本矩的恒等变换。因此，可直接计算（4.56）式中的后两项得到主动成分和被动成分的样本估计值。

此外，（4.56）式中左边部分恒等于 $\frac{1}{T}\sum_{i=1}^{N}R_{pt}$，其为 $E(R_{pt})$ 的样本估计值；右边第二项则为 ν_p 的一致估计量。显而易见，这两项都为一阶矩的估计量。由上一段的分析可知，不管对于总体值还是样本估计值，A/P 分解法都可由恒等变换得到。因此，主动成分 δ_p 的估计量可用一种更为简单的方法计算，即只计算 $\frac{1}{T}\sum_{t=1}^{T}R_{pt}$ 与 $\frac{1}{N}\sum_{i=1}^{N}\overline{\omega}_i\overline{R}_{it}$ 这两个一阶矩的样本值，并利用 A/P 分解法的恒等性得到：

$$\hat{\delta}_p = \frac{1}{T}\sum_{i=1}^{N}R_{pt} - \sum_{i=1}^{N}\overline{\omega}_i\overline{R}_{it} \quad (4.57)$$

$$\hat{\theta}_p = \frac{\hat{\delta}_p}{\frac{1}{T}\sum_{t=1}^{T}R_{pt}} \quad (4.58)$$

这种算法的好处至少有二。首先，一阶矩的计算更为简单，且其统计性质更容易刻画；其次，对样本数据的要求更少，其只要求知道组合在每期的收益以及构成组合的每种资产收益和权重的均值。显然，相对于完全报告投资组合的构成和变化，基金经理更愿意报告组合中资产收益和权重的均值。当然，如果对冲基金投资组合中资产和其相应权重保持不变，则只报告权重均值也会泄露其投资的详细过程；但这种情况出现的概率极低，不是我们重点考察的对象。

第四章 对冲基金经济学（一）：收益、风险和相关问题

至此为止，已经可以得到对冲基金收益中主动部分的一致估计量，但是值得注意的是，估计的精度还无法衡量，也无法对该估计量进行相应的统计检验。幸运的是，Lo（2007）给出了如下结论：在假设 1 和 2 被满足的情况下，（4.57）和（4.58）式为 δ_p 和 θ_p 的一致估计量，且该估计量渐近服从正态分布[①]。运用这个结论，可以对（4.57）和（4.58）式为 δ_p 和 θ_p 的估计量做相应的统计检验。

②样本区间的选择。在具体做 A/P 分解的样本估计时，一个很重要的问题是样本区间的选择。一般而言，可得到的数据频率基本固定，而基金经理实际调整组合权重的频率则极有可能不固定。当实际调整组合权重的频率高于数据公布的频率时，则计算 A/P 分解的样本值就会出现困难，甚至有可能出现偏误。例如，如果基金经理每月调整一次组合权重，而样本数据为季度数据，则无法观测到每月组合权重的变化，因此也将很难计算季度数据的 A/P 分解。下文介绍这种情况下应用 A/P 分解法所可能出现的困难。考虑一种最简单的情况，即每期组合的权重都会调整，而数据则每 q 期公布一次。此时，组合在第 t 期的实际收益为：

$$R_{pt} = \sum_{i=1}^{N} \omega_{it} R_{it}$$

而由于数据只在每 q 期公布一次，因此只能得到组合在 q 期的总收益 $R_{p\tau}(q)$。当满足假设 1 和 2 时，有

$$E(R_{p\tau}(q)) = \sum_{t=(\tau-1)q+1}^{\tau q} E(R_{pt}) = \sum_{t=(\tau-1)q+1}^{\tau q} \sum_{i=1}^{N} E(\omega_{it} R_{it}) = \sum_{i=1}^{N} q E(\omega_{it} R_{it}) \quad (4.59)$$

$$= \sum_{i=1}^{N} q Cov(\omega_{it}, R_{it}) + \sum_{i=1}^{N} q E(\omega_{it}) E(R_{it}) \quad (4.60)$$

如果定义（4.60）式的第一项为主动部分，则可以认为 $R_{p\tau}(q)$ 的主动部分为单期主动部分的 q 倍。直观上看，该项在 $E(R_{p\tau}(q))$ 所占比重不随 q 的大小而变化，这意味着主动比率不随数据公布的频率而不同。但仔细考察（4.60）式与（4.51）式发现两者在形式上并不相同，因此也不可用（4.60）式的第一项定义 $\delta_{p\tau}$。事实上，对比（4.51）和（4.60）式可以发现，$\delta_{p\tau}$ 应定义为 $\sum_{i=1}^{N} Cov(\omega_{i\tau}(q), R_{i\tau}(q))$；其中，$\omega_{i\tau}(q)$ 应为资产 i 在整

[①] 关于用 GMM 估计和的过程以及估计量的性质，可参见 Lo（2007）的 189 页和附录 A.4。

个 q 期中的权重的某种平均,而 $R_{i\tau}(q)$ 为资产 i 在整个 q 期中的累计收益率。根据这个思想,对 (4.59) 式作如下变换:

$$R_{p\tau}(q) = \sum_{i=1}^{N} \sum_{t=(\tau-1)q+1}^{\tau q} \omega_{it} R_{it} = \sum_{i=1}^{N} \sum_{t=(\tau-1)q+1}^{\tau q} \omega_{it} \frac{R_{it}}{R_{i\tau}(q)} R_{i\tau}(q)$$

$$= \sum_{i=1}^{N} \omega_{i\tau}(q) R_{i\tau}(q) \qquad (4.61)$$

这里,$\omega_{i\tau}(q) \hat{=} \sum_{t=(\tau-1)q+1}^{\tau q} \omega_{it} \frac{R_{it}}{R_{i\tau}(q)}$,显然,(4.61) 式中的 $\omega_{i\tau}(q)$ 为资产 i 在整个 q 期中的权重的加权平均;第 t 期的 ω_{it} 在平均的过程中所占的权重为 $\frac{\omega_{it} R_{it}}{R_{i\tau}(q)}$,也即该资产在第 t 期的收益率 $\omega_{it} R_{it}$ 与其在整个 q 期中的收益率 $R_{i\tau}(q)$ 的比值。对于 (4.51) 式和 (4.61) 式可发现两者的形式一模一样。下面我们来对 (4.61) 进行 A/P 分解

$$E[R_{p\tau}(q)] = \sum_{i=1}^{N} E[\omega_{i\tau}(q) R_{i\tau}(q)]$$

$$= \sum_{i=1}^{N} Cov(\omega_{i\tau}(q), R_{i\tau}(q)) + \sum_{i=1}^{N} E(\omega_{i\tau}(q)) E(R_{i\tau}(q)) \quad (4.62)$$

显然,不同于 (4.60) 式,(4.62) 式中的主动部分并非单期主动部分的 q 倍;据此计算的主动比率也会随着 q 的大小而发生变化。实际上,即使对于 (4.62) 式的第二部分而言,其计算也相当复杂,因为 $E(\omega_{i\tau}(q))$ 为两个随机变量的乘积的期望,如果不知道这两个随机变量的分布形式,很难计算出来该值。计算其估计值时也类似,如果不知道两个随机变量在每一期的数值,也很难计算其估计值。

如上文所述,如果可得到的样本数据的频率低于基金经理实际调整组合权重的频率,则很可能无法计算 A/P 分解。因此,要求样本数据的频率要高于基金经理实际调整组合权重的频率。例如,如果经理调整组合权重的时间间隔为整数月,则样本数据的精度应至少为月度数据。这种选择样本数据的方法会造成数个样本点上的组合权重没有发生变化的情况出现。Lo (2007) 认为这种情况并不会造成 A/P 分解有任何的歧义出现,因为两个样本点上的组合权重不变意味着基金经理选择了继续持有这种组合权重,这种不调整组合权重的策略应被认为是一种积极主动的投资策略。例如,沃伦·巴菲特(Warren Buffett)调整其投资组合的频率非常低,但这种策略广泛被认为是经过巴菲特慎重选择的,因而是一种积极主动的投资策略。

第四章 对冲基金经济学（一）：收益、风险和相关问题

③一个应用的例子。上面给出了估计 A/P 分解的方法，从逻辑上我们在下文应该使用对冲基金实际数据进行 A/P 分解，但由于至今为止仍无法得到可信的对冲基金所持资产的详细数据，所以还没有文献做上述工作。基于此，这里介绍三个例子，其中第三个例子是由 Lo 和 MacKinlay (1990) 所提出的计算 A/P 分解的一个例子，该例子根据纳斯达克市场的数据构造投资组合，并根据实际的收益计算该组合的 A/P 分解。

例 A：简单情形

考虑有两种资产构成的投资组合。第一种资产的收益率变化情况为奇数月份为 5%，偶数月份为 10%；第二种资产的收益率每月维持在 0.75% 不变。下面将考虑三种投资策略，特别地为了更清晰地阐明 A/P 分解中主动部分的大小，这里设定这三种投资策略的被动部分将相同，也即两种资产的平均权重在三种策略中为相等。第一种策略为固定地将组合权重的 75% 赋予第一种资产，剩余的 25% 赋予第二种资产；第二种策略为在奇数月赋予第一种资产 50% 的权重，偶数月则赋予其 100% 的权重，剩余的权重则在相应的时间赋予第二种资产；第三种策略为奇数月赋予第一种资产 100% 的权重，偶数月则赋予其 50% 的权重，剩余的权重则在相应的时间赋予第二种资产。

根据 (4.51) 式，计算三种投资策略的 A/P 分解，结算结果如表 4.22 所示。首先，由于这三种投资策略中每种资产的平均权重相等，则基于三种策略所计算的被动部分也相等。这可以从表的第一列数据得到验证，三个投资策略的被动部分同为 5.8%。

其次，从表 4.22 的第二列和第三列可知，三种策略被动部分的差别较大。由于第一种策略中的组合权重为常数，因此根据 (4.51) 式可知，其主动部分必为 0。对于第二种策略而言，当第一种资产的收益率较高时，其在组合中的权重也相应的上升；当收益率较低时，其在组合中的权重也下降；因此第一种资产的组合权重和其收益率的协方差为正 (0.65%)；第二种资产的收益率为常数，因此权重与收益率的向方差为 0。因此，第二种策略的主动部分为 0.13%。对于第三种资产而言，第一种资产的权重和其收益率的协方差为负 (-0.65%)，而第二种资产的权重和收益率的协方差仍为 0，因此其主动部分为 -0.65%。相应的，三种投资策略的主动比率分别为 0%、12.05% 和 -12.05%。

表 4.22　　衡量一个止损规则的价值的指标（%）*

ζ	ρ	$E[R_{pt}]$	积极型	消极型	积极型	$E[\omega_t]$	$1-E[\omega_t]$
				经年度化的			
-1.0	-25	1.6	-6.6	8.1	-423.1	62.5	37.5
-0.5	-25	1.2	-6.7	8.0	-547.6	59.1	40.9
0.0	-25	0.9	-6.8	7.8	-720.9	55.7	44.3
0.5	-25	0.7	-6.9	7.6	-962.5	52.3	47.7
1.0	-25	0.5	-6.9	7.4	-1290.0	48.8	51.2
-1.0	0	8.1	0.0	8.1	0.0	62.5	37.5
-0.5	0	8.0	0.0	8.0	0.0	59.1	40.9
0.0	0	7.8	0.0	7.8	0.0	55.7	44.3
0.5	0	7.6	0.0	7.6	0.0	52.3	47.7
1.0	0	7.4	0.0	7.4	0.0	48.8	51.2
-1.0	25	14.7	6.6	8.1	44.7	62.5	37.5
-0.5	25	14.7	6.7	8.0	45.8	59.1	40.9
0.0	25	14.6	6.8	7.8	46.8	55.7	44.3
0.5	25	14.5	6.9	7.6	47.3	52.3	47.7
1.0	25	14.3	6.9	7.4	48.1	48.8	51.2
-1.0	50	21.3	13.1	8.1	61.8	62.5	37.5
-0.5	50	21.4	13.5	8.0	62.8	59.1	40.9
0.0	50	21.5	13.7	7.8	63.7	55.7	44.3
0.5	50	21.4	13.8	7.6	64.4	52.3	47.7
1.0	50	21.3	13.8	7.4	65.0	48.8	51.2

* 这些数据是为一个其月度收益率服从 AR（1）过程、月度参数值为 $R_f = 5\%/12$、$E[R_t] = 10\%/12$ 和 $Var[R_t] = (20\%)^2/12$ 的投资组合计算的。

最后，从表 4.22 的最后一列可以看出，期望收益最高的投资策略为第二种，其次为地一种策略，第三种策略的期望收益最低。这是很好理解地，因为第二种投资策略的主动部分最大，第三种则最小。

例 B：止损策略（Stop – Loss Policy）

假设投资组合中有两种资产：第一种为收益服从 AR（1）的风险债券；第二种则为无风险债券。用 R_{pt} 表示投资组合在第 t 期的收益率，R_t 与 R_f 为风险资产和无风险资产的收益率则止损策略的表达式如下：

$$R_{pt} = \omega_t R_t + (1 - \omega_t) R_f \tag{4.63}$$

其中：
$$R_t = \mu + \rho(R_{t-1} - \mu) + \zeta_t, \ \zeta_t \sim N(0, \sigma_\zeta^2) \quad (4.64)$$

$$\omega_t = \begin{cases} 1 & R_t > \xi \\ 0 & R_t \leq \xi \end{cases} \quad (4.65)$$

显然，从（4.63~4.65）式可知，止损策略意味着当风险资产的收益等于或低于常数 ξ 时，则完全"停止损失"，进而全部持有无风险资产，并获得无风险收益率 R_f；当风险资产的收益大于常数 ξ 时，则全部持有风险资产。对止损策略应用 A/P 分解有：

$$\begin{aligned} R_{pt} &= Cov(\omega_t, R_t) + E(\omega_t)E(R_t) + (1 - E(\omega_t))R_f \\ &= \rho\sigma\phi\left(\frac{\xi - \mu}{\sigma}\right) + \mu\left(1 - \Phi\left(\frac{\xi - \mu}{\sigma}\right)\right)R_f + \Phi\left(\frac{\xi - \mu}{\sigma}\right)R_f \quad (4.66) \end{aligned}$$

其中，$\phi(\cdot)$ 和 $\Phi(\cdot)$ 分别为标准正态分布的密度函数和累计分布函数。根据定义，（4.66）式的第一项为主动部分，后两项则为被动部分。

显然，当 ρ 为正数时，风险资产的收益率呈现冲量（Momentum）的特征。而止损策略意味着当收益率高时全部持有风险资产，这显然会增加组合收益。从（4.66）的第一项可知，ρ 为正数意味着主动部分为正。反之，当 ρ 为负数时，风险资产收益率呈现均值反转（mean reverting）的特征，则该策略的主动部分为负。

表 4.23 列出了 ρ 和 ξ 取不同值时止损策略的 A/P 分解。当 ρ 为 -25% 时，不管 ξ 取何值，止损策略的主动部分均为负。当 ρ 为 0 时，风险资产的收益率服从随机游走，因此任何基于当期所构造的投资策略均和未来的收益率不相关，因此主动部分必为 0。当 ρ 为正数时，主动部分将为正，而且 ρ 和 ξ 越大，主动部分越大。这里主要利用止损策略来阐述 A/P 分解的计算和大小，更详细的关于止损策略的分析则不是重点；有兴趣的读者可参考 Kaminski 和 Lo（2007）。

表 4.23 CRSP – NASDAQ 市值十等分组中市值最小的五个等分组的日收益率的一阶交叉自相关系数矩阵（1990 年 1 月 2 日 ~ 1995 年 12 月 29 日）*

	R_{1t+1}（%）	R_{2t+1}（%）	R_{3t+1}（%）	R_{4t+1}（%）	R_{5t+1}（%）
R_{1t}	10.0	21.5	15.8	18.1	16.7
R_{2t}	23.4	15.4	20.2	19.7	15.8
R_{3t}	26.2	25.0	15.2	23.9	21.6
R_{4t}	25.4	27.0	24.3	18.2	18.7
R_{5t}	25.4	26.6	26.5	26.2	19.4

* 等分组 1 是市值最小的那个等分组。

例 C：基于纳斯达克市场的主动投资策略

为了更清晰地阐述 A/P 分解应用与现实数据的情况，这里参考 Lo 和 MacKinlay（1990）首次提出的一种动态投资策略如下：

$$\omega_{it} = -\frac{1}{n}(R_{it-1} - \overline{R}_{t-1}), \quad \overline{R}_{t-1} = \frac{1}{N}\sum_{i}^{N} R_{it-1}$$

显然，该策略根据组合中资产的上期收益与组合所有资产的算术平均收益率两者之差来决定当期的权重。当某种资产上一期的收益率高于平均收益率时，则当期卖空该资产，卖空的比例为两者之差与资产总数的比值。当某种资产上期的收益率低于平均收益率时，则按相应的比例当期买入该资产。此外，由于该投资组合在当期的所有权重之和为 0，因此其为一个套利组合；再者，当期投资为 0 也意味着该组合承担了很少的市场 Beta 暴露。因此，该组合的收益应该多数来自于主动管理，其相应的主动部分和主动比率也应非常大。

假定上述策略所构造组合中的资产为五个子投资组合。这五个子组合的构造如下，首先将纳斯达克市场中所有的股票按照市值规模大小划分为 10 类股票组合，然后选取市值最小的 5 类组合的日平均收益率。股票数据来源于芝加哥证券价格研究中心（Center for Research in Security Prices, CRSP）的 1990 年 1 月 2 日至 1995 年 12 月 29 日的数据。显然，这里选取了日收益率作为计算的基准，也即意味着调整组合权重的频率业务也为日。当然，此处只是为了说明将 A/P 分解应用到现实数据的情形，因此不考虑实际构造这种投资组合的可能性。此外，为了阐述方便，下文称按照上述投资策略构造的投资组合为总组合。

表 4.24 给出了五个子组合和上述投资策略所构造总组合收益率的基本统计性质。从表中第一行数据可知，五个子组合的平均收益率均低于上述投资策略所组建的投资组合，这意味着总组合期望收益中的主动部分应该为正。这可从表 4.25 所给的数据中看出。表 4.25 给出了 GMM 估计的总投资组合的 A/P 分解。其中，表的上半部分为按照日度数据为基准计算的 A/P 分解；表的下半部分则假设只观测到每月的总收益率和月末所持组合的权重，并以此来计算月度数据的 A/P 分解。如前文所述，表 4.25 下半部分的计算结果会出现偏误。

首先，如表 4.25 的上半部分所示，总组合的年度平均收益为 31.4%，其中主动部分为 32.0%，被动部分为 -0.6%，主动比率为 101.9%。除被动分布外，这些估计值的 t 统计量也都非常显著。根据上述数据，主动部分甚至超过了总组合的期望收益本身，而被动部分则为负值。这说明基于上期收益所构造的投资权重与当期收益呈现较强的正相关性。对于被动部分为负值的原因，Lo 和 MacKinlay（1990）认为，这是由于上述策略实际上对上期收益较低的子组合买入，而对上期收益较高的股票则卖空。因此，该策略实际上持有了低平均收益的资产并卖空了高平均收益的资产，也即高平均收益的子组合的平均权重为负，而低平均收益的子组合的权重为正；由于被动收益的定义为各自组合权重的均值与其收益均值的乘积，因此被动部分为负值。

其次，表 4.25 下半部分内容的目的，为说明当样本数据的频率低于实际调整组合权重中的频频时 A/P 分解可能出现的偏误。此处假设只观测到每月的总收益率和月末所持组合的权重，并以此来计算月度数据的 A/P 分解。如表中数据所示，依此计算的年度的总收益率为 -4.0%，主动部分为 -4.1%，被动部分为 0.1%，主动比率为 -102.6%。这些数值和表 4.25 的上半部分有巨大的差别。这是因为总组合所代表投资策略的核心为按上一交易日的交易情况来预测下一期的收益，而单单考虑月末的收益权重显然无法刻画按日来调整组合权重的过程。

表 4.24　CRSP-NASDAQ 市值十等分组中市值最小的五个等分组的日度收益率和 Lo and MacKinlay（1990c）提出的一个均值回复策略*的日度收益率的概括性统计量

	等分组 1	等分组 2	等分组 3	等分组 4	等分组 5	R_{pt}
均值 ×250	27.4%	17.5%	14.0%	13.7%	12.8%	31.4%
标准差 × $\sqrt{250}$	12.2%	9.8%	8.9%	9.1%	9.5%	7.9%
夏普比率 × $\sqrt{250}$	2.25	1.78	1.58	1.50	1.35	3.95
最小值	-2.9%	-2.7%	-2.7%	-3.3%	-3.5%	-2.2%
中位数	0.1%	0.1%	0.1%	0.1%	0.1%	0.1%
最大值	6.7%	3.6%	2.0%	2.1%	2.3%	2.4%
偏度	0.6	0.0	-0.5	-0.7	-0.9	-0.1
超额峰度**	5.1	2.4	2.1	3.1	3.9	1.7
ρ_1	10.0%	15.4%	15.2%	18.2%	19.4%	4.7%
ρ_2	10.3%	7.7%	10.1%	13.9%	10.5%	0.9%
ρ_3	5.7%	4.2%	7.5%	9.2%	11.0%	7.5%

* 该策略被应用于各等分组从 1990 年 1 月 2 日至 1995 年 12 月 29 日的收益率。等分组 1 是市值最小的那个等分组。

** 表中的"超额峰度"（XSKurt）是指各个组合的收益率的峰度超过正态分布的峰度 3 的大小。

表 4.25 Lo and MacKinlay（1990c）提出的一个均值回复策略*的日度和月度收益率的积极型比率 θ 的广义矩估计值

	估计值	标准误差	t 统计量
日度			
投资组合均值×250	31.4%	0.3%	91.00
风险升水×250	0.6%	3.5%	-0.17
积极型成分×250	32.0%	3.5%	9.24
积极型比率	101.9%	0.3%	354.40
月度			
投资组合均值×12	-4.0%	1.0%	-3.98
风险升水×12	0.1%	4.0%	0.03
积极型成分×12	-4.1%	4.1%	-1.01
积极型比率	102.6%	11.8%	8.66

* 该策略被应用于 CRSP - NASDAQ 市值十等分组中市值最小的五个等分组从 1990 年 1 月 2 日 ~ 1995 年 12 月 29 日的收益率。在计算积极型比率 θ 的日度估计值的 Newey - West 渐近标准误差时，使用的截断滞后阶数为 6；在计算月度估计值的 Newey - West 渐近标准误差时，使用的截断滞后阶数是 3。

事实上，由于无法获得对冲基金详细地组合信息，因此无法计算某只对冲基金的主动部分。上述例子只是考察一些简单的策略，这些策略完全基于过去收益的信息来调整未来组合的权重，但仅仅基于这种简单策略构造的投资组合即可获得比市场更高的收益；我们有理由相信对冲基金经理可能拥有更多的信息，并且采用更为复杂的策略，因此其获得收益也应会更高。

第五节　对冲基金的系统风险

本章第二至四节内容的主要关注点为对冲基金收益率的一些特点，以及可能导致对冲基金获得超额收益率的原因。诚然，作为一种投资工具，理解其定价机制无疑至关重要，但另一个重要的问题也不应被忽视，即对冲基金总体的风险特征和度量。如第一节所述，对冲基金除了面临收益

第四章 对冲基金经济学（一）：收益、风险和相关问题

率的波动这一风险外，还有流动性不足的风险①、域变（regime shifting）风险以及最终被清算的风险。严格而言，这些风险是所有对冲基金作为一个整体所可能面临的共性风险，因此有必要对其进行详细考察。本节将尽可能严格地介绍这些风险对对冲基金被清算与否的影响以及这些风险的变化趋势。遵循 Lo（2007）的阐述，这里称这些风险为对冲基金行业的系统性风险（systematic risk）。

系统性风险一般用来描述很多金融机构由于同一个重大事件而在短时间内同时出现违约的现象。历史上，这种现象多用来指银行危机以及有其所导致的金融危机。例如，上世纪 30 年代初期，美国平均每年有 2000 家银行倒闭，而这些银行危机由于储户集中地提取其储蓄的款项以及由此引发的"金融传染（financial contagion）"所导致。这些银行危机都不同程度上演化至金融危机，进而造成了经济动荡。类比至此，Lo（2007）也将由于同一个重大事件而在短时间内同时出现对冲基金违约的现象成为对冲基金的系统风险。例如，1998 年俄罗斯债务违约导致了众多对冲基金的亏损甚至倒闭，其中有不少基金的投资者也为金融机构，如养老金等；此外，由于对冲基金多采用杠杆交易，其投资额一般为其所管理的资产数额的数十倍甚至上百倍。因此，对冲基金的亏损和倒闭导致了基金的投资者和与基金有借贷关系的金融机构亏损甚至倒闭。实际上，鉴于 LTCM 管理的数十亿美元资产和其借贷的上千亿的美元资产所可能带来的剧烈金融市场动荡，美联储牵头多家金融企业对其进行了收购以避免其破产。由此可见，对冲基金行业如果出现大幅的亏损或倒闭，也很可能会导致金融市场甚至实体经济的衰退。基于此，有必要研究对冲基金作为一类不同于传统投资工具的基金，其在整体上所面临的风险。

本章将分三部分介绍 Getmansky、Lo 和 Makarov（2004）与 Lo（2007）的工作。第 1 小节将介绍如何从总体上度量对冲基金流动性不足的问题。类似于第二节，这里用各类型基金的一阶自回归系数来代表流动性的强弱，并对各类型基金的系数计算平均值以作为对冲基金整体流动性的一个粗略度量。

第 2 小节则介绍用一种严格的计量方法来考察导致基金被清算共性现象的因素和其对对冲基金被清算概率的影响方向；Lo（2007）采用的计量

---
① 本章第二节的主要关注点为流动性不足对对冲基金收益率自相关系数的影响机制，而本节则会介绍从总体上如何度量对冲基金的流动性风险。

模型为 Logit 模型，基于模型估计的参数，该小节将介绍各类型对冲基金在各年被清算的概率。

第 3 小节主要关注域变风险的度量与估计方法。首先，该小节介绍了一种简单地度量该风险的模型；其次，采用极大似然估计法来估计对冲基金所可能面临的域变风险，以粗略地衡量对冲基金所持资产或组合间相关性的无常性。

1. 对冲基金的流动性不足风险

如本章第二节所述，流动性不足和对冲基金收益的序列相关系数有非常紧密的联系。Getmansky，Lo 和 Makarov（2004）分类型考察了流动性不足（illiquitity）和收益平滑化（smoothing）与对冲基金收益的序列相关性之间关系。研究结论认为，除流动性不足和收益平滑化之外的其他因素都很难解释这种序列相关性。而流动性的强弱往往对应了序列相关性的强弱，因此，序列相关系数的大小可以近似作为流动性强弱的度量标准。按照他们的思路，各类型对冲基金的序列相关系数的某种加总，也可近似地从总体上度量对冲基金的流动性不足的风险。事实上，Lo（2007）对各种类对冲基金的一阶序列相关系数做了加权平均，并以之作为总体流动性的度量指标。用 ρ_t^* 来表示该指标：

$$\rho_t^* \equiv \sum_{i=1}^{N_t} \omega_{it} \rho_{1t,i} \tag{4.67}$$

$$\omega_{it} \equiv \frac{AUM_{it}}{\sum_{j=1}^{N_t} AUM_{jt}} \tag{4.68}$$

其中，$\rho_{1t,i}$ 表示第 i 只基金在第 t 期的滚动的一阶自回归系数。AUM_{it} 表示第 i 只基金在第 t 期所管理的资产数额。

Lo（2007）用 Lipper TASS 数据库中 1980～2004 年间存续期超过 36 个月的所有基金的收益情况计算了上述加权的一阶序列相关系数。计算结果列示于图 4.5 中。除相关系数之外，图中还列示了对冲基金数量随时间变化的情况以及所有对冲基金中相关系数的中位数。当然，中位数与加权平均很可能差别很大。但从图中可以看出，随着对冲基金数量越来越多，相

关系数的中位数和 ρ_t^* 也愈趋一致。这从另一个侧面验证了 ρ_t^* 可作为对冲基金整体流动性的一个大略度量。

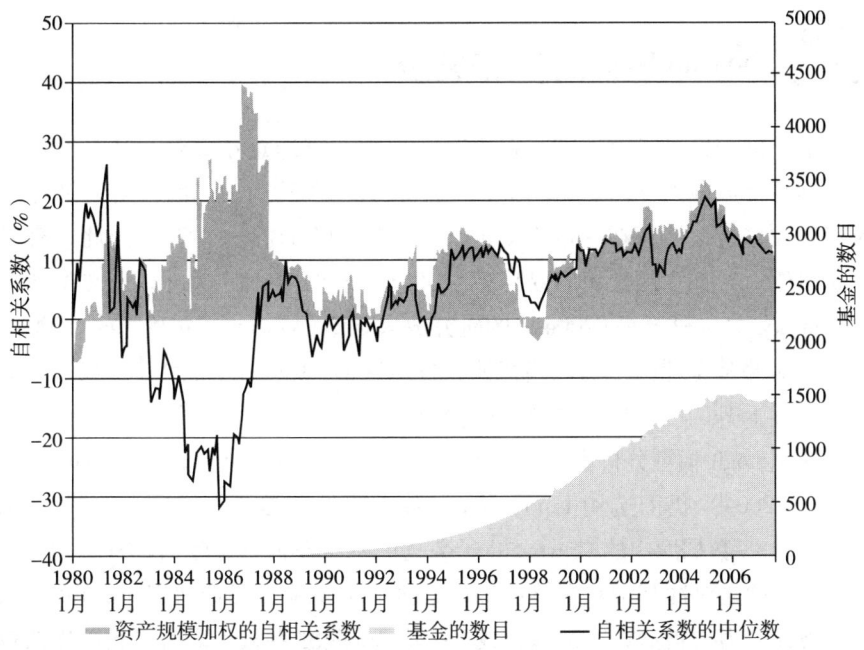

图 4.5 Lipper TASS 合并对冲基金数据库中具有至少连续 36 个月的收益率的单个对冲基金的一阶自相关系数的月度横截面中位数和加权平均值（1980 年 1 月 ~ 2007 年 8 月）

从图中可以明显地看出，虽然 ρ_t^* 随时间波动剧烈，但其各个局部极大值出现的时间基本与影响金融市场的一些重大事件发生的时间相吻合。例如，标准普尔 500 指数在 1987 年下跌了 21.8%，ρ_t^* 则在 1987 年附近达到了最大值，接近于 40%；1990 年间，日本经济泡沫破裂，并且同年 8 月科威特战争爆发，ρ_t^* 在此间也达到了局部极大值；类似地，美联储在 1994 年 2 月启动了一轮紧缩的政策，以及 1994 年底墨西哥爆发了龙舌兰危机（tequila crisis），ρ_t^* 则在 1994 年左右也达到了局部极大值；其后，1998 年 8 月俄罗斯发生了债务危机，2000 ~ 2002 年标准普尔 500 指数下跌了 46.3%，ρ_t^* 也随之达到局部极大值。当然，Lo（2007）也认为由于根据滚动窗口计算的序列相关系数会有一些问题，如随着时间的往前推移，一些异常点会随之被纳入或排除在计算窗口之外，相应的相关系数也会发生相应较大的变化，但加权的相关系数作为流动性不足风险的一个粗略度量仍能够反映出一些信息。Lo（2007）还认为，由于 2000 年以来 ρ_t^* 呈现逐渐上升的趋势，因此对冲基金的系统风险也很可能在最近几年增加。

2. 对冲基金的清算风险

毫无疑问，大量对冲基金在短时间内被清算即意味着对冲基金遭受了剧烈的系统风险的冲击。事实上，1998 年以 LTCM 为标志的大量对冲基金被清算或接近被清算在一定程度上加剧当时的全球金融动荡。因此，有必要从整体上对那些因素更容易导致对冲基金被清算进行探讨。下文将介绍 Getmansky、Lo 和 Mei（2004）的研究成果。Getmansky、Lo 和 Mei（2004）分析了对冲基金耗损率的一些特征，且运用 Logit 模型对导致基金被清算概率可能性上升的因素做了更严格的探讨。

在用 Logit 模型分析影响对冲基金被清算概率的因素时，Getmansky、Lo 和 Mei（2004）仍旧选用 Lipper TASS 数据库的数据作为样本。如前所述，Lipper TASS 数据库中的 Graveyard 子数据库中将对冲基金分为 7 种类型。由于所研究的是对冲基金被清算的概率，因此似乎应该只选取 Graveyard 子数据库被标记为"被清算"的基金或至少应该剔除那些被标记为"转向新的投资"的基金（参见第一节），否则会有偏误。但 Getmansky、Lo 和 Mei（2004）认为由于 Lipper TASS 数据库中的信息均为对冲基金自愿报告，因此并不知道各基金从 Live 子数据库移至 Graveyard 子数据库的具体原因，因此贸然删除某类基金会可能导致新的偏误。基于此，Getmansky、Lo 和 Mei（2004）采用了一个折中办法，即首先用 Graveyard 子数据中所有数据进行计量分析，然后对 Graveyard 子数据中被标记为"被清算"的基金进行分析，最后对比两组计量结果，从而得出更为稳健的结论。

为了便于分析，Getmansky、Lo 和 Mei（2004）在建立 Logit 模型[①]时所确定的时间单位为年；区间为 1994 年到 2004 年。在删除那些存续期低于两年的基金后，共有 12895 只基金进入样本集。首先考虑一个最简单的 Logit 模型：

$$Z_{it} = G(\alpha_0 + \alpha_1 AGE_{it} + \alpha_2 ASSET_{it-1} + \alpha_3 RETURN_{it} + \alpha_4 RETURN_{it-1} \\ + \alpha_5 RETURN_{it-2} + \alpha_6 FLOW_{it} + \alpha_7 FLOW_{it-1} + \alpha_8 FLOW_{it-2} + \varepsilon_{it})$$

(4.69)

---

① 关于 Logit 模型，请参考 Woodridge（2002）。

第四章 对冲基金经济学（一）：收益、风险和相关问题

其中，Z_{it} 为二元变量；当基金 i 在 t 时刻位于移至 Graveyard 子数据库时，Z_{it} 取 1，否则取 0。解释变量分别为对冲基金成立的年限（AGE_{it}）、在上一年底所管理的资产（$ASSET_{it-1}$）、年度收益率的当期值和滞后值（$RETURN$）、当年所管理资产的新增部分与去年底所管理资产的比值及其滞后值（$FLOW$）。上述四类变量是对冲基金的一些基本特征。直觉上，对冲基金成立的时间越长，所管理的资产越多，收益率越高以及当年新增的投资额越多，对冲基金被清算的概率越低。因此上述变量的系数应该都为负值。特别需要指出的是，解释变量中之所以只用 $ASSET_{it-1}$ 而非 $ASSET_{it}$ 的原因在于该变量的序列相关系数非常之高，达到了 94.3%；如果同时将 $ASSET_{it-1}$ 和 $ASSET_{it}$ 作为解释变量会出现多重共线性问题。

对 Logit 方法对（4.69）式进行估计的结果列示于表 4.26 的最左边一栏。这里用模型 I 表示（4.69）式的计量模型。表中数据显示，除常数项以外的各系数的符号都为负，这验证了之前的直觉，也即对冲基金成立的时间越长，所管理的资产越多，收益率越高以及当年新增的投资额越多，对冲基金越不容易被清算。此外，除滞后二阶的收益率的系数之外，各系数估计值都非常显著。之所以显著性如此高，是因为估计所选用的样本量非常大（根据对 Logit 模型估计量的渐近分布的特性，各估计量的渐进方差以 $1/\sqrt{n}$ 的速度趋近于 0）。值得注意的是，滞后二阶收益率 $RETURN_{it-2}$ 的系数不显著，这表明当期和滞后一阶的收益率对基金被清算的概率影响更大，这也意味着对冲基金行业具有短期业绩驱动的性质（short-term performance-driven nature）。

为了剔除各对冲基金的特质对分析结果的影响，Getmansky、Lo 和 Mei（2004）建立了包含固定效应的 Logit 模型，称为模型 II：

$$Z_{it} = G(\alpha_0 + \sum_{k=1994}^{2003} \zeta_k I(YEAR_{k,i,t}) + \sum_{k=1}^{10} \xi_k I(CAT_{k,i,t}) + \alpha_1 AGE_{it} + \alpha_2 ASSET_{it-1} + \alpha_3 RETURN_{it} + \alpha_4 RETURN_{it-1} + \alpha_5 RETURN_{it-2} + \alpha_6 FLOW_{it} + \alpha_7 FLOW_{it-1} + \alpha_8 FLOW_{it-2} + \varepsilon_{it}) \quad (4.70)$$

其中，$I(YEAR_{k,i,t}) \equiv \begin{cases} 1 & t = k \text{ 时} \\ 0 & t \neq k \text{ 时} \end{cases}$

$I(CAT_{k,i,t}) \equiv \begin{cases} 1 & i = k \text{ 时} \\ 0 & i \neq k \text{ 时} \end{cases}$

表 4.26 为对冲基金清算构建的一个 Logit 模型的最大似然估计值*

	模型 1			模型 2			模型 3			模型 4			模型 5		
	β	β的标准误差	p值(%)	β	β的标准误差	p值(%)	β	β的标准误差	p值(%)	β	β的标准误差	p值(%)	β	β的标准误差	p值(%)
样本容量	12895			12895			12895			12846			12310		
R^2 (%)	29.3			34.2			34.2			34.5			35.4		
常数项	4.73	0.34	<0.01	2.31	0.41	<0.01	−5.62	0.18	<0.01	−5.67	0.18	<0.01	−7.04	0.26	<0.01
AGE	−0.03	0.00	<0.01	−0.03	0.00	<0.01	−1.62	0.07	<0.01	−1.66	0.07	<0.01	−2.08	0.10	<0.01
$ASSETS_{-1}$	−0.26	0.02	<0.01	−0.19	0.02	<0.01	−0.34	0.04	<0.01	−0.36	0.04	<0.01	−0.38	0.06	<0.01
RETURN	−2.81	0.19	<0.01	−2.86	0.20	<0.01	−0.67	0.05	<0.01	−0.67	0.05	<0.01	−0.61	0.06	<0.01
$RETURN_{-1}$	−1.39	0.16	<0.01	−1.40	0.17	<0.01	−0.36	0.04	<0.01	−0.36	0.04	<0.01	−0.44	0.06	<0.01
$RETURN_{-2}$	−0.04	0.09	67.5	−0.38	0.14	0.7	−0.12	0.04	0.7	−0.12	0.05	1.1	−0.17	0.07	1.3
FLOW	−0.63	0.08	<0.01	−0.49	0.07	<0.01	−32.72	4.91	<0.01	−33.27	5.04	<0.01	−32.93	6.74	<0.01
$FLOW_{-1}$	−0.13	0.04	0.0	−0.11	0.03	0.1	−7.53	2.33	0.1	−7.60	2.37	0.1	−19.26	4.71	<0.01
$FLOW_{-2}$	−0.09	0.02	<0.01	−0.11	0.02	<0.01	−1.74	0.36	<0.01	−1.64	0.36	<0.01	−1.83	0.51	0.0
I (1994)				0.79	0.38	3.9	0.79	0.38	3.9	0.82	0.39	3.4	1.01	0.54	5.9
I (1995)				1.24	0.27	<0.01	1.24	0.27	<0.01	1.18	0.28	<0.01	1.37	0.37	0.0
I (1996)				1.83	0.20	<0.01	1.83	0.20	<0.01	1.83	0.21	<0.01	1.92	0.28	<0.01
I (1997)				1.53	0.21	<0.01	1.53	0.21	<0.01	1.52	0.21	<0.01	2.03	0.27	<0.01
I (1998)				1.81	0.18	<0.01	1.81	0.18	<0.01	1.80	0.19	<0.01	2.29	0.24	<0.01
I (1999)				2.10	0.18	<0.01	2.10	0.18	<0.01	2.05	0.18	<0.01	2.25	0.24	<0.01

第四章 对冲基金经济学（一）：收益、风险和相关问题

续表

	模型 1			模型 2			模型 3			模型 4			模型 5		
	β	β的标准误差	p值(%)	β	β的标准误差	p值(%)	β	β的标准误差	p值(%)	β	β的标准误差	p值(%)	β	β的标准误差	p值(%)
I(2000)				2.25	0.17	<0.01	2.25	0.17	<0.01	2.19	0.17	<0.01	2.08	0.24	<0.01
I(2001)				1.97	0.17	<0.01	1.97	0.17	<0.01	1.96	0.17	<0.01	1.80	0.25	<0.01
I(2002)				1.46	0.16	<0.01	1.46	0.16	<0.01	1.41	0.16	<0.01	1.50	0.22	<0.01
I(2003)				1.55	0.16	<0.01	1.55	0.16	<0.01	1.53	0.16	<0.01	1.71	0.22	<0.01
I(可转换套利)				0.44	0.20	2.9	0.44	0.20	2.9	0.43	0.20	3.4	0.16	0.34	62.5
I(偏向做空)				0.05	0.37	88.9	0.05	0.37	88.9	−0.03	0.39	94.3	0.20	0.49	68.0
I(新兴市场)				0.25	0.15	10.2	0.25	0.15	10.2	0.24	0.15	11.7	0.54	0.20	0.7
I(股市中性)				0.12	0.20	54.7	0.12	0.20	54.7	0.15	0.20	46.7	0.53	0.25	3.4
I(事件驱动)				0.33	0.15	3.0	0.33	0.15	3.0	0.31	0.15	4.7	−0.01	0.24	97.4
I(固定收益)				0.50	0.19	1.1	0.50	0.19	1.1	0.45	0.20	2.3	0.33	0.30	26.8
I(全球宏观)				0.32	0.18	7.4	0.32	0.18	7.4	0.24	0.18	20.2	0.33	0.25	17.9
I(做多/做空)				0.18	0.11	10.2	0.18	0.11	10.2	0.15	0.11	16.6	0.14	0.15	36.4
I(管理期货)				0.49	0.12	<0.01	0.49	0.12	<0.01	0.49	0.13	0.0	0.71	0.16	<0.01
I(多重策略)				0.17	0.25	49.4	0.17	0.25	49.4	0.18	0.25	48.5	0.85	0.29	0.3

* 分析对是来自 Lipper TASS 数据库的清算情况的年度观测值进行的，样本期间是1994年1月～2004年8月。在一个对冲基金被清算的那一年，被解释变量Z取1，在之前各年都取0。

其中，$YEAR_{k,i,t}$ 和 $CAT_{k,i,t}$ 分别为虚拟变量。前者为纯粹的时间虚拟变量，即当样本点所处的时刻 t 等于 k 时，该变量取 1，否则取 0；后者则为类型虚拟变量，即按照 Lipper TASS 数据库对对冲基金划分的 11 各种类，设定虚拟变量。为了避免虚拟变量陷阱，设定当 t 为 2004 年时，时间虚拟变量恒等于 0，且当类型为 Fund of Funds 类型基金时，类型虚拟变量恒等于 0。因此，共有 20 个虚拟变量。

模型 II 的估计结果亦列示于表 4.26 中。从表中数据可知，虚拟变量之外的解释变量的符号仍都为负，显著性也变化不大；这说明对这些变量对对冲基金清算概率的负向影响再次得到印证。值得注意的是，模型 II 的可决系数为 34.2%，高于模型 I 的 29.3%。这说明加入时间和类型虚拟变量提高了模型的拟合精度，也说明这些虚拟变量为对冲基金的清算概率提供了更多的信息。从数据中可以看出，1999 年和 2000 年的时间虚拟变量的系数最大，这验证了 1998 年俄罗斯债务违约所导致的大量交易固定收益证券的对冲基金被清算；此外，在种类虚拟变量中，固定收益类型基金的系数也为最高，这也说明了俄罗斯债务违约的影响。管理期货（Managed Futures）类型虚拟变量的系数值则排名第二，这个结果也是较为容易理解的。因为根据 Getmansky、Lo 和 Mei（2004）的研究结果，Managed Futures 类型基金收益率的波动较大而且其平均耗损率也为所有类型中最高，达到 14.4%。除固定收益类型与 Managed Futures 类型之外，Convertible Arbitrage 类型和 Event Driven 类型的系数则为最高；该结果不易理解，因为 Getmansky、Lo 和 Mei（2004）的研究表明这两类基金的平均耗损率很低，分别为 5.2% 和 5.4%。这说明在控制了对冲基金成立的时间、所管理的资产、收益率越高以及当年新增的投资额后，Logit 模型的条件清算概率含有比无条件的平均耗损率更多的信息。

为了比较多出虚拟变量给变量对清算概率的影响，Getmansky、Lo 和 Mei（2004）对（4.70）式中的变量做了统一的标准化，即将每个变量减去其均值，然后在除以该变量的标准差。这里称标准化后的模型为模型 III，估计结果见表 4.26。从数据中可以看出，各变量系数的符号仍旧没有发生变化，这再次验证了直觉。值得注意的是，每单位新增的投资额占去年所管理资产的比例 $FLOW_{it}$ 的系数非常低（-32.72%），远低于其他变量；这说明相对于其他的因素而言，当年新增的投资额占去年所管理资产的比例上升一个标准单位导致对冲基金被清算概率下降的幅度最大。

最后，Getmansky、Lo 和 Mei（2004）从 Graveyard 数据库选取两个子

第四章 对冲基金经济学（一）：收益、风险和相关问题

样本进行了 Logit 估计。第一个子样本为剔除掉被标记为"有新投资项目"和"与其他基金合并"① 之后的基金，共计 12846 只基金；第二个子样本仅包含被标记为"被清算"的基金，共计 12310 只基金。在估计之前，仍按照模型 III 的方法对相应的解释变量进行标准化。对第一个子样本所做的估计称为模型 IV，第二个子样本则称为 V。估计结果见表 4.26，表中结果显示模型 IV 中各系数的估计量没有发生显著变化。模型 V 中除新兴市场类型基金、股票市场中性型基金和多重策略类型基金的虚拟变量的系数外，其他系数也没有发生显著变化。这又一次验证了对冲基金成立的时间、所管理的资产、收益率越高以及当年新增的投资额都会导致基金被清算的概率下降。

根据 Logit 模型的特性，可以依据上述估计量来计算各时刻对冲基金被清算的概率。记各基金被清算的概率的总体值为 p_{it}，样本估计值为 $\hat{p}_{it}$，则有：

$$p_{it} \equiv \Pr(Z_{it} = 1) = \Pr(Z_{it}^* > 0)$$
$$= \Pr(X_{it}'\beta + \varepsilon_{it} > 0) = \frac{\exp(X_{it}'\beta)}{\exp(X_{it}'\beta) + 1}$$
$$\hat{p}_{it} = \frac{\exp(X_{it}'\hat{\beta})}{\exp(X_{it}'\hat{\beta}) + 1}$$

其中 X_{it} 为自变量，$\hat{\beta}$ 为系数的估计值。根据上述公式，Getmansky、Lo 和 Mei（2004）用模型 I 和模型 V 估计了 1994～2004 年间个对冲基金被清算的概率。表 4.27 为依据模型 I 所估计的清算概率的统计特征，表 4.28 则为模型 V 的统计特征。两个表格各分为三个部分，最顶层为依据 Live 子数据库的样本所估计的被清算的概率，中间部分为依据 Graveyard 子数据库估计的被清算概率，最下层则为依据整个数据库所估计的被清算概率。

从表格中数据可知，不管对于模型 I 还是模型 V，基于 Graveyard 子数据库里样本所估计的被清算概率的均值和中位数都要高于基于 Live 子数据库所计算的被清算概率，这是符合直觉的；这也意味着模型中自变量的设置较为合理。此外，从表 4.27 中最下层的数据可知，相对于其他年份而言，1998 年和 2001 年的被清算概率的均值和中位数都有较大上升；这很可能是由于 1998 年的俄罗斯债务违约和 2001 年的美国的高科技泡沫的破

---

① 见本章表 4.12。

表 4.27 对冲基金清算的一个 Logit 模型的两个设定的参数估计中隐含的清算概率历年的概括性估计量*

统计量	1994	1995	1996	1997	1998	模型 I 1999	2000	2001	2002	2003	2004
Live 子数据库											
均值	4.19	5.47	5.84	5.04	6.32	5.17	5.59	6.84	8.92	7.11	11.04
标准差	7.49	9.33	11.15	9.74	9.66	8.61	8.15	9.23	10.15	8.00	10.91
最小值	0.01	0.01	0.00	0.00	0.00	0.00	0.00	0.00	0.00	0.00	0.00
10%	0.13	0.19	0.19	0.18	0.31	0.20	0.35	0.44	0.68	0.41	0.89
25%	0.43	0.51	0.52	0.56	0.99	0.79	1.10	1.39	2.05	1.45	2.66
50%	1.16	1.46	1.52	1.59	2.71	2.18	2.80	3.69	5.62	4.49	7.55
75%	4.21	6.03	5.11	4.83	7.20	5.55	6.54	8.39	12.01	10.22	16.31
90%	12.13	16.17	16.85	13.27	16.76	12.80	13.78	16.23	21.61	17.26	26.33
最大值	52.49	58.30	72.97	90.06	77.63	87.06	75.83	92.36	79.02	92.44	79.96
数目	357	483	629	773	924	1083	1207	1317	1480	1595	1898
Graveyard 子数据库											
均值	36.59	32.85	31.89	39.75	30.64	27.68	22.78	28.17	25.22	21.55	17.01
标准差	24.46	22.77	18.86	22.70	21.67	19.24	17.67	20.03	18.22	15.91	14.30
最小值	4.91	2.50	1.05	0.25	0.00	0.53	0.22	0.98	0.13	0.02	0.25
10%	6.08	8.39	10.63	9.29	6.86	4.98	2.41	5.94	5.50	2.64	2.26
25%	22.06	16.28	17.47	21.81	12.13	12.84	9.14	12.07	10.58	8.32	6.43
50%	32.82	28.53	27.44	39.78	25.20	24.03	19.81	23.28	21.50	19.18	13.35
75%	48.40	49.79	43.36	56.94	46.21	39.62	34.92	41.01	37.98	32.28	25.26
90%	71.63	58.62	60.08	71.13	61.74	50.75	45.84	58.90	48.81	45.42	34.67
最大值	77.37	97.42	79.51	88.70	85.41	84.87	87.89	78.68	94.65	72.29	67.10
数目	10	27	73	62	104	129	176	175	167	158	68

第四章 对冲基金经济学（一）：收益、风险和相关问题

续表

模型 I

统计量	1994	1995	1996	1997	1998	1999	2000	2001	2002	2003	2004
	总的数据库										
均值	5.07	6.92	8.55	7.61	8.78	7.56	7.77	9.35	10.57	8.42	11.24
标准差	9.86	12.10	14.53	14.44	13.59	12.39	11.41	13.01	12.26	9.90	11.10
最小值	0.01	0.01	0.00	0.00	0.00	0.00	0.00	0.00	0.00	0.00	0.00
10%	0.14	0.20	0.22	0.20	0.38	0.22	0.39	0.53	0.77	0.43	0.93
25%	0.45	0.55	0.62	0.62	1.10	0.91	1.20	1.62	2.28	1.60	2.72
50%	1.23	1.72	1.84	1.88	3.34	2.63	3.35	4.49	6.31	4.97	7.69
75%	4.89	7.67	8.96	6.25	9.81	7.92	9.03	11.28	13.94	11.74	16.46
90%	14.96	20.53	27.36	22.94	25.11	21.39	20.97	24.21	25.98	21.48	26.97
最大值	77.37	97.42	79.51	90.06	85.41	87.06	87.89	92.36	94.65	92.44	79.96
数目	367	510	702	835	1028	1212	1383	1492	1647	1753	1966

表 4.28

模型 V

统计量	1994	1995	1996	1997	1998	1999	2000	2001	2002	2003	2004
	Live 子数据库										
均值	1.06	2.22	4.30	3.43	4.70	4.05	3.80	3.40	4.07	4.45	1.76
标准差	3.28	6.01	10.97	8.70	9.51	8.87	7.72	6.76	6.58	6.33	2.70
最小值	0.00	0.00	0.00	0.00	0.00	0.00	0.00	0.00	0.00	0.00	0.00
10%	0.00	0.01	0.02	0.02	0.06	0.04	0.07	0.07	0.09	0.07	0.03
25%	0.02	0.04	0.09	0.10	0.27	0.23	0.33	0.33	0.44	0.43	0.15
50%	0.07	0.16	0.36	0.45	1.03	0.96	1.18	1.26	1.74	2.04	0.72
75%	0.52	1.25	2.61	2.26	4.03	3.22	3.49	3.63	4.75	6.01	2.31
90%	2.61	5.85	11.24	9.12	14.21	10.09	9.88	8.10	10.52	12.03	4.71
最大值	35.62	42.56	76.54	86.91	77.72	80.45	75.95	91.82	73.06	81.10	29.28
数目	357	483	629	773	924	1083	1207	1317	1480	1595	1898

续表

模型 V

统计量	1994	1995	1996	1997	1998	1999	2000	2001	2002	2003	2004
Graveyard 子数据库											
均值	24.23	23.50	34.07	42.30	36.17	31.46	32.55	22.82	20.68	20.18	4.60
标准差	24.12	20.12	25.19	26.95	25.12	21.96	22.47	19.84	18.94	16.27	6.20
最小值	1.00	4.92	1.88	1.49	0.00	0.11	0.02	0.51	0.03	0.03	0.04
10%	5.31	5.53	5.25	8.61	4.49	2.12	3.95	2.00	2.61	3.02	0.13
25%	11.79	7.99	11.28	21.29	15.56	12.66	15.91	6.43	5.29	6.42	0.97
50%	18.02	17.66	33.94	37.54	28.92	30.16	27.57	19.11	14.32	14.03	3.16
75%	26.24	32.58	54.36	64.53	60.14	46.31	48.38	33.10	33.19	30.61	5.51
90%	48.95	51.10	68.87	80.97	69.54	64.68	61.91	55.75	46.84	43.06	10.17
最大值	64.10	69.64	82.29	93.17	87.67	89.00	90.90	76.34	90.02	67.86	33.31
数目	5	14	41	46	68	64	68	58	76	89	35
总的数据库											
均值	1.38	2.82	6.12	5.62	6.85	5.58	5.33	4.22	4.88	5.29	1.81
标准差	4.94	7.62	14.21	13.84	13.79	11.85	11.17	8.68	8.44	8.01	2.82
最小值	0.00	0.00	0.00	0.00	0.00	0.00	0.00	0.00	0.00	0.00	0.00
10%	0.00	0.01	0.02	0.03	0.06	0.05	0.07	0.07	0.09	0.08	0.03
25%	0.02	0.04	0.10	0.11	0.30	0.24	0.35	0.35	0.48	0.49	0.15
50%	0.08	0.19	0.43	0.54	1.24	1.06	1.32	1.42	1.93	2.28	0.73
75%	0.56	1.38	3.58	3.02	5.57	4.27	4.40	4.15	5.36	6.63	2.36
90%	3.06	7.02	19.05	16.84	22.27	17.07	15.37	9.65	12.50	13.79	4.85
最大值	64.10	69.64	82.29	93.17	87.67	89.00	90.90	91.82	90.02	81.10	33.31
数目	362	497	670	819	992	1147	1275	1375	1556	1684	1933

* 模型是用 Lipper TASS 数据库中单个对冲基金的清算状态的年度观测值估计的，样本期间是 1994 年 1 月至 2008 年 8 月。

灭。较难以理解的是2004年的被清算概率的均值和中位数达到了所有年份的最大值，分别为11.24%和7.69%。一个解释为2004年之前的几年里对冲基金行业表现优异，这在导致对冲基金数量增加迅速的同时，也可能导致更多的基金竞争更加有限的套利机会，进而可能导致对冲基金面临更强烈的竞争和被清算的概率上升。表 4.28 中的数据中却没有显示2004年的被清算比率有显著上升。这可能是因为模型 V 中仅包含了被标记为"被清算"的基金，而这类基金可能在2004年间还未达到被移至 Graveyard 子数据库中的标准①，而其除此类基金外的其他基金则在同时间区间里达到了标准，因此模型 V 用2004年数据所估计的被清算概率较低。

总之，上述 Logit 模型的分析显示有一些共同的因素影响了对冲基金被清算的概率，这些因素为对冲基金过去的收益率、所管理的资产数额、新增投资额和成立的年限。给定这些因素，2004年对冲基金的被清算概率为11%，高于基于历史耗损率所计算的无条件均值8.8%（参见 Getmansky，Lo 和 Mei（2004））。这也说明到2004年左右，对冲基金的系统风险有所上升。

3. 域变模型（regime shifting）

前两小节分别从总体流动性不足和影响被清算概率的共性因素这两个角度，介绍了对冲基金所可能面临的系统性风险。下文则将关注由 Lo（1999）年所提出的锁相现象（phase-locking）。该现象是指某项资产的收益率的分布由于某种原因突然且离散性地发生非常明显的变化。导致这种现象的著名事件如1994~1995年的墨西哥比索危机、1997年的亚洲金融危机以及1998年的俄罗斯债务危机等。上述事件显然导致整个金融市场发生了剧烈波动；实际上，由于全球金融市场联系的愈加密切，几乎任何对冲基金都在这些事件里遭受了较为严重的损失。但由于这些事件发生的突然性，极少有对冲基金可以对其进行正确预测；甚至在事件发生的初期阶

---

① 由第一节可知，如果对冲基金连续8个月到10个月没有向 Lipper TASS 数据库报告信息，则其将被移至 Graveyard 子数据库。

段,投资者的行为被很多对冲基金视为套利机会。显然,对对冲基金而言,此类风险可被视为系统性风险。

Lo(2007)用一个域变模型来对对冲基金所面临的此类风险进行了刻画,运用 CS/Tremont 数据库中的数据估计出了该模型的参数。实际上,在此之前,域变模型已被很多学者应用于研究经济波动和资产配置的一些现象,如 Hamilton(1989)、Ang 和 Bekaert(2004)。Lo(2007)所选取的模型为两个状态的模型,即

$$R_t = I_t R_{1t} + (1 - I_t) R_{2t} \tag{4.71a}$$

$$R_{it} \sim N(\mu_i, \sigma_i) \tag{4.71b}$$

其中 I_t 为两个状态的马尔可夫链,其在第一个状态取值为 0,在第二个状态取值为 1。该马尔可夫链的转移概率矩阵为 P,它满足

$$P = \begin{pmatrix} p_{11} & p_{21} \\ p_{12} & p_{22} \end{pmatrix}$$

也即如果在 $t-1$ 时刻对冲基金的收益率处于状态 1,则在 t 时刻对冲基金仍处于状态 1 的概率为 p_{11},处于状态 2 的概率为 p_{12};如果在 $t-1$ 时刻对冲基金的收益率处于状态 2,则在 t 时刻对冲基金仍处于状态 1 的概率为 p_{21},处于状态 2 的概率为 p_{22}。从(4.71a)式可知,两个状态的分布不相同,且状态在每个时刻的变化为离散的和不可预测的。显然,由于 p_{11} 与 p_{12} 之和为 1,p_{21} 与 p_{22} 之和为 1,因此该模型共有 6 个未知参数。根据 Hamilton(1990),可用极大似然估计法对参数进行估计。

根据上述公式,Lo(2007)用 CS/Tremont 数据库中 14 个对冲基金的指数,通过极大似然估计法估计模型的六个参数。值得注意的是,用偏向卖空型基金指数、风险套利型基金指数和管理期货型基金指数所做计算的似然函数并不收敛,这可能意味着两状态的域变模型不太适合刻画这些指数的收益率分布。根据其他指数所估计的六个参数的值列示于表 4.29。

首先,看表 4.29 中的可转换套利型基金指数。该指数在第一个状态上的均值和方差分别为 15.3% 和 1.9%,而在第二个状态上的均值和方差为 -2.0% 和 5.8%。显然,第二个状态的收益率为负且波动较大,因此第二个状态的发生对该类型基金而言意味着危机来临。此外,从所估计的转移概率矩阵上看,第一个状态和第二个状态发生都具有很高的持续性;如果第一个状态在上一时刻发生,则下一时刻仍旧为第一状态的概率为 89.9%;如果上一时刻为第二个状态,则下一时刻为第二个状态的概率为

第四章 对冲基金经济学（一）：收益、风险和相关问题

表 4.29 为 CS/Tremont 对冲基金指数建立的两状态域变模型的最大似然参数估计值（1994 年 1 月至 2007 年 10 月）*

指数	p_{11}	p_{21}	p_{12}	p_{22}	年度化均值 状态 1	年度化均值 状态 2	年度化标准差 状态 1	年度化标准差 状态 2	$\log(L)$
CSFB/Tremont 对冲基金指数	100.0%	1.2%	0.0%	98.8%	9.4%	12.5%	3.7%	9.9%	433.0
可转换套利型	89.7%	17.9%	10.3%	82.1%	15.3%	−2.0%	1.9%	5.8%	524.7
偏向卖空型	23.9%	9.6%	76.1%	90.4%	−75.7%	8.1%	2.5%	15.7%	275.8
新兴市场型	100.0%	1.2%	0.0%	98.8%	15.9%	6.4%	7.8%	20.2%	309.2
股票市场中性型	100.0%	1.2%	0.0%	98.8%	7.7%	11.4%	1.9%	3.4%	576.5
事件驱动型	98.4%	46.1%	1.6%	53.9%	13.6%	−45.7%	3.9%	13.9%	492.7
濒危证券型	98.4%	57.5%	1.6%	42.5%	14.9%	−56.3%	4.5%	15.5%	469.3
事件驱动多重策略型	98.9%	41.3%	1.1%	58.7%	12.8%	−55.1%	4.6%	15.0%	469.0
风险套利型	0.0%	1.2%	100.0%	98.8%	6.8%	7.9%	0.0%	4.2%	599.4
固定收益套利型	94.0%	35.6%	6.0%	64.4%	9.4%	−10.8%	2.0%	5.9%	568.7
全球宏观型	100.0%	1.2%	0.0%	98.8%	13.3%	13.9%	3.6%	14.2%	403.0
做多/做空股票对冲型	99.0%	2.4%	1.0%	97.6%	9.1%	20.6%	6.3%	15.3%	383.0
管理期货型	13.4%	1.8%	86.6%	98.2%	2.0%	7.3%	0.0%	12.1%	328.5
多重策略型	98.9%	23.1%	1.1%	76.9%	11.0%	−7.3%	3.4%	9.2%	504.8

* 有阴影的行表示最大似然算法不能收敛。

82.1%；由第二个状态转至第一个状态的概率比第一个状态转至第二个状态的概率更高。显然，这意味着第一个状态的持续性更强。对于股票市场中性型基金指数、全球宏观型基金指数和做多/做空股票型基金指数而言，其六个参数的估计值也具备上述特征。而对于这三种指数，它们则在具备较高收益率的状态同时也具备较大的波动。这说明，对它们而言，较高的波动是获取较高收益的必要条件。

然后，根据这六个参数的估计值，可以计算马尔可夫链在两个状态极限分布的估计值。类似于对所有对冲基金总体上流动性不足风险的处理，Lo（2007）也对各指数在第二个状态上的极限概率做了某种加权，并以此作为总体上发生第二个状态的可能性的近似度量。他经过计算发现，经过加总处理的概率在 1994 年、1998 年均达到了局部最大值。如前所述，1994~1995 年的墨西哥比索危机和 1998 年的俄罗斯债务危机可能是该结果的原因。他还认为，从 2004 年的加总数据上看，多个对冲基金指数出现第一个状态的概率呈现上升的趋势。这可能预示着这些种类基金在将来会有越来越高的杠杆率和更多的资金流入，而这些极可能会导致这些类型基金的竞争更加剧烈，发生系统性风险的概率也会增加。

第六节　投资对冲基金的一个系统框架

本章前面所讨论的内容主要是从量化的角度介绍了对冲基金作为一个投资工具时所具有的收益和风险特征。显然，在包括这些特征在内的很多地方，对冲基金与传统的投资工具有较大差别，因此传统的构造投资组合的方法在很大程度上并不适用。那么，作为一个投资者，如何在众多的对冲及基金中构造合适的投资组合，以最大化自己的利益呢？虽然已经有越来越多的文献关注此问题，但多数都停留在关注以对冲基金经理的历史业绩和声誉为代表的事前尽责调查的过程上（due diligence process）。当然，这种方法有其优点，但其在很大程度上为定性的分析且可推广性较差。为了弥补这个空缺，Lo（2007）提出了一个类似于传统最优投资组合理论且能同时更好地体现对冲基金特性的统一分析框架。

Lo（2007）所建立的分析框架本质上为一个基于风险的在各对冲基金上进行资产配置的系统方法。一般认为，进行资产配置所采用的方法或者

第四章 对冲基金经济学（一）：收益、风险和相关问题

为纯量化的过程或者为纯定性的过程，Lo 的方法所揭示的投资过程是在统一的框架下融合了定量和定性的分析。Lo（2007）将构造投资组合的过程分为两部分：第一部分为用量化的方法在各种类型对冲基金之间分配投资权重，以构造总的投资组合；第二部分则为用定量和定性结合的方法在每种类型对冲基金中合理地分配资产权重以构造子投资组合。具体而言，构造过程可分为七个步骤。

①将对冲基金按照一定的标准划分为不同的类型，这些标准可以按收益和风险的关系或者投资策略的特征而定。一般要求每个类型中基金的投资策略比较相似，而且各基金具有类似的期望收益率和风险等；同时，同一类型中的基金的相关性要非常高。Lipper TASS 数据库中对基金类型的划分即为一个较好的例子。

②设定所构造的总投资组合的目标期望收益和方差。给定投资者的偏好和市场状况，可以给总投资组合设定一个合适的目标期望收益率 μ_0。该收益率可能随着不同的市场情况而不同。例如，在 2007 年时，一个在美国市场中使用股票市场中性策略的投资者设定 8% 的目标期望收益率也许较为合适；而在 1997 年时设定 15% 的目标期望回报则较为合适。在知道各子组合的方差和期望收益以及总组合的目标期望收益的前提下，用最小化总组合方差的方法，总组合的波动率也可被确定。投资者也可以设定一个波动率的上限 σ_0，并用此上限来调整 μ_0 的大小。当然，如何确定最优的目标收益和波动组合仍需要视市场情况的不同而定。事实上，确定最终组合本身具有定性的性质。

③设定每种类型对冲基金的子组合的目标期望收益和方差。计算总组合的波动率必须确定各类型的子组合的期望收益和方差。这个步骤在资产配置的过程中非常关键，因为整个过程中的收益和风险的权衡体现在此步中。需要注意的是，不管融资成本的高低，具有高风险的子组合也应该使之具有高收益，因为是资本的使用情况而非来源决定了其期望收益率。

一个可选的权衡收益和风险的方法是将收益率和风险因子联系起来的线性定价模型，如 CAPM 或 APT。对于对冲基金而言，可以考虑如下的定价模型：

$$\mu_i - R_f = \alpha_i + \beta_{i1}\pi_1 + \beta_{i2}\pi_2 + \ldots + \beta_{ik}\pi_k \qquad (4.72)$$

其中 β_{ij} 为子组合 i 收益对风险因素 j 的风险暴露；π_j 则为关于第 j 个风险因子的风险溢价；α_i 则代表了由于对冲基金主动管理所带来的价值。上式的含义为，子组合 i 超出无风险利率的收益由更风险因子的风险溢价和

主动管理的增加值所决定。对于对冲基金而言，可能的风险因素有：价格因素、行业因素、投资模式因素、波动率因素、信用因素、流动性因素、宏观经济因素和投资者情绪因素等。当然，如本章第一节所述，由于对冲基金的动态投资策略，其还面临很多动态的风险，如肥尾风险等。这表明上述线性模型可扩展为更复杂的非线性模型，有兴趣的读者可以参考 Chan 等（2004）以及 Haugh 和 Lo（2001）等文献。

根据（4.72）式，可用历史数据估计子组合 i 的风险暴露。同样，该估计量应该根据具体的市场情况来进行必要的调整。例如，对于基于固定收益证券的基金而言，其在 1998 年前后的收益和风险差别很大。一个可行的做法为用历史数据定量地估计收益率和波动率，并咨询相关的专业人士，同时结合定量和定性的方法决定目标的收益率和波动率。除此以外，还要定期地对目标收益率和波动率进行修正。

④计算不同类型对冲基金之间的相关系数。结合各类型基金的历史数据和事后检验[①]（back test），可以估计得到各类型基金之间的相关系数。当然，估计时要尽量考虑到各相关系数之间的非线性型，这种非线性性的例子如 1998 年前后各类型对冲基金间的相关性所发生的明显变化。当得到子组合 i 和 j 的相关系数的估计量 $\hat{\rho}_{ij}$ 时，可通过如下公式得到两者协方差的估计量：$\hat{\sigma}_{ij} = \hat{\rho}_{ij} \cdot \hat{\sigma}_i \cdot \hat{\sigma}_j$，其中 $\hat{\sigma}_i$ 和 $\hat{\sigma}_j$ 可以根据步骤③来估计。值得注意的是，这里没有直接估计而是事先估计相关系数再进行计算而得到两个子组合间的协方差。Lo（2007）认为这样做的原因有两个。第一，一些文献认为金融资产间的相关系数比协方差的时变性更小，如 Andersen, Bollerslev 和 Diebold（2004）等；此外，Engle（2002）认为时变的相关系数矩阵更加容易估计。第二，如果直接估计协方差矩阵，则估计得到的各自组合的方差很可能与步骤③中被设定的值不符；如果武断地把设定的协方差插入到协方差矩阵中，则很可能导致该矩阵负定，这又可能导致组合中的各资产所占权重不稳定等异象发生。

⑤按照设定的总投资组合的期望收益，利用均值方差准则计算每类子

[①] 所谓事后检验是指将过去已经发生的历史数据分为样本数据和样本外数据两部分，用样本数据估计市场风险计量方法或模型，然后用样本外的数据来检验基于估算结果所做的预测是否与实际发生的数据相一致，以检验计量方法或模型的准确性、可靠性，并据此对计量方法或模型进行调整和改进的一种方法。若估算结果与实际结果近似，则表明该风险计量方法或模型的准确性和可靠性较高；若两者差距较大，则表明该风险计量方法或模型的准确性和可靠性较低，或者是事后检验的假设前提存在问题。

组合在总组合中所占权重。通过步骤①到步骤④已经得到的变量分别为总组合的目标期望收益率（μ_0）、各子组合的期望收益率（μ）和各子组合的协方差矩阵（$\sum$）。给定这些数值，可以用最小化方差的方法计算最优的总组合的权重：

$$\min_{\omega}\{\omega'\sum\omega\}$$
$$\text{s.t.} \ \omega'\mu \geq \mu_0, \text{且} \ \omega'\iota = 1$$

用拉格朗日方法可容易地计算出最优的组合 ω^*。继而，组合的方差可以计算得出：$\sigma^* = \sqrt{\omega^{*'prime}\sum\omega^*}$。如果此 σ^* 高于6.1.2中小节所设定的波动率高于 σ_0，则应该对所设定的变量值进行调整，直到 σ^* 等于 σ_0 为止。显然，假设总资本额为 K^*，则投资于第 i 个子组合的资本为 $K_i^* = \omega_i^* K^*$。

⑥运用定性和定量结合的方法，按照对每种类子组合所设定的目标期望收益和方差，在各类型对冲基金内部最优地配置资产，从而构造最优的子组合。

给定分配给类型为 i 的对冲基金的资产额 K_i^*，在同属该类型的基金中也要实现资产的最优配置。当然，也可按照构造总组合的方式来配置子组合的资产。但由于同一类型的基金虽然投资策略类似，各基金在很多层面都具有无法量化的不同点，如对基金经理的激励约束结构的不同导致了操作风险（operational risk）存在差别。显然，这种操作风险的差别可能会导致对冲基金亏损甚至被清算的概率的不同；例如，Feffer 和 Kundro（2003）通过对过去20年来被清算的100多只基金研究的结论认为，超过半数被清算的原因可被归咎于操作风险。此外，对于一些新的基金成立，也无法用量化的方法刻画其风险与收益的特征。因此，需要用一些方法来近似地刻画这种差别。

Lo（2007）考虑了一种直觉性（heuristic）方法，即对无法量化的风险用评分的方法给予评价。可供参考的评分标准有：预期基金 k 的 α 值和风险；预期基金 k 与其他基金的相关程度；过去的业绩表现；事后检验（back test）的结果；风险控制水平；α 值和风险的透明度；操作风险的大小等。

⑦定期监控投资组合的业绩，并根据情况的不同而调整投资权重。如前所述，应定期地根据市场情况，按照步骤②到步骤⑥的方法来重新计算总组合和子组合的权重以及期望收益率和波动率，并和目标期望收益率和

波动率比较，如果不符，则需重新进行调整。

从直觉上，上述七个步骤可以为投资者提供一个框架性的分析方法，投资者可以按照此框架对对冲基金进行分析进而构造自己的投资组合。但事实上，由于不同投资者具有不同的偏好和约束，上述方法并不一定完全适用。Lo（2007）也承认，其所提出的方法只能被视为一个较为标准的模板，其目的在于为投资者的投资行为提供一个分析问题的视角；在具体构造组合时，上述步骤还应该根据实际情况做相应的调整。

不同于一些交易所交易的证券，各对冲基金之间具有很大的异质性，其风险和回报也有很大的动态性和非线性特征，因此，Lo（2007）也承认，在现存的数据量和对风险刻画的技术条件下，一个构造投资组合的完全量化的方法既非现实也非合适。因此，他的方法为在一个在统一的框架下同时综合了定量和定性的分析方法，其目的在于为投资者提供一个分析问题的角度。

值得注意的是，最优化理论告诉我们两阶段最优的结果必定不优于一阶段最优的结果。也即将所有对冲基金的视为一个大的资产池，从此资产池中一次性地最优决定各基金的组合权重；这种结果应该优于步骤①到步骤⑦所介绍的两阶段最优法。针对于此，Lo（2007）给出的理由为：第一，由于各对冲基金间的相关系数可能随时间发生突变（如 regime shifting 现象），这可能导致各基金的权重随时间很不稳定，而 Lo 的方法的第一阶段最优所计算的权重却要稳定得多；第二，相对于单个基金而言，不同投资策略所代表的收益率的均值、波动和相关性的趋势更全面和稳定地在按类型而划分子组合中得到体现；第三，定性的方法更适合用于刻画同一类型中不同基金间的差别；而如果将所有基金无差别地放入一个大资产池中，则定性的方法将很难进行操作。因此，Lo 认为其方法为现阶段条件下的最优选择：即在用定量的方法来度量不同类型基金间的业绩差异，同时用定量和定性结合的方法来度量同一类型中不同基金间的差别。

当然，随着对冲基金信息的不断透明化，以及对类似于操作风险的对冲基金特点的定量刻画更为精细，Lo 方法中的两阶段最优化也可逐渐演化为一阶段最优化。

第五章

对冲基金经济学（二）：若干专题

- 第一节　对冲基金的合约结构与杠杆投资
- 第二节　脆弱的资本结构和对冲基金的过度审慎
- 第三节　提前撤资限制的收益和损失

上一章主要从实证的角度介绍了对冲基金作为一种投资工具所具有的一些收益和风险特征，并从一定程度上揭示了对冲基金可获得超额收益的原因。本章则在承认对冲基金可获得超额收益的前提下，主要从对冲基金的合约结构的角度来探讨基金经理所选择的资本结构、资产组合中无风险资产和风险资产的配比，以及既定的合约结构对投资者和基金经理之间利益分配的影响。类似于整个金融学的研究框架，上一章的内容是从整个市场的角度来探讨对冲基金的定价，属于资产定价领域。本章的内容则将深入对冲基金内部，从合约的视角来考察投资者和基金经理之间的委托代理关系，以探讨合约中对投资者和基金经理权利义务的不同限制对双方最优行为的影响，进而解释基金经理在管理资产（Asset under Management, AUM）时所采用不同的杠杆率的内在原因、投资者选择提前撤资与否的决定机制和两个主体之间的利益分配，这属于"公司金融"的领域。

众所周知，从本质上讲，对冲基金是一种合伙人制的企业。其目的在于结合投资者的资金优势和基金经理天才的投资能力，运用杠杆交易和各种数量化的投资策略进行获利。既然是合伙人制的企业，那么合约中对投资者和基金经理的权利义务规定就显得异常重要，因为投资者和基金经理的目标函数往往不同。一般而言，比较重要的合约条款为，基金经理可以根据自己的判断选择投资策略并且对投资策略严格保密，其还可获得管理费（Management Fee）和绩效或激励费（Incentive Fee），并且可以作为投资者直接持有其所管理的基金的股份。投资者则可获得红利支付和投资期末的除支付基金经理报酬之外的全部资产，此外，投资者还可在一定的限制下选择在投资期末前撤出自己的投资。关于提前撤资，合约中一般规定投资者只能在其将资金交给基金经理后的一段时间内才可申请撤资，该时间被称为资产锁定期（lockup period）；并且在提交撤资申请后，基金经理有权在一定的时间之后才给予撤资，这段时间被称为提示期（notice period）。显然，基金经理的目标是最大化自己的薪酬，投资者则为在风险可控的条件下最大化自己的红利和期末所得的支付。而基金经理最大化自己薪酬的行为很可能使得基金过多地进行了杠杆融资，并使得投资者承担了过多的风险，进而对投资者造成损失。而投资者为了避免损失或者满足外生的流动性需求，可以选择提前撤资，而这会导致基金经理所管理的资产降低，进而使其所获酬金下降。因此，不同的合约结构必然导致对冲基金不同的资本结构和投资方式，进而导致对冲基金的 AUM 以及风险的不同，最终导致投资者和基金经理之间利益分配的不同。本章的关注点正在于此。

具体而言，本章分为三节来介绍合约结构的不同对投资者和基金经理行为的影响。第一节将参考 Lan，Wang 和 Wang（2010）的研究结果，从总体上介绍不同的管理费和激励费，以及投资者的撤资决定和基金经理直接持有基金股份的变化对基金经理所选择最优杠杆率的影响，并探讨由此所导致的基金经理和投资者之间的收益变化。

第二节则更为详细地探讨投资者提前撤资的行为对基金经理构造投资组合时选择风险资产和无风险资产比率的影响机制。该节区别于第一节的地方在于强调了投资者为异质性的个体，进而分析异质性投资者之间的博弈行为及均衡如何影响基金经理关于资本结构的决策。本节的内容主要参考 Liu 和 Mello（2009）的研究。

第三节则将介绍 Argon（2004）和 Andrew 和 Bollen（2009）的研究，以讨论撤资限制给投资者带来的收益和损失。首先，从实证的角度考察合约中关于投资者撤资的限制是否给投资者带来相应的补偿。其次，将从期权定价的角度建立理论模型，并用实际数据校准模型中的参数，进而估计这些限制给投资者可能造成的损失。

第一节　对冲基金的合约结构与杠杆投资

由上一章的实证数据可知，对冲基金可以获得经过市场风险调整后的超额收益。毋庸置疑，这种超额收益的获得来自于基金经理运用其投资技巧和复杂的分析工具对市场进行的研究。基金经理发现套利机会后，会综合运用杠杆交易和买空卖空来进行获利。事实上，基金经理利用基金所募集的资金来进行杠杆融资，并投资于各种价格偏离真实价值的资产的行为是对冲基金获利的主要途径。毫无疑问，杠杆融资在给对冲基金创造更多价值的同时也带来了更多的风险。因此，使用杠杆融资的程度不同对于对冲基金而言非常重要。一个被广泛承认的事实为，基金经理和对冲基金投资者的目标函数并不一致，因此基金经理很可能根据自己的利益最大化来设定融资的杠杆率，而对于投资者而言，该杠杆率却并不一定最优。基金经理和投资者之间存在委托代理关系。本节正是要关注对冲基金的投资者和基金经理之间所订立的关于双方利益分配的不同合约对基金经理所使用融资的杠杆率的影响。这里所说的合约，是指基金募集资金时所约定的关于基金经理的报酬规定、投资者撤出投资的规定和基金经理直接持股的规定等。事实上，本节也将主要关注这三种规定对杠杆率的影响。

关于基金经理的报酬，一般认为有两种。第一种为基金管理费，该费用一般为其所管理资产（Asset Under Management，AUM）的一个比率；另一种报酬为激励费（Incentive Fee），该费用的计算一般为 AUM 超过设定的阀值（该阀值一般被称为高水印值，High Water Mark）数额的一个比率。一般而言，激励费的比率会远高于管理费的比率。直觉上，当 AUM 接近于 HWM 时，基金经理会更加倾向于采用更高的杠杆率，以期使得 AUM 超过 HWM，并获得较高的激励费。因此，激励费具有某种看涨期权的特征。本节的内容将会证明，这种看涨期权的特征将会使得基金经理所获得的未来所有期激励费的期望贴现值是 AUM 的凸函数。而管理费则不同，因为其固定地为 AUM 的一个比率，因此其更多地呈现出一种股权的特征。

当投资者认为对冲基金表现较差或自身由于外生的原因有流动性需求时，其会要求撤出基金中的投资。但毫无疑问，这种行为会使得基金的 AUM 变得非常不稳定，其不利影响至少有两点。首先，基金经理的投资策略的顺利实施需要一个非常稳定的资产池，而由于投资者撤资所导致的 AUM 的不稳定，使得基金经理无法更好地实施其构思精巧的投资策略，进而无法获得更高的收益率。其次，投资者的撤资规模如果超出基金经理的预期，则其可能会提前折价变现一些原计划长期持有的风险资产，而这必然会导致原计划在投资期末获得较高回报的投资者的收益遭到损失，因此，所有的投资者都可能会提前撤资，这对对冲基金和基金经理的打击是致命的。基于此，对冲基金在募集资金的时候一般会对投资者的撤资行为做出限制。常见的限制分为两类：第一类为规定在募集资金之后的一段时间之内，投资者不能撤出投资，也即锁定（lockup）投资者的投资；第二种为规定投资者在提出撤资的申请后，基金经理有权在一段时间之后才按照当时所管理 AUM 的市场价值满足其撤资要求。考虑本节所有模型的一致性及模型的可解性，这里将不考察这两种对投资者撤资行为的限制（这两种限制将会在本章第二节与第三节探讨），而只是探讨给定投资者选择一定的撤资规则时，基金经理所选择的杠杆率的变化。

如前所述，由于基金经理的目标为最大化其管理费和激励费，而非最大化基金的 AUM，因此投资者的利益很可能会受损。为了解决这种利益的冲突，一种常用的做法为规定基金经理和一般的投资者一样，直接投资于该基金的 AUM，以期产生利益协同效应（incentive alignment effects）。本节的研究结果表明这种利益协同效应是存在的。

具体而言，本节将参考 Lan，Wang 和 Wang（2010）的研究，分六个部分来探讨不同的合约结构对基金经理所采用的杠杆率以及由此造成的投资者和基金经理之间的利益分配特征。第 1 小节为模型的假设；第 2~5 小节则分别探讨管理费、激励费、对投资者撤资行为的限制和基金经理直接持股这四种合约规定的影响。第 6 小节则为对本节模型的评论。

1. 模型的假设

【1】 环境

金融市场非有效，也即对冲基金可以通过自己天才的投资技巧来获得超额回报，而且这种技巧是无法复制和转移到其他人的（由于对冲基金经理对其投资策略保护得非常严格，因此该假设也是合适的）。下面用一个外生的连续时间模型来刻画基金经理的这种投资技巧所能获得的回报：

$$dR(t) = \mu dt + \sigma dB(t)$$

其中，$R(t)$ 代表所能获得实际收益，μ 为经过市场风调整后的平均收益，$B(t)$ 为标准布朗运动，σ 则为波动率。基金经理可获得的超额回报即 α 值为：

$$\alpha = \mu - r$$

其中 r 为无风险利率。

由于可以获得超额收益，因此对冲基金经理可以采取向证券经纪人借贷的方式来进行杠杆投资，进而获得更多的收益。用 W 代表对冲基金所管理资产的总额，用 D 代表投资于无风险资产的数额，则投资于风险资产也

即可以获得 α 超额收益的数额为 $W-D$。则对冲基金投资于风险资产的比率 π 为 $(W-D)/W$。当 D 为负值时，说明基金经理采用了杠杆融资的方式投资。关于边际融资成本一个相对合理的假设为其会随着对冲基金杠杆率的上升而上升，因为后者的上升意味着出借者的风险上升。因此，这里假设融资成本为

$$C(t) = rW(t) + \Gamma(\pi(t), W(t)) = [r + \gamma(\pi(t))]W(t) \quad (5.1)$$

其中，$\Gamma(\pi(t), W(t))$ 除无风险率之外的融资成本；$\gamma(\pi)$ 表示单位成本，其为正且单调递增的凸函数。显然，上式中的 $\Gamma(\pi, W)$、$\gamma(\pi)$ 为 W 和 D 的零次齐次函数，这是因为 W 和 D 同时上升一个倍数时，杠杆率并没有发生变化，因此借贷的平均成本没有发生变化。但由于 $\gamma(\pi)$ 为凸函数，如果 D 上升的速率较 W 快，则融资的边际成本和平均成本就要上升。当然，如果 $\pi \leqslant 1$，则对冲基金不会花费任何融资成本，而会获得无风险利率。因此，当 $0 \leqslant \pi \leqslant 1$ 时，$\gamma(\pi)$ 恒为 0。实际上，下文的分析将会表明，在一般情况下，对冲基金经理会选择一个大于 1 的杠杆率，而当对冲基金合约中设定了投资者可以撤出其投资的条款时，对冲基金经理会理性地使得 $0 \leqslant \pi \leqslant 1$，以使得基金的风险较低。

【2】 对冲基金的合约

对冲基金合约中，对基金经理和投资者的权利与责任设定很多且复杂。根据这里所关注的问题和这些设定可否被量化地进行刻画这两个标准，这里只选择对基金经理与投资者之间收益分成的设定和投资者撤去其资金的一些设定而言，合约中会从三个方面来规定基金经理的收益，即管理费（management fee）、激励费（incentive fee）和经营者股权激励（managerial ownership）。

对冲基金中的管理费一般为常数，或者在修正合约的时候随之进行修正，由于模型中主要关注的问题是在合约制定后，不同的合约结构对对冲基金经理行为的影响、对基金收益和风险的影响以及对基金收益分配的影响，因此在这里设定管理费率为常数 c。

激励费（incentive fee）具有某种期权的性质，因此其结构较为复杂。一般而言，当所管理的资产 AUM 超过某个阀值时，基金经理会获得超出部分的一个比例。该阀值被称为高水印值（High Water Mark，HWM）。这里考虑一个简单 HWM 设定的机制，也即第 t 期的 HWM 为截止到第 t 期为

止的最高的 AUM。用 $H(t)$ 代表第 t 期的 HWM，则有 $H(t) = \max_{s \leq t} W(s)$。当第 t 期的 $W(t) > H(t)$ 时，则当期的激励费为 $k[W(t) - H(t)]$；k 则为激励费率，且其一般会远大于管理费率 c。在实际情况中，HWM 还可能会随某种指数的上升而上升，如无风险利率等。用 g 表示 HWM 的增长率。此外，由于对冲基金固定地向投资者派发收益的行为会降低 AUM，那么 HWM 也会随之而降低；用 δ 代表派发收益的比率。因此，当 $W(t) < H(t)$ 时，有 HWM 的演化过程为：

$$dH(t) = (g - \delta)H(t)dt$$

显然，上述设定会导致激励费与对冲基金过去的表现紧密相关；从直觉上看，当 AUM 接近于 HWM 时，基金经理可能会采用一种更为激进的投资策略，以获得高额的激励费；这种动机可能会导致两种费率对基金所采用杠杆率和基金的风险会造成不同的影响，而这个不同的机制也正是下文的主要关注点。

股权激励则是对冲基金经理也必须持有 AUM 的一定份额。假定该份额所占比例为 ϕ。

对于投资者而言，他将获得扣除基金经理所得之外的全部收益。此外，投资者还拥有将其投资于对冲基金的资金撤出的权利。关于此权利的设定将在"模型三"中具体给出。

2. 模型一：只有管理费的情形

现在先考虑一个最简单的模型，也即假设没有激励费和股权激励；此外，假设投资者在单位时刻撤出资金的概率 λ 为外生给定，也即在 $(t, t + \Delta t)$ 的时间段内，投资者撤出资金的概率为 $\lambda \Delta t$。当资金被撤出时，投资者获得当期所有的 AUM，基金经理则获得 0 的收益。基于以上的分析，在投资者撤资之前，AUM 的演化过程为：

$$\begin{aligned} dW(t) &= \pi(t)W(t)(\mu dt + \sigma dB(t)) + (1 - \pi(t))rW(t)dt \\ &\quad - \Gamma(\pi(t), W(t))dt - \delta W(t)dt - cW(t) \\ &\quad - k[dH(t) - (g - \delta)H(t)d(t)] - dJ(t) \end{aligned} \quad (5.2)$$

其中，(5.2) 式中等号右边的第一项为基金所持有的杠杆率为 $\pi(t)$

时风险资产的总回报；第二项为无风险资产的回报；第三项为除无风险利率之外的融资成本；第四项为对冲基金每期按固定比率 δ 向投资者支付的收益；第五项为基金经理按固定比率 c 所收取的管理费；第六项代表基金经理所获得的激励费①（在此处的基准模型中，$k = 0$）；（5.2）式中的 $J(t)$ 则是一个纯跳跃过程（pure jump process），反映的是投资者撤回其投资对于对冲基金中资金的风险。

现在用 $M(W,H;\pi)$ 和 $N(W,H;\pi)$ 分别表示基金经理所收取的管理费和激励费的期望贴现值，则有其总的收益 $F(W,H;\pi)$ 为：

$$F(W,H;\pi) = M(W,H;\pi) + N(W,H;\pi) \quad (5.3)$$

这里，
$$M(W,H;\pi) = E_t\left[\int_t^\tau e^{-r(s-t)} cW(s)\, ds\right] \quad (5.4)$$

$$N(W,H;\pi) = E_t\left[\int_t^\tau e^{-r(s-t)} k(dH(s) - (g-\delta)H(s)ds)\right] \quad (5.5)$$

注意，τ 为投资者撤出资金的时刻；此外，（5.4）式和（5.5）式中采用无风险利率 r 作为贴现率的原因在于（5.3）式中等号右边第一项的回报已经为经风险调整后的回报。相应的，投资者所获的收益 $B(W,H;\pi)$ 为：

$$B(W,H;\pi) = E_t\left[\int_t^\tau e^{-r(s-t)}\delta W(s)ds + e^{-r(\tau-t)}\delta W(\tau)\right] \quad (5.6)$$

基金在第 t 期的总价值为基金经理所获收益和投资者所获收益的总和：

$$V(W,H;\pi) = F(W,H;\pi) + B(W,H;\pi) \quad (5.7)$$

显然，在上述合约的结构下，基金经理的最优化问题为：

$$\max_\pi F(W,H;\pi) = \max_\pi \{M(W,H;\pi) + N(W,H;\pi)\} \quad (5.8)$$

值得注意的是，上述目标函数中只有关于平均收益的特征，风险则没有被刻画，因此此处假设了对冲基金经理为风险中性的。当 $k = 0$ 时，（5.7）式所代表的最优化问题有显式的解析解如下：

①基金经理最优的总收益为：

$$F^*(W) = \frac{c}{c + \lambda + \delta - \alpha^*} W \quad (5.9)$$

其中，α^* 为常数：$\alpha^* = \alpha\pi^* - \gamma(\pi^*)$。显然，$\alpha\pi^*$ 为杠杆化后的总收益，而 $\gamma(\pi^*)$ 为融资的平均成本，因此 α^* 代表了杠杆化后的净收益。当 $\gamma'(1) < \alpha$ 时，最优的杠杆比率为 $\pi^* > 1$，且其满足 $\gamma'(\pi^*) = \alpha$。而当 0

---

① 事实上，只有 W(t) > H(t) 时，才会有激励费产生。W(t) ≤ H(t) 时，dH(t) = (g-δ) H(t) dt；而当 W(t) > H(t) 时，有 dH(t) > (g-δ) H(t) dt。且 AUM 超出 HWM 的数额为 dH(t) - (g-δ) H(t) dt。

$\leq \alpha \leq \gamma'(1)$ 时，最优的杠杆比率为 $\pi^* = 1$。

② 在这个最优的常数杠杆比率下，投资者所获得的收益 $B^*(W)$ 和对冲基金的总价值 $V^*(W)$ 为：

$$B^*(W) = \frac{\delta + \lambda}{c + \lambda + \delta - \alpha^*} W \qquad (5.10)$$

$$V^*(W) = F^*(W) + B^*(W) = \frac{c + \delta + \lambda}{c + \lambda + \delta - \alpha^*} W \qquad (5.11)$$

由上述最优解可知，在没有激励费的情况下，基金经理将会理性地选择一个常数的杠杆比率 π^*。当 $\gamma'(1) < \alpha$ 时，该杠杆比率大于1，因为在借贷为0时，多借贷一个单位的资金的成本小于求边际收益所获的收益，因此基金经理必然会选择借贷；相反的，如果 $0 \leq \alpha \leq \gamma'(1)$，则借贷的边际成本大于边际收益，因此不会选择借贷。

此外，对冲基金的市场价值 $V^*(W)$ 可视为 Gordon 红利增长的折现模型的一个近似值。如果没有管理费的支出、投资者收益的分配和撤出投资的风险，则对冲基金期望市场价值的增长率为 $r + \alpha^*$；由于存在这些支出和风险，对冲基金期望的市场价值的净增长率为 $r + \alpha^* - c - \lambda - \delta$。而每期投资者和基金经理所获得的红利之和为 $(c + \lambda + \delta)W$，且折现率为 r，因此根据 Gordon 红利增长的折现模型，基金当期的市场价值为：

$$V^*(W) = \frac{(c + \delta + \lambda)W}{r - (r + \alpha^* - c - \lambda - \delta)} = \frac{c + \delta + \lambda}{c + \lambda + \delta - \alpha^*} W$$

由 (5.10) 式和 (5.11) 式可知，基金经理和投资者各自所获得的总收益为基金市场价值的一个固定比例。这意味着对冲基金经理实际上已经成为了基金的股东，其隐性的股份份额为 $\frac{c}{c + \lambda + \delta}$。进而可以得出结论，在只支付基金经理管理费的合约结构下，不存在委托代理问题，经理人和基金投资者的利益是一致的。

当然，上述模型外生地假定了对冲基金经理投资风险资产时可以获得一个超额回报，而折现率却选择为无风险利率，因此对冲基金的市场价值高于投资者做投资的总额，$V^*(W) > W$。这显然否定了有效市场假说[1]，但在适应性市场假说的框架下，这种超额回报是可以长期存在的。此外，假设投资者之间是相互竞争的，则其无法获得超额回报，而只能获得和市

---

[1] 关于对冲基金和有效市场假说之间的关系，可以参考上一章第五节。

场风险相对应的回报,这要求 $B^*(W) = W$。根据(5.11)式可以得出,均衡的管理费率 c 等于 α^*。相应的,基金经理在均衡时的总收益为 $F^*(W) = \alpha^* W/(\lambda + \delta)$。

3. 模型二:同时包含管理费和激励费的情形

本小节将首先把激励费加入基准模型中,来从数学上探讨杠杆率以及投资者和对冲基金经理之间的利益分配情况。另外,本小节还将给理论模型赋予一定的参数值,以更形象地理解理论模型的经济学意义。

(1) 模型

对于基金经理而言,当基金的市场价值 $W(t)$ 接近于 $H(t)$ 时,基金经理可能会更愿意采用高杠杆的投资于风险资产,以期使得及基金的市场价值高于 HWM,进而可以获得很高比例的激励费。由此看来,激励费相当于持有了一份看涨期权的价值。直觉上,$H(t)$ 可被视为看涨期权标的物的执行价格,$W(t)$ 则可被视为期权标的物的市场价格;当 $W(t)$ 大于 $H(t)$ 时,期权将会被执行,反之则不会;但根据期权定价的原理,即使当 $W(t)$ 大于 $H(t)$ 时期权不会被执行,$W(t)$ 越接近于 $H(t)$,期权的价值也会越高,也即激励费会越高。下文的数值分析将验证上述论断。

根据此前对 $H(t)$ 演化过程的描述,可知当期 $W(t)$ 超过 $H(t)$ 时,会获得激励费 $k\Delta H(t)$($= k[W(t) - H(t)]$)。在 HWM 调整之前,基金经理所获得的所有收益的现值为 $F(H + \Delta H, H)$。当经理获得支付之后,AUM 也会随之调整为 $H(t) + (1-k)\Delta H(t)$;与此同时,HWM 也会瞬间提高到 $H(t) + \Delta H(t)$;则此时基金经理可获得的所有收益的现值为 $F(H + (1-k)\Delta H, H + \Delta H)$。由于在支付基金经理激励费和调整 AUM 与 HWM 的瞬间 $F(\cdot)$ 为连续的,则可有如下关系:

$$F(H + \Delta H, H) = k\Delta H + F(H + (1-k)\Delta H, H + \Delta H) \qquad (5.12)$$

通过令 ΔH 趋近于 0,且对上式进行一阶泰勒近似,可得到

$$kF_W(H, H) = k + F_H(H, H) \qquad (5.13)$$

第五章 对冲基金经济学（二）：若干专题

上式可以作为求解最优化问题（5.8）式的边界条件。根据相同的逻辑，也可以得到关于 $M(W,H)$ 与 $N(W,H)$ 的边界条件

$$kM_W(H,H) = M_H(H,H) \tag{5.14}$$

$$kN_W(H,H) = k + N_H(H,H) \tag{5.15}$$

此外，要得到（5.9）式的显示解，还应该有一个当 AUM 为 0 时的边界条件：$F(0,H) = 0$。该条件的经济学含义也很明显，也即当 AUM 为 0 时，对冲基金将不存在，相应的，对冲基金经理未来所有报酬的折现值也将为 0。

有了上述边界条件，可以用最优化原理来求解（5.8）式。首先，由（5.8）式的 Hamilton-Jacobi-Bellman（HJB）等式可知：

$$(r+\lambda)F(H,H) = \max_{\pi} cW + [\pi(\mu-r)+(r-\gamma(\pi)-\delta-c)]WF_W(W,H)$$
$$+ \frac{1}{2}\pi^2\sigma^2 W^2 F_{WW}(W,H) + (g-\delta)HF_H(W,H) \tag{5.16}$$

经过计算发现，最优的 $F(W,H)$ 对 W 和 H 具有一次齐次性。为了更方便阐释起见，利用 $F(W,H)$ 定义 $f(w) = F(W,H)/H$，其中 $w = W/H$；则经过运算之后可得到最优的杠杆率 π 为：

$$\pi(w) = \frac{\alpha - \gamma'(\pi(w))}{\sigma^2 \psi(w)}$$

其中，$\psi(w) \equiv -\frac{wf''(w)}{f'(w)}$；$f(w)$ 为下述（5.17）~（5.19）式的解：

$$(r+\lambda-g+\delta)f(w) = cw + [\alpha\pi(w)+r-\gamma(\pi(w))-g-c]wf'(w)$$
$$+ \frac{1}{2}\pi(w)^2\sigma^2 w^2 f''(w) \tag{5.17}$$

$$f(0) = 0 \tag{5.18}$$

$$f(1) = (k+1)f'(1) - k \tag{5.19}$$

且最优的 $F(W,H)$ 为 W 和 H 的一次齐次函数。从 $\psi(w)$ 的定义可知，如果 $f(w)$ 被视为基金经理的值函数，则 $\psi(w)$ 其可被视为他的风险相对厌恶系数。下文的分析将表明，在存在激励费以及 $W(t)$ 接近于 $H(t)$ 的情况下，$f(w)$ 会为凸函数，也即他会有风险偏好的特征。这种风险偏好的特征正好对应了基金经理会采用高杠杆的行为。

根据（5.14）式、（5.15）式和最优的 $\bar{\pi}(w)$，可以计算得出最优的 $M(W,H)$ 和 $N(W,H)$。可以发现，$M(W,H)$ 和 $N(W,H)$ 也对 W 和 H 具有一次齐次性；因此，也类似地定义 $m(w)$、$n(w)$ 与 $b(w)$。下面将用一个数值分析的例子，来具体阐释上述最优化结果的经济学意义，以探究包含

管理费和激励费的合约结构对基金经理是否使用了更高的杠杆率，以及在这种情况下基金经理和投资者之间收益的分配情况。

【2】 数值模拟和经济学分析：关于杠杆率和风险厌恶程度的度量

上文已经从数学上给出了在两种不同的合约结构下，对冲基金经理所选择的最优杠杆率和相应的收益分配情况。但由于上述最优化的解过于一般化，我们还无法对其经济学意义进行更深入地分析。基于此，这里将通过给出一个具体的融资的成本函数 $\gamma(\pi)$，并赋予上述各参数以具体的数值，以更加显式地得出两种合约结构下基金经理的最优行为和相应收益分配的变化。

对于融资的成本函数，设定其为如下形式：

$$\gamma(\pi) = \theta_1(\pi - 1) + \frac{1}{2}\theta_2(\pi - 1)^2 \quad \theta_1 \geq 0, \theta_2 \geq 0, \pi \geq 1 \quad (5.20)$$

显然，边际融资成本为 $\gamma'(\pi) = \theta_1 + \theta_2(\pi - 1)$。当 $\pi = 1$ 时，边际融资成本为 θ_1，且 θ_1 也为最低的边际融资成本；而 θ_2 则为每增加一个单位的杠杆率，边际融资成本的增加量。此外，边际融资成本为杠杆率的增函数。根据"模型一"的结论，最优的杠杆率 π^* 为常数，即

$$\pi^* = 1 + \frac{\alpha - \theta_1}{\theta_2}, \quad \alpha > 1$$

下文的数值模拟会把"模型二"的结论与"模型一"的结论相比较。

关于参数的数值，这里假定所有的收益率或概率的时间区间都为一年。设定无风险利率为 $r = 5\%$；每年支付给对冲基金的红利率为 $\delta = 5\%$；投资者每年撤出其所投资的资金的概率为 $\lambda = 5\%$；HWM 每年的增长率为 $g = 5\%$。由于 $g = \delta$，根据 $H(t)$ 的演化过程可知，除非 $W(t)$ 超过 $H(t)$，否则 HWM 将不会改变。此外，这里还设定 $\theta_1 = 0.25\%$ 和 $\theta_2 = 0.5\%$。关于对冲基金所获得的 α 值和波动率 σ，设定 $\alpha = 2.5\%$ 和 $\sigma = 10.7\%$，也即对冲基金每年可以获得 2.5 的超额平均收益和承受 10.7 的波动率。由于投资者之间的相互竞争，因此不同的合约结构必然会有不同的激励费率 k 和管理费率 c，以保证他们在均衡时只能获得无风险收益。经过验证可以发现，在"模型一"中，设定 $c = 7.56\%$ 可以使得投资者的总收益为无风险收益，也即满足 $B^*(W) = W$。对于"模型二"，设定 $c = 2\%$ 和 $k = 20\%$（事实上，此比率也为文献中常用的比率）可使得投资者的总收益为

无风险收益,也即有 $\bar{B}(W,H) = W$,或者 $\bar{b}(w) = 1$。

给定上述具体的融资成本函数和参数值,我们可以分别对模型一和模型二做数值计算。首先,根据模型一,可容易地得出,$\pi^* = 5.5$ 和 $\alpha^* = 7.56\%$;显然,基金经理会使用借入资金和基金原有资金的比例为 $4.5:1$,这种杠杆策略使得基金获得超额收益为 7.56%,远高于零杠杆率时的超额收益率 2.5%。

其次,当存在激励费($k > 0$)时,可以利用上述参数值并根据模型二的结论得出最优的杠杆率。图 5.1 画出了两个模型中杠杆率和 AUM 市场价值 w 之间的关系。其中,实线代表的是模型二中的最优杠杆率,虚线则代表模型一中的最优杠杆率。直觉上,合约中规定付给基金经理激励费会使得其维持更高的杠杆率,以获取激励费;这可以从图 5.1 中较容易地看出。例如,除 $w = 0$ 外,模型二的最优杠杆率都要高于模型一;当 $w = 1$ 时,模型二的最优杠杆率为 6.45,高出模型一 17%。而在 $w = 0$ 处,两模型中的最优杠杆率相等,这是因为此时投资者将会撤出资金,基金经理已经没有可以施展其天才投资技巧的资本,因此是否存在激励费不会对最优杠杆率产生影响。

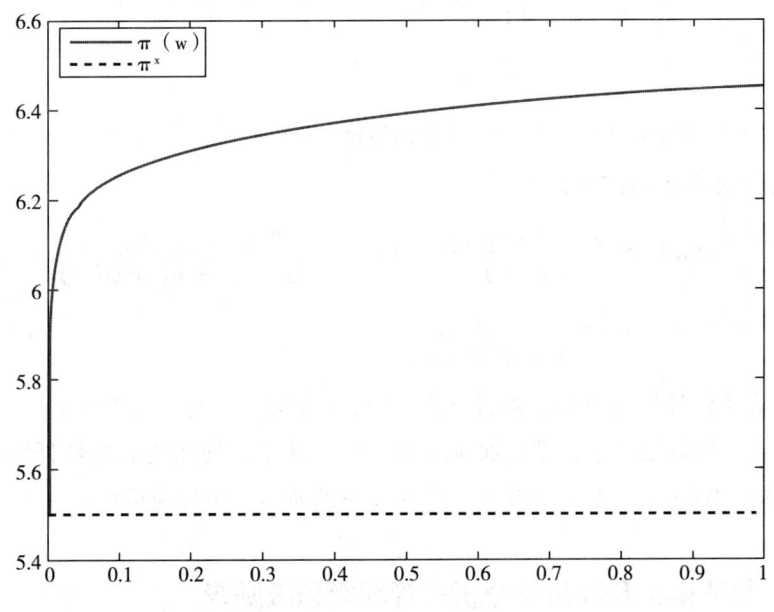

图 5.1　动态投资策略 $\pi(w)$

注:实线表示的合约结构为:$c = 2\%$ 和 $k = 20\%$;虚线表示的合约结构为:$c = 7.56\%$ 和 $k = 0$。两种合约结构都满足 $e(1) = 1$。其他的参数取值为:$r = 0.05$,$\lambda = 0.05$,$g = 0.05$,$\delta = 0.05$,$\theta_1 = 0.25\%$ 和 $\theta_2 = 0.5\%$。

此外，从两个模型中不同的风险厌恶的度量 $\psi(w)$ 上，也可看出激励费会使得冲基金承担过多的风险。图 5.2 展示了两种合约结构下的 $\psi(w)$ 与 w 的关系。由基准模型的结论可知，$\psi^*(w) = 0$，这可被视为对冲基金经理为风险中性的；而模型二中则有 $\bar{\psi}(w) = -w\bar{f}''(w)/\bar{f}'(w)$；且有：

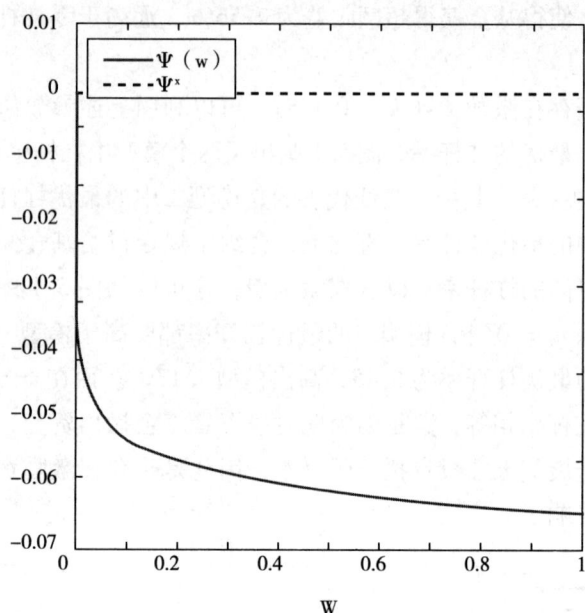

图 5.2　基金经理的值函数的风险规避系数 $\psi(w) \equiv -\dfrac{wf''(w)}{f'(w)}$。由于 $f(x)$ 为凹函数，因此其风险规避系数为负

$$\begin{aligned}\bar{\pi}(w) &= \frac{\alpha - \gamma(\pi(w))}{\sigma^2 \psi(w)} = \left(1 + \frac{\alpha - \theta_1}{\theta_2}\right)\frac{1}{1 + \theta_2^{-1}\sigma^2 \bar{\psi}(w)} \\ &= \pi^* \frac{1}{1 + \theta_2^{-1}\sigma^2 \bar{\psi}(w)}\end{aligned} \tag{5.21}$$

从 (5.21) 式可知，当且仅当 $\bar{\psi}(w) < 0$ 时，会有 $\bar{\pi}(w) > \pi^*$。这也意味着，只有当基金经理更加风险偏好时，其才会使用更高的杠杆率来进行投资。实际上，除 $w = 0$ 外，图 5.2 中的 $\bar{\psi}(w)$ 全都为负值。

【3】数值模拟和经济学分析：管理费和激励费

图 5.3 中的最左边两幅图列出了管理费 $m(w)$ 和激励费 $n(w)$ 随 w 而变化的情况。毫无疑问，两者都随着 w 的上升而上升。另外一个重要的特

点是激励费在基金经理总收益中的比重要大于管理费；例如，$n(1) = 0.54$，而 $m(1)$ 却只有 0.20。此外，由于激励费具有其看涨期权的特征，也即当标的物的市场价值 w 越接近于 1 时，其内含价值 $n(w)$ 的增加量也就越高，因此 $n(w)$ 为凸函数；而由于要保证 $\bar{b}(w) = 1$，$m(w)$ 被 $n(w)$ 所"挤压"，前者被迫成为凹函数。$n(w)$ 和 $m(w)$ 的凸凹性，从图 5.3 的中间两幅图中也可以看出。也即 $n'(w)$ 为单调递增函数，而 $m'(w)$ 则为单调递减函数；类似地，由于 H 的增加导致看涨期权的执行价格上升，看涨期权的价值也会随之而下降。因此，图 5.3 最右边的 N_H 为递减函数；同样，由于要保证 $\bar{b}(w) = 1$，当 H 增加时，M 受到 N 的压力较小，因此前者 N_M 为递增函数。

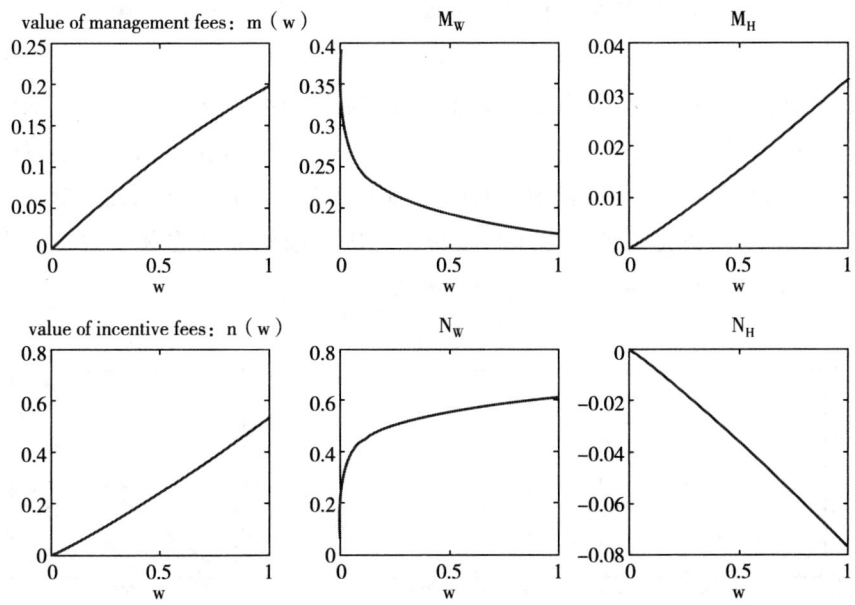

图 5.3　基金经理所获总支付的分解图：分解为管理费的折现值和激励费的折现值

此外，值得指出的是，由于在基金经理所获得的总收益 $F(W,H)$ 中，激励费所占的比重较大，因此 $F(W,H)$ 也具有凸函数的特征，这可以从图 5.4 中较容易地看出：F_W 为递增函数，F_H 则为递减函数。

[4] 数值模拟和经济学分析：投资者的总收益 B(W,H)

由于基金经理具有获得激励费的权利相当于持有一种看涨期权，而且

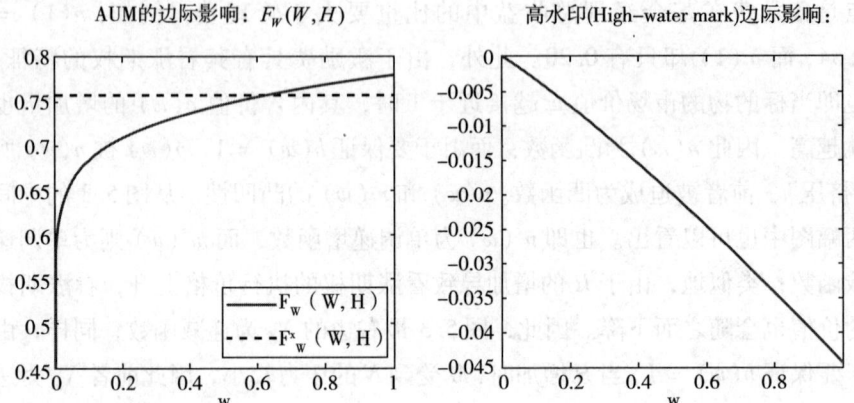

图 5.4 AUM 和高水印对基金经理总收益 $F(W,H)$ 的边际影响

如前所述,激励费所带来的收益在基金经理所获得总收益中所占比重最大,因此从总体上看,投资者的收益将会具有某种持有看涨期权空头的特征。这可以从投资者图 5.5 中较容易地看出。首先,从最左边的图可以较为明显地看出 $b(w)$ 为凹函数。右面两幅图则表明随着 w 的增加,期权标的物的市场价格会更加接近于执行价格,因此投资者的边际收益将会下降,这表现在 B_W 为减函数,B_H 为增函数。

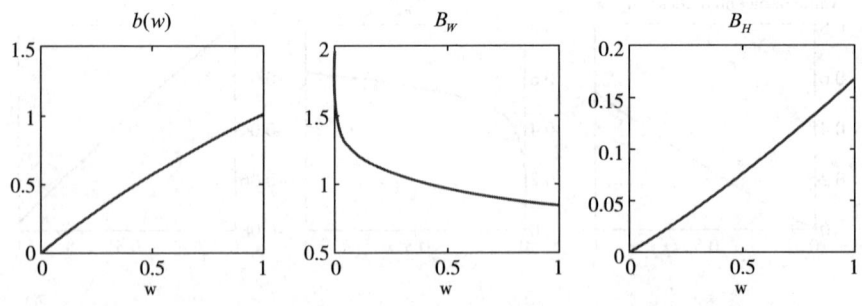

图 5.5 投资者所获的收益 $b(w)$ 以及 B_W 和 B_H 随 w 而变化的示意图

【5】数值模拟和经济学分析:对冲基金的市场价值 $V(W,H)$

图 5.6 中可展示了对冲基金市场价值 $v(w)$ 随 w 而变化的情况。显然,图 5.6 的最左边图表明,$v(w)$ 从总体看为凹函数,也即支付对冲基金经理的激励费会使得对冲基金的市场价值也呈现卖空看涨期权的特征。此外,图 5.6 右面的两幅图则表明随着 AUM 的增加,投资者由于期权标的物的实

际价格接近执行价格所导致的边际收益的下降超过了基金经理边际收益的上升,因此 V_W 为减函数,而 V_H 则为增函数。

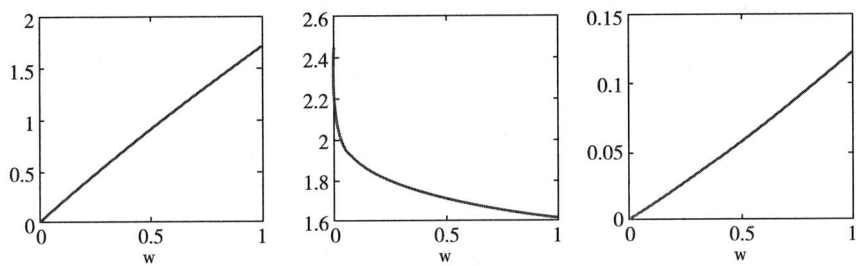

图 5.6 基金总价值 $v(w)$ 以及 V_W 和 V_H 随 w 而变化的示意图

4. 模型三:投资者撤出资金的行为和基金经理的投资策略

如本节开始时所说,对冲基金的合约中也会规定投资者的权利,其中被普遍认为最重要的权利就是投资者撤出其投资的权利。对投资者而言,当对冲基金表现很差且预期其可能更差时,撤出资金并投资于其他的渠道也许是更为明智的选择。这里假设一种最简单的情形,即当对冲基金的市场价值 $W(t)$ 低于 $H(t)$ 的 s 倍时 ($0 \leqslant s < 1$),投资者会选择撤出投资①。而对于基金经理而言,投资者撤出投资的结果是对冲基金遭到清算,其也无法获得任何的报酬,因此基金经理会极力避免这种情况发生。由于杠杆率越高,AUM 波动的幅度也就越大,进而,$W(t)$ 低于 $H(t)s$ 倍的概率也会上升;因此可以预见,基金经理选择的杠杆率会有所降低;当 $W(t)$ 接近于 $sH(t)$ 时,基金经理甚至会将杠杆率降低到小于 1,以持有正的无风险资产,最终降低投资者撤出资金的概率。

我们可以证明,当模型二中加入投资者撤出资金的权利时,基金经理

---

① 实际上,由于一只对冲基金可能有很多投资者,因此当对冲基金发生一定的损失时,一些投资者由于无法承受此损失而撤出投资,或者一些投资者因为外生的原因撤出投资,则其他投资者会从撤出投资的人的行为推断对冲基金可能发生了很大的损失,因此会出现一种类似银行挤兑的现象。这会在下一节进行分析。

所选择的杠杆率会发生很有趣的变化。具体为:

① 基金经理总收益的折现值 $F(W,H)$ 为 W 和 H 的一次齐次函数,满足 $F(W,H) = f(w)H$;且 $f(w)$ 为下述微分方程的解:

$$(r + \lambda - g + \delta)f(w) = (c + \delta + \lambda)w + \mu_w f'(w) + \frac{1}{2}\pi(w)^2\sigma^2 f''(w) \tag{5.22}$$

$$\mu_w(w) = [\alpha(w) + (r - \gamma(\pi(w)) - g - c)]w$$

边界条件为:

$$f(s) = 0$$
$$f(1) = (k+1)f'(1) - k$$

此外,$f(w)$ 在区间 $[s,1]$ 中为连续函数。

② 最优的杠杆率为在 $[s,w_L]$、$[w_L,w_H]$ 和 $(w_H,1]$ 这三个相连的区间上取不同的值。

(i) 当 $w \in (w_H,1]$ 时,$\pi(w) = \dfrac{\alpha - \gamma'(\pi(w))}{\sigma^2 \psi(w)} > 1$;其中,$\psi(w) \equiv -\dfrac{wf''(w)}{f'(w)}$;

(ii) 当 $w \in [w_L,w_H]$ 时,$\pi(w) = 1$;

(iii) 当 $w \in [s,w_L]$ 时,$\pi(w) = \dfrac{\alpha}{\sigma^2 \psi(w)} \leqslant 1$

图 5.7 给出了最优杠杆率在三个区间上的变化情况。需要指出的是,图 5.7 中选择的 s 为 0.5。为了保证 $b(1) = 1$ 成立,c 与 k 被调整为 2.45% 和 20%。相较于模型二,此处的 c 被调高的原因在于投资者拥有了撤出资金的权力后其收益会上升,而投资者之间的竞争导致了其必须在 c 或 k 之间做出让步;这里选择调高 c。其他的参数则和模型二中的参数一样。根据这些参数和上述最优解的形式,可以计算得出 $w_L = 0.61$ 和 $w_H = 0.63$。如图 5.7 所示,相较于模型二中 $s = 0$ 的情况而言,最优的杠杆率在三个区间上的形态有较大差别。

首先,当 $w \in (0.63,1]$ 时,基金经理所选择的最优杠杆率大于 1。但相较于模型二而言,杠杆率有较大幅度地降低。如当 $w = 1$ 时,最优的杠杆率 $\pi(1) = 2.60$,远低于模型二中的 6.45。显然,投资者撤出投资的权利使得基金经理不敢过于冒险。

其次,当 $w \in [0.5,0.61)$ 时,基金经理将不但不会借贷,反而持有一部分为正的无风险资产。显然,这种情况下,即使投资于风险资产可以获得高于无风险利率的超额回报,但是为了防止投资者撤出投资,基金经理理性地选择了持有为正的无风险资产,以保证基金市场价值以较高的概率高于 $H(t)/2$。保证生存成为基金经理的第一要务。

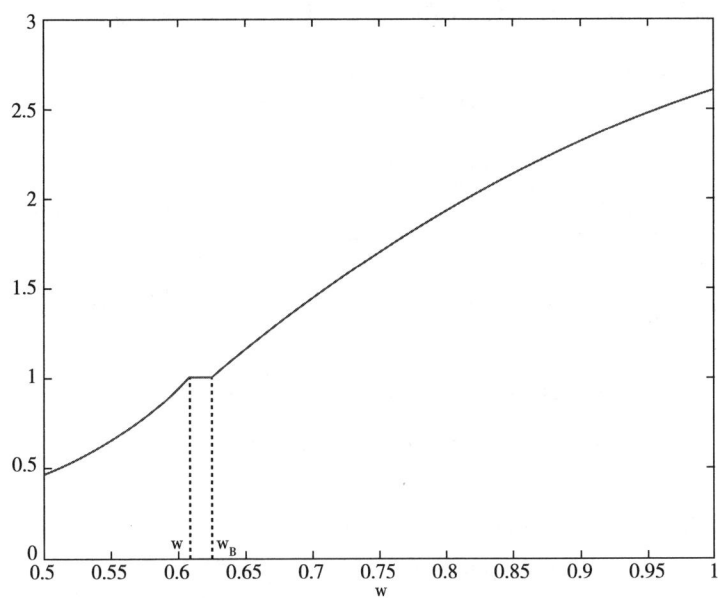

图 5.7　当投资者拥有撤资的权利时 $\pi(w)$ 的变化图

其中 $b = 0.5$,$e(1) = 1$,$r = 0.05$,$\alpha = 0.025$,$\sigma = 10.7$,$\lambda = 0.05$,$g = 0.05$,$\delta = 0.05$,$\theta_1 = 0.25\%$ 和 $\theta_2 = 0.5\%$。

最后,当 $w \in [0.61, 0.63]$ 时,基金经理不会借贷,但会将基金的全部 AUM 投资于风险资产;也即最优的杠杆率为 1。这种策略反映了基金经理在保证基金安全性和获得风险资产超额收益之间的一种权衡。具体而言,当杠杆率为 1 时,融资的边际成本为 $\theta_1 = 0.25\%$,而在区间内 $[0.61, 0.63]$ 进行融资的边际成本却低于此 0.25%,因此基金经理理性地选择了不融资。

图 5.8 则给出了当存在投资者撤出投资的权利时基金经理全部收益 $f(w)$ 与 w 的关系。如图所示,相对于模型二而言,$f(w)$ 有较明显的下降。这是由于投资者的这种权利会降低对冲基金存在的平均寿命,还会导致基金经理选择更低的最优杠杆率。而这两种结果都会导致 $f(w)$ 下降。

图 5.8 右面的一幅图则展示了风险规避程度的度量 $\psi(w)$ 与 w 的关系。如图所示,在整个 $[0.5, 1]$ 的区间上,$\psi(w)$ 都为正值。当 $w = 0.5$ 时,投资者撤出投资的可能性最大,因此,此时基金经理会持有非常多的无风险

证券；相应的，他的理性行为表现出非常强的风险厌恶特征，此时的 $\psi(w)$ 达到最大值 4.64。即使 $w=1$ 时，基金经理也会表现出相当程度的风险厌恶，$\psi(w)$ 达到 0.49。模型二中的 $\psi(w)$ 却全都为负。这意味着赋予投资者撤出资金的权利会使得对冲基金经理变得非常的风险厌恶。

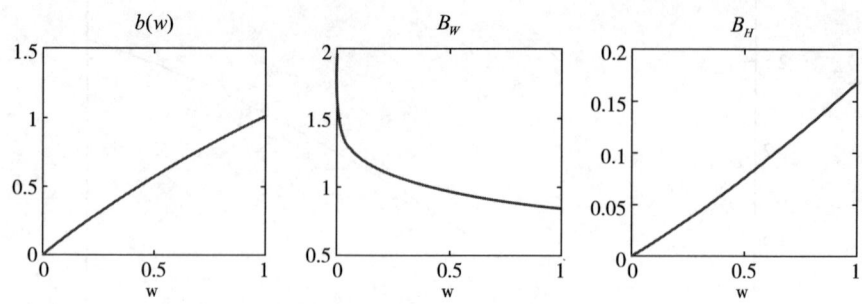

图 5.8　当投资者拥有撤资权利时基金经理总收益 $f(w)$ 和

相应的风险规避系数 $\psi(w) \equiv -\dfrac{wf''(w)}{f'(w)}$ 的变化图

上述对对冲基金经理行为的分析表明，当赋予投资者撤出投资的权利时，基金经理为了自身收益最大化，会理性地选择较低的杠杆率。而由于对冲基金的投资者一般更关注平均收益，因此，基金经理的这种行为显然不符合投资者的利益。这个分析也解释了对冲基金合约中会常常规定一个最低杠杆率的现象。按照与模型二中同样的方法，可以计算得出最优的具有相同齐次性的 $M(W,H)$、$N(W,H)$、$B(W,H)$ 和 $V(W,H)$，以及相应的 $m(w)$、$n(w)$、$b(w)$ 和 $v(w)$。图 5.9 则展示了上述四个变量与 w 的关系。从图中可以看出，首先，上述变量都是 w 的增函数。而且，当赋予投资者可以撤出投资的权利时，由于激励费的期权效应仍旧存在，因此 $m(w)$ 仍为凹函数，而 $n(w)$ 则为凸函数。$b(w)$ 则发生了较为有趣的变化。从图 5.9 左下角的图中可以看出，当 w 接近于 1 时，其呈现凹函数的特征，这显然是由于基金经理获得激励费的权利导致投资者隐性地持有了一个看涨期权空头；但当 w 接近于 0.5 时，$b(w)$ 却呈现出凸函数的特征；这表明 w 越低，投资者的收益定会下降，但边际收益的下降量却越来越低，也即投资者的边际损失越来越小。这显然是因为 w 越接近于 0.5，投资者越可能选择执行撤出投资的权利，其投资收到保护的可能性也就越强，因此在 0.5 附近，每降低一个单位的 w，投资者的边际损失也会下降。最后，从右下角的图可以看出 $v(w)$ 呈现出凹函数的特征，这表明从总体上看，投资者收益中呈现凹性的部分和和基金经理管理费的凹形占据了主要地位。此外，值得注意的是，由于当 $w=0.5$ 时投资者会撤出所有的投资，因此基金的市场价值 $v(w)$ 也会等于0。

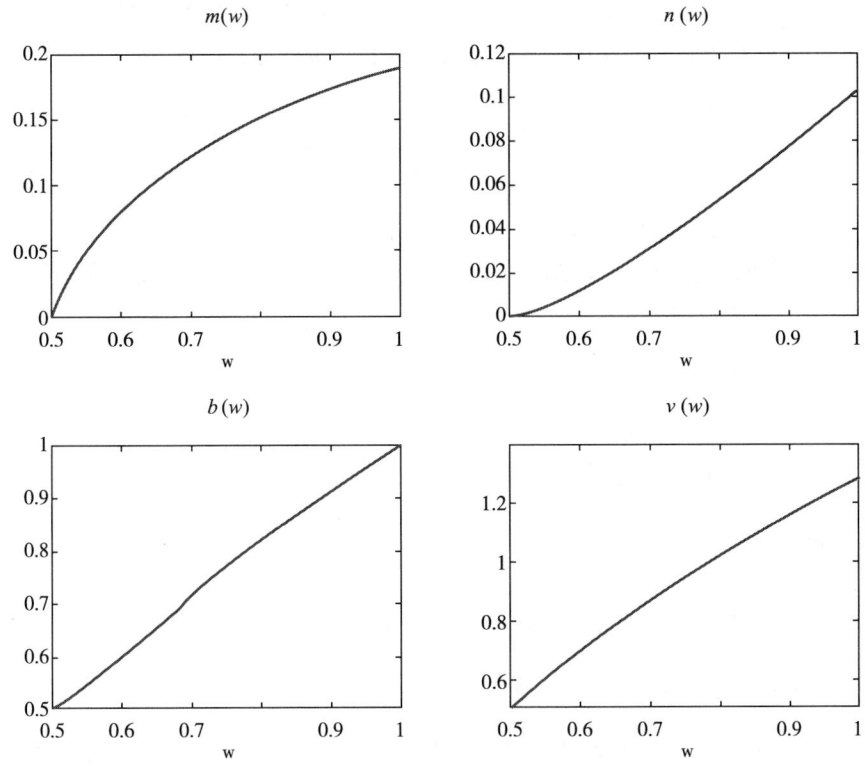

图5.9 在投资者拥有撤资权利时 $m(w)$、$n(w)$、$b(w)$ 和 $v(w)$ 与 w 的关系

5. 模型四：基金经理直接持股与其投资策略

在对冲基金的合约中，另一个经常被规定的条款为要求对冲基金经理直接持有基金的一定股份。如此规定的目的在于使得对冲基金经理和投资者的利益更加一致，以减少由于委托代理冲突给投资者造成的损失。考虑一种最简单的情形，即在模型三的框架中赋予基金经理直接持有基金比例

为 ϕ 的权利；如此一来，除管理费和激励费之外，基金经理还将获得投资回报，即 $\phi B(W,H)$。于是，此时基金经理的值函数变为：

$$Q(W,H) = \max_{\pi} M(W,N) + N(W,N) + \phi B(W,H) \quad (5.23)$$

通过与模型三类似的方法，可以对 (5.23) 式进行求解，结论如下：

① $Q(W,H) = q(w)H$；其中 $q(w)$ 为下面微分方程的解：

$$(r + \lambda - g + \delta)q(w) = (c + \phi(\delta + \lambda))w + \mu_w q'(w) + \frac{1}{2}\pi(w)^2 \sigma^2 w^2 q''(w) \quad (5.24)$$

$$\mu_w(w) = [\alpha(w) + (r - \gamma(\pi(w)) - g - c)]w$$

边界条件为：$q(0) = \phi s$ 与 $q(1) = (k+1)q'(1) - k$。且 $q(w)$ 在区间 $[s,1]$ 中为连续函数。

② 最优的杠杆率为在 $[s,w_L]$、$[w_L,w_H]$ 和 $(w_H,1]$ 这三个相连的区间上取不同的值。

（i）当 $w \in (w_H,1]$ 时，$\pi(w) = \dfrac{\alpha - \gamma'(\pi(w))}{\sigma^2 \psi(w)} > 1$；其中，$\psi(w) \equiv -\dfrac{wq''(w)}{q'(w)}$；

（ii）当 $w \in [w_L,w_H]$ 时，$\pi(w) = 1$；

（iii）当 $w \in [s,w_L)$ 时，$\pi(w) = \dfrac{\alpha}{\sigma^2 \psi(w)} \leq 1$

从直观上看，模型四的结论与模型三的结论并无二致，但下文的数值分析会说明加入基金经理直接持股的约束后，基金经理的投资策略也会发生较为有趣的变化。为了更为清晰地说明直接持股比例 ϕ 对基金经理选取最优杠杆比率的影响，下文将分两个步骤来做数值分析。首先，考察 ϕ 变化的直接效应，也即固定管理费率和激励费率的数值，但变动持股比例 ϕ，以考察不同的 ϕ 对最优杠杆比率、基金经理与投资者收益分配的变化。其次，将考察市场均衡的效应，也即考虑投资者之间相互竞争的作用。调整变动 ϕ、c 和 k 的大小，以保证在均衡的状态时投资者只获得无风险收益，并考察此时基金经理的最优投资策略。值得注意的是，Lan, Wang 和 Wang (2010) 指出，由于投资者撤出投资的权利存在与否对此处分析 ϕ 的作用没有本质的影响，因此下文的分析将设定 $s = 0$。

对于直接效应，这里设定管理费率固定为 $c = 2\%$ 和 $k = 20\%$。表5.1 列出了当 ϕ 从 0 变化至 1 时对冲基金的杠杆率、基金经理收益 $f(w)$ 和投资者总收益的变化情况。如模型二所述，$c=2\%$、$k=20\%$ 且 $\phi=0$ 时，投资者正好获得无风险的收益。而由于基金经理有获得激励费的权利，因此激励费所带来的看涨期权效应使得基金经理更愿意选择更高的杠杆率；表中的数据显示，此时的杠杆率为 6.45。当 ϕ 逐渐上升时，基金经理将更多地作为一个投资者来管理对冲基金，因此其最优化的目标将越来越趋向于对冲基金市场价值的最大化，进而当 w 接近于 1 时其获取激励费的动机将会降低，相应的，其所采用的最优杠杆率也会降低；这可以从表中不断下降的杠杆率和激励费中得到验证。与此同时，由于基金经理越来越趋向于最优化对冲基金的市场价值，因此其管理费 $n(1)$、投资者所获的收益 $b(1)$ 和基金的市场价值 $v(1)$ 则逐渐且显著地上升。例如，当 ϕ 从 0 增加到 0.75 时，投资者总收益和基金的市场价值分别上升了 23.8% 和 9.7%。总而言之，从直接效应上看，ϕ 的上升会降低对冲基金经理所选择的杠杆比率。

表 5.1　　基金经理直接持股对各个变量所造成的影响

ϕ	$\pi(1)$	$m(1)$	$n(1)$	$f(1)$	$e(1)$	$v(1)$
0	6.4515	0.2022	0.5346	0.7368	1	1.7368
0.25	5.4832	0.2312	0.4901	0.7213	1.1443	1.8656
0.5	4.9543	0.2437	0.4561	0.6998	1.2053	1.9051
0.75	4.6325	0.2497	0.4321	0.6818	1.2348	1.9166
1	4.4179	0.2527	0.4151	0.6678	1.2508	1.9186

由于投资者之间的相互竞争，所有超过无风险收益的超额收益都将作为租金由基金经理获得，因此上述由 ϕ 上升所导致投资者收益的增加实际上不会真正由投资者所得到。在均衡时，必然有 $b(1)=1$。下面将考虑一种特殊的均衡条件组合 $\{\phi,c,k\}$，在此均衡条件下，基金经理会始终选择一个为 1 的最优杠杆率；也即当杠杆率为 1 时，在边际上增加一个单位的杠杆率所带来的激励费的增加量恰好等于其在管理费和直接持股所得收益的边际减少量之和，因此，基金经理此时不会增加杠杆率。该组合的特征如下。

当基金经理直接持股的比例满足如下条件：

$$\phi = 1 - \frac{\alpha^*}{\delta + \lambda} \text{ 且 } \alpha^* = \alpha\pi^* - \gamma(\pi^*)$$

则基金经理将选择一个为常数的最优杠杆比率 π^*：$\gamma'(\pi^*) = \alpha$。此时，如果要求均衡条件 $b(1)=1$ 成立，则要求激励费为：

$$k = \frac{\delta + \lambda - (\alpha^* - c)}{\delta + \lambda - \eta(\alpha^* - c)} - 1$$

$$\eta = \frac{(\widetilde{\pi}\sigma)^2 - 2(\alpha^* + r - g - c)}{2(\pi^*\sigma)^2}$$

$$+ \frac{\sqrt{((\pi^*\sigma)^2 - 2(\alpha^* + r - g - c))^2 + 8(r + \lambda - g + \delta)(\pi^*\sigma)^2}}{2(\pi^*\sigma)^2}$$

类似于模型一的结论，当基金经理按照上述最优杠杆率进行投资时，基金经理所获激励费、投资者所过的总佣金和投资者所获得的收益分别为：

$$n(w) = \frac{k}{\eta(k+1)} w^\eta$$

$$f(w) = \frac{c}{c + \delta + \lambda - \alpha^*} w + \frac{\delta + \lambda - \alpha^*}{c + \delta + \lambda - \alpha^*} \frac{k}{\eta(k+1) - 1} w^\eta$$

$$b(w) = \frac{\delta + \lambda}{c + \delta + \lambda - \alpha^*} w - \frac{\delta + \lambda}{c + \delta + \lambda - \alpha^*} \frac{k}{\eta(k+1) - 1} w^\eta$$

相应的，基金经理总的收益为 $q(w) = f(w) + \phi b(w) = w$，基金的市场价值则可表示为 $v(w) = b(w) + f(w)$。

为了便于进行数值分析，这里设定 c 恒等于 2%；根据上述结论计算得出相应的 k 且 ϕ 分别为 27.4% 和 0.244。此外，为了进行比较不同的 ϕ 对最优杠杆率和相应的收益分配情况，在满足均衡的条件下，选择另外两组 k 且 ϕ 的组合法，分别为 $\{\phi = 0, k = 20\%\}$ 和 $\{\phi = 0.5, k = 33.2\%\}$。

图 5.10 给出了这三种参数组合下对冲基金的变化情况。首先，从上半部的两幅图可以看出，当 $\phi = 0.24$ 时，基金经理选择的最优杠杆率为常数 5.5，相应的，由于 $q(w)$ 恒等于 w，则风险规避程度的度量 $\psi(w)$ 恒等于 0。当 ϕ 上升到 0.5 时，基金经理则更加关注对冲基金的市场价值最大化，这降低了其因为激励费的存在而选择的最优杠杆率；这可以从图中得到验证：代表 $\phi = 0.5$ 是的最优杠杆率的线位于代表 $\phi = 0.244$ 的线之下。相应的，代表 $\phi = 0.5$ 时 $\psi(w)$ 取值的线则全都位于 $\phi = 0.244$ 时 $\psi(w)$ 的取值之上，也即基金经理更多的呈现出风险规避者的特征。对于代表 $\phi = 0$ 时最优杠杆率和风险规避程度的度量而言，它们与代表 $\phi = 0.244$ 的两条曲线则有相反的关系。但是，必须指出的是，上述三种不同的参数组合虽然导致了基金经理不同的最优杠杆率和不同的风险回避程度，但是从 5.10 下半部分的两幅图中可以看出，在市场均衡时，它们对基金经理总佣金和基金的市场价值的影响微乎其微。

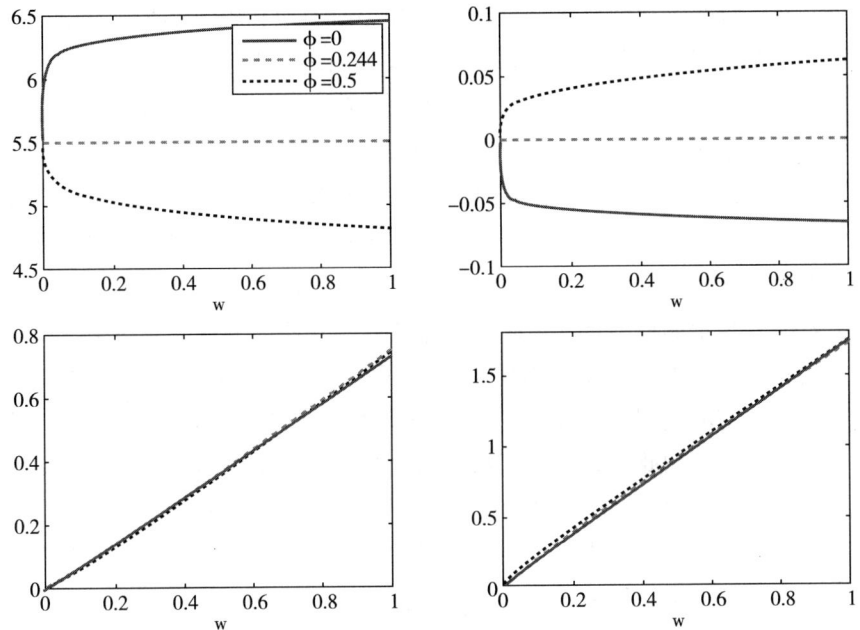

图 5.10 当投资者直接持有不同比例的股权 ϕ 时的动态投资策略 $\pi(w)$、基金经理的风险规避系数 $\psi(w)$、基金经理所获的总的支付 $q(w)$ 和基金的总价值 $v(w)$

图中的三种情所对应的合约结构分别为 $\{\phi=0.244, k=27.4\%\}\{\phi=0, k=20\%\}$ 和 $\{\phi=0.5, k=33.2\%\}$；其他参数的取值在三种合约结构下都为：$b=0$，$r=0.05$，$\alpha=0.025$，$\sigma=10.7$，$\lambda=0.05$，$g=0.05$，$\delta=0.05$，$\theta_1=0.25\%$ 和 $\theta_2=0.5\%$。

6. 总结

本节参考了 Lan，Wang 和 Wang（2010）的研究，在对冲基金可以获得超额收益的假设前提下，通过严格的数学模型，介绍了对冲基金合约中对基金经理和投资者权利的不同规定对基金经理所采用杠杆率的影响。通过分析表明，对于基金经理而言，获得管理费（management fee）的权利可使其实质性地拥有一定比例的股权；给定只有管理费而无激励费时，对冲基金经理会选择一个常数的杠杆率，基金经理表现出某种风险中性的特征。激励费则在实质上赋予了基金经理持有一个看涨期权的权利，因此当 AUM 接近与 HWM 时，他会过多地使用杠杆融资，进而他会表现出风险偏好的特征。如果允许投资者在对冲基金较差时撤出投资，则最大化自身所有收益的基金经理所使用的杠杆率会大幅降低，因为过高的杠杆率在增加收益的同时也会使得 AUM 的波动增加，进而增加基金被投资者撤资的风险；在这种情况下，即使有激励费的期权效应，基金经理的行为也呈现出风险规避者的特征。合约中规定基金经理直接持有股权时，则基金经理的行为会更多类似一个普通的投资者，其所采用的杠杆率也会因所持股权的大小而发生变化；当持有的股权越多时，杠杆率越低，反之则反。

  本节所介绍的模型严谨清晰，其结论也较为符合直觉。但实际上，为了得到解析解，本节的模型简化了很多现实中对冲基金的一些重要特征。例如，在本节的模型中，投资者完全知道基金经理的投资技术或者 α 值，而实际情况并非如此，因此在模型加入信息不对称非常重要。此外，基金经理的 α 值可能是时变的。再次，本节中的管理费和激励费等合约参数都为外生给定，而实际上投资者和基金经理之间的谈判议定了这些参数，当市场条件发生变化或者基金之前的表现较好时，参数会内生地发生变化。最后，模型的分析中没有给出投资者的效用函数和基金经理的效用函数，因此只能从期望收益的角度度量不同合约结构对杠杆率的影响，而并不能更深一步地探讨过高的杠杆率对投资者福利的影响。详细考察上述四点特征可以作为未来的研究方向。

第二节 脆弱的资本结构和对冲基金的过度审慎

  如上节所述，投资者可能撤出投资的决定会导致基金从"风险偏好者"变为"风险中性者"，其投资策略中所采用的杠杆比率也会大幅下降，甚至当基金市场价值接近于合约中所规定的撤资阀值时，基金经理也会持有一些无风险资产，即使风险资产可以带来超额收益时也是如此。但上节的分析有一个弱点，即假设了所有投资者都为同质的，他们要么同时作出撤资的决定，要么同时不撤出投资。事实上，在对冲基金具体的运作中，每个投资者有权根据自己的需要自主选择是否在投资期结束前提前撤出投资。此外，上节的分析只是强调了对冲基金表现不好时，投资者为了避免损失才会撤出投资；还有另外一种情况不应被忽略，也即即使对冲基金表现良好，但由于投资者有外生的流动性需求（如金融危机时很多投资者由于在其他方面的投资遭受损失从而有强烈的流动性需求，进而撤出在对冲基金中的投资），从而导致对冲基金经理被迫从其投资组合中折价变现部分风险资产，以应对这种撤资；当这种撤资的需求较多时，基金的投资策略可能会被严重打乱，进而使得没有撤资需求的投资者遭受严重损失，后者也会选择提前撤资。理性的基金经理为了避免这种撤资狂潮的出现，会"被迫"在期初选择较低的杠杆率，甚至会持有非常高的无风险资产的比例。

对冲基金允许投资者撤资的特点导致了其资本结构非常脆弱。实质上，不同于投资银行和商业银行，对冲基金的融资基本都为负债（基金经理只是代为管理基金的资产），而后两者则都有股本，且这种股本是无法被撤出投资的。当发生债权人索还债务时，后两者可以用自有资本抵偿折现风险资产所导致的损失，以维持长期投资所带来较高的回报，但对冲基金则无此优势，因此，在此次金融危机中，对冲基金被发现持有了更多的无风险资产和现金，其表现出了过度审慎的特征。本小节将参考 Liu 和 Mello（2009）的研究，用简单的模型来分析投资者提前撤出投资的深层次原因：对冲基金特殊的资本结构使得投资者可以根据自己的需要撤资，从而投资者的自我实现意识可能导致所有人都采取撤资的行动，进而引致基金经理持有"过多"的无风险资产。

本节将分为四个小节。第 1 小节将给出模型的假设和模型设定的一些基本直觉，为下文的理论分析做铺垫。特别地，本小节将假设投资者为异质性的：第一类投资者外生地具有流动性需求；第二类投资者虽然没有外生的流动性需求，但其可能会根据对第一类投资者数量和基金经理所持无风险证券数量的判断来决定是否提前撤资。第二类投资者的行为是本节模型分析的关键。

第 2 小节建立一个基准的模型，来分析在假设第二类投资者不会提前撤资的情况下，基金经理选择持有最优的现金数量。本小节的目的在于提供一个比较的基准。

第 3 小节则考虑到了第二类投资者之间的协同效应，建立一个扩展的模型，以尽可能在不影响理解的前提下用数学的方法，分析基金经理为了避免所有投资者提前撤资的情况出现而选择较高的现金持有量。

第 4 小节将简要对模型进行评论，并对其含义进行更深一步地阐述。

1. 模型的假设

模型为两期模型，共 T_0、T_1 和 T_2 三个时点。对冲基金经理和所有的投资者均为风险中性的。为了简单起见，不妨假设没有折现因子。

[1] 对冲基金

对冲基金所管理资产的来源仅来自于投资者的投资，也即这里假定基金经理不进行杠杆交易①。此外，为了集中于讨论第二类投资者由于担心其他投资者提前撤出投资而引发"撤出狂潮"的机制，这里设定基金经理可以投资两种资产，一种为持有现金；另一种为风险资产。风险资产②的投资期限为两期，从 T_0 到 T_2 时刻的收益率为 $R > 1$。基金经理在 T_0 时刻决定其投资组合中现金和风险资产的比重。在 T_1 时刻，基金经理所持有的现金无法被转为风险资产（由于风险资产的投资期限为两期），而要么被继续持有至 T_2 时刻，要么在 T_1 时刻用来应对投资者提前撤出投资的行为；风险资产可在 T_1 时刻以比率 α 进行变现（$0 < \alpha < 1$）。

[2] 投资者

假设投资者的数量为 $[0,1]$ 上的均匀分布，总数量共有 1；且各自持有资产为 1，因此所有的资产总和也为 1。所有投资者都在 T_0 时刻将资金交予基金经理管理。此外，根据这里所关注的问题，将投资者分为两类。第一类投资者会因为外生的原因在 T_1 时刻需要流动性，因此将会在 T_1 时刻要求基金经理退还其投资。第二类投资者则没有这种流动性的需求，也即其可选择在 T_1 做出撤出投资的决定，或者在 T_2 投资结束时按照剩余资产市场价值来获得支付。假设在 T_0 时刻，对于所有投资者和基金经理而言，第一类投资者所占比重为在 $[0,\bar{\lambda}]$ 上服从均匀分布的随机变量 λ（0

---

① Liu 和 Mello（2009）证明，即使有杠杆交易的情况，这里的结论仍成立。
② 实际上，由于这里假设为确定的数值，而没有波动性，因此这里更为合适的成为应为"流动性不足的资产"。但为了叙述方便，在不引起歧义的情况下，仍用"风险资产"这个术语。

$< \bar{\lambda} < 1$)。在 T_1 时刻,第一类投资者将知道自己的类型并要求基金经理退还其投资。第二类投资者 i 也将知道自己的类型,但无法知道别人的类型,而只是得到关于 λ 的一个信号 λ^i;假设 $\lambda^i = \lambda + \varepsilon^i$,$\varepsilon^i$ 为在 $[-\varepsilon, \varepsilon]$ 的均匀分布。

③ 信息结构和最优化行为

假设基金经理在 T_0 时刻决定其投资组合中持有现金的比例为 X,风险资产的比例为 $1-X$。此外,假设在 T_0 时刻所有参与人都不知道关于投资者类型 λ 的确切数值,且所有投资者在 T_1 时刻都知道基金经理在 T_0 时刻所选择的投资组合。显然,如果基金经理在 T_0 时刻所设定的 X 太低,则其很可能只能将本应在 T_2 获得收益 R 的风险资产在 T_1 时刻折价变现,以应对过高的第一类投资者撤出投资的要求。进而,如果风险资产被折价变现,第二类投资者如果不在 T_1 时刻提前撤出投资,则其很可能会遭受损失。因此,第二类投资者也可能会在 T_1 提前撤出投资。以此推知,各个投资者的最终回报会依最终选择提前撤出投资的投资者在投资者总数中所占的比例 s 不同而不同。假设最终有比例为 s 的投资者做出提前撤出投资的决定。此时,如果一个投资者选择提前支取,则其支付为:

$$w^R(s) = \begin{cases} 1 & 0 \leq s \leq X + (1-X)\alpha \\ [X + (1-X)\alpha]/s & X + (1-X)\alpha \leq s \leq 1 \end{cases} \quad (5.25)$$

(5.25)式表明,当 T_1 时刻提前撤资的投资者的比例小于对冲基金投资组合在 T_1 时刻的市场价值 $X + (1-X)\alpha$ 时,他们将获得其投资额 1;当大于投资组合的市场价值时,则其只能获得人均的市场价值。

对于那些决定到 T_2 时刻才获得支付的投资者而言,其支付为:

$$w^s(s) = \begin{cases} \dfrac{(X-s) + (1-X)R}{1-s} & 0 \leq s \leq X \\ \dfrac{(1-X) - \dfrac{s-X}{\alpha}R}{1-s} & X < s \leq X + (1-X)\alpha \\ 0 & X + (1-X)\alpha < s \leq 1 \end{cases} \quad (5.26)$$

上式表明,当选择提前撤资的投资者比例低于基金经理在 T_0 期所选择持有的现金时,没有撤资的投资者在 T_2 获得的总支付为 $(X-s) + (1-X)R$;当提前撤资的投资者比例高于基金经理所持有现金却低于整个投组合的市场价值时，基金经理将在 T_1 时刻折现部分风险资产，以应撤资的需求，折现的金额为 $\frac{s-X}{\alpha}$。折现之后，剩余的金额到 T_2 时刻的总价值为 $(1-X)R-(s-X)R/\alpha$，此总价值也为第二类投资者所能得到的总支付。而当提前撤资的投资者比例大于 T_1 时刻投资组合的市场价值时，则基金经理管理的全部资产都会被用于应对这种撤资的要求，没有撤资的投资者在 T_2 时刻则不会获得任何支付；显然，在这种情况下，理性投资者的最优行为也为选择提前撤资。上述分析表明，即使对冲基金在期末获得非常好的回报，但由于各投资者无法获知其他人是否会提前撤资，最终的结果可能是所有投资者都提前撤资，从而导致对冲基金被迫在 T_1 时刻折现风险资产，并真正遭受到损失。实际上，这种单纯由于投资者之间的信息不对称所导致的大规模撤资的现象被 Liu 和 Mello（2009）称为协同问题（coordinaiton problem）。

为了分析方便，下面定义第二类投资者选择不提前撤资和提前撤资之差为 $\Delta w(s) \equiv w^S(s) - w^R(s)$。图 5.11 展示了 $\Delta w(s)$ 在 $R=3$、$\alpha=0.8$ 和 $X=0.2308$ 时的变化情况。显然，当 $s=X=0.2308$ 时，$\Delta w(s)$ 达到最大值。随后，$\Delta w(s)$ 开始下降。当 $s=X+\alpha(1-X)(R-1)/(R-\alpha)=0.79$ 时，$\Delta w(s)=0$，也即投资者将对提前撤资与否无差异。当 $s=X+\alpha(1-X)=0.846$ 时，$\Delta w(s)$ 达到最小值。

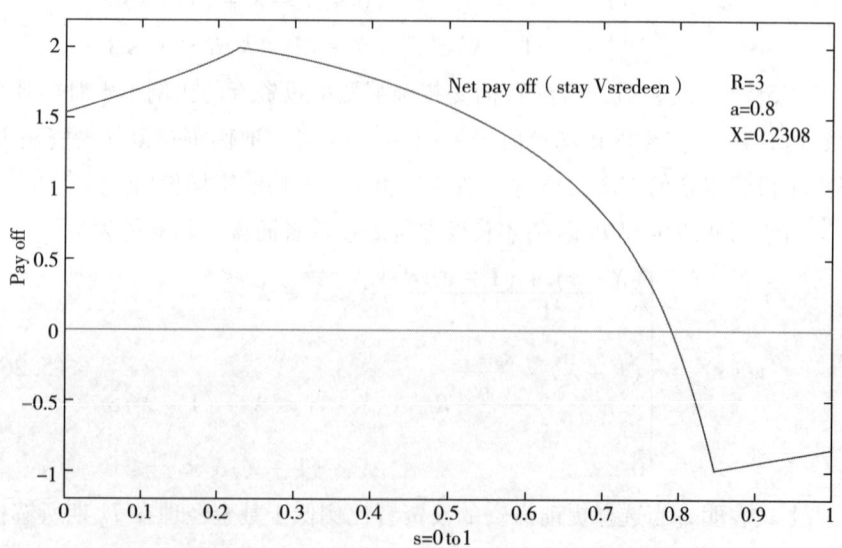

图 5.11　$\Delta w(s)$ 在 $R=3$、$\alpha=0.8$ 和 $X=0.2308$ 时的变化图

此外，基金经理的最优化行为被设定为最大化对冲基金在 T_2 时刻的市场价值。如此设定的原因在于，一般而言，对冲基金的资产组合中有很多流动性差但回报率较为可观的资产，而这种回报只有在相当长的时间内才能够实现，因此在投资期末评价对冲基金经理的业绩被认为是合适的；进而，基金经理会最大化投资期末对冲基金的市场价值；此外，期末市场价值的大小也在很大程度上决定了其下次募集资金的难易程度和规模。关于基金经理最优化行为的数学表达将在第 2 小节具体给出。

下面将分两个大的步骤来表明投资者之间的协同效应如何导致基金经理持有"过多"的现金。

2. 基准模型：投资者之间不存在协同效应

为了便于比较，这里首先建立一个基准的模型。该模型假设投资者之间不存在协同问题，也即所有第二类投资者都不会选择提前撤资。给定基金经理在 T_0 时刻所选择的现金持有量 X，如果在 T_1 时刻的第一类投资者的比例 λ 低于 X，则基金在 T_2 时刻的市场价值将为 $(X-\lambda)+(1-X)R$。如果 λ 高于 X，则基金经理将被迫折现部分风险资产。显然，如果 $\lambda > X + (1-X)\alpha$，则基金经理将全部折现风险资产，这种情况下，基金在 T_2 时刻的市场价值为 0；如果 $X < \lambda < X+(1-X)\alpha$，基金经理将不得不折现 $\min\left\{\dfrac{\lambda-X}{\alpha}, 1-X\right\}$ 风险资产，则在 T_2 时刻基金市场价值为 $[(1-X)-(\lambda-X)/\alpha]R$，如果 $1-X \geqslant \dfrac{\lambda-X}{\alpha}$（或 $\lambda \leqslant X+\alpha(1-X)$）；为 0，如果 $1-X < \dfrac{\lambda-X}{\alpha}$（或 $\lambda > X+\alpha(1-X)$）。因此，基金经理将选择一个最优的现金持有 X，以最大化基金在 T_2 时刻的期望市场价值。综上，基金经理在基准模型中的最优化问题为：

$$W^I(X) = \max_{X} \frac{1}{\lambda} \Big\{ \int_0^X [(X-\lambda)+(1-X)R]d\lambda$$

$$+ \int_X^{\min\{\bar{\lambda}, X+(1-X)\alpha\}} [(1-X) - \frac{\lambda-X}{\alpha}]Rd\lambda \Big\} \quad (5.27)$$

上述最优化问题的核心在于，增加现持有 X 可以减少由于 T_1 时刻第一类型的人过多而导致的折现风险资产所造成的损失，但同时却也会减少风险资产的持有，进而降低了基金在 T_2 时刻的市场收益。直觉上，可以存在一个最优的 X^*，使得在边际上增加一个单位的现金持有的收益和损失相等。经过简单的计算，可以得到如下结论：

当 $0 < \bar{\lambda} \leq \dfrac{R-\alpha}{R(2-\alpha)-1}$ 时，$X^* = \dfrac{R-R\alpha}{R-\alpha}\bar{\lambda}$；此时，对于任意的 $\lambda \in [0, \bar{\lambda}]$，对冲基金在 T_1 时刻都不会被完全撤资。当 $\dfrac{R-\alpha}{R(2-\alpha)-1} < \bar{\lambda} \leq 1$ 时，$X^* = \dfrac{R(1-\alpha)}{R(2-\alpha)-1}$；此时，如果 $\lambda \in [0, X^*+(1-X^*)\alpha] \subset [0, \bar{\lambda}]$ 且 $X^* + (1-X^*)\alpha < \bar{\lambda}$，则对冲基金在 T_1 时刻不会被完全撤资。

3. 一般化的模型：存在协调问题的情形

这一小节将给出存在协调问题时基金经理所选择的最优现金持有量，并且证明该持有量要大于基准模型中的最优现金持有量。

给定基金经理在 T_0 时刻所选择的 X，如果在 T_1 时刻第一类投资者的比例过大，由此所导致基金在 T_2 时刻市场价值的降低很可能会引发第二类投资者也提前撤资，进而引发撤资狂潮。理性的基金经理会考虑第二类投资者的这种行为，因而会在 T_0 时刻就决定一个最优的 X 值。因此，本质上，存在协调问题的情形的模型为一个两期的动态博弈。在博弈的第二期，在给定 T_0 时刻基金经理所选择的 X，第二类投资者 i 会根据自己信息集 $\{\lambda^i, X\}$ 和其对其他第二类投资者行为的判断，做出是否提前撤出资金的决定；显然，第二期博弈的参与人是第二类投资者，博弈的均衡结果将是 X 的函数。对冲基金经理根据第二期博弈的均衡结果确定最优的 X。显然，从总体上看，这是一个序贯博弈。根据序贯均衡求解的一般过程，下文也将首先分析投资者之间的博弈；其次，根据第二期的最优结果，基金经理选择最优的现金持有量 X。

第一部分：第二期的博弈

这一部分将关注在给定基金经理设定的 X 时，第二类投资者之间相互博弈的过程，以及博弈均衡结果的性质，特别是均衡结果和 X 的关系。在进行分析之前，假设第二类投资者所收到信号的扰动 ε 接近于 0[①]。

对于任何一个实现的 λ，第二类投资者 i 的决策依赖于其对其他第二类投资者行为的信念。各个第二类投资者之间进行静态的同时博弈。特别地，这里将主要关注该博弈的门槛策略均衡（threshold strategy equilibrium）：根据不同的 X，每个第二类投资者设定一个相等关于第一类投资者比例的门槛 $\lambda^*(X)$；对于任一第二类投资者 i 而言，如果所有其他同类投资者 $-i$ 都采用如下策略：

{如果 $\lambda^{-i} > \lambda^*(X)$，则提前撤资；如果 $\lambda^{-i} \leq \lambda^*(X)$ 则不撤资}，

则投资者 i 采取上述策略也为最优选择。实际上，在一定的条件下，可以证明这种均衡为唯一的均衡。由于唯一性的证明较为偏技术性，因此略过不谈[②]。这里将主要关注上述门槛策略均的存在性。证明的过程分为两步：首先，寻找一个合适的 $\lambda^*(X)$；其次，验证该 $\lambda^*(X)$ 满足均衡策略的要求。

第一步，寻找合适 $\lambda^*(X)$ 的方法：假定 $\lambda^*(X)$ 符合均衡的要求，然后用均衡条件解出 $\lambda^*(X)$。假设所有第二类投资者都设定同一个 $\lambda^*(X)$，则给定 T_1 时刻实现的 λ，决定提前撤资的第二类投资者占所有该类投资者的比重为 $\dfrac{\lambda + \varepsilon - \lambda^*(X)}{2\varepsilon}$。基于此，在 T_1 时刻决定提前撤资的投资者的数量为：

$$s(\lambda, \lambda^*(X)) = \begin{cases} \lambda & \lambda \leq \lambda^*(X) - \varepsilon \\ \lambda + (1-\lambda)\dfrac{\lambda + \varepsilon - \lambda^*(X)}{2\varepsilon} & \lambda^*(X) - \varepsilon \leq \lambda \leq \lambda^*(X) + \varepsilon \\ 1 & \lambda \geq \lambda^*(X) + \varepsilon \end{cases}$$

当 $\lambda^*(X) - \varepsilon \leq \lambda \leq \lambda^*(X) + \varepsilon$ 时，$s(\lambda, \lambda^*(X))$ 由两部分组成，第

[①] 实际上，下文的分析中将关注的情形。其含义在于，即使假设第二类投资者在极限情况下知道第一类投资者的比率，但由于第二类投资者之间仍存在同时行动的博弈，均衡时仍旧会出现所有投资者都撤资的结果。

[②] 关于唯一性的详细证明，请参考 Liu & Mello (2009)、Goldstein & Pauzner (2005)。

一部分为第一类投资者,第二部分则为第二类投资者中选择提前撤资的数量。

对于任意第二类投资者 i 而言,在观测到信号 λ^i 后,其选择不提前撤资和提前撤资两种策略给自己所带来支付之差 $\pi(\lambda^i,\lambda^*)$ 定义为:

$$\pi(\lambda^i,\lambda^*) = \frac{1}{2\varepsilon^i}\int_{\lambda^i-\varepsilon^i}^{\lambda^i+\varepsilon^i}\Delta w(s(\lambda,\lambda^*))d\lambda \qquad (5.28)$$

特别地,如果投资者 i 按照上述定义的均衡门槛策略行动为最优,则当接收到的信号恰好为 $\lambda^i = \lambda^*$ 时,其将对提前撤资与否无差异,也即:

$$\pi(\lambda^*,\lambda^*) = \frac{1}{2\varepsilon^i}\int_{\lambda^*-\varepsilon^i}^{\lambda^*+\varepsilon^i}\Delta w(s(\lambda,\lambda^*))d\lambda = 0 \qquad (5.29)$$

对于恰好收到信号 $\lambda^i = \lambda^*$ 的投资者而言,真实的 $\lambda \in [\lambda^*-\varepsilon, \lambda^*+\varepsilon]$。令 $\varepsilon \to 0$,对于第二类投资者而言,关于第一类投资者比例的不确定性会消失,但是由于投资者之间采取不同策略的策略不确定性却仍旧存在。此时,从总体上看,$s(\lambda,\lambda^*(X))$ 将会在 $[\lambda^*,1]$ 上服从均匀分布。由此,(5.29)式可写为:

$$\lim_{\varepsilon \to 0}\int_{\lambda^*}^{1}\Delta w(s)ds = 0 \qquad (5.30)$$

Liu & Mello (2009) 的证明结果显示,当 $(R-\alpha) + \frac{R}{\alpha}(1-\alpha)\log(1-\alpha) > 1-\alpha$ 且 $\bar{\lambda} > X + (1-X)\frac{\alpha(R-1)}{R-\alpha}$ 时[①],可以解出一个唯一的 $\lambda^*(X)$,且 $\lambda^*(X) > X$。

这个 $\lambda^*(X)$ 即为我们要寻找的合适点。可用图 5.12 来说明 λ^* 的几何意义。λ^* 为使得 x 轴上下阴影部分面积相等的点。

第二步,将验证 λ^* 确实满足门槛策略均衡的要求,也即验证给定其他第二类投资者设定 λ^* 为门槛,则理性的投资者 i 也设定 λ^* 为门槛。具体而言,需要验证当 i 接收到的信号 $\lambda^i > \lambda^*$ 时,则有 $\pi(\lambda^i,\lambda^*) < 0$,其将提前撤资;否则将不提前撤资。实际上,如果 $\lambda^i > \lambda^*$,随着 $\varepsilon \to 0$,

---

① Liu & Mello (2009) 认为,$\bar{\lambda} \leq X + (1-X)\frac{\alpha(R-1)}{R-\alpha}$ 时,博弈存在另一种均衡。但这种均衡的存在性需要做一些较为武断(arbitrary)的假设,且基于这种均衡所做的分析不影响最终的结论,因此这里省略该种均衡的讨论。

$s(\lambda, \lambda^*)$ 将服从在 $[\lambda^i + (1-\lambda^i)\frac{\lambda^i - \lambda^*}{2\varepsilon}, 1]$ 上的均匀分布①。则此时投资者 i 的 $\pi(\lambda^i, \lambda^*)$ 为：$\pi(\lambda^i, \lambda^*) = \lim_{\varepsilon \to 0} \int_{\lambda^i + (1-\lambda^i)\frac{\lambda^i - \lambda^*}{2\varepsilon}}^{1} \Delta w(s) ds$。显然，这意味着将图 5.12 中 x 轴上面的阴影部分面积缩小，这显然将导致 $\pi(\lambda^i, \lambda^*) < 0$，进而提前撤资。$\lambda^i < \lambda^*$ 的情况也可类似地进行证明。

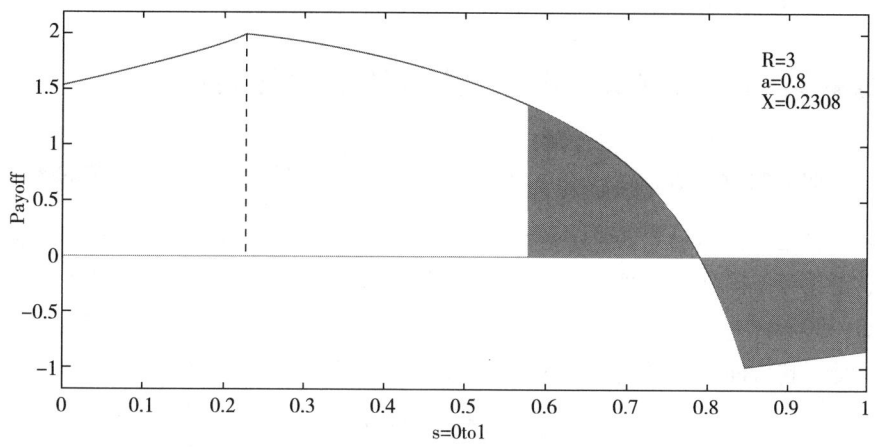

图 5.12　λ^* 的几何意义

上面证明了门槛策略均衡及相应门槛 $\lambda^*(X)$ 的存在性和唯一性，也即给定不同的 X，第二类投资者会设定不同的门槛 $\lambda^*(X)$；相应的，不同的 $\lambda^*(X)$ 也会导致不同数量的投资者做出提前撤资的决定，进而导致对冲基金在 T_2 时刻有不同的市场价值。对于理性的基金经理而言，他要设定一个最优的现金持有 X，以使得对冲基金在 T_2 时刻的市场价值最大。

为了便于对基金经理的行为进行优化，有必要说明均衡的门槛 $\lambda^*(X)$ 的一个性质：即当 $\frac{R}{\alpha}\log(\frac{1-\alpha}{1-b}) < \log\alpha$ 时，上面所解出的唯一的 $\lambda^*(X)$ 为

$$\lambda^*(X) = X + (1-X)b \qquad (5.31)$$

其中，b 为如下方程的解：$(\frac{R}{\alpha} - 1)(\alpha - b) + \frac{R}{\alpha}\log(\frac{1-\alpha}{1-b}) = -\alpha\log\alpha$，且 $\lambda^*(X)$ 为 X 的增函数。这个性质的证明较为复杂（这里略去），但该性

---

① 实际上，Liu & Mello (2009) 证明了 $S(\lambda, \lambda^*)$ 在 $S(\lambda, \lambda^*) = 1$ 处的概率测度为严格正。这里考虑到没有该证明亦不影响阐述，故舍去。有兴趣的读者可参考原文。

质的直觉较好理解：当给定的一个现金持有 X_1 和相应的均衡门槛 $\lambda^*(X_1)$，如果基金经理持有的现金增加至 $X_1 + \Delta$（Δ 为无穷小量，下同），则对冲基金能够以更多的现金应对第一类投资者的撤资需求，进而基金经理在 T_1 时刻折现风险资产的可能性也就越小；相应的，第二类投资者 i 也可以理性地做出上述预测，给定一个既定 $\lambda^i = \lambda^*(X_1 + \Delta)$ 时，他也就越不愿意撤资；他也会相应的调高自己提前撤资的门槛，即 $\lambda^*(X_1 + \Delta) > \lambda^*(X_1)$。

〖2〗第一部分的博弈：基金经理选择最优的现金持有

如上面所分析，当 $\bar{\lambda} > X + (1-X)\dfrac{\alpha(R-1)}{R-\alpha}$ 且参数满足相应的条件时，在第一部分博弈中唯一存在门槛策略均衡：每个投资者都设定门槛 $\lambda^*(X)$，且当其所接受到的信号高于此门槛时，将提前撤资，否则不提前撤资。因此，对于基金经理而言，当 T_1 时刻所实现的第一类投资者人数为 λ 时，其所面临的撤资的人数 $s(\lambda)$ 为：

$$s(\lambda) = \begin{cases} \lambda & \lambda \leq \lambda^*(X) \\ 1 & \lambda \geq \lambda^*(X) \end{cases}$$

基于此，基金经理的目标函数为：

$$W^{II}(X) = \max_X \frac{1}{\lambda}\Big\{\int_0^X [(X-\lambda)+(1-X)R]d\lambda$$
$$+ \int_X^{\lambda^*(X)} [(1-X) - \frac{\lambda - X}{\alpha}]Rd\lambda\Big\}$$

$$\text{s.t.} \quad X \in A \equiv \{X \mid \bar{\lambda} > X + (1-X)\frac{\alpha(R-1)}{R-\alpha}\} \quad (5.32)$$

上式最优化问题的含义为，当 T_1 时刻实现的 λ 低于 X 时，基金在 T_2 时刻的市场价值为 $(X-\lambda)+(1-X)R$；当 λ 高于 X 而低于 $\lambda^*(X)$ 时，基金在 T_2 时刻的市场价值为 $[(1-X) - \dfrac{\lambda-X}{\alpha}]R$；当 λ 高于 $\lambda^*(X)$ 时，基金在 T_1 时刻全部被撤资，因此其在 T_2 时刻的市场价值为 0。

显然，由于（5.32）式中的目标函数为连续有界，因此其在集合 A 中可取到最大值。事实上，经过简单的计算可发现（5.32）式的一阶条件为：

$$[(1-\frac{R}{\alpha})X + \frac{1-\alpha}{\alpha}\lambda^*(X)R]$$
$$+ [X + (1-X)\alpha - \lambda^*(X)]\frac{R}{\alpha}\frac{d\lambda^*(X)}{dX} = 0 \quad (5.33)$$

则根据（5.31）式的结论，可以计算 $\dfrac{d\lambda^*(X)}{dX}$，并将结果带入（5.33）式，从而可以解出最优的现金持有 X^{**}。

实际上，我们所关注的并不是 X^{**} 的具体数值，而是 X^{**} 与基准模型中 X^* 之间的大小。一个最直接的方法为将基准的模型中 X^* 代入（5.33）式的一阶条件，并应验证（5.34）式成立即可：

$$\left[(1-\dfrac{R}{\alpha})X+\dfrac{1-\alpha}{\alpha}\lambda^*(X)R\right]_{X=X^*}$$
$$+[X+(1-X)\alpha-\lambda^*(X)]\dfrac{R}{\alpha}\dfrac{d\lambda^*(X)}{dX}\bigg|_{X=X^*}>0 \quad (5.34)$$

根据基准模型中的结论，依据 $\bar{\lambda}$ 的不同取值范围，会有不同的 X^* 值。这里将关注 $\dfrac{R-\alpha}{R(2-\alpha)-1}<\bar{\lambda}\leq 1$ 的情况；此时，$X^*=\dfrac{R(1-\alpha)}{R(2-\alpha)-1}$，且 $X^*+(1-X^*)\alpha<\bar{\lambda}$。将此 X^* 带入（5.31）式，并计算 $\dfrac{d\lambda^*(X)}{dX}\bigg|_{X=X^*}$，然后再带入（5.31）式中，可以较为容易地验证（5.34）式大于 0；即当存在协同问题时，选择基准模型所确定的 X^* 并非最大值，在 X^* 的基础上增加一个单位的现金持有会增加基金在 T_2 时刻的市场价值，因此最优的现金持量 X^{**} 一定会大于 X^*。

（5.34）式成立的经济学意义也值得关注。显然，（5.34）式第一项为在 $\lambda^*(X)$ 不变的情况下，在 X^* 的基础上边际增加一个现金持有导致基金市场价值的变化。$\lambda^*(X)$ 不变时的情况和基准模型类似，两者都描述了 T_1 时刻选择提前撤资的投资者比例不随 X 而发生变化的情况。因此，可以用基准模型来分析（5.34）式第一项的经济学意义。由基准模型的分析可知，如果最优的现金持有 X^* 所对应的提前撤资投资者比例 λ 所分布的区间为 $[0,X^*+(1-X^*)\alpha]$，则即有 $\left[(1-\dfrac{R}{\alpha})X+\dfrac{1-\alpha}{\alpha}(X+(1-X)\alpha)R\right]_{X=X^*}=0$。根据 $\lambda^*(X)$ 的性质，知 $\lambda^*(X^*)<X^*+(1-X^*)\alpha$，因此必有（5.34）式第一项为负。（5.34）式的第二项则反映了由现金持有增加所导致的均衡门槛 $\lambda^*(X)$ 增加对基金市场价值所造成的影响。显然，$\lambda^*(X)$ 增加将使得基金在 T_1 时刻面临既定的冲击 λ 时被完全撤资的概率减小，因此这一项为正。从数学上看，由于 $\lambda^*(X)$ 为 X 的增函数，因此第二项也为正。当基金经理持有现金 X^* 时，在边际上增加一个单位的现金持有所带来基金被完全撤资的概率降低（5.34 式第二项）的正向影响

超过了多持有现金造成的超额收益（5.34 式第一项）降小的负向影响，因此增加现金持有将会增加基金在 T_2 时刻的市场价值。

4. 模型的含义：套利的限制、微观审慎和宏观无效

众所周知，对冲基金一般被具有高超投资技巧的经理人所操控，其获取较高收益的重要方法之一为通过复杂的数量化方法来发现套利机会，并通过杠杆交易大量进行买空卖空各种风险证券以获取较高的利润。但如本节的模型所述，当对冲基金允许投资者根据自己的需要提前撤资时，基金经理会理性地选择更多的现金持有，即使选择风险资产可以带来更多的收益。持有现金即意味着持有负的负债，这意味着基金经理不得不降低杠杆率以防止第二类投资者的协同效应发生。而降低杠杆率的直接结果为对冲基金进行买空卖空的能力受到较大的限制，这将大大妨碍其构造套利组合。总之，对冲基金资产负债表中的资产可较容易地被投资者撤资，这种特殊的资本结构降低了对冲基金杠杆交易的动机，妨碍了其进行套利。这一推论可以从这次金融危机中得到验证。大量数据与研究表明，对冲基金在危机前和危机中的投资组合里所使用的杠杆率低于绝大部分的投资银行，甚至低于很多商业银行。这显然是因为后两者的资产除来自借债之外，还有相当一部分为股权，且这部分股权只能在二级市场进行转让，而不能被投资者撤出。

当然，基金经理持有"过多"现金现象是由基金经理和投资者之间的理性行为相互作用的结果。因此，这种结果虽然表现为过度审慎，却是均衡的结果。显然，造成这种微观审慎的最终原因是每个第二类投资者行为的负外部性。每个投资者提前撤资的行为在保护自己的同时却给其他投资者带来了负外部性，最终的结果是所有投资者都可能提前撤资。进而造成基金经理被迫持有更多的现金，以降低投资者这种行为所带来的负外部性。在理想意义层面上，这种微观审慎的结果不管从宏观上还是从微观上都不是最优的。从微观上看，如果所有的第二类投资者都不提前撤资，则其在 T_2 时刻获得平均收益显然更高（基准模型的情形）。在宏

观上，如果所有的对冲基金的套利行为都受到如此限制，则其发现价格偏误并通过套利纠正偏误的行为也会收到较大限制；如此一来，金融市场的定价功能就会收到严重的损害，进而实体经济中的各种资源就很难得到有效的配置。因此，这种理性的微观审慎会带来宏观无效。实际中已经存在的一个可能的解决方法为，基金经理在对冲基金中直接投资于对冲基金且其投资不可撤出。基金经理直接持股对其他第二类投资者可起到"定心丸"的作用，该股权的作用类似于投资银行的只能在二级市场进行转让的股本，它会提高策略均衡的门槛 λ^*，进而可以降低对冲基金所持有的现金比例。

第三节 提前撤资限制的收益和损失

如本章前两节所述，赋予投资者在任何时候都可撤出投资的权利将不仅会打乱基金经理的投资策略，使得他们持有较低的杠杆率，甚至会出现所有投资者同时撤出投资进而导致基金被清算的现象。所有上述现象都极有可能导致对冲基金的收益发生不利的变化，这些变化可能来自于持有过多无风险资产所造成的无法获得超额收益，也可能来自于为了应对投资者的撤资而提前折价变现风险资产所造成的损失。实际上，对于基金经理而言，投资者提前撤资的行为将会不仅在撤资的当期直接导致所管理的资产（Asset Under Management，AUM）下降，而且导致基金经理所构建的投资组合受到限制，进而使得以后的收益率都会下降。这都将会降低基金经理所获得包括管理费和激励费在内的报酬，甚至在所有人都撤资的极端情形下 AUM 变为 0，不仅基金经理在当期的报酬变为 0，其以后再募集资金难度也将会增加很多，因为以前的业绩会直接影响投资者对基金经理投资能力的判断。所以，基金经理会极力通过各种方式避免上述现象发生。如第二节所述，持有足够的现金可以使得投资者之间的博弈达到一种门槛策略均衡，进而降低投资者全部提前撤资极端情况发生的概率。持有过多的"防备型"现金的选择可被视为一种被动的应对策略，一种更为主动的限制投资者提前撤资的方法，是在基金募集时就约定投资者只有在满足一定的条件时才可撤资，其中一个条件为，投资者只有在将资金交给基金经理一段时间之后才可提出撤资的要求，这段时间被称为资金锁定期（lockup period）；第二个条件为，当投资者提出撤资的要求后，基金经理有权在一段时间之后才返还其投资，这段时间被称为提示期（notice period）。实际上，这两个条件经常被同时使用。

显然，上述对基金经理有诸多益处的限制条件可以增加 AUM，进而也会增加投资者最终的收益。但不能忽视的是这些限制条件也对投资者有一些不利，可以从两个方面来看此问题：首先，如果投资者因为其他原因需要流动性，则设定关于提前撤资的条件显然对其不利。其次，如果投资者对基金经理的投资能力产生怀疑，进而担心未来会遭受更严重的损失，那么他会将投资撤出并投资于其他的对冲基金，设定提前撤资的条件也将对其不利。一个必须要回答的问题是，这些限制条件对投资者的影响到底如何？本节的主要内容正是要回答该问题。

具体而言，本节将分为三部分：第 1 小节将参考 Argon（2004）的研究，从实证的角度介绍提示期限制和资产锁定期（lockup）限制与对冲基金超额收益之间的关系。他的研究结果表明，由于存在这两种限制，投资者承担了流动性风险，因此基金经理需用超额回报补偿这些风险，这使得造成了存在限制的基金可获得 5% 以上的收益。对于基金经理而言，由于有这些限制的存在，他们可以投资于那些流动性不足的投资期较长的资产，从而可以获得较高的收益，并用这些收益来补偿投资者所承担的风险。第 2 小节参考 Andrew 和 Bollen（2009）的研究，建立一个简单的理论模型，并基于该理论模型用实际数据来考察在投资者撤资原因仅为担心未来基金可能遭受更大的损失时，设定关于撤资条件对投资者所造成的损失。他们的研究结果表明，即使当提示期限制和资产锁定期限制分别为 3 个月和两年时，风险规避系数为 3 的投资者的损失仅为初始投资的 0.23%，远低于这些限制所带来的超过每年 5% 的超额收益；当风险回避系数上升到 6 时，损失则上升到初始投资的 6.77%；显然，这是任何一个投资者都不会忽视的损失。此外，如果考虑到投资者的流动新需求，撤资限制更会扰乱投资者最优地配置资产，其损失会更大。因此，撤资限制对投资者所造成的损失不一定小于其带来的收益。第 3 小节对本节内容进行简要评论。

第五章 对冲基金经济学（二）：若干专题

1. 限制撤资的收益

如本节开始时所述，基金经理为了最大化可获得的管理费和激励费，会在基金募集时同投资者约定关于提示期和资产锁定期的一些限制。一般而言，两个期限多为3个月和1年。从直觉上，当投资者提前撤资的行为受到限制时，基金经理可以更随意地运用所管理的资金（AUM）投资于那些流动性不好但长期收益很高的资产，进而获得超额收益（用基金的 α 值度量），而无需担心投资者的撤资行为强迫其折价变现所持有的长期资产。基金经理可以获得更高收益的同时，投资者也获得了更高的 AUM 支付。当然，这两种限制也使得投资者在对冲基金中投资的流动性受到约束，进而投资者承担了流动性不足的风险。本小节所关心的问题，正是为这两种撤资限制所带来流动性不足的风险可以给投资者带来多少补偿。此外，本小节还将用实证数据来说明，投资者所获得的这些差额回报确是可被视为对其承担由于撤资限制所造成流动性不足风险的补偿。

具体而言，本小节将参考 Aragon（2004）的研究，分三个部分简要地从实证的角度介绍由于承担了两种撤资限制所带来的流动性风险，投资者获得了多少补偿，以及这些补偿的来源。首先，第（1）部分将介绍实证分析所采用的数据和基本的统计特征，以及一些变量的说明。第（2）部分将用实证数据来介绍对冲基金的超额收益与资产锁定期限制之间的关系。第（3）部分则将分析投资者所获得的超额收益是否为对其所承担撤资限制所造成流动性不足风险的补偿。第（4）部分将对本小节进行简短地评论。

【1】数据来源、变量说明和变量的基本统计特征

这里所采用的数据均来自于 Tass Tremont 数据库。所采用的样本为 1994 年至 2001 年间的数据。截至 2002 年，该数据库中的 Live 自数据库中

共有 2068 只基金，Graveyard 子数据库中共有 1286 只基金①。根据分析的需要，还将剔除那些没有报告除去支付基金经理费用的净收益基金、没有以月度数据报告数据的基金和没有以美元报告收益的基金。剔除之后，样本中共剩下 2871 只基金。

由于大多数对冲基金的资产锁定期都为一年，因此这里用一个两值变量（dlock）来代表一只基金是否有资产锁定期的限制。当存在该限制时，dlock 取值为 1，否则取值为 0。用 *min*、*notice* 分别代表基金所要求的最少投资额、提示期限制。表 5.2 至表 5.3 给出了样本中各基金的上述三个指标的统计信息。表 5.2 的两个子表分别列示了对冲基金中资产锁定期的情况。其中，Total 代表所有样本中的基金，CA 代表 Convertible Arbitrage 类型基金，SB 代表 Dedicated Short Bias 类型基金，EM 代表 Emerging Markets，EN 表示 Equity Market Neutral 类型基金，EN 代表 Event Driven 类型基金，FA 代表 Fixed Income Arbitrage 类型基金，FF 代表 Fund of Funds 类型基金，LS 代表 Long/Short Equity 类型基金，OT 代表除上述类型之外的基金。如表中数据所示，约 17% 的基金设置了资产锁定期限制。限制的期限为 1 个月到 7.5 年，但绝大多数都集中于 1 年。各类型基金在资产锁定期的设置方面差别也较大。例如，28% 的 Long/Short 基金设置了资产锁定期，而对于 Managed Futures 类型基金，该比例则只有 1%。表 5.3 的两个子表则分别列示了关于提示期限制 *notice* 和最低投资额 *min* 的特征。表中数据显示，*notice* 和 *min* 的分散程度较高。但相对而言，提示期限制 *notice* 落在 0 到 30 天的比例较大。

表 5.2　　　　　　　　资产锁定期限制分布表

子表Ⅰ：资产锁定期限制的总体分布情况表

Lockup (months)	0	1	3	6	9	12	18	22	24	30	90
no.	2380	15	15	38	1	404	1	1	12	3	1

子表Ⅱ：不同种类对冲基金中设定资产锁定期限制的基金数量及比重

	CA	SB	EM	EN	ED	FA	FF	GM	LS	MF	OT	Total
dlock = 0	93	15	202	116	207	94	432	152	684	339	46	2380
dlock = 0	20	12	17	30	66	16	54	3	261	3	9	491
Total	113	27	219	146	273	110	486	155	945	342	55	2871
% *dlock* = 1	0.18	044	0.08	0.214	0.24	0.15	0.11	0.02	0.28	0.01	0.16	0.17

---

① 关于"Live Fund"子数据库和"Graveyard Fund"子数据库中数据的更为详细的说明，参见上一章第一节。

表 5.3　　　　　　　　　提示期限制和最低投资额

子表Ⅰ：不同种类对冲基金的最低投资额

	CA	SB	EM	EN	ED	FA	FF	GM	LS	MF	OT	Total
na	0.04	0.00	0.05	0.00	0.03	0.05	0.01	0.08	0.03	0.05	0.02	0.03
$0 \geq min \leq .1$	0.12	0.04	0.47	0.12	0.08	0.11	0.55	0.48	0.16	0.65	0.18	0.31
$.1 < min \leq .5$	0.46	0.59	0.31	0.49	0.40	0.30	0.30	0.22	0.50	0.20	0.51	0.38
$.5 < min \leq 1$	0.31	0.37	0.16	0.36	0.41	0.45	0.12	0.15	0.27	0.09	0.25	0.23
$min > 1$	0.07	0.00	0.01	0.03	0.08	0.09	0.02	0.07	0.04	0.02	0.04	0.04

子表Ⅱ：不同种类对冲基金的提示期限

	CA	SB	EM	EN	ED	FA	FF	GM	LS	MF	Other	Total
$notice = 0$	0.20	0.15	.035	0.20	0.15	0.33	0.26	0.43	0.19	0.57	0.31	0.28
$0 < notice \leq 30$	0.41	0.63	0.47	0.62	0.38	0.39	0.36	0.52	0.58	0.42	0.58	0.48
$30 < notice \leq 45$	0.11	0.11	0.04	0.10	0.10	0.07	0.20	0.01	0.10	0.00	0.02	0.09
$45 < notice \leq 60$	0.12	0.07	0.10	0.05	0.18	0.12	0.08	0.02	0.11	0.01	0.07	0.09
$notice > 60$	0.16	0.04	0.04	0.02	0.19	0.09	0.11	0.01	0.03	0.01	0.02	0.06

此外，表 5.4 列示了对冲基金中一些指标的信息；"/"前面的数据为没有资产锁定期限制基金的数据，后面的数据则代表没有限制的基金。其中，nobs 表示对冲基金的观测数量，age 表示对冲基金从首次向 Tass Tremont 数据库报告数据到 t 时刻之间的时间长度。size 表示对冲基金在时刻 t 的 AUM 的价值。lev 表示基金中使用杠杆进行融资的比率。mfee 和 ifee 分别表示基金的管理费和激励费。由表中数据可知，对于存在资产锁定期限制的基金而言，其 age（size）的中位数要低于（高于）没有限制的基金，分别为 33 个月（2600 万美元），而没有限制的基金的相应数值为 55 个月（1700 万美元）。存在资产锁定期限制的基金中，使用杠杆进行融资的比率更低，这可能意味着对于那些没有使用杠杆的基金而言，资产锁定期限制是其应对投资者提前撤资更为重要的方法。最后，可以清楚地看出，在两类基金中管理费率和激励费率大致相等。

表 5.4　　　　　　　　对冲基金的一些基本统计特征

	nobs	mean	median	sd	min	man
age	2380/491	60.37/41.98	50.00/33.00	44.68/32.63	1.00/1.00	299.00/180.00
eage	2380/491	78.91/54.55	69.00/48.00	53.50/40.80	1.00/1.00	299.00/290.00
siz	1952/446	84.43/87.93	16.97/26.00	247.70/189.53	0.00/0.07	4369.00/2300.00
mfee	2376/491	0.01/0.01	0.01/0.01	0.01/0.00	0.01/0.00	0.08/0.04
ifee	2377/491	0.17/0.19	0.20/0.20	0.07/0.05	0.00/0.00	0.50/0.50

续表

	nobs	mean	median	sd	min	man
lev	2380/491	0.70/0.63	1.00/1.00	0.46/0.48	0.00/0.00	1.00/1.00
liq	2380/491	0.55/0.63	1.00/1.00	0.50/0.48	0.00/0.00	1.00/1.00
man	2294/484	.523/.833	1.018/.940	.250/.500	.000/.000	25.00/5.00
notice	2380/491	22.11/43.58	15.00/30.00	24.07/23.53	0.00/0.00	180.00/180.00

由于要比较存在撤资限制的基金与没有限制的基金之间的超额收益的差别，因而要用多因子模型来控制同时影响两类基金的风险。这里考虑两类风险因子。第一类为买入并持有类型的因子（buy－and－hold），目的在于体现基金所投资的各类资产市场的收益情况。这类因子包括 NYSE、AMEX 和 NASDAQ 市场加权平均指数的收益率，以及基于一些标准所构建的多空头投资组合的差价（long－short spreads）[1]；此外，还包括 MSCI 世界股票指数（MSCI World Equity Index）（剔除美国的股票市场后的数据）、美林加总债券指数（Merrill Lynch aggregate bond indices）、联邦储备银行竞争性加权美元指数（Federal Reserve Bank Competitiveness－weighted Dollar index）和高盛商品指数（Goldman Sachs Commodity index）。第二类因子为基于期权的因子，其目的在于刻画对冲基金动态策略所带来的风险。这类因子主要为以标准普尔 500 指数为标的物期权的月度收益。

【2】 对冲基金的超额收益与资产锁定期限制之间的关系

本部分将用实证模型来分析对冲基金的超额收益与资产锁定期限制之间的关系。具体而言，将用相同的多因子模型计算所有对冲基金的超额收益（用 α 值来代表）；进而，将这些超额收益按照是否存在资产锁定期限制分为两类，并对每一类分别做平均，然后比较两类基金的平均超额收益是否存在差别，来从总体上说明资产锁定期限制与超额收益之间关系。

在介绍实证结果之前，有必要对所选取的多因子模型进行一定的说明。实际上，这里的实证分析共用了 4 个多因子模型。之所以同时选择四个模型是因为至今为止，现有的文献仍未对哪一类模型可以最好地刻画对

---

[1] 给予的标准包括"市值"（market capitalization）、"账面市值比"（book－to－market ration）和"股票过去的收益率"（past retruns）。以市值为例，所谓 long－short spreads 是指同时卖空高市值的股票和买入低市值的股票的投资组合所获的收益率。

冲基金的系统性风险达成共识。而为了更全面和严谨地控制对冲基金在不同方面的特质和投资策略的动态性,因此同时选用四种模型来体现基金的系统性风险,并计算其 α 值。一般的,多因子模型为:

$$r_{i,t} = \alpha_i + \sum_k \beta_{i,k} I_{k,t} + \varepsilon_{i,t} \tag{5.35}$$

其中,这里用 $r_{i,t}$ 代表基金 i 在时刻 t 月度收益率①与同期的月度无风险利率之间差值;$I_{k,t}$ 代表风险因子 k 在时刻 t 的月度收益率与同期的月度无风险利率的差值;$\beta_{i,k}$ 则代表基金 i 对风险因子 k 的敏感系数;α_i 则代表不能由系统风险解释的超额收益。

所选用的第一种多因子模型为滞后市场模型(lagged market model,LL Model)。该模型同时将当期和滞后期的市场指数的收益率作为自变量,以体现由于对冲基金所持有流动性较差的资产组合所导致的非同步交易(nonsynchronous trading)对基金所报告的收益率的影响。实际上,Asness 等(2001)的研究结果表明,加入滞后的市场指数可以增强对对冲基金收益的解释能力。第二种多因子模型的目的是体现系统风险的波动性对对冲基金的影响;这里用市场指数的波动性以及基于一些标准所构建的多空头投资组合的差价(long-short spreads)来体现系统风险的波动性,该模型是 Fama-French 多因子模型的变性(这里简称为 FF4 Model)。第三种模型则主要体现对冲基金的动态投资策略所带来的动态风险;这里主要用以标准普尔 500 指数为标的物期权的月度收益来度量(这里简称为 Option Model)。第四种模型则体现了对冲基金所持有资产的广泛性(这里称第四种模型为基准模型,Base Model);这里用 MSCI 世界股票指数(MSCI World Equity Index)(剔除美国的股票市场后的数据)、美林加总债券指数(Merrill Lynch aggregate bond indices)、联邦储备银行竞争性加权美元指数(Federal Reserve Bank Competitiveness – weighted Dollar index)和高盛商品指数(Goldman Sachs Commodity index)来刻画。

表 5.5 按对冲基金的类型列示了(5.35)式中的 α_i 进行估计的算术平均值(标准化为年度的收益率)。其中,表中的四栏分别表示四种多因子模型的回归结果;对于每一栏,dlock = 1 表示存在资产锁定期限制的基金,dlock = 0 则表示没有资产锁定期限制的基金。Total 代表所有样本中的基金,CA 代表 Convertible Arbitrage 类型基金,SB 代表 Dedicated Short Bias 类

---

① 注意,该收益率提出了支付给基金经理的所有报酬,也即为投资者实际收到的收益率。

型基金，EM 代表 Emerging Markets，EN 表示 Equity Market Neutral 类型基金，EN 代表 Event Driven 类型基金，FA 代表 Fixed Income Arbitrage 类型基金，FF 代表 Fund of Funds 类型基金，LS 代表 Long/Short Equity 类型基金，OT 代表除上述类型之外的基金。如表中数据所示，从总体上看，相对于没有资产锁定期限制的基金，存在锁定期限制的基金都有一个显著为正的溢价，如果标准化为年度收益率，该资产锁定期溢价大约为 7.5%。对于各种类的基金而言，除 SB、EM 和 OT 三种类型基金外，都存在一个显著为正的资产锁定期溢价。由于 EM 类型基金中存在资产锁定限制的基金所占比例最低（见表5.2），OT 类型基金的策略特征（strategy style）较为模糊，因此其资产锁定期溢价出现了异常现象。事实上，Aragon（2004）还按市值计算了 α_i 的加权平均值，得到了类似的结论。

【3】 对冲基金的超额收益的来源

第（2）部分小节从总体上将所有样本按照是否存在资产锁定期限制分为两类，并且通过实证数据表明，存在锁定期限制的基金比没有限制的基金具有显著为正的锁定期溢价；并且该溢价在四个多因子模型中都存在，这说明该溢价为稳健的。图5.13列示了根据滞后市场多因子模型（LLM）回归得到的可决系数。如图所示，大多数基金的可决系数都低于40%，这意味着多因子模型对基金收益的解释不好。这个结果也正好印证了第一个步骤中显著为正的超额收益。图5.14的实线部分列示了 α_i 的直方图。从图中可以看出，α_i 的分布基本对称，其频率最高的值4.71%。一个显然的问题是，如此显著且为正的溢价是否真的可被撤资限制所解释？为了回答这个问题，第二个步骤将用上文所估计的 α 值做如下的截面回归：

$$\hat{\alpha}_i = a + b_1 \cdot dlock_i + b_2 \cdot min_i + b_3 \cdot notice_i + b_4 \cdot min_i^2 + b_5 \cdot notice_i^2 + e_i$$

(5.36)

如果回归结果显示截距项 a 不显著，且系数 $[b_1,b_2,b_3,b_4,b_5]$ 均显著，则说明超额收益 α 可以被撤资限制 $dlock$、$notice$ 和 min 所解释。注意，之所以在模型中加入 $notice$ 和 min 的二次项，是为了刻画这两项限制可能存在对超额收益的非线性影响。

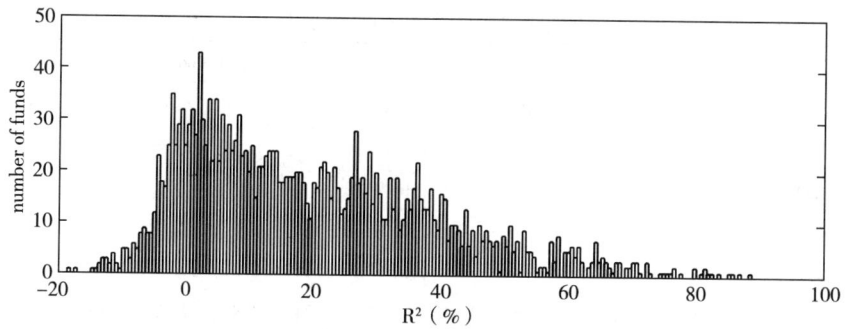

图 5.13 Histogram of Fund R^2

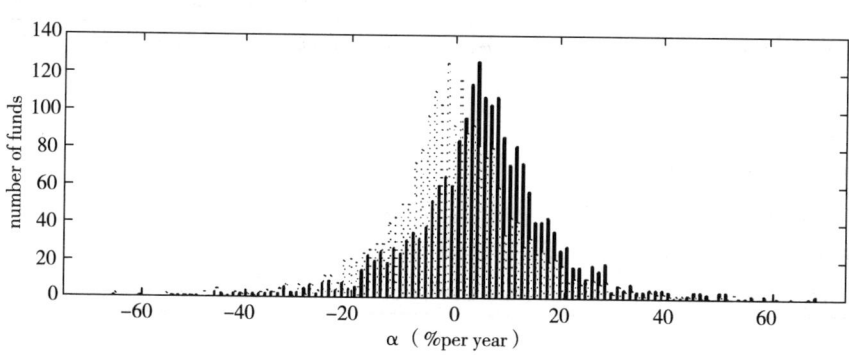

图 5.14 Histogram of Fund Alphas

对（5.36）式的回归结果列示于表 5.5。如表中数据所示，对于四种多因子模型而言，α 的无条件样本均值为 a，其接近于 5%。而控制了撤资限制时（即对 5.36 式的估计），a 的估计值下降了近 5%，而且除了第四种多因子模型外，其他三种模型中的 a 值均不显著。这表明，第一个步骤中所得到的资产锁定期溢价 α 可被撤资限制所解释，也即所谓的超额回报，可在很大程度上被认为是投资者所承受的由于撤资限制所造成的流动性不足的风险补偿。图 5.14 的虚线部分则列示了根据（5.36）式计算的各基金的值的直方图。从图中可看出，虚线分布的中心较实线分布靠左；实际上，虚线所代表的直方图中，频率最高的值为 -0.71%。值得注意的是，提示期限制和最低投资额限制的系数都显著为正。特别地，如果提示期限制为 1 个月，则其可以使得超额收益大约上升 5%；如果最低投资限额为 100 万美元，则可使得超额收益大约上升 1%。而和的二次项系数均显著为负说明超额收益为这两个限制性因素的凹函数。

表 5.5　　　　　　　　四种多因子模型的回归结果

LL Model						FF4 Model				
a	dlock	min	notice	min^2	$notice^2$	a	dlock	min	notice	min^2	$notice^2$
4.72						4.50					
(13.62)						(14.21)					
0.82	9.03	0.54	2.53			1.19	7.32	0.65	2.10		
(1.60)	(9.55)	(2.04)	(7.03)			(2.37)	(8.68)	(2.31)	(6.18)		
-0.70	8.43	1.12	6.63	-0.05	-1.48	-0.27	6.74	1.41	5.72	-0.07	-1.32
(-1.10)	(8.98)	(2.66)	(6.55)	(-2.32)	(-4.42)	(-0.45)	(8.03)	(3.49)	(6.71)	(-2.85)	(-4.98)
Option Model						Base Model					
a	dlock	min	notice	min^2	$notice^2$	a	dlock	min	notice	min^2	$notice^2$
4.62						7.02					
(13.85)						(20.55)					
1.09	7.01	0.75	2.35			3.49	7.69	0.35	2.49		
(2.00)	(8.56)	(2.61)	(6.82)			(6.16)	(9.01)	(1.54)	(6.78)		
-0.30	6.47	1.45	5.81	-0.06	-1.26	2.13	7.17	0.84	6.12	-0.04	-1.31
(-0.46)	(7.92)	(3.62)	(6.24)	(-2.97)	(-4.39)	(3.01)	(8.39)	(2.02)	(6.19)	(-1.76)	(-4.23)

【4】简短的评论

上文通过实证分析，认为投资者由于承担了由撤资限制所带来的流动性不足的风险，获得了约为 5% 以上的风险补偿（见表 5.4）。但由于对冲基金行业的特殊性，研究者只能通过 TASS Tremont 数据库获得数据。由于该数据库的数据都通过对冲基金自愿报告的方式获得，因此很难保证样本数据的随机性，这会使得上文的实证结果受到各种偏误的影响，如自我选择偏误（self-selection bias）、数据回填（back-filled）偏误和生存性（survivorship）偏误等。其中自我选择偏误指的是由于那些以前表现好的基金更愿意向数据库报告数据，因此会使得样本数据中会"漏掉"那些表现不好的基金；对于数据回填偏误，则指的是当一只基金决定在某个时间想数据库报告数据时，数据库会要求该基金将之前的历史表现一并报告；由于那些历史表现较好的基金更愿意报告数据，因此如果在实证分析中不加以区分，则容易造成基金收益率的上偏。生存性偏误则是指在样本数据中只采用那些在 Live 子数据库中的数据，这种偏误也会造成基金收益的上偏。实际上 Aragon（2004）用了各种方法控制了上述偏误，并得出了和上文类似的结论①。第 2 小节将用一个理论模型来评估投资者由于承担这些风险所遭受的损失，来从另一角度来判断这些限制对投资者是否"值得"。

2. 限制撤资的损失：一个期权定价的视角

如本节开始时所述，如果投资者由于外生的原因需要流动性，以至于要撤出投资于对冲基金的资金，对其撤资行为做出的限制必会降低其福利水平。但由于外生的原因多种多样，很难对其进行较为精确地刻画，因而无法通过实证对这种福利损失进行估计。基于此，这里将只考虑另外一种提前撤资的原因，即投资者由于担心基金经理的投资能力或其投资在未来遭受更多的损失才撤出投资。当对投资者提前撤资的行为做出限制的时候，投资者将可能会继续遭受"低能力"基金经理所造成的损失。直觉上，我们可以用对冲基金收益率的各阶矩来刻画对冲基金经理的能力或来预测对冲基金未来的盈利情况。实际上，很多文献都采用了这种刻画方法，如 Asness、Liew 和 Krail（2001），Getmansky、Lo 和 Makarov（2004）等。由于这些数据都基本可得，所以理论模型和基于模型的实证估计都将是可行的。

如果投资者的提前撤资行为没有任何限制，则当投资者对基金 AUM 的估值低于基金经理所公布的基金净值（Net Asset Value, NAV）时，投资者将会选择提前撤资，并获得基金经理所公布的 NAV。不难看出，这种权利相当于投资者持有了某种看跌期权。期权的执行价格为基金经理所公布的 NAV，期权标的物的价格为投资者对基金的估值。继而，可以用期权定价公式来对该权利进行定价。一个可行的办法为，首先计算投资者无法提前撤资时在期末可获得支付的贴现值；其次计算其随时都可提前撤资时支付的贴现值；两者之差即为投资者所拥有撤资权利的价值。相应的，可以计算当存在撤资限制时投资者的支付；该收益与没有任何限制时的收益

---

① 由于篇幅原因，这里不再详述控制偏误的方法。有兴趣的读者请参考 Aragon（2007）的原文。

之差即为撤资限制给投资者造成的损失。

在正式进入模型之前，有必要先进行一定的说明。首先，模型如果有意义，则必须假设投资者和基金经理对基金的估值不同。该假设并非凭空捏造。对于对冲基金而言，NAV 是基金经理所公布的其所持有投资组合的价值，如果一个投资者选择在当期撤资，则只能按其所持股权份额得到此价值的一部分。实际上，如果投资者不提前撤资，则其在对冲基金中股权的价值可能并不单纯由基金所持有投资组合的未来收益和风险所决定，其还可能受到基金经理的某种违约行为或者由本章第二节所强调的投资者之间协同问题（coordination problem）所导致的基金被全部清算等因素的影响。如果基金全部被强行清算，则其价值必定低于正常情况下所持投资组合的价值。此外，投资者的风险偏好程度不同，也可能导致其对基金的估值和 NAV 有所差别。事实上，投资者与基金经理之间估值存在不同的例子较为常见，如封闭式基金所公布的净值时常与其在二级市场上交易时的市场价值不相同。

其次，有必要强调的是，这里还假设了一个投资者提前撤资行为不足以导致对冲基金所持投资组合发生大的变化，也即一个投资者当期的撤资行为不会影响当期的 NAV。换而言之，在对撤资限制所造成的损失做估计时，单个行为人的内生行为不影响 NAV，也即模型假定了 NAV 服从一个外生的分布过程。

最后，投资者对基金价值的估计会考虑到 NAV、基金未来被清算的可能性以及自己的风险偏好程度。实际上，如下文所述，模型将采用确定性等价值（certainty equivalent）来衡量投资者对基金价值的估计。

本小节将分为六个子部分。首先，第（1）部分将阐述两个外生数据的生成过程（Data Generating Process，DGP），即基金的 NAV 和其被清算的概率。第（2）部分则将介绍当没有任何撤资限制时投资者对基金的估值。第（3）部分和第（4）部分将分别论述存在资产锁定期限制和提示期限制时投资者对基金价值的估计，这两种限制对投资者造成的损失也将在该部分讨论。第（5）部分将给出用实际数据估计的模型基准参数值，并用这些参数做数值模拟，最终得到上述两种限制给投资者造成的损失。第（6）部分则会对个参数做比较静态分析，以考察撤资限制的损失与各参数之间关系。第（7）部分将对这一小节做简短的评论。

〔1〕 基金 NAV 和被清算概率的数据生成过程

本小节拟采用期权定价公式对撤资限制的损失进行计算，而期权定价公式中最为常用的一种方法为二叉树定价方法。因此，这里将采用二叉树的方式来描述对冲基金 NAV 的数据生成过程。具体如图 5.15 所示，假设对冲基金的投资期为 T；用 $S_{t,j}$ 代表 NAV 在 t 时刻①上第 j 状态的大小。显然，在任一时刻 t 上状态的个数为 $t+1$；按照从上到下的顺序排列 $j=1$，最上面的状态为 $j=t+1$，最下面的状态为。现在假设每个节点的 NAV 之间的关系如下：

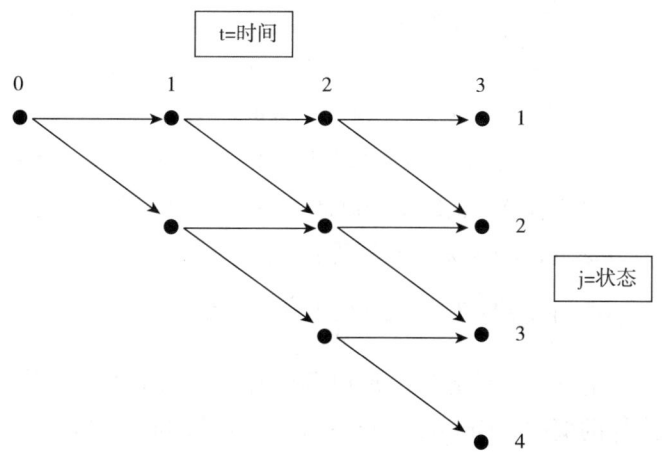

图 5.15　结构树

$$\begin{aligned} S_{t+1,j} &= S_{t,j}u \\ S_{t+1,j+1} &= S_{t,j}u^{-1} \end{aligned} \quad (5.37)$$

其中，由 $S_{t,j}$ 变为 $S_{t+1,j}$ 的概率为 p，变为 $S_{t+1,j+1}$ 的概率为 $1-p$。此外，定义 p 和 u 如下：

$$u = e^{\sigma\sqrt{\Delta t}}, p = \frac{e^{\mu\Delta t} - u^{-1}}{u - u^{-1}} \quad (5.38)$$

当 $\Delta t \to 0$ 时，可以证明 NAV 的收益率服从均值为 μ 和方差为 σ 的正态分布。事实上，如后文所述，可以用实际数据来估计 μ 和 σ 的具体数值。

---

① 注意，t 不代表绝对的时间，而只代表 NAV 从时间为 0 处向前走了 t 步；第 t 步和第 $t+1$ 步之间的时间间隔定义为 Δt。

如上文所述，投资者对基金价值的估值不同于 NAV 的重要原因，为对冲基金在未来可能被强行清算，这将导致投资者获得比 NAV 更低的回报。因此，除了对 NAV 的数据生成过程进行刻画之外，还应该刻画基金在每个时间被清算的概率和被清算时投资者的收益。

毫无疑问，当基金被强行清算时，其必须全部将所持有的风险资产变现。一般而言，折价的比率非常低。Roamadorai（2008）研究了 66 支基金由于欺诈或投资遭受重大损失而倒闭被清算时平均折价率。他认为平均的折价率为 49.6%。Ang 和 Bollen（2009）认为在实际中被强制清算的基金并不都是因为欺诈等恶性原因，因此下文估计所采用的折价率会较为保守（将会采用 75%）。为了阐述的方便性，这里假设折价率为 l，即如果基金在某时刻被强制清算，则投资者只能获得该时刻基金 NAV 的 l 倍。

对于被清算的概率，假设对冲基金的基准久期为 D，则在 m 时刻基准的久期密度函数（baseline density of durations）为 $f_b(m)$，累计密度函数为 $F_b(m) = \int_0^m f_b(s)\,ds$。对冲基金从 0 时刻到 m 时刻一直未被强行清算的概率为 $1 - F_b(m)$，也即基金以此概率至少存续到 m 时刻。则在 m 时刻的风险率（hazard rate）$\lambda_b(m)$ 为：

$$\lambda_b(m) = \lim_{\Delta t \to 0} \frac{\Pr(m \leq D \leq m + \Delta t \mid D \geq m)}{\Delta t} = \frac{f_b(m)}{1 - F_b(m)} \quad (5.39)$$

显然，该比率代表当基金在 m 时刻生存时，每增加一个单位的时间，其被强行清算的概率。Grecu、Malkiel 和 Saha（2006）的研究表明，相对于其他分布而言，log-logistic 分布对对冲基金久期密度函数的刻画更为精确，因此这里将采用该分布来刻画对冲基金在 m 时刻的基准风险率：

$$f_b(m) = \frac{\lambda q (\lambda m)^{q-1}}{[1 + (\lambda m)^q]^2} \quad (5.40)$$

$$1 - F_b(m) = \frac{1}{1 + (\lambda m)^q} \quad (5.41)$$

$$\lambda_b(m) = \frac{\lambda q (\lambda m)^{q-1}}{1 + (\lambda m)^q} \quad (5.42)$$

显然，可以通过构建 logit 模型，用极大似然估计法来估计 λ 和 q。似然函数为：

$$\prod_{i=1}^{X} f(m_i) \prod_{j=1}^{Y} (1 - F(m_j)) \quad (5.43)$$

其中，X 代表在数据库中所记录的最近时刻之前已经被清算的基金数量，Y 则代表一直到最近时刻仍未被清算的基金数量。相应地，m_i 代表已经被强行清算基金的存续期；则代表到最近时刻为止时仍未被强行清算的基金已经存续的时间。通过对（5.43）式进行估计，可以计算得到对冲基金的基准风险率。此外，对于每一只对冲基金而言，其个体的风险率除与基准风险率相关外，还与其自身在当期的相对业绩相关：

$$\lambda_i(m,z) = \lambda_b(m)e^{z\beta} \qquad (5.44)$$

其中，z 代表基金 i 在 m 时刻的相对业绩，该相对业绩指在与 i 有相同存续期的基金中，i 的收益率与这些基金的平均收益率之差。在具体估计时，要对上述收益率差值用同类基金收益率的标准差进行标准化。β 则可通过 Kalbfleisch 和 Prentice（2002）的方法进行估计。

在得到风险率之后，可以通过如下公式计算基金在二叉树图中第 t 个时刻第 j 个状态的被清算概率 $\pi_{t,j}$：

$$\pi_{t,j} = \lambda_b(m)e^{z_t\beta}(age_t + 0.5)\Delta t \qquad (5.45)$$

（5.45）式的含义为，当基金 j 在二叉树图中 (t, j) 结点的风险率为 $\lambda_b(m)$ $e^{z_t\beta}$ 时，在刻度 t 与刻度 $t+1$ 中间刻度被清算概率，为上述风险率与该基金截至此中间刻度的存续期之乘积。注意，这里假设了被强制清算的事件发生在两个刻度的中间。此外，Δt 代表每个刻度之间所代表的真实时间长度（下文在估计时采用）；age_t 则代表基金从诞生到刻度 t 为止共经历的刻度数目。值得指出的是，$t=0$ 时，代表投资者在此刻度将资金交给基金经理进行管理，但对冲基金诞生的时间却很可能早于此，因此在 $t=0$ 时，age_t 则可能大于 0。换而言之，投资者撤资限制的资金锁定期和提示期一般是从其将资金交给基金经理之日（也即 $t=0$ 时刻）算起，与 age_t 的大小无关；但对冲基金被强行清算的概率则与 age_t 直接相关。

在进入下一部分之前，有必要指出，由（5.40）~（5.44）式可知，对冲基金在某时刻的风险率以及基于该风险率所计算的被清算概率为其到该时刻为止的存续期和其在该时刻相对业绩的非线性函数。实际上，Ang 和 Bollen（2009）用实际数据估计（5.40）~（5.44）式中的参数后发现，log-logistic 分布确是非常好地刻画了实际数据的特征。他们的结论如图 5.16 所示。

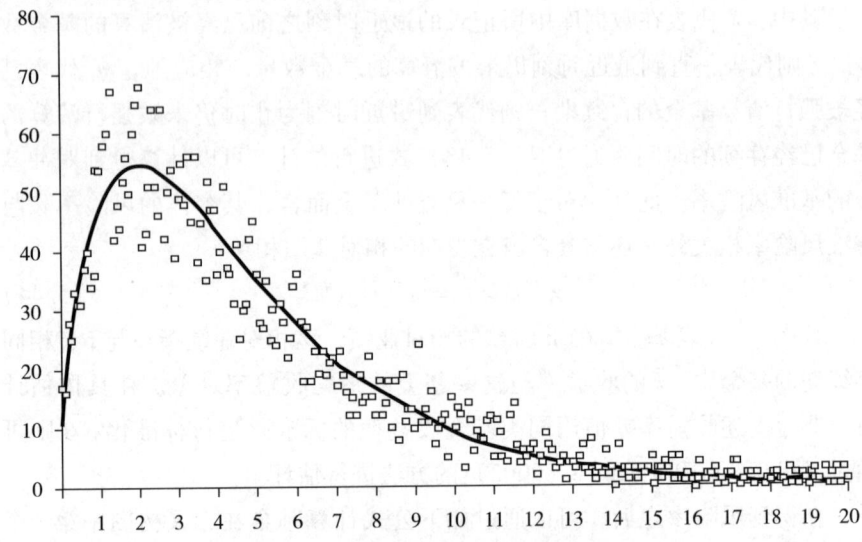

图 5.16 log–logistic 分布对实际数据的拟合图

注：其中，横轴代表基金生存期限；纵轴代表被强制清算的基金的数量。散点代表的是实际数据，曲线则为拟合值。所采用的数据为 CISDM 中截至 2005 年的 8532 只对冲基金。

【2】投资者对基金价值的估值：两种极端的情况

如上文所述，本小节的目的在于用期权定价方法来估算投资者拥有随时撤资权利的价值，以及对该权利进行限制所给投资者造成的损失。而要达到该目的，可同时计算投资者在没有任何撤资权利时和毫无限制时对基金的估值，两者之差即为该项权利的价值。相应的，附加撤资限制时对冲基金的估值与可随意撤资时估值之间的差值则为撤资限制给投资者带来的损失。本部分将首先关注这两种极端情况下的估值。

由于投资者会考虑到基金将来被强行清算的可能，以及投资者本身为风险厌恶的，其对对冲基金将来价值折现值的评估可能会低于 NAV，这将导致投资者选择执行提前撤资的期权。由此可见，基金将来被清算的概率和投资者的风险厌恶系数对于投资者的估值至关重要。这里假设投资者的偏好由 CRRA 的效用函数代表：

$$U(W_t) = \frac{W_t^{1-\gamma}}{1-\gamma} \tag{5.46}$$

其中，W_t 为投资者在 t 的财富水平；γ 则衡量了投资者的风险厌恶水平，γ 越大，投资者越风险厌恶。给定投资者的效用函数和上文所述的 NAV 与基金被清算的概率，可以用确定性等价来对基金进行估值。

首先，来看投资者在任何时候都无法提前撤资的情况。显然，此时，投资者只能在投资期末获得回报。根据图 5.13，在结点 $(T-1, j)$ 处，投资者持有对冲基金的确定性等价为 $H_{T-1,j}$，满足：

$$\frac{1}{1-\gamma}(R_f H_{T-1,j})^{1-\gamma} = \frac{1}{1-\gamma}[\pi_{T-1,j}(S_{T-1,j}l)^{1-\gamma} + (1-\pi_{T-1,j})(1-p)S_{T,j+1}^{1-\gamma}]$$

(5.47)

上式中，等号右面代表投资者在 T 刻度所获得的期望效用。中括号中的第一项代表当对冲基金被强行清算时投资者所获得的效用；第二项则代表没有被强行清算时给投资者带来的效用。等号左边的含义为投资者在 $T-1$ 刻度所代表的时刻处持有 $H_{T-1,j}$ 的无风险资产，在 T 刻度获得的收益为 $R_f H_{T-1,j}$。等号左右两边给投资者带来的效用无差异，因此用 $H_{T-1,j}$ 代表确定性等价，并用其表示投资者在结点 $(T-1, j)$ 处对基金的估值。

类似地，当在 $T-1$ 之前的节点处时，可用同样的方法估值：

$$\frac{1}{1-\gamma}(R_f H_{t,j})^{1-\gamma} = \frac{1}{1-\gamma}[\pi_{t,j}(S_{t,j}l)^{1-\gamma} \\ + (1-\pi_{t,j})(pH_{t+1,j}^{1-\gamma} + (1-p)H_{t+1,j+1}^{1-\gamma})], t < T-1$$

(5.48)

上述估值过程可以一直递归做到节点 $(0, 1)$ 处，并得到 $H_{0,1}$。则 $H_{0,1}$ 即为当投资者在任何时候无法提前撤出投资的情况下，在刻度 0 处对基金的估值。该价值可能会低于 $S_{0,1}$。而投资者则无法行使撤资的权利并改善自己的效用。

现在，关注投资者可任意地提前撤出自己在对冲基金中的投资的情形。在这种情形下，如果投资者自己对基金的估值低于 NAV，他必会选择撤资，得到 NAV。在结点 $(T-1, j)$ 处时，投资者对其投资的估值 $O_{T-1,j}$ 为：

$$O_{T-1,j} = \max\{S_{T-1,j}, R_f^{-1}[\pi_{T-1}(S_{T-1,j}l)^{1-\gamma} + (1-\pi_{T-1})(pS_{T,j}^{1-\gamma} + (1-p)S_{T,j+1}^{1-\gamma})]^{1/(1-\gamma)}\}$$

(5.49)

上式中等号右面的第一项 $S_{T-1,j}$ 表示投资者当期选择撤资时可获得的收益，第二项为不选择撤资时其所获的确定性等价。当 $S_{T-1,j}$ 较大时，投资者将会选择撤资；否则将不会选择撤资。类似与投资者在任何时候都无法提前撤资的情形，在 $T-1$ 之前的节点处的估值 $O_{t,j}$ 为：

$$O_{t,j} = \max\{S_{t,j}, R_f^{-1}[\pi_{t,j}(S_{t,j}l)^{1-\gamma} + (1-\pi_{t,j})(pO_{t+1,j}^{1-\gamma} + (1-p)O_{t+1,j+1}^{1-\gamma})]^{1/(1-\gamma)}\}$$

(5.50)

对 (5.50) 式进行递归，则可得到投资者在节点 (0, 1) 出对基金的估值 $O_{0,1}$。显然，投资者拥有的随时可撤资的权利的价值为 $O_{0,1} - H_{0,1}$。

【3】 提示期的限制对投资者造成的损失

当存在提示期限制时，基金经理有权在投资者提出撤资要求之后的一段时间过后才将资金返还给投资者。利用图 5.13 来说明。假设在投资者提出撤资要求后，基金经理在经过 h 个刻度后才返还资金。相对于没有撤资限制的情况，此时投资者可能面临基金在提示期内被强行清算的风险。因此，直觉上，这种限制必定给投资者造成一定的福利损失。

首先考虑最简单的情形。假设 $h=1$，也即投资者在刻度 t 提出撤资要求，基金经理在刻度 $t+1$ 处返还基金。在节点 $(T-1, j)$ 处，当投资者提交撤资申请时，他只能在投资期末 T 获得资金。而在 $T-1$ 到 T 之间，基金有 $\pi_{T-1,j}$ 的概率被强行清算；一旦被清算，投资者只能获得 $S_{T-1,j}l$ 的支付。用 $O_{NP,T-1,j}$ 表示投资者在此结点对基金的估值，则 $O_{NP,T-1,j}$ 满足：

$$O_{NP,T-1,j} = R_f^{-1}[\pi_{T-1,j}(S_{T-1,j}l)^{1-\gamma} + (1-\pi_{T-1,j})(pS_{T,j}^{1-\gamma} + (1-p)S_{T,j+1}^{1-\gamma})]^{1/(1-\gamma)}$$

(5.51)

类似地，如果 $T-1$ 在刻度之前的结点 (t, j) 处选择提出撤资要求，则定义 $CE_{t,j}$ 为投资者在此结点处的确定性等价 $CE_{t,j}$ 可表示为：

$$CE_{t,j} = R_f^{-1}[\pi_{t,j}(S_{t,j}l)^{1-\gamma} + (1-\pi_{t,j})(pS_{t+1,j}^{1-\gamma} + (1-p)S_{t+1,j+1}^{1-\gamma})]^{1/(1-\gamma)} \quad (5.52)$$

因此，投资者在结点 (t, j) 处对基金的估值为：

$$O_{NP,t,j} = \max\{CE_{t,j}, R_f^{-1}[\pi_{t,j}(S_{t,j}l)^{1-\gamma} + (1-\pi_{t,j})(pO_{NP,t+1,j}^{1-\gamma} + (1-p)O_{NP,t+1,j+1}^{1-\gamma})]\}$$

(5.53)

显然，如果没有提示期的限制，$CE_{t,j} = S_{t,j}$，进而 (5.53) 退化为 (5.50) 式。

现在考虑 $h > 1$ 的情形。一种特殊的情况为，当 $T-h \leq t \leq T-1$ 时，投资者即使做出撤资的决定，其也只能在投资期结束时获得支付。此时，投资者对基金的估值类似于（5.51）式：

$$O_{NP,t,j} = \begin{cases} R_f^{-1}[\pi_{T-1,j}(S_{T-1,j}l)^{1-\gamma} + (1-\pi_{T-1,j})(pS_{T,j}^{1-\gamma} + (1-p)S_{T,j+1}^{1-\gamma})]^{1/(1-\gamma)} \\ R_f^{-1}[\pi_{t,j}(S_{t,j}l)^{1-\gamma} + (1-\pi_{t,j})(pO_{t+1,j}^{1-\gamma} + (1-p)O_{t+1,j+1}^{1-\gamma})]^{1/(1-\gamma)} \end{cases}$$

$$\left. \begin{array}{l} t = T-1 \\ T-h \leqslant t \leqslant T-1 \end{array} \right\} \quad (5.54)$$

当 $t < T-h$ 时，如果投资者做出撤资的要求，则其将在刻度 $t+h$ 处获得支付。仍用 $CE_{t,j}$ 表示在节点 (t,j) 处选择撤资时将获得以确定性等价值表示的支付。该支付的价值取决于 t 到 $t+h$ 刻度之间基金被清算的情况和 NAV 变化的情况。因此，可用二叉树方法计算 $CE_{t,j}$。

首先，投资者在 (t,j) 要求撤资时，其在 $(t+h-1,k)$ 结点处所能获得的支付可被表示为 $CE_{t+h-1,k}$：

$$CE_{t+h-1,k} = R_f^{-1}[\pi_{t+h-1,k}(S_{t+h-1,k}l)^{1-\gamma} + (1-\pi_{t+h-1,k})(pS_{t+h,k}^{1-\gamma} + (1-p)S_{t+h,k+1}^{1-\gamma})]^{1/(1-\gamma)}$$

(5.55)

则在结点 $(t+h-2,k)$ 处的支付 $CE_{t+h-2,k}$：

$$CE_{t+h-2,k} = R_f^{-1}[\pi_{t+h-2,k}(S_{t+h-2,k}l)^{1-\gamma} + (1-\pi_{t+h-2,k})(pCE_{t+h-1,k}^{1-\gamma} + (1-p)CE_{t+h-1,k+1}^{1-\gamma})]^{1/(1-\gamma)}$$

(5.56)

同样，用递归的方法可以计算得到 $CE_{t,j}$，进而有 $O_{NP,t,j}$ 为：

$$O_{NP,t,j} = \max\{CE_{t,j}, R_f^{-1}[\pi_{t,j}(S_{t,j}l)^{1-\gamma} + (1-\pi_{t,j})(pO_{NP,t+1,j}^{1-\gamma} + (1-p)O_{NP,t+1,j+1}^{1-\gamma})]\}$$

(5.57)

再对（5.57）用递归的方法可得到 $O_{NP,0,1}$。由于对投资者撤资施加提示期的约束使得投资者面临了提示期内基金被强行清算的风险，因此必然有 $O_{NP,0,1} \leqslant O_{0,1}$。施加提示期给投资者带来的损失为 $O_{0,1} - O_{NP,0,1}$。

【4】资产锁定期的限制对投资者造成的损失

资产锁定期限制使投资者在时刻之前不能提出撤资的申请。类似于提示期限制，该限制也使投资者面临在锁定期内基金被强行清算的风险。同时，用 $O_{L,t,j}$ 表示在结点 (t,j) 处投资者所能获得的确定性等价值。值得指出的是，资产锁定期限制和提示时期限制同时存在，这时用 $O_{LNP,t,j}$ 表示相应的确定性等价值。显然，当 $t > L$ 时，资产锁定期限制失效，则有 $O_{L,t,j} = O_{t,j}$ 和 $O_{LNP,t,j} = O_{NP,t,j}$。当 $t \leqslant L$，资产锁定期有效，则有：

$$O_{L,t,j} = R_f^{-1}[\pi_{t,j}(S_{t,j}l)^{1-\gamma} + (1+\pi_{t,j})(pO_{L,t+1,j}^{1+\gamma} + (1-p)O_{L,t+1,j+1}^{1-\gamma})]^{1/(1+\gamma)}$$

$$O_{LNP,t,j} = R_f^{-1}[\pi_{t,j}(S_{t,j}l)^{1-\gamma} + (1+\pi_{t,j})(pO_{LNP,t+1,j}^{1+\gamma} + (1-p)O_{LNP,t+1,j+1}^{1-\gamma})]^{1/(1+\gamma)}$$

同样用递归的方法，可以计算得到 $O_{L,t,j}$ 和 $O_{LNP,t,j}$。相应的，进而可以计算资产锁定期限制给投资者造成的损失，即 $O_{0,1} - O_{L,0,1}$ 和 $O_{0,1} - O_{LNP,0,1}$。

[5] 撤资限制给投资者造成的损失：数值分析的结果

给定上文所介绍的计算公式，这里将计算上述撤资限制给投资者造成的损失的具体数值。首先，将用实际对冲基金的收益率数据估计公式中的参数值；然后将所得的参数值作为基准，带入上述公式，以用数值模拟的方法得出撤资限制的损失[①]。

由上文可知，需要估计的参数值为 $[\mu, \sigma, \lambda, q, \beta, l, \gamma]$。对于度量风险厌恶程度的参数 γ，这里取基准值为3，在下面的分析中，会对 γ 做比较静态分析。对于基金被清算时的折价系数 l，参考 Roamadorai (2008) 的研究，取为75%。对于 $[\mu, \sigma, \lambda, q, \beta]$，则需用对冲基金的实际收益数据来估计。Ang 和 Bollen (2009) 采用了国际证券和衍生品市场中心数据库 (Center of International Securities and Derivatives Markets database, CISDM) 中的数据。首先，他们计算了该数据库中所有对冲基金的截面均值、方差、偏度和峰度；根据此计算结果，他们选择 μ 为 12%，σ 为 15%。根据此截面均值和方差，计算得到了各个基金的 $z_{i,t}$。此外，用CISDM 中的对冲基金在相关信息，通过 (5.43) 式所代表的似然函数估计得到 $[\lambda, q, \beta]$ 的估计值，分别为 0.0129, 1.6517 和 -0.3237。

得到了上述这些参数的数值，下面可以用数值模拟的方法来计算提示期限制和资产锁定限制给投资者造成的损失。仍旧用二叉树图 5.13 来说明数值模拟的过程。假设在初始结点 (0, 1) 处的 NAV 为 100，投资期为 10 年，对于任意的刻度 t 和刻度 $t+1$ 之间的时间间隔为一个月。NAV 的变化和基金被强行清算的概率遵循第 (1) 部分所述的数据生成过程。此外，在做数值模拟时，假定投资者的撤资行为同时受到两种限制。

这里分两种情况进行数值模拟。第一种情况为对冲基金在刻度 (0,

[①] 注意，这里估计的只是基准的参数值。第 (6) 部分将会对这些参数做比较静态分析，以讨论参数值的变化对投资限制所造成的损失的影响。

1)处刚成立,也即此时其 $age=0$;第二种情况为在此结点处其已经存在了 24 个月,此时其 $age=24$。显然,虽然处于同一个结点,但对冲基金的"年龄"不同会导致其被强行清算的概率不同。第一种情况的模拟结果列示于表 5.6。如表中数据所示,当提示期和资产锁定期的长度上升时,两种限制给投资者造成的损失也会随之上升。当固定提示期限制为 3 个月时,两种限制给投资者带来的损失会从资产锁定期限制为 1 年时的 0.04% 上升到为 5 年时的 2.13%。而当固定资产锁定期为 3 年时,两种限制给投资者带来的损失会从提示期限制为 1 个月时的 0.68% 上升到为 5 个月时的 0.92%。这个结论表明资产锁定期给投资者造成的损失更大,因为相对于较短的提示期限制,锁定期限制更长,因而基金被清算的几率也就更大。

表 5.6 不同的提示期限制和资产锁定期限制组合所导致的成本损失($age=0$)

Notice	Lockup				
	12	24	36	48	60
1	0.01	0.15	0.68	1.39	2.03
2	0.03	0.19	0.74	1.45	2.08
3	0.04	0.23	0.80	1.51	2.13
4	0.05	0.27	0.86	1.57	2.18
5	0.07	0.31	0.92	1.62	2.22

注:Notice 代表提示期限制的时间;Lockup 代表资产锁定期限制的时间。

第二种情况的模拟结果列示于表 5.7。比较表 5.7 和表 5.6 可以发现,除最后一列下面的三个数值外,表 5.7 列示的所有损失值都大于表 5.6 的相应值,但随着资产锁定期的增加,两表中数据的差距越来越小。Ang 和 Bollen(2009)的研究结论认为,在对冲基金的成立的年限为 2~4 年时,其被清算的概率值位于峰值;随后,被清算概率值则一直处于下降趋势。这表明,如果撤资限制从 2 年上升到 4 年,则由于此时间段内被清算的概率较大,撤资限制给投资者带来的损失也会上升较快;而当投资限制超过 4 年,则损失虽然仍旧上升,但上升速度则会下降。从两个表中的数据可知,随着第一种情况和第二种情况中的资产锁定期都逐渐超过 4 年,两表中数据的差距越来越小,甚至表 5.7 中右下角的三个损失值小于表 5.6 中相应值。

表 5.7　不同的提示期限制和资产锁定期限制组合所导致的成本损失（age = 24）

Notice	Lockup				
	12	24	36	48	60
1	0.15	0.64	1.21	1.69	2.06
2	0.19	0.69	1.26	1.73	2.09
3	0.23	0.74	1.30	1.76	2.11
4	0.27	0.80	1.35	1.80	2.14
5	0.31	0.85	1.39	1.83	2.16

注：Notice 代表提示期限制的时间；Lockup 代表资产锁定期限制的时间。

[6]　撤资限制给投资者造成的损失：比较静态分析

第（5）部分介绍了根据基准的参数所计算的两种投资限制对投资者造成的损失情况。本部分则将对这些参数做比较静态分析，以探讨损失与参数之间的关系。特别地，这里选择做比较静态的参数为 NAV 的期望 μ、NAV 方差 σ、风险率 λ、基金被清算时的折价比率 l 和风险规避程度的度量 γ。其他的参数取值则仍为第（5）部分所确定的基准值。此外，此处做比较静态分析时的撤资限制为两年的资产锁定期和 3 个月的提示期。比较静态分析的结果列示于表 5.8。需要指出的是，表 5.8 中所列示的参数值均为第（5）部分介绍的基准参数值的百分比。例如，基金被强行清算时的折价比率的基准取值为 75%，而表 5.8 的子表 A.4 中比较静态的取值为基准值的 50% ~ 90%。

首先，对于所有的情况而言，投资限制的损失都是 NAV 期望 μ 的减函数。这是因为投资者的效用函数为凹函数，当给定其他参数值不变时，均值越大，未来收入波动所造成的效用损失越小，这显然会导致撤资限制的损失减小。

其次，子表 A.1 列示了当其他参数不变时，撤资损失随风险率变化的情况。表中数据显示，两者呈现正相关关系。这是因为随着风险率的增加，基金未来被强行清算的概率会上升，这会导致投资者无法撤资时所面临的风险增加，进而会导致确定性等价值下降，相应的损失也会增加。我们注意到，撤资限制的损失对风险率非常敏感。例如，当风险率为基准值的 150% 时，撤资限制的损失（为 2.81%）为风险率取基准值时损失（为 0.23%）的 12 倍。而当风险率为基准值的 50% 且其他参数维持在基准值时，撤资限制的损失几乎为 0。

子表 A.2 则为关于基金被强行清算时折价比率 l 的比较静态情况。直觉上，l 越大，基金未来被清算时的损失越小，因此投资者不能撤资所面临的损失也越小。表中数据支持了这个推断。子表 A.3～A.4 列示了关于 NAV 收益率的波动率 σ 和投资者风险规避程度 γ 的比较静态结果。对于波动率 σ，由于投资者的效用函数为凹函数，则波动率越大，在均值不变的时候，投资者的效用越低，相应的确定性等价值也越小，因此撤资限制给投资者造成的损失也会越大。对于风险规避程度 γ 而言，γ 越大，投资者越风险厌恶，在给定未来风险的情况下，投资者的效用也会越来越低，撤资限制所造成的损失也会越大。特别地，从子表 A.4 可以看出，当投资者的风险规避程度 γ 达到 6 时，撤资的损失竟然占到了期初 NAV 的 6.77%。没有投资者会忽略如此大的损失。

表5.8 资产锁定期限制和提示期限制所造成成本损失的比较静态分析

A.1 风险率 λ

		50%	100%	150%	200%	250%
Exp.Return	8%	1.14	5.14	9.02	12.21	14.69
	10%	0.02	1.86	5.66	9.07	11.81
	12%	0.00	0.23	2.81	6.13	9.00
	14%	0.00	0.02	0.87	3.52	6.34
	16%	0.00	0.00	0.13	1.47	3.91

A.2 折价比率 l

		50%	60%	70%	80%	90%
Exp.Return	8%	18.14	11.87	7.06	3.49	0.88
	10%	15.09	8.34	3.59	0.62	0.00
	12%	11.83	5.17	1.11	0.03	0.00
	14%	8.74	2.58	0.16	0.00	0.00
	16%	5.93	0.88	0.02	0.00	0.00

A.3 波动率 σ

		5%	10%	15%	20%	25%
Exp.Return	8%	0.54	1.89	5.14	10.33	16.56
	10%	0.01	0.14	1.86	6.50	13.02
	12%	0.00	0.01	0.23	2.92	9.31
	14%	0.00	0.00	0.02	0.70	5.46
	16%	0.00	0.00	0.00	0.11	2.26

		A.4 风险规避程度 γ				
		1.00	2.25	3.50	4.75	6.00
Exp.Return	8%	0.46	3.03	6.63	10.27	13.70
	10%	0.03	0.53	3.07	6.60	10.26
	12%	0.00	0.04	0.71	3.31	6.77
	14%	0.00	0.00	0.07	1.02	3.71
	16%	0.00	0.00	0.01	0.14	1.47

【7】 简短的评论

本小节主要探讨了对冲基金合约中关于投资者提前撤资的提示期限制和资产锁定期限制对投资者福利的影响程度。特别地，本小节从期权定价的角度，通过 CRRA 的效用函数，量化地计算了这些限制所造成的损失。计算结果表明，当提示期限制和资产锁定期限制分别为 3 个月和 2 年，以及当投资者的相对风险厌恶系数为 3 时，投资者将遭受大约占起初始投资 1% 的损失。由上一小节的内容可知，撤资限制可以使得基金经理更全面地发挥其投资能力，将资金投资于流动性不好的风险资产，进而获得较高超额回报（达 5% 以上）。这说明，给定典型的限制期限和风险规避系数，在合约中规定撤资的限制有利于投资者获得超额回报。但本小节的内容也表明，当风险规避系数上升到 6 时，投资者将遭受 6.77% 的损失，该损失显然超过了其所能获得的 4% 的超额回报。此时，撤资限制将是不利的。

当然，如本节开始时所述，除担心未来遭受更多地损失外，投资者撤资的原因还可能是外生地需要流动性。此时，直觉上，即使给定超额 5% 的回报，任何对提前撤资的限制都将会对投资者的福利造成不利的影响。对由这种原因导致的提前撤资及相应限制的影响，可作为将来的研究方向。

第六章

对冲基金与金融稳定

- 第一节　对冲基金对国际金融市场冲击的历史回顾
- 第二节　危机过后各国当局的措施和学者们的不同见解
- 第三节　对冲基金投资策略的转变
- 第四节　对冲基金对金融稳定影响的分析
- 第五节　对冲基金对于我国国内市场稳定的潜在影响

第一节　对冲基金对国际金融市场冲击的历史回顾

20世纪40年代末，当阿尔弗雷德·温斯洛·琼斯将"对冲基金"这一全新的概念展现在世人面前的时候，它（对冲基金）就注定要在世界范围内的金融领域、政治领域甚至每一个角落大放"光芒"，从而引起人们高度的关注。

世人对对冲基金经理们的惊人收入羡慕万分，对对冲基金这个领域趋之若鹜；2005年全球排名前25的对冲基金经理的平均年收入是2.15亿美元，为当时前500位的美国公司CEO平均年收入的250倍。2006年全球对冲基金经理中的最高收入17亿美元是当时美国人民年均收入的3.8万倍。

然而，就在人们仰慕对冲基金的同时，对冲基金的另一面也让人们不寒而栗。从琼斯设立第一只对冲基金开始，国际金融稳定的研究就将对冲基金也纳入了考虑因素的范围，加上上个世纪末金融危机的不断爆发，人们发现在每次金融海啸中都能找到对冲基金的影子。1992年以索罗斯及其首席交易官德鲁肯米勒为首的"量子基金"成功狙击英镑和里拉。当时德国统一造成了严重的通货膨胀，因此德国当局提高利率。然而德国的高利率和欧洲其他国家的低利率使得资金高速流向德国，抬升马克而造成其他欧洲货币疲软，这就给其他国家尤其是想保留在欧洲汇率机制中的意大利和英国十分大的压力。德鲁肯米勒认定，英国当局很有可能会最终拒绝提高利率（当时英国经济衰退）而不得不退出欧洲汇率机制选择英镑贬值。因而量子基金在汇率市场上大量做空英镑和里拉，其他投资机构也纷纷跟随。英意两国动用大量的外汇储备甚至借款来抵挡汇率市场上的进攻，英国政府更是两次提高利率但都不起丝毫作用，两国货币贬值并最终如德鲁肯米勒和索罗斯所料退出了欧洲汇率机制。国际投资家们赢得了巨大的胜利，索罗斯更是赢得了20亿美元创下了历史之最，成为传奇人物。在这之后的1994年狙击墨西哥比索导致比索贬值近4成，以及1997年对泰铢等东南亚国家货币的狙击使得大量东南亚货币贬值，国家经济受挫。以对冲基金为代表的国际炒家本质上都运用的如出一辙的手法使得金融市场大伤元气。

当然，这些对冲基金也并非百战百胜没有失手的时候。在1997年对东南亚诸国狙击成功后对冲基金们又将魔爪伸向了中国香港，在近一年的时间里对冲基金对香港进行了4次冲击，在股市上有1000亿港元被抛售。香港政府在前三次的冲击中被动地提高利率，然而加息使股市受挫，让国际炒家成功掠夺了50亿港元左右的暴利，但在最后一次狙击时，香港政府在中国中央政府的大力支持下积极主动出击，动用了1000亿港元成功地在外汇市场和股市上击退外来入侵者，对冲基金计划落空只能打道回府。1998年，设立于美国康涅狄格州，在"比较价值投资"理论的指导下主要投资于美国政府债券、其他机构债券等的长期资本管理公司（Long-term Capital Management，简称LTCM）由于过分依赖数学模型，对违反"大数定律"的小概率事件（俄罗斯金融危机的爆发）的风险不能很好地防范，加上高融资高杠杆最终导致LTCM走向破产边缘，对这种大而不倒（too big to fall）的机构美联储不得不出面寻找买家；金融大鳄索罗斯这个曾经在国际金融市场呼风唤雨的传奇人物也称其管理的"量子基金"在俄罗斯的金融危机中亏损20亿美元，为此索罗斯宣布量子控股的类星体基金合二为一；被誉为"老虎基金"的美国第二大对冲基金也因管理不善连年亏损不得不关门大吉，1999年亏损达18.64%，到2000年2月底，又亏损了15.8%，3月份亏损3%，累计亏损超过30%。与1998年LTCM破产事件所不同的是，老虎基金的关门并没有引起股市的震荡，更没有引起美联储的担心。这是因为对冲基金已大不如前，而且"老虎基金"几个月前已悄悄卖掉手中的股票，到关门的消息公布之时，这个消息对市场的冲击力已是强弩之末。2006年9月对冲基金Amaranth. Advisors豪赌天然气，两周内亏损66亿美元创造了对冲基金亏损史新纪录。

第二节 危机过后各国当局的措施和学者们的不同见解

这些案例告诉我们，对冲基金尤其是像"量子基金"这类的宏观对冲基金对国际金融秩序造成了严重影响，给世界各国尤其是一些新兴国家和地区造成了不可估计的冲击和潜在威胁。各国纷纷采取措施，当然也有国家和不少学者表示反对对对冲基金加强严格管理。美国华尔街专家认为对冲基金增加了金融产品的多样性，由于对冲基金本身属性决定了对冲基金可以为富人提供其他投资所达不到的投资回报，同时还可以减少股市债市等的波动性，对金融稳定起着积极的作用。1998年美国财长鲁宾在国际货币基金年会上对对冲基金给予抨击，认为对冲将大量的"热钱"注入经济实力相对落后的国家，特别是新兴市场，从而造成市场混乱，新兴的势头不复存在。在之后的日子里，对对冲基金的国际监管的呼声不断提高，马来西亚重设外汇管制，台湾禁止买卖索罗斯基金，香港政府入市干预等等，1998年美国、马来西亚、中国台湾、中国香港等国家和地区政府的行为表明对冲基金呼风唤雨兴风作浪的国际大环境已一去不复返。

美国著名经济评论员本·斯坦认为是对冲基金挑动了金融市场，他认为金融市场的动荡不安，通货膨胀的加剧，房价的下跌，国际油价的上涨等都是因为幕后有一股势力在操纵，那就是对冲基金。而沃顿商学院的金融学教授杰里米 J. 西格尔则认为斯坦的论断过于主观，没有证据证明金融领域被对冲基金和其他势力完全操纵。沃顿商学院多名学者认为一些实力雄厚的投资机构或参与者能有在短期内对金融市场部分掌控，但是在长期来看不存在能够彻底操控金融市场的力量。沃顿商学院查得·马斯顿认为，如今最大的经济因素是从信贷市场忽视风险的无节制回归正常，这一过程并不神秘。马斯顿也不赞成市场操纵论，没有人确切地明白对冲基金的投资策略到底是什么，因为它们是严格保密的。对冲基金不可能长期保持一样的投资策略，也许采取类似行为的人会造成一定的金融市场的波动，但很快就会趋于稳定。其中有一个原因就是卖空者的卖空行为必须在市场上要有一个买进者接住他们（卖空者）的证券，如果所有人都看空则不可能有看多者，这样卖空者就不可能找到买家从而就不可能对证券市场通过卖空来操纵市场价格。最后西格尔认为，卖空者还必须自己成为买家来购买自己原来挪用卖出的份额才能获利，这样从某种意义上来讲会促使市场恢复抬升价格。还有学者为对冲基金鸣不平，认为对冲基金只是投机性地攻击多种市场，是贪婪的象征，是市场的捣蛋鬼，这是不公平和不正确的。投资者应有投资的自由，只要遵守法律和市场规范，如何投资应该也必须是各有所见的。对冲基金的各种策略，只要不涉及非法市场操纵，和任何其他投资策略无本质区别。对冲基金尤其是套利的基金，实际上为整个资本市场提供了极为有益的服务。

不同学者对对冲基金有着不同的见解，因此认为对冲基金有着截然不同的两面性，这可以从一直被人们称作"金融大鳄"的索罗斯身上看出。一方面，作为投机家的索罗斯不出所料地遭到谴责；另一方面，作为政治家和慈善家的他在会议上被大家交口称赞。正如同《More money than God》一书中所说的那样"索罗斯就像一个救赎犯罪的救世主，从奥林匹斯山走下来，但他遭受了被钉在十字架上的痛苦"。同样，对冲基金也应该从不同方面对其进行剖析就事论事，对它对金融稳定有利的一面我们应该毫不犹豫地给予肯定，在对金融稳定的负面影响方面我们也应该好不掩盖地指出，对其进行科学理性分析，并提出能够对其不利影响进行防范的建设性意见。

当前金融市场就好比是广袤的草原，各个金融体系内的参与者就好比在草原上生存的动物，而对冲基金在"金融草原"上到底扮演着什么样的角色，是本性凶残的狼还是规范督促羊群的牧羊犬，或者它们本身就是羊群中普通的一员，或者是"羊群效应"中的头羊。我们还需要进一步对其进行论证分析。

第三节 对冲基金投资策略的转变

1. 传统对冲策略

自从琼斯创立了第一只对冲基金，他就赋予了对冲基金一些特定的品质，后人也遵循着他的脚步开始仿效。随着时代的进步、金融市场的变化以及人们观念的转变，对冲基金经理们也不再那么循规蹈矩地遵循鼻祖的思路来经营管理对冲基金，他们开始挖掘对冲基金新的潜力，为投资者和他们自己谋取效益的最大化。

最早的对冲基金所采用的投资策略，是从传统的现货市场上的价值投资策略演变而来的，所谓价值投资就是投资人首先评估该公司证券是否被低估，如果确定被低估则进行投资，待市场最终发现被低估的价格并大量买入使价格恢复,这样投资者就可以盈利。另外,传统投资理念还有一种成长型投资策略即投资那些价值呈现上升趋势的股票。这两种传统策略本质相当。琼斯的投资策略则不是这样的,他的策略是做多业绩优良的股票,同时做空基本面不好的股票。这样的组合无论股市如何变动投资者都可以受益:如果是牛市,则业绩好的股票涨幅可以抵消做空的股票的损失并且涨幅大于跌幅;如果是熊市,则做空的收益要大于做多的损失并同样获利。琼斯所设计的投资策略主要在于规避风险,在保证风险最小的基础上获取收益,这种投资组合的收益不会很高但可以获得持续的正收益。如果这时使用杠杆的话就可以将风险波动控制在一个可观的范围内,也即方差控制在一定范围内同时放大了收益。这样,投资者只要把注意力放在分析公司价值及其基本面上,不用过多关注于总体系统风险的变动。

传统对冲基金主要投资于股票债券市场,也有小部分投资于大宗商品市场和金融衍生市场。此外,当时对冲基金的规模较小,加上对冲基金之间的联系没有现在这么紧密,也就是说对冲基金很难一起协同对某个目标进行大规模集中的打击。在传统的对冲基金中只有宏观对冲基金有能力冲击比较大的市场并造成较大的市场波动。但即使在宏观对冲基金中也只有为数不多的有实力的基金能进行这样的冲击,如我们所知道的在前几次国际金融危机中吸引人们眼球的索罗斯"量子基金"和当时全美第二大的"老虎对冲基金"。而且即使是这样的大型对冲基金也难免遭受亏损而倒闭或是重组,以至于宏观型对冲基金所管理的资产规模占全部对冲基金总资产的比例从20世纪90年代接近50%下降到2004年的2%,2008年3月也就是金融危机前后其比例也是维持在2%;一般认为,其规模的减小很大程度上是由于LTCM和老虎基金的破产使得市场对宏观型对冲基金加强监管所导致的。所以说传统对冲基金总体来看对金融稳定的负面影响并不是像大家所听闻的那样,绝大多数还是主要致力于风险的对冲。

2. 对冲基金投资策略发展趋势

对冲基金投资策略的发展趋势主要有数量化投资、非对冲化投资、精细化投资等。由于根据有效市场假说(Efficient Market Hypothesis),市场

第六章　对冲基金与金融稳定

价格是能够反映全部信息的，但是现实中经常出现无效的情况，定价未必能够很好地反映公司企业的基本面。所谓数量化投资，是投资者利用一些专业化的数学计量模型，通过电子计算机定量准确地处理海量的数据，排除主观人为因素的干扰以发现金融市场上现实价格和真实价值偏离的情况，并进行低买高卖进而获利的行为。数量投资的典型代表人是西蒙斯，他是著名数学家陈省身的弟子，并与陈省身一起发明了 Chen – Simons 几何定律。之后西蒙斯创立了文艺复兴科技公司，管理大奖章基金，他招募了数学家、破译密码专家和翻译专家为他助阵。2008 年金融危机中大奖章基金上涨 160%，获得高达 80% 的回报，西蒙斯本人的年收入超过 10 亿美元。

此外，对冲基金的非对冲化趋势也十分明显；在 MAR 的分类中，很难看出宏观对冲基金等全球性的对冲基金主要目的是为了对冲风险。多空头基金是市场的跟踪者，也与"对冲"没有太大关系；相对而言，只有市场中性类型基金、行业对冲类型基金、事件驱动型类型基金与对冲机制有着较强的关系。类似地，在 VHFA 的分类中，可转换套利类型基金、固定收益类型基金与对冲风险也没有太强的相关性；其中的空头类型基金、市场时机类型基金也都是关注大市走势而与"对冲"无关。即使是对于市场中性对冲基金而言，采用"对冲"的策略只是其诸多策略之一。不对冲权益类型基金则更是与"对冲"毫无血缘关系。从对冲基金的英文名字即可看出琼斯的目的在于对冲风险，因而是已对冲风险的基金（最早琼斯将对冲基金命名为 Hedged fund，后来才被人改为 Hedge fund）；而如今的非对冲化趋势使得对冲基金显得徒有虚名。

第三个重要的发展趋势就是投资的精细化。随着人们观念的改变、市场的发展和科技的进步，对冲基金的投资显得越来越精细化了，如今对对冲基金的分类众多，可分为 15 种甚至可分为 30 多种。随着对冲基金向多领域投资，品种多元化，其投资策略也相应变得更加精细复杂。这也就解释了为什么如今对冲基金对金融稳定的影响小，对于以往而言要更大。以前的金融危机只是局限在一些特定市场和资产领域，而当今的危机所影响的范围更广。由于如今的对冲基金投资的多元化和精细化，这将给金融稳定带来更严重的潜在冲击。但是有观点认为如今的金融危机与其说是对冲基金（尤其是宏观类型基金）倒不如说是根源在大型银行的危机。银行产生了问题直接导致对冲基金借贷成本的提高，借贷成本的提高所面临的破产风险也越大，这样就促使对冲基金大量出售资产，如果碰上经济不景气的时候加上"羊群效应",则金融稳定会受到巨大的负面冲击,同时对冲基金本身的收益率也大打折扣。

第四节 对冲基金对金融稳定影响的分析

1. 对冲基金对金融稳定的正面影响

①对冲基金起着发现并修正价格偏差的作用。根据前面对不同对冲基金投资策略的介绍,我们可以看出对冲基金从事的负向反馈交易有助于对金融市场上的价格偏差进行修正。一般的,对冲基金比其他类型的投资工具更有可能扭转趋势。与正向交易相反(宏观型对冲基金常用策略),负向交易即在价格上升时卖出,价格下降时买入。对冲基金经理常常运用经济理论与数学模型来寻找"市场无效"进行投机套利;在市场垄断程度较低的前提下,该种负向交易活动能很好地修正价格的偏差和解除市场的无效。此外,由于对冲基金之间也存在日益激烈的竞争,它们所从事的愈加频繁且精细的负向交易就可以使得市场失效的情况越来越少,市场效率也会越来越高。此外,套利活动还可以促进世界各国金融一体化进程,由于不同市场存在差异才会有套利行为的存在,而套利行为反过来会消除不同成熟度市场间的差异,所以在金融全球一体化进程中对冲基金的套利行为有助于金融市场的成熟。从这个方面来看在金融市场上对冲基金扮演着"善意的狼"的角色,促进草原上动物们的"身体素质"的提高,有助于"草原生态"积极健康的发展。

②对冲基金在某些市场上还扮演着风险承担者的角色,提供市场流动性。与传统的基金相比对冲基金的投资人都是有雄厚经济实力的机构和富有的个人,更倾向于风险的承担。特别是在那些新兴的复杂的市场上一般投资者很难把握市场走势,对于风险就更难估测和预计。而对冲基金经理可以利用历史数据和超级模型根据经济理论和数学方法进行大量精确的计算,加上对冲基金经理们的丰富实战经验可以很好地处理别人所难以处理

的复杂情况。根据格林威治协会2005年的研究表明,在高收益债券市场、信用衍生品市场、CDO市场、新兴债券市场和杠杆贷款市场上,对冲基金的交易量占每一个市场的总交易量的15%~30%,而在不良债券市场上更是占了80%之多。对于市场规模更大也更复杂的OTC市场,对冲基金也积极地参与其中。上述这些行为不仅加强了资本的流动性和推动了风险管理工具的发展,同时也起到了风险在不同参与者之间合理分配的目的。

③对冲基金可以提供更优的投资回报率。根据历史数据,对冲基金的收益要高于普通做多头的基金,无论在股市和债券市场涨跌中对冲基金都有可观的收入,这是由对冲基金本身的性质所决定的。有数据表明,在大多数情况下最高收益的对冲基金要比最高收益的其他普通基金高出约14%~39%;从1995年1月至2010年12月,全球对冲基金的整体平均表现明显要好于股市(如表6.1),对冲基金整体平均收益率在11.21%,而S&P500是8.47%。1995~2010年各种投资策略的收益率如图6.1所示。

④从投资风险波动角度看,对冲基金的波动程度相对股市较小。如图6.2所示:1995到2010年对冲基金平均方差在8%左右,而S&P 500则在16%左右。其中的四大类投资策略分别为市场中性类型基金(4%左右)、方向类型基金(8%左右)、专门型基金(12%左右)、多空型基金(10%左右)。这说明对冲基金可以有效地防范风险,这也正是对冲基金创立的最初目的之一。对冲基金的一个闪光点就在于收益的确定性以及较高的性价比。性价比(也称信息率)是收益与风险的比值,而高投资性价比降低了亏损的概率,根据马拉比的研究在成熟市场上对冲基金的性价比一般在1~1.5,意味着年亏损率在10%以下,也就是10年亏损一次。

⑤对冲基金给予投资者下跌保护。即便在熊市中,对冲基金也能保护其投资者的利益,即对投资者有一个下跌保护(Downside Protection)。如图6.3所示,在标准普尔500下跌最厉害的25个时期,对冲基金虽然也呈现整体下滑趋势,但从相对值来看,对冲基金远没有股市的损失严重;具体而言,在这25个时期中,对冲基金的损失普遍不到股市的50%,有的损失几乎为零,如2009年1月、2002年12月;而在2002年4月、1997年8月和2000年1月,对冲基金甚至呈现正的收益。

⑥对冲基金提供多样化的产品收益,且有助于减小市场波动性。如表6.1所示,在过去的15年间(1995.1~2010.12)对冲基金与股市的相关系数为0.71,有的(如方向型基金等)与股市为负相关。注意,相关系数是指投资与股市的运动方向的相关性而非投资收益的相关性。这样,对冲

基金的出现有助于丰富市场上的投资品种和分散投资风险。有数据表明，在 2008 年金融海啸中，虽然对冲基金也普遍下跌，但实施空头策略的基金却给投资者带来了丰厚的收益。此外由于对冲基金中很少做"动量交易"或"正向反馈交易"，相反它们经常进行负向反馈交易，且一般对冲基金有较长的赎回期和禁售期，以及对冲基金愿意投资于波动的市场，这将使得市场的波动很可能被对冲基金吸收。有研究表明，除了偏向空头基金（dedicated short–sellers）和管理期货基金（managed futures fund）比较倾向于在动荡的市场中获利（它们的总资金占总资金的约 5%），总体而言，对冲基金更倾向在较稳定的市场中获利。因此对冲基金不但不会是"羊群效应"的领头羊，反倒是"羊群效应"的平衡器。

表 6.1　对冲基金策略收益率与 S&P 500（1995.1~2010.12）

Jan-95 to Dec-10	CAR	STD	Sharpe	Skewness	Kurtasis	vs S&P 500		
						Alpha	Beta	Caveation
CREENWICH GLOBAL HF INDEX	11.21%	2.14	0.30	-0.1	2.95	-0.62%	1.54	0.71
MARKET NEUTRAL GROUP	10.51%	1.27%	0.45	-1.03	5.66	-1.03%	2.15	0.59
Equity Market Neutral	10.04%	1.20%	0.44	0.91	4.8	-0.11%	1.11	0.29
Event Driven	11.85%	1.81%	0.37	-0.8	4.07	-0.80%	1.67	0.65
Market Neutral Arbitrage	9.74%	1.21%	0.42	-2.36	15.99	-0.76%	1.97	0.52
LONG/SHORT EQUITY GROUP	12.53%	2.72%	0.27	-0.02	2.36	-0.51%	1.27	0.75
Aggressive Growth	12.48%	4.21%	0.19	0.4	2.57	-0.05%	0.78	0.71
Opportunistic	13.70%	2.77%	0.30	1.35	9.38	-0.30%	0.97	0.58
Value	19.06%	3.40%	0.37	-0.24	0.83	-0.49%	0.84	0.62
DIRECTIONAL TRADING GROUP	10.53%	2.15%	0.27	0.28	-0.29	0.44%	0.41	0.19
Futures	11.48%	3.19%	0.21	0.2	0.34	0.91%	-0.12	-0.09
Macro	7.25%	2.42%	0.14	0.41	3.86	0.33%	0.75	0.40
SPECIALTY STRATEGIEIS GROUP	9.09%	3.34%	0.15	-0.76	4.32	0.11%	0.87	0.63
Emerging Markets	9.47%	4.73%	0.12	-0.2	3.15	0.26%	0.61	0.62
S&P 500	8.47%	4.62%	0.11	-0.85	2.55	0.00%	1.00	1.00
BABI	6.78%	1.08%	0.26	0.66	6.42	0.70%	0.15	0.04

资料来源：2011 年 Greenwich 另类投资。

第六章 对冲基金与金融稳定

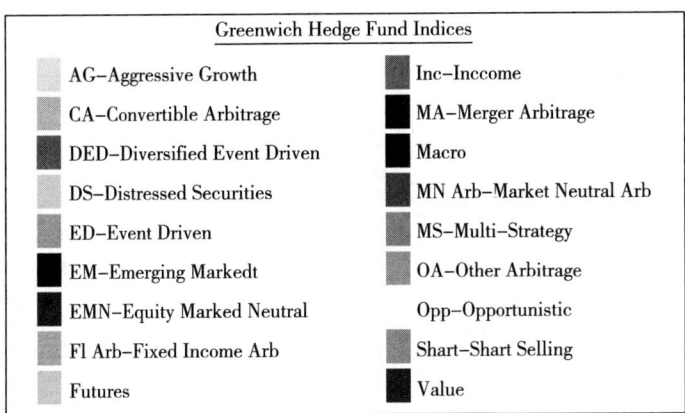

图 6.1 对冲基金绩效排名（1995～2010）

资料来源：2011 年 Greenwich 另类投资。

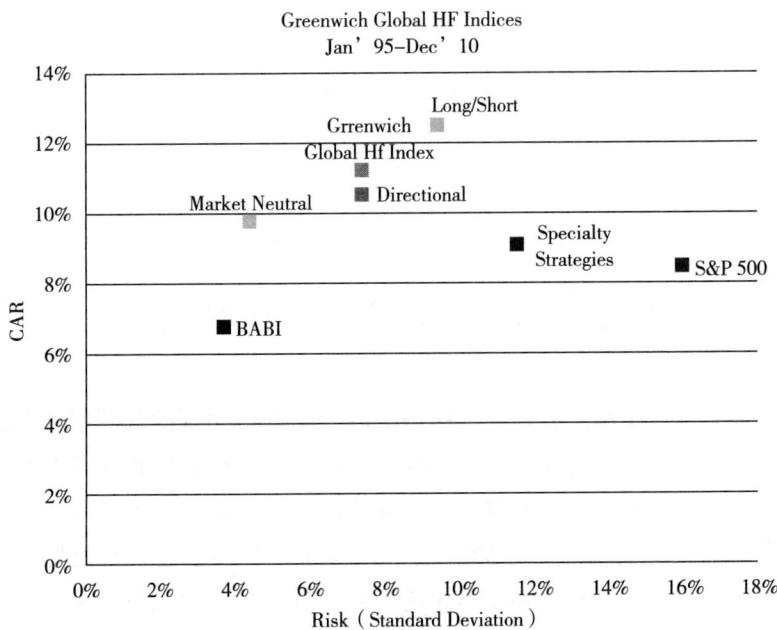

图 6.2 对冲基金平均风险（标准差）（1995.1～2010.12）

资料来源：2011 年 Greenwich 另类投资。

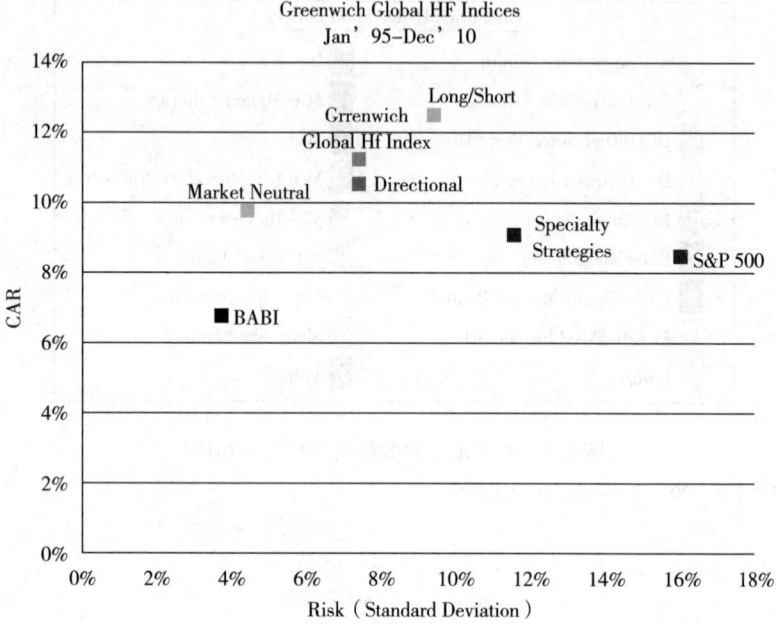

图 6.3　Downside Protection in 25 worst equity down months since 1995

2. 对冲基金对金融稳定的负面影响

众多业内人士和学者认为，在每次的金融危机中都能找到对冲基金的影子，但如前所述，并非所有的对冲基金都会对金融稳定造成不利的影响。一般认为，只有那些采取比较激进手段的对冲基金类型才有可能有实力对市场金融稳定造成不利的冲击，如国际型对冲基金、宏观型对冲基金、财务杠杆型对冲基金和变动导向型对冲基金等。它们所带来的冲击会对市场造成一定的负面影响，这种负面影响可能会通过很多渠道扩大至整个国际范围内的金融波动，甚至造成金融危机。总体而言，这些对金融稳定的负面影响主要表现为高杠杆造成高风险、对其经纪人造成的交易对手风险、拥挤交易的流动性风险以及其他风险。

①由高杠杆造成的高风险。阿基米德说"给我一个支点我就能撬动地球"，在物理学中的杠杆原理在金融领域中同样也能产生惊人效果。对冲

第六章 对冲基金与金融稳定

基金所借助的杠杆主要有两种，财务融资杠杆和金融衍生工具杠杆。所谓财务融资杠杆就是以小搏大用较少的资本金通过向商业银行或投资银行等金融机构借出比资本金更多的资金，从而加大投资额以最大限度地获取利益。比如一个只有1亿元资本金的对冲基金可以通过反复抵押其具有高流动性的证券资产，从而贷到几十亿的资金用作投资活动。这几十亿所带来的利润扣除费用之外远比1亿资本金要大。金融衍生品杠杆或者金融衍生工具杠杆是指只需要支付少量的保证金或权利金就可签订远期大额合同。比如5%的期货交易保证金可以控制20倍的资金交易同样达到以小搏大的效果。不能忽视的是，如果在实际中大家的投资策略趋于相似，则对冲基金整体的收益率将下降，甚至不能获得高的α绝对收益，这样进而使得对冲基金纷纷使用高的融资杠杆。显然，高的杠杆率可使得在很小的波动下即可获取较高的利润；但高杠杆也会带来高风险，一旦投资失误或是判断不准则很可能亏损。有研究表明如今对冲基金运用杠杆率比LTCM破产时期要有所下降，根据Hennessee Group的调查，2003年使用杠杆率低于2倍的对冲基金有84%，而只有2%的对冲基金杠杆率高于5倍。主要运用高杠杆率的是像宏观型对冲基金这样实力以及投机性强的对冲基金；据范氏国际对冲基金顾问集团的统计，截至2004年11月，90%的全球宏观型对冲基金使用了杠杆，比对冲基金行业平均值高出10个百分点，其中60%的宏观型对冲基金的杠杆比例超过2倍。

②对其经纪人造成的交易对手风险。商业银行、投资银行和证券公司等为对冲基金提供的信贷敞口是对冲基金对金融稳定可能造成负面影响的重要途径。对冲基金的主要经纪商为对冲基金提供杠杆融资和结算等便利的服务。对冲基金的活动一般很少受到监管和限制，它们可能从事的高风险的行为可能会给主经纪商带来严重的交易对手风险。此外，由于市场压力越来越大，经纪商们的竞争也越来越激烈；据欧洲央行（2005）统计，对冲基金行业主经纪人平均为3.3人，管理资产超过10亿美元的对冲基金主经纪人平均为4人；2006年9月，创造对冲基金65亿美元亏损纪录的不凋花对冲基金的主经纪人为7家银行。如此一来，虽然对冲基金会对每一个经纪人提供相应的业务信息，但是由于对冲基金不受监管，经纪人对它们很难有较系统和全面的了解。此外，一些大的经纪商（主要是美国的）对对冲基金经纪人的业务依赖度很高，一般情况下他们的交易收入占佣金收入的1/4或占总收入的1/8。由此，对冲基金的违约风险无疑会给受监管的经纪人带来交易对手风险甚至在整个金融市场里形成多米诺骨牌

效应，进而对整个市场造成很大的信用风险。

然而另一方面，据欧洲央行2005年的统计，近年来经纪商呈现集中趋势，摩根士丹利和高盛控制着全球40%以上的经纪商业务。这又为金融监管者进行风险监管提供了一定程度的便利。

③拥挤交易的流动性风险。在市场流动性好且稳定的情况下，对冲基金采取相似的投资策略（如都采用负向交易的策略）可以取得良好的收益，但一旦市场出现波动并造成对冲基金出现头寸亏损时，对冲基金则不愿意继续等待损失的加重而第一个逃出市场。在这种市场有压力的情况下，如果对冲基金又都具有较高的杠杆率，它们的负面反馈交易能力必会受挫，甚至会变为正向交易者而竞相逃出市场，这又必然导致市场价格非良性的迅速下降，造成市场恐慌。因此对冲基金的策略引起人们的高度关注，根据TASS数据库的数据现实，2001年开始对冲基金的回报显得不像原来那样分散，这意味着对冲基金的投资策略越来越相似，也表明上述关于拥挤交易的论断正在变为事实。

④对金融稳定造成的其他不利影响。如前所述，虽然很多对冲基金都采用负向投资策略，但仍有部分基金如宏观型对冲基金等采用"动量交易"或"正向反馈交易"策略；在市场下跌时，这些策略显然会加剧下跌的幅度，此时如果加之"羊群效应"在市场上传播恶性舆论和散播谣言，则会更近一步地加剧价格的下跌。这显然会造成一定的金融动荡，对新兴市场和金融监管能力较弱的国家和地区而言尤其如此。此外，即使在美国，大量对冲基金也并未聘请独立的审计机构，对冲基金公布的业绩收入是否属实也无从得知。2008年发生的麦道夫诈骗案产生的影响波及欧美大陆，这类的诈骗行为也会在一定程度上对投资者信心造成损害从而进一步影响到金融系统的稳定。另外，就中国而言，大型国企在海外市场的投资活动很容易被对冲基金狙击。2007、2008年中信泰富投资澳元失败外汇合约亏损147亿；2004年中航油新加坡公司总经理投资原油期权5.5亿，对外掩盖投资损失并涉嫌欺诈；同期还有国储局刘其兵投资伦敦铜遭遇国际对冲基金，亏损上亿等等。国有企业在外国投资的亏损都与遭遇国际炒家和与对冲基金对赌有关，如果轻易相信不了解的机构并透露出自己的信息与筹码，在内部风险管理能力不强的情况下很容易上圈套并酿成大错，给国家和人民带来不可挽回的损失。

表 6.2　对冲基金策略占比变化表（%）

Weights	1996	1997	1998	1999	2000	2001	2002	2003	2004	2005	2006	2007	2008	2009	2010
DT Futures	0	0	0	0	0	0	0	0	0	8	9	7	11	14	19
DT Futures	4	6	4	3	3	3	3	5	6	5	6	5	6	7	6
DT Market Timing	5	5	4	5	4	4	3	1	2	1	1	1	1	0	0
LS Aggressive Growth	10	10	9	9	16	9	10	10	9	8	7	8	8	8	15
LS Opportunistic	13	9	12	13	13	13	11	8	8	8	6	7	7	8	10
LS Short-Biased	3	4	3	3	3	3	3	1	2	1	1	1	1	1	1
LS Value	19	12	21	20	18	18	20	22	22	23	22	22	21	19	20
MN Equity Market Neutral	7	5	10	7	6	8	7	7	6	6	6	66	6	6	5
MN Event Driven	13	12	12	12	10	9	9	12	12	12	11	10	10	7	7
MN Market Neutral Arb	10	10	11	14	15	21	20	19	19	13	15	13	8	7	6
SS Emerging Markets	11	23	9	7	5	8	8	8	8	8	9	11	11	13	13
SS Long–Short Credit	3	3	3	4	3	3	3	2	3	2	3	3	3	4	5
SS Multi Strategy	3	2	2	3	3	3	3	4	5	5	5	6	6	7	6
Grand Total	100	100	100	100	100	100	100	100	100	100	100	100	100	100	100

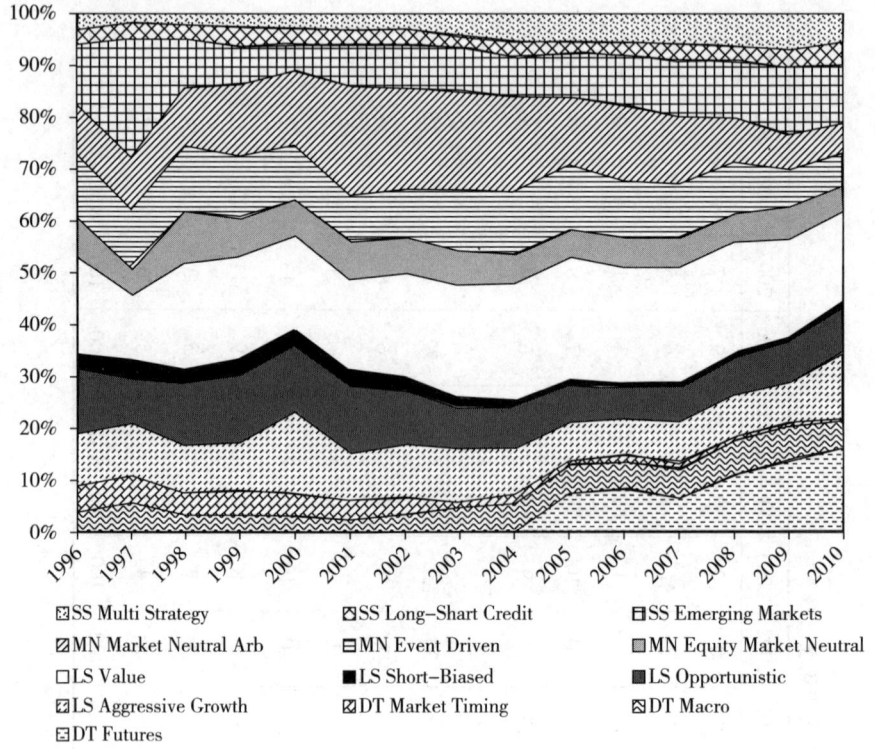

图 6.4 对冲基金策略占比变化图

3. 对冲基金与其他投资机构对金融稳定影响的比较

关于对冲基金在金融危机中冲击影响的争论一直争论不休。评价对冲基金对金融市场影响的一个合适办法,也许是对对冲基金与金融领域中其他类型投资机构做相应的对比。如图 6.5 所示,对冲基金资产管理的规模和数量日益增多,其中,无论是资产规模还是基金数量上都在 2007 年达到了历史之最。即使如此,相较其他类型的投资,对冲基金的资产规模甚至不值一提。如图 6.6 所示,养老基金、共同基金、保险公司、货币(外汇)储存和主权财富基金在资产规模上都比对冲基金要大得多。相对而言,只有私募股权投资规模比对冲基金小。2007 年对冲基金中规模最大的 JP 摩根的资产规模在 450 亿美元,占对冲基金总体规模的 2.2%,这意味着对冲基金行业的资产规模比较分散;而最大的共同基金则占同行业总资产的 11%,养老基金为 4.2%,主权财富基金则为 29.1%。此外,根据如前所述,只有少部分采取激进策略的对冲基金才可能对市场造成一定冲击,即使是最大的对冲基金 JP 摩根的规模也只占最大的共同基金和养老基金的 2.1% 和 4.8%。由此可见,那种说对冲基金造成了金融危机的观点显然有失偏颇。

还有一种观点认为对冲基金缺少透明性,因而市场对对冲基金的投机行为可能毫无防范,市场动荡由此产生。这种观点也较为牵强。众所周知,SWFs(主权财富基金)与对冲基金一样缺少监管且也不需向外界公布有关交易细节的信息。类似于对冲基金,SWFs 的积极作用为可以增加市场的流动性并提高市场交易效率。SWFs 和对冲基金的不同之处在于前者的资产规模非常集中;如图 6.6 和图 6.7 所示,最大的 SWFs AbuDhabi 占 SWFs 总体的近 1/3。另外,SWFs 一般由政府控制,其主要是依据政策需求和政府决定进行投资,缺少像对冲基金那样基于收益风险分析的投资,前者的投资风格显然不利于纠正市场价格的偏差。因此,根据以上两点,SWFs 比对冲基金更容易对金融稳定在成不利影响。

基于上述讨论,我们认为没有明确的证据可以证明对冲基金比其他投资机构更能对金融稳定和效率造成负面冲击。

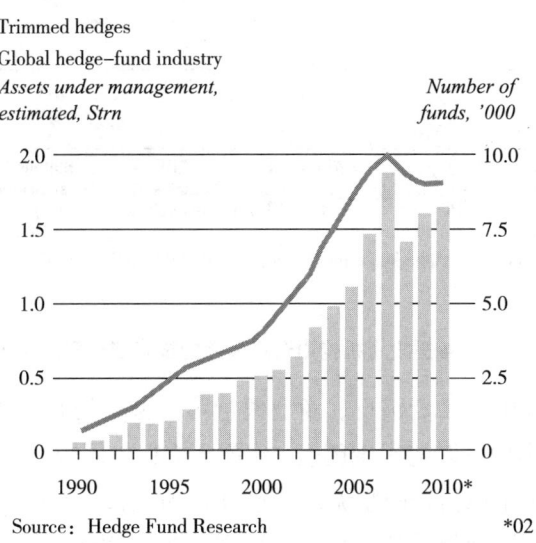

图 6.5　对冲基金规模及数量增长图

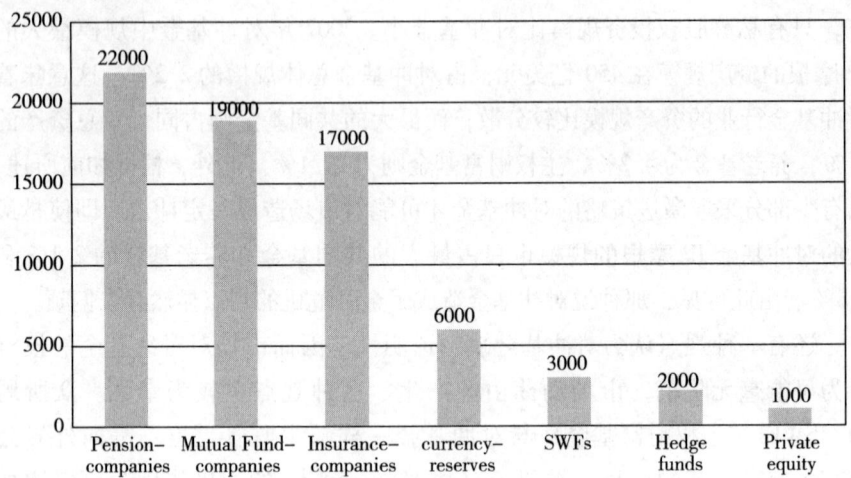

Sources：The Economist（17 January 2008）.

图 6.6　不同类别投资机构 2007 年资产规模对比图

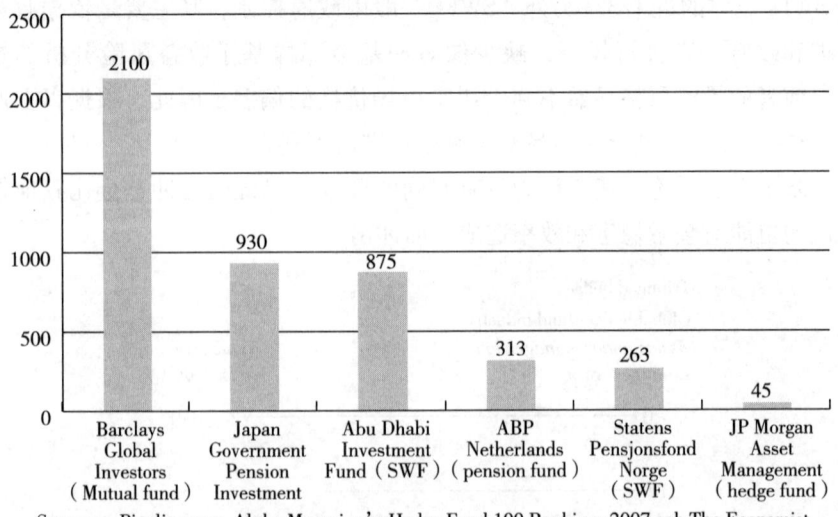

Sources：Pionline.com, Alpha Magazine's Hedge Fund 100 Rankings 2007 och The Economist（17 January 2008）

图 6.7　各类投资机构中资产最大的投资者规模对比图

在金融体系中，投资银行、商业银行等大型机构是"大而不倒"，而对冲基金是"小到可以随意倒闭"。雷曼兄弟和美国国际集团之类的大公司的倒闭引起了全球信贷的紧缩，导致自 20 世纪 30 年代以来最为严重的经济衰退。根据国际货币基金组织的数据，在发达国家里对"大而不倒"机构的现金注入、债务担保以及其他援助高达 10 万亿美元。而对冲基金发生倒闭时，纳税人没有遭受任何损失。当然，当某一对冲基金倒闭，政府是否干预由三个因素来决定：它的资本规模、它运用杠杆效应的程度、它从事的交易所在市场的类型（参见，Sebastian Mallaby，2010）。

第五节　对冲基金对于我国国内市场稳定的潜在影响

随着 2010 年相继推出股指期货和融资融券业务，A 股市场只能做单边市场的状况被打破，这为在海外成熟金融市场上发展多年的对冲基金进入中国市场提供了便利。2011 年 2 月，国泰君安资产管理公司宣布拟发售一只 A 股私募对冲基金产品——君享量化，国内真正意义的对冲基金终于现身，且其他各类资产管理机构也纷纷小心谨慎"趟水过河"，中国资本市场在其诞生的第 21 个年头最终迎来了"对冲基金元年"。这个"元年"对于将来的中国内地金融市场到底意味着什么？毋庸置疑，股指期货及融资融券业务的推出有诸多正面效应。首先，可以为投资者提供融资便利，给国内证券市场注入新生的血液——资金，这显然会对国内金融市场起到促进作用。其次，可以使得证券交易更加活跃。同时可以完善市场的价格发现功能。融资交易者是市场上最活跃的、最能发掘市场机会的参与者，他们对市场合理定价和对信息的快速反应都将起促进作用。再次，融资使投资者可以在投资中借助杠杆效应，而融券可以使投资者在市场下跌的时候也能实现盈利。这为投资者规避风险带来了新的盈利模式。

然而"虎视眈眈"的对冲基金在中国市场周围部署已久，并且也已经进行了多年的试探性的活动。中国社科院金融研究所的一篇 2008 年末的研究报告研究了国际对冲基金在中国市场上的投资活动及资产分布，结果显示国际对冲基金尚不存在大规模进入中国市场的情况，全球对冲基金业绩仅与中国股市存在微弱的正相关关系。但就大中华地区而言，中国大陆股市、中国香港股市、中国台湾股市是这一地区对冲基金主要投资的领域，如表 6.3 所示，大陆股市、香港股市、台湾股市对大中华地区对冲基金整体收益有较强的解释能力，可决系数 0.75，修正的可决系数也达到 0.72，整体拟合程度良好。对冲基金对香港股市及台湾股市的要素敞口要大于对大陆股市的敞口,而对香港股市敞口最大也与香港是大中华地区基金中心的地位是相符的。

表6.3　　　　　　　　对冲基金月收益率回归结果

	大中华对冲基金指数		大中华多空股票策略		大中华复合策略	
	系数	t值	系数	t值	系数	t值
中国大陆股票	0.17	3.78***	0.18	3.83***	0.12**	2.66
中国香港股票	0.33	3.32***	0.35	3.34***	0.32***	3.06
中国台湾股票	0.30	2.60**	0.29	2.41**	0.32**	2.68
R^2	0.75		0.76		0.72	
经调整 R^2	0.72		0.73		0.69	

注:①样本期为2006年至2月至2008年3月;②**、***分别在95%和99%水平下显著。
资料来源:《国际对冲基金的中国资产配置研究》,张跃文。

为了进一步说明对冲基金在大陆股市的要素敞口(risk factor exposure),该报告选择了样本期内大陆股市收益最高和收益最低的各三个月作为观察期,将其与同期对冲基金指数收益进行对比,并以香港和台湾地区股票指数作为参照。如表6.4所示,在选取的6个特殊时期中有5个时期对冲基金收益与大陆股市同方向变动,并且对冲基金变化幅度要大于香港及台湾股市变化幅度,这说明大陆股市的要素敞口对对冲基金风险收益产生一定影响。此外,在这6个观察期内,对冲基金的收益与香港股市发生同向变动,证明了大中华地区对冲基金收益仍然与香港股市关系最为密切,这也与前面回归分析的结论一致。

表6.4　　　　　特定时期对冲基金要素敞口检测结果

组别	月份	中信标普综合指数(%)	香港恒生指数(%)	台湾加权指数(%)	大中华区对冲基金指数(%)
高收益月份	2006M05	18.67	-5.41	-4.57	-0.53
	2007M04	28.84	2.11	-0.16	6.17
	2007M07	19.96	5.37	4.31	9.37
低收益月份	2007M11	-14.55	-9.88	-12.21	-6.52
	2008M01	-10.92	-15.11	-11.43	-9.19
	2008M03	-18.64	-2.73	4.37	-5.11

资料来源:《国际对冲基金的中国资产配置研究》,张跃文。

虽然没有证据证明对冲基金大规模进入中国期货市场及房地产市场,但可能是由于个别对冲基金短期投资活动未能在整体行业收益上形成明显效果,而对冲基金进入中国股市已是毫无争议的事实,并且这种进入已经形成行业性显著。另外更重要的是对冲基金能够通过各种手段避开中国监管机构进入中国金融市场。简单而言,对冲基金进入中国国内市场的途径主要有虚构交易、平行贷款、柜台交易、QFII 制度与地下钱庄等。这说明我国监管力度还不够,如果大量成规模的采取激进策略的对冲基金等到时机成熟时绕开监管进入中国金融市场,则必将会给国内金融稳定造成不可估计的后果。

近几年来多家对冲基金宣称看空中国,例如美国著名对冲基金经理查若斯和美国 GMO[①] 投资公司都预测说中国经济泡沫很有可能破裂。麦嘉华资产管理公司也曾放言"中国经济增速将放缓甚至可能在未来 9~12 个月内崩盘",更有传言宣称有一半的对冲基金都看空中国。其实,这些手持数万亿资金的"魔鬼"看空中国的原因很简单,他们认为中国过去信贷市场疯狂增长从而导致了信贷泡沫及房市的泡沫,这些泡沫贷款主要从银行系统中来,并且为保证经济的高速增长还在不断创造泡沫。即使对冲基金不直接进入中国市场,在外围市场做空与中国信贷、房地产泡沫相关的公司或是在外汇市场上利用信贷违约掉期(CDS)等也同样可以影响到中国的实体经济。然而中国政府及时收缩信贷规模,加之中国有着大量的美元外汇贮备,所以从某种意义上说,这也许会让对冲基金知难而退,当然也不是必然,无论如何国际对冲基金都很有可能成为刺破国内泡沫的致命之针。

信贷泡沫是对冲基金看空中国的短期因素,而资金使用率下降很可能会是对冲基金看空中国的长期因素。这种资金使用效率的低下表现为拉动 GDP 而投入的资金比例。根据某项研究表明,目前拉动 1 个点的 GDP 所需要的投资是 90 年代的 7 倍多,可见为了拉动 GDP 增长而投入资金的性价比不断下降。以政府为主导的投资必须向拉动民间内生投资的方向上转变,这样才能使得经济变得充实并减少泡沫,降低对冲基金对国内进行冲击的可能性;不然一旦持激进策略的国际对冲基金有机会全面进入中国市场,尤其是操控大宗商品的价格进而带来巨大的负面影响,这将对中国金融市场造成沉重打击。不夸张地说,改革开放 30 多年来所做的一切努力可能将功亏一篑。

[①] GMO 是成立于 1977 年的全球投资管理公司,截至 2011 年 6 月 30 日,其所管理的资金达 1040 亿美元。

第七章

对冲基金在我国的发展及其对资本市场与经济的影响

- 第一节　对冲基金在我国的发展现状
- 第二节　对冲基金在中国发展前景及可行性分析
- 第三节　对冲基金在中国发展的瓶颈和限制
- 第四节　对冲基金对我国资本市场与货币政策的影响
- 第五节　对冲基金对我国经济市场可能带来的冲击

第一节　对冲基金在我国的发展现状

中国资本市场发展至今不过20余年，股票市场和债券市场都还远不够完善，尤其是衍生金融工具极不丰富，因此我国金融市场的对冲基金在操作手段上受到限制，缺乏真正有效的对冲工具。国内私募基金通常被视为对冲基金的雏形，在组织结构上它们具有私募性和一定的灵活性，不过，它们缺乏对冲基金的灵魂元素——对冲。因此在国内引入对冲机制之前，其实没有一款私募基金是名副其实的对冲基金。

目前，国内存在着对冲基金的"潜在形式"：基金专户理财、券商集合理财和信托阳光私募。

基金专户理财是指基金管理公司向特定客户募集资金或者接受特定客户财产委托担任资产管理人，由商业银行担任资产托管人，为资产委托人的利益运用委托财产进行证券投资的一种活动。该项业务从2008年1月1日开始申请，在试点阶段专户理财的每笔业务资产不低于5000万元，仅限于一对一的单一客户理财业务。可申请该业务的基金管理公司净资产不低于2亿元，在最近一个季度末资产管理规模不低于200亿元人民币或等值外汇资产。基金公司可以从专户理财业务中收取不低于同类证券投资基金费率60%的固定管理费率以及不高于委托投资期间净收益20%的业绩报酬。

在一对一专户理财的基础上，又推出了一对多的集合理财业务。统计数据显示，截至2011年二季度末，在62家已经有产品发行的基金公司中，有33家规模在200亿元以上。公开信息显示，目前已有35家基金公司获得了专户理财资格，有些基金旗下"一对多"产品数量多的接近30只，如招商基金。保守估计，目前专户"一对多"产品超过300只。如果按照一只产品2亿元的行业均值计算，开启不到两年的业务已经有了600亿元的规模，其发展速度快过阳光私募。

券商集合理财（也称为集合资产管理业务、集合资产管理计划），指的是由证券公司发行的、集合客户的资产，由专业的投资者（券商）进行管理的一种理财产品。它是证券公司针对高端客户开发的理财服务创新产品。通俗地讲就是券商接受投资者委托,并将投资者的资金投资于股票、债券等金融产品的一种理财服务,其风险和收益介于储蓄和股票投资之间。证券公司是这种理财产品的发起人和管理人。根据证监会规定,券商集合理财产品分为限定性和非限定性两大类,这两大类产品又按照投资方式、资产类别、区域的不同分有许多细分类别。目前券商集合理财产品还处于发展初期,业绩报酬提取方式没有统一模式,时间不固定。大部分产品采取在投资者赎回或产品运作结束时才提取业绩报酬,也有国元证券、国泰君安等券商旗下产品按照每月或每季度提取约定内收益的一定比例作为业绩报酬,还有如国信金理财经典组合只收取固定管理费、无业绩分成,且所有产品的业绩报酬提取各异。

首只集合资产管理计划于2005年3月由证监会批准。到目前为止,国内共有50家券商发行了172只集合理财产品,正在运行有净值公布的产品154只。

阳光私募基金一般仅指以"开放式"发行的私募基金。所谓开放式,即基金认购者需要承担所有投资风险及享受大部分的投资收益,私募基金公司不承诺收益。私募基金管理公司的盈利模式一般是收取总资金2%左右的管理费和投资盈利部分的20%作为佣金收入,这种收费模式即是俗称"2-20"收费模式。阳光私募是目前证券市场的新兴力量。

2004年2月,深国投推出了一只名叫"赤子之心"的证券投资集合资金信托计划。这种全新的业务模式是让信托公司充当私募基金的发行方,银行作为资金保管方,而私募基金公司受聘于信托公司,负责管理募集的资金。这种"信托公司+保管银行+私募公司"的模式创新在适应政策的要求下,使得私募基金公司可以用"投资顾问"的身份,正大光明地进入基金管理领域,一举改变了此前私募十多年徘徊在地下的境遇。

虽然2004年阳光私募已经破茧而出,但后来社会上普遍把2007年定义为中国阳光私募的"元年"。如此界定不仅是因为在此之前阳光私募的数量仅仅才11只,不成气候,主要原因还是在于2007年起公募基金经理开始陆续投身私募。据有关统计,2008年扩张速度迅速加快,有665款新产品在这一年募集发行;2009年热度不减,共有1120款新产品集中募集发行,当年3月份至6月份创造了连续4个月发行逾百只的记录;2010年,随着股市的宽幅震荡,私募发行速度继续加快,6月份至10月份更是创出了连续5个月发行数量超过100款的记录。从募集资金规模上看,自2009年11月份以来,私募基金平均发行规模在亿元以上。通过对比发现,尚雅投资、新价值投资两大阳光私募基金公司新产品数量扩张最快，在近5个月中均有7只新产品募集发行。导致私募基金新产品火热发行行情的主要原因有两个：其一是优良的业绩，它往往成为私募基金规模膨胀的主要契机。比如新价值基金，因为在2009年的成功摘冠，致使在第二年迎来了大规模扩军。在2010年，一些次新产品业绩位居非结构化信托产品业绩排行榜前1/3。如2009年12月15日设立的新价值成长1期，2010年以来净值总回报20.14%，2009年6月26日设立的新价值4期，2010年净值总回报21%，而同期大盘下跌4.51%（截至11月5日）。2009年二季度设立的尚雅5期、尚雅7期，2010年净值总回报分别为21.31%、17.47%（截至10月9日），位居非结构化信托产品业绩排行榜前1/3。其二是与2010年以来持续升温的通胀预期密切相关。

除了10月行情的风云突起，使得人们在对牛市憧憬中突击入市外，还有就是市场对通胀预期的担心。面对节节走高的CPI，面对越来越发毛的存款，投资者都急于寻找高收益的出路；另外，楼市调控更使得部分炒房资金加速回流证券市场，这部分投资者是阳光私募的最佳客户。

然而，进入2011年，阳光私募遭遇2008年金融危机以来的最大一次危机，阳光私募的业绩几乎集体溃败，发行出现空前的冰点。据朝阳永续私募数据库统计，截至2011年8月1日，存续中的结构化产品和非结构化产品总数为1576只。其中，2011年以来仅有508只产品取得正收益，有超过2/3的产品出现亏损。从总体业绩看，阳光私募产品今年来的平均收益率为−2.89%，虽然继续跑赢公募基金和大盘，但相对前几年私募业绩的"风光"，明显逊色很多，甚至遭到了投资者非议。探究阳光私募短时间出现大起大落的原因，也是阳光私募未来发展的瓶颈，有如下几个制约因素：业绩瓶颈，靠天吃饭，行情不好时难以盈利；规模瓶颈，因赚钱效应减弱，投资者投资意愿降低，发行遇冷面临亏本经营；人才瓶颈，首先是人才质量上的欠缺，中小型私募多是基金经理唱独角戏。"一两间房，四五个人"的低端模式，走低成本之路。而这种吝啬的经营模式，也限制了除基金经理外的人才发展；合法地位尴尬，私募基金在法律上没有主体地位，明确对阳光私募进行界定的法律条文迟迟不见出台。阳光私募行业的发展实质上也是处于一种混沌的状态。

根据有关的统计显示，截至2011年4月，发行阳光私募产品的私募投资顾问公司（实际管理人）共计523家。阳光私募的投资顾问主要分布于经济比较发达的省市，而相对于经济比较落后的省市则分布较少甚至没有。在金融行业发达的上海市、广东省、北京市等投资顾问最为集中,注册投资顾问数分别达到194、132和102家,三地相加占据所有投资顾问的82%。目前阳光私募基金的管理团队主要来自三个渠道:公募基金、券商及民间市场派人士。虽然公募基金的人士进入私募基金的时间还不长,但这些原来从公募基金"出走"到阳光私募的资深基金经理们经过系统的投资管理训练,有良好的研究和风控能力,又经历过熊市、牛市完整周期的考验,整体表现较好,原券商人士也属于正规军,有一套投资方法,并有自己的团队,而民间人士所管理的私募基金则要逊色不少。

总结来说,从2004年起,曾经一度处于灰色地带的私募基金,终于开始了"阳光化"进程。在经历了2007年大牛市和2008年金融海啸之后,方兴未艾的阳光私募开始不断崛起,也渐渐为投资者所认知。至目前,阳光私募的管理规模已步入千亿时代,成为证券市场上一支不可忽视的重要力量。

受政策规定的限制,私募投资的资金募集不能像公募基金那样向社会广泛宣传和邀约。2009年8月,光大银行推出国内首只银行理财私募基金宝(即基金的基金),它是通过独创的私募基金评级体系,为投资者优选了操作业绩优秀、投研能力突出的优秀私募,提供高端的专业投资服务。虽然私募基金优点众多,但遗憾的是绝大多数投资者无法享受私募的服务。光大银行私募基金宝的推出及时填补了这个空白,解决了投资者对私募基金难以选择的难题。

光大银行阳光私募基金宝通过独创私募基金评级体系,将私募基金各自的特长加以完美地融合,使投资者免去艰难的选择,只需购买一只产品即可享受众多明星私募的专长,实现风险与收益的良好平衡。因此一般投资者想投资私募就可以投资"阳光私募基金宝",它具有三大优点:第一,起点更低。一般私募基金投资的门槛在100万元以上,而"阳光私募基金宝"的最低投资门槛只需50万元。第二,流动性更佳。普通私募提供的赎回机会,一般是每半年或一年提供一次;而阳光私募基金宝的赎回机会,则是在成立3个月后,每月的15日提供一次开放机会。第三,零费率自由转换。投资者每月可根据市场行情变化自由转换投资风格以把握市场风向标。

国内资本市场上的阳光私募基金与海外对冲基金有着追求绝对收益的共性,并且具备相似的费率结构,因此其被视为真正意义上对冲基金的"雏形"。由于信托机构投资股指期货的具体政策尚未出台,被视为"对冲基金"雏形的国内私募基金无法通过信托"阳光化"参与股指期货。因此，中国本土的第一只对冲基金并没有诞生在阳光私募基金业内。

2010年4月16日，沪深300股指期货诞生，股指期货、融资融券业务陆续推出，A股市场终于迎来做空机制，中国终于有了可以对冲股市风险的金融工具，这使得出现真正的对冲基金成为可能。国际对冲基金开始对中国市场虎视眈眈，但是由于中国并没有开放的资本市场，因此国际资本进入中国尚有难度。2010年9月，国投瑞银基金管理公司在"一对多"专户理财产品中加入股指期货投资，推出采用期指套利策略的"一对多"专户理财产品，其实就属于对冲基金，从此拉开了基金产品参与股指期货市场的序幕，基金中的对冲基金也由此亮相。

2011年3月7日，国泰君安证券资产管理公司推出了国内首只对冲基金——"君享量化"正式发行，发行首日募集资金5亿元[1]。君享量化利用股指期货合约对冲市场风险，市场风险暴露控制在20%以内，预期10%~15%的收益。该产品成为国内发行的首只对冲基金，这只私募产品的诞生也开启了内地真正意义上的对冲基金之旅。

虽然"君享量化"定位是一只私募产品，但它通过国泰君安营业部销售的模式，让其成为首只公开发行的对冲基金产品，此举也填补了国内资本市场这方面的空白。投资者对对冲基金的热情高涨，国泰君安"君享量化"一日售罄；紧接着，7月11日国泰君安推出第二只对冲基金"君享套利一号"，仅在上海发行，三天便募资2.5亿元左右，达到预期规模而提前结束发行；"君享套利2号"将在山西发行，当地建行已接受高端客户2亿多元预约份额；"君享套利3号~6号"也将计划在不同地区陆续发行。

随着2011年A股市场的整体下跌，能够对冲市场涨跌的对冲基金显现出了优势。市场中性策略，即通过一系列模型选股和构建股票组合，超越指数取得稳定的超额收益，同时在股指期货上做空，以回避股市系统性风险。先期可能会在现货组合中加大小盘股的权重，从而与沪深300期指对冲获得更高的收益。目前国内仅有易方达和国泰君安等少数机构发行了规范运作的对冲基金私募产品，国泰君安年初发行的"君享量化"集合理财产品和易方达基金先期发行的两只"一对多"对冲产品都采用了股指期货做整体组合的对冲，在大市下跌同期都取得不错的正收益。截至7月28

---

[1] 上海博弘资产管理公司是被业内称为"中国本土首家对冲基金"，它从2005年开始利用ETF在二级市场的交易价格和净值之间的偏差进行套利，之后又涉足商品期货、权证等高频交易。

第七章 对冲基金在我国的发展及其对资本市场与经济的影响

日,易方达 4 月中旬完成建仓的一只"一对多"对冲基金赢利超过 3%,而同期沪深 300 指数跌 11% 左右;5 月中旬完成建仓的一只"一对多"对冲基金赢利达 1.5% 左右,同期沪深 300 指数跌 5% 左右。

在易方达基金管理公司获批发行国内基金业的首只"一对多"对冲产品,券商国泰君安推出国内本土首只对冲基金——"君享量化",第一创业证券也分别推出了通过股指期货对冲系统性风险的理财产品,私募基金等国内各类资产管理机构也纷纷试水对冲投资的操作。自股指期货开通之日起,一些有志于对冲基金的私募机构就已经在利用自己的账户试验对冲操作。但由于信托机构投资股指期货的政策一直没有推出,所以信托阳光私募仍然无法推出自己的"阳光化"对冲基金。在此情况下,深圳和上海已经有不少私募机构开始绕道"合伙制"做对冲基金。合伙制基金可以开设一般法人账户,需准备的材料和流程也较为简单,且可以从事套保、套利、投机多种交易。

相比阳光私募基金"信托份额"转让时无需缴付相应税收,合伙制基金出资人将面临约 20% 个人所得税的缴付义务①。关于税负问题,基金经理们在尽最大可能合理避税。当前有很多可以避税的做法,而且已经形成了一个产业链。通常,这些投资客户基本上都投资过 PE(私募股权投资)都清楚这些避税手法。更多的私募基金则选择借用"信托产品份额转让无需缴纳个人所得税"的特点,利用"信托+合伙制"模式来合理规避出资人 20% 的个人所得税。这种模式即是通过信托公司发行信托产品计划,向出资人募集资金,并以信托产品投资合伙制阳光私募,阳光私募基金投资管理团队则作为普通合伙人②。

"信托+合伙制"模式事实上是基于信托和合伙制各自无法克服的不足,以及发挥各自的优势而产生的。这一模式还有助于解决有限合伙制阳光私募投资人数量与规模的限制问题。通过信托公司募资模式,合伙制阳光私募投资基金规模扩张将容易完成。

目前国内机构推出的对冲基金基本都采取偏保守型的"市场中性策

---

① 合伙制私募基金并不是一个真正的公司,只是利用公司的形式来做二级市场操作。在当前新《基金法》的讨论稿中,已经提到了用有限合伙做纯粹二级市场操作应该享受免税的问题。

② 普通"阳光私募",是资产管理公司通过信托机构,向特定投资人发行证券投资集合资金信托计划,由信托公司作为受托人,银行作为托管人,资产管理公司作为投资顾问,进行证券投资活动,这里的资产管理公司就称为"阳光私募公司",其发行的信托产品称为"阳光私募产品"。

略"。所谓市场中性策略,即通过一系列模型选股和构建股票组合,超越指数取得稳定的超额收益;同时在股指期货上做空,以回避股市系统性风险。与传统股票投资不同的是,市场中性策略可令产品独立于指数,牛熊市都能实现正收益。

然而,就在几乎所有国内资产管理机构都在试验用股指期货来对冲股票投资风险的"市场中性策略"时,有过多年国际对冲基金管理经验的上海梵基股权投资管理有限公司董事长张巍,却在悄然尝试中国市场上第一只的宏观策略对冲基金——"梵基1号"。2011年4月,国内第一只宏观策略对冲基金——梵基1号募集完成。该基金因为投资策略与国际市场上的量子基金和老虎基金趋同。

虽同为对冲基金,但"市场中性策略"和"宏观策略"对冲基金的内涵却相去甚远,它的出现体现出中国对冲基金业的分化。总体上讲,对冲基金的风格有保守和激进两种。其中,保守策略的目的就是平抑净值波动,其投资标的基本上是股票,并以股指期货、期权等做风险对冲;而激进型的对冲基金投机性则非常强,宏观策略属于此类,其投资标的物涵盖股票、商品期货、股指期货、利率产品等衍生产品。二者之间的风险和收益水平也有着天壤之别:前者风险非常低,年化收益仅比固定收益产品略高,平均在10%或者更低;而后者则是在搏击高风险中的高收益。

上海梵基目前旗下已经管理了一只以美元计价的海外基金——梵晟宏观策略基金。自2010年12月1日成立至2011年2月底,该基金剔除所有费用和30%的业绩提成后,获得28.78%的收益。相比国泰君安"君享量化"预期10%~15%的收益,显然要高出很多。目前,国内不少私募基金都已经在香港市场推出对冲基金,但这些基金基本都是做港股投资,并以香港市场的期权和牛熊证做对冲。而梵晟宏观策略基金则是以衍生品投资为主,其中银行利率产品、股指期货、商品期货的投资占了比较大的比重。

与梵晟宏观策略基金类似,梵基1号投资标的为股票、商品期货和除了远期外汇期权之外的所有衍生品,股票投资占比很小。梵基1号的另一个创新,是该基金没有走信托账户,而是选择了与招商证券合作。与招商证券的合作,一方面,梵基可用招商证券做自己的证券和期货平台,另一方面,更重要的是要引入招商证券作为自己的清算中心,这在国内是一个首创。在海外市场,对冲基金的一个明显特征是需要有一个第三方的净值估算机构。国际上通行的方式是由大型投行提供这一服务,为对冲基金等提供第三方估值清算服务也是国际上大投行的主要服务之一。但目前国内券商中没有任何一家开展这项业务。以前传统意义上的清算中心,对于券商而言是内部的后台机构。但从这个业务开始,它将成为券商的一个部门,变成一个盈利业务。这直接与国际券商业务接轨,因此借助梵基1号招商证券也首开了国内券商第三方估值清算业务的先河。所以,梵基1号与招商证券合作,对于彼此都是具有开创性的。

第二节 对冲基金在中国发展前景及可行性分析

1. 需求方面

随着个人财富的增加和金融产品的丰富,"理财"日益引起了我国居民的广泛关注,百姓手中的"闲钱"刺激了投资理财,促进财产性收入增加。所谓财产性收入[①],一般是指家庭拥有的动产(如银行存款、有价证券等)、不动产(如房屋、车辆、土地、收藏品等)所获得的收入。它包括出让财产使用权所获得的利息、租金、专利收入等,以及财产营运所获得的红利收入、财产增值收益等。居民理财意识不断增强,而投资者的理财意识不同,必然导致不同的理财行为。理财意识是指一个人对经济与金融状况的全面认识、评估、把握的能力。理财意识受到年龄、性别、习惯、职业等诸多因素的影响,同时居民的理财意识又影响着理财产品市场的发展。长期以来,我国居民大多都是将暂时不用的"闲钱"存入银行或购买国债,以获取较低的利息收益。随着个人可支配收入提高,家庭财富的增加,以及通货膨胀的压力风险,人们在进行谨慎储蓄的同时,逐渐将更多的比例投资于风险较高、收益较大的股票、期货等金融资产。

---

① 工资性收入(工资等)、转移性收入(养老金等)、经营性收入(商业买卖收入等)和财产性收入四个部分构成人均可支配收入。

截至2010年底，全国城乡居民储蓄存款余额已超过30万亿元，加上手持现金、股票、债券、保险以及金融机构理财产品等，金融资产总规模超过48万亿元。资本市场、房地产和资源类产业是民间资本关注的重要领域，黄金、股票、基金、保险等新型投资理财方式已引起了居民的极大兴趣。越来越多城镇居民开始把自己的一部分资金投到黄金、股市、期货、保险市场，特别是富有家庭和个人所要求的回报通常比其他类型投资者所要求的高，同时他们能承受的风险通常也比较大，因此可能更适合投资于风险投资、对冲基金等流动性相对弱的另类投资。私人投资迅速发展的体制与政策条件已经趋于成熟，随着私人投资渠道进一步拓宽和经济高涨形势的出现，私人的投资能力和投资需求也已经进入到了一个不容忽视的阶段。

除了个人投资需求变化外，机构投资创新需求也日益强烈。社保基金、保险资金、慈善基金、捐赠基金及其他机构投资者为了保值增值而提出创新金融投资服务需求。

目前我国社保基金的资产规模超万亿元，50%的资金是由投资管理人管理。全国社保基金大多数资产都投向国内市场，2009年全国社保基金投资收益为849亿元，投资收益率16.1%，大约60%的回报来自于股票市场投资。依据《境内证券市场转持部分国有股充实全国社会保障基金实施办法》，上市公司国有股东应以股权或以上缴资金方式转持至社保基金。已转持的国有股社保基金将在锁定期结束后，社保基金将视市场变化决定其流通情况。到2015年末，全国社保基金的资产规模将或达两万亿元。如何管理好这笔规模庞大的资金使之保值增值，是一个摆在政府与管理者面前的重大问题。

随着保险业的发展，保险公司之间的竞争日益激烈。从国外保险行业的经营状况看，大多数国家的保险公司其保险业务本身都是亏损经营，它们都是通过预期投资收益来弥补直接承保业务的损失。近年来，国际大保险机构的实践也有效地验证了资金运用对于保险业发展的重要性。投资业务开始与承保业务并驾齐驱，成为保险公司发展不可或缺的两个轮子。

目前发达国家的保险公司在国际金融市场上管理着规模庞大的投资资产，资金运用率超过了90%，所涉及的投资领域包括债券、股票、房地产、抵押或担保贷款、外汇以及各种金融衍生产品等。投资是保险行业的核心任务，没有投资就等于没有保险行业。没有保险投资，整个保险行业的经营是不能维持下去的。

第七章　对冲基金在我国的发展及其对资本市场与经济的影响

2004年，我国颁布了《基金会管理条例》，为我国基金会发展提供了广阔空间。截至2011年2月，中国已经有两千多家（2094家）基金会，非公募基金会数量逾千家[①]。业内人士预计资产总规模约为450亿，如果加上中国红十字会和慈善总会的资产，中国的慈善资产可达上千亿。中国红十字基金会和中国教育发展基金会常年投资收入为零，而两家基金会的账面资产均超过7个亿，收入主要来源为捐赠收入。据《中国基金会发展独立研究报告（2011）》显示，总收入前50名的基金会中，2008年捐赠收入占了其收入的75.6%，投资性收入为7.4%；2009年捐赠收入占78.7%，投资性收入占4.8%，投资性收入的比例一再下降。目前基金会一半资金投向债券、股票和基金，但未来基金会一定会走向委托理财的模式。

私人慈善基金会对美国及世界公益慈善事业作出了重要贡献，完善和成熟的投资管理模式是其在长期发展中实现有效的投资管理，进而实现资金保值增值并完成组织公益使命的最重要因素。私人基金会还成为美国金融市场中最重要和最成功的机构投资者之一，有力地推动了美国经济的发展。随着资产配置由传统投资向另类投资的转变，投资的专业性和风险性加强，专业投资机构才能够胜任。例如，私募股权、风险投资、对冲基金、绝对回报、问题债权等另类投资往往需要专业机构进行管理。

总的来说，随着居民理财意识的进化、社保及保险等资金不断壮大，金融机构强烈的创新需求与投资者旺盛的投资和理财需求成为对冲基金发展最坚实和长期发展的基础。对冲基金的投资回报和共同基金是基本上不相关的，如果同时投资对冲基金和共同基金，可以起到投资组合多样化的作用，可以减少投资组合的波动，提高资金的投资效益比，对冲基金对中国的投资者而言是有百益的投资理财产品。对冲基金和共同基金一样为投资者提供投资理财产品，只是它们的盈利模式和共同基金有所不同。而且对冲基金提供的投资理财产品和大市的低相关性，为投资者分散风险和提高投资效益比提供了可能。

---

① 美国有近10万家基金会，只有1%的社区基金会属于公共慈善机构（public charities），类似中国的公募基金会。企业基金会也只占3%，其余90%以上均为私人和家庭出资建立的基金会，其中大部分为家族基金会。

2. 供给方面

随着经济全球化与金融一体化，近年来我国金融市场得到快速发展，然而证券市场远未成熟，定价机制不够完善，市场出现无效性偏差，因此市场中存在着大量的套利机会，金融衍生品的起步将带来的套利机会远高于国外成熟市场。另外，当前宏观环境的复杂性决定了 A 股市场很难重现 2007 年大牛市和 2008 年大熊市，在无法简单地单边做多或做空的结构化行情中，对冲基金将越来越受大资金的青睐。

事实上，国内陆续推出了国投瑞银"一对多"专户理财产品，国泰君安的君享量化、上海梵晟的梵基 1 号等对冲基金或产品，并有许多私募机构已经在利用自己的账户试验对冲操作。除了国内本土对冲基金外，国际对冲基金在中国早已非常活跃，但之前他们多偏向于投资 PE，而且很大一部分对冲基金在中国设立办事处主要是做市场而非投资。目前多数对冲基金在指期货上市之前表现出极强的投资兴趣。他们通过注册投资公司或与国内期货公司合作等方式进入中国，并多聘用中国人作为模型总监，让本土投资高手提供盈利逻辑，然后用模型加以固化。

韩裔美国人保尔－金（Paul KIM）投资期货 20 余年，是美国知名度颇高的对冲基金经理。保尔 2010 年在上海注册了一家投资公司，建立起一支不到 10 个人的小团队之后，他将其在美国开发并使用的约 120 个套利模块带到了中国，并想办法将一小部分资金"挪"入中国用于相关投资测试，并搜集中国市场各种相关信息，并将目标投资品种的数据导入上述模块进行测试。半年的时间里，保尔证实了自己的一些交易模块在中国的商品市场中可用，而他最翘首期待的，还是中国股指期货上市交易的这一天。保尔只是众多在中国股指期货上市之际奔向中国的对冲基金的一个代表。

据消息称，由数学家大卫·肖（David Shaw）创建的对冲基金 DEShaw 将欲在上海设立办事处。数家大型对冲基金已开始扩展在亚洲的业务，其中包括 GLG、摩尔资本（Moore Capital）和索罗斯基金管理公司（Soros Fund Management）这些大腕。

对冲基金是金融市场发展到一定阶段的产物，它与共同基金等共同构成资产管理业务的一部分。中国的对冲基金未来将大有可为，当然也并非一帆风顺，许多发展的瓶颈亟待突破。对冲基金的生存与发展需要一定的制度条件、市场条件、产业基础来支撑。国内是否具备了对冲基金发展的条件呢？

【1】 制度条件：法律基础与监管政策

对冲基金的注册和运作需要相应完善法律的支持。为了规避《投资法》、《投资公司法》等限制，欧美国家里对冲基金主要采取有限合伙制，以私募形式发行。在美国对冲基金的合伙人一般控制在100人以下，投入资金不低于100万美元[①]（不同的国家，对于对冲基金的规定也有所差异，比如日本对冲基金的合伙人是控制在50人以下）。1996年做出新的规定：参与者由100人扩大到了500人。参与者的条件是个人必须拥有价值500万美元以上的投资证券。此外，事件驱动型基金要求一国具有完善的公司法、破产法等，宏观对冲基金要求外汇兑换、资本自由流动等，这些制度及相应的监管政策均制约对冲基金的发展。

目前，我国已经具有较为完备的《基金法》、《破产法》。虽然《基金法》针对共同基金而设定，但是附则第一条（即第101条）为私募基金留下了口子。在资产重组方面，2006年内出台的新《上市公司收购管理办法》、《关于推进国有资本调整和国有企业重组的指导意见》和《外国投资者并购境内企业有关规定》，极大地推进了我国A股上市公司大规模并购重组的市场化进程。在未来企业为实现利润增长和规模效益而开展并购重组，将会给市场带来很多投资机会。至于资本流动及监管方面，国内实施资本监管，投资资格需要获得审批，包括QFII、QDII等。而且具有QDII资格的机构在投资海外时受到限制，目前获得QDII资格的包括共同基金、保险公司、银行等。

【2】 市场条件：衍生品及卖空机制

在对冲基金的投资策略中，投资者涉及衍生品的使用、卖空及杠杆等

[①] 美国1940年《投资公司法》规定：少于100人入股、不公开对外发行证券的投资基金，可免于登记注册。对冲基金就属于这类投资基金，从而避开了接受监管及定期报告和披露经营信息的义务。

操作。对冲基金要实现真正的风险对冲和套利，离不开做空机制和期货等衍生工具，没有这些对冲手段，对冲基金就没办法在低风险下实现稳定收益。因此，它要求金融市场上具有丰富的衍生品和完善的卖空机制。我国金融市场以前没有出现真正意义上的对冲基金，是因为所需金融工具缺乏，国内衍生品相对匮乏。但股指期货和融资融券业务的推出是对中国对冲基金发展最有利的变化，为对冲策略提供了金融工具基础。随着股指期货和融资融券的推出，国内 A 股市场摆脱了只能做多、难以采用杠杆的限制，从此 A 股市场可以进行直接对冲性操作，这使得投资者有了可以用来对冲股市风险的金融工具。比如，套利通项目是专门为风险厌恶型投资者开发的，通过捕捉股指期货市场和股票市场的不均衡变动，借助于现货模型、统计技术等手段，运用期现套利、跨期套利等策略来进行股指期货套利操作，以获得低风险稳定收益的投资目标的投资项目。

【3】 产业基础：成熟的管理团队与多元化的投资者

对冲基金一般采用复杂灵活的投资策略，同时具备独特的运营机制，因此，它的发展离不开成熟的管理团队。只有市场上出现了一批成熟的基金管理人，对冲基金才可能较长时间生存下来。目前，十年的共同基金业发展培养储备出了较多的人才，部分基金经理已经投身到私募；有着丰富的商品期货经验产业现货的投资者也是潜在的对冲基金管理人。

对冲基金的发展也离不开投资者的参与，只有产生大量的投资需求，才是对冲基金蓬勃发展的基础。纵观来看，国内已经形成了不同类型的投资者，既有高风险投资者也有低风险投资者，既有绝对收益投资者也有相对收益投资者，尤其是居民理财意识的进化以及保险资金的不断壮大，更是为对冲基金提供了长期发展的基础。

尽管外部制度亟待完善、金融工具亟待丰富，但是随着金融机构开展另类投资策略的研究以及业务，中国已经具备了发展对冲基金的基础。对冲基金已越来越多地为人们所熟悉，为投资者所青睐，这将意味着中国投资同质化时代的终结。对冲基金或另类投资是当今金融服务行业里发展最快的部门之一。对冲基金会以像阳光私募发展的速度一样发展，未来 3~5 年时间内，中国对冲基金的资产规模可能会达到 3000 亿~4000 亿元，对冲基金将成为未来中国金融市场的生力军。

中国已是全球第二大经济体，因此中国相应的需要而且必须有一个全球金融中心。中国资本市场在未来 20 年有可能发展成为全球三大主要对冲基金投资市场之一。

第三节　对冲基金在中国发展的瓶颈和限制

中国的对冲基金未来将大有可为,当然也并非一帆风顺,许多发展的瓶颈亟待突破。众所周知,对冲基金主要特征就是对金融衍生品的灵活运用。而内地金融衍生品市场还处在发展初期,成长有一个长期、渐进的过程。正是由于内地对冲基金业处于萌芽阶段,发展壮大还面临诸多的瓶颈。

首先,中国资本市场上金融产品不够丰富,对冲基金还缺乏足够的对冲手段。

与美国相比,在期货市场上,中国只有有限的商品期货和沪深 300 指数期货,而美国除了商品期货和股指期货以外,还有利率期货、外汇期货及更多指标为标的物的期货;中国的权证市场也不够成熟,与美国的期权市场还有相当的差距;美国还有更加复杂的衍生金融工具在不断产生和交易,相比而言在中国可以对冲掉的风险十分有限。

虽然融资融券业务和沪深 300 指数期货一定程度上填补了国内对冲的空白,但券商、基金等机构目前尚无法参与融资融券,这使其做空手段受限。另外,期货与现货交易机制的不对称(期货交易是 T+0,现货交易是 T+1),也限制了对冲基金的发展。

其次,中国对冲基金缺乏从商业银行或者其他金融机构低成本短期融资的条件,即中国对冲基金不具备使用杠杆放大收益的能力,这使得对冲基金难以使用可转换套利策略等需要杠杆放大收益和风险的投资策略,也很难实现高风险高收益的投资。

典型的对冲基金往往利用银行信用,以极高的杠杆借贷(Leverage),在其原始基金量的基础上几倍甚至几十倍地扩大投资资金,从而达到最大限度地获取回报的目的。对冲基金的证券资产的高流动性,使得对冲基金可以利用基金资产方便地进行抵押贷款。与共同基金不得利用信贷资金进行投资不同,对冲基金完全没有这些限制和界定,可利用一切可操作的金融工具和组合，最大限度地使用信贷资金，以牟取高于市场平均利润的超额回报。

比如，一个资本金只有1亿美元的对冲基金，可以通过反复抵押其证券资产，贷出高达几十亿美元的资金。这种杠杆效应的存在，使得在一笔交易后扣除贷款利息，净利润远远大于仅使用1亿美元的资本金运作可能带来的收益。同样，也恰恰因为杠杆效应，对冲基金在操作不当时往往亦面临超额损失的巨大风险。

目前，我国私募证券投资基金，从组织形式上来划分，主要有三种类型：契约型、合伙型、公司型。在《证券公司融资融券业务试点管理办法》出台前，以上三种形式的私募证券投资基金都难以通过向其他金融机构融资来放大自身的投资杠杆倍数。契约型的私募证券投资基金只能以个人名义向银行申请贷款，但是国内商业银行目前对个人除了开立住房、汽车、消费和助学贷款外，只允许个人以凭证式国债做质押贷款。对于合伙型与公司型的企业法人，目前国内商业银行是根据其不动产的抵押和动产的质押来发放贷款的，如凭证式国债、股权和股票的质押贷款。对于经营高风险的私募证券投资基金法人来说，其很难满足银行的其他要求，因此，合伙型与公司型的私募证券投资基金法人要获得银行贷款以进行杠杆投资在现行的法律制度框架下几乎是不可能的。

然而，根据《融资融券试点交易实施细则》，投资者融资买入证券和融券卖出时，保证金比例都不得低于50%，这一细则将国内私募证券投资基金的杠杆倍数控制在两倍以下，限制了基金根据自身投资策略缩放杠杆倍数的自由度。考虑到国内对证券公司开展融资融券业务仍处于试点起步阶段，随着证券公司控制风险能力的增强，业务发展的成熟，保证金比率有可能逐步下降，国内私募证券投资基金的可控杠杆倍数将放大。

第三，中国现在并未开放资本市场，资本进出中国市场都受到管制。这限制了中国对冲基金海外融资与投资于境外金融产品的渠道，将对冲基金限制在了股票和股指期货两个市场上。

第四，中国本土对冲基金缺乏主流的资金来源。目前，除了国家层面的中投公司、社保基金有一些投资，国企不能投资，民企的钱是营运资金，很难保证6个月不动，所以对冲基金主要的资金来源是高端个人投资者[1]。

---

[1] 新浪财经．《国际大鳄做空中国 谢国忠称政府不会任危机出现》．http：//finance.sina.com.cn/stock/zldx/20110503/00289781360.shtml. 2011年5月3日访问。

第五，人才是制约我国对冲基金发展的最大瓶颈。一些券商、基金着手建立了量化投资部门，但由于时间太短，与国际成熟市场对冲基金业在软、硬件方面都存在很大差距，人才储备、投研及实践能力有待加强。

在中国市场上，对冲基金行业发展面对的现实是，中国富有阶层对于对冲基金的态度非常开放，很有热情。但国内真正具备对冲基金管理能力的专业机构和人才却非常少。更准确地说，不只是这类人才短缺，而是国内几乎没有这种人才。对冲基金交易员不仅要懂得股票、商品期货、股指期货，甚至更高等级的衍生品操作，还要充分参与过国内外市场，并且至少要有多年的实战经验。随着业务规模不断扩大，许多类似于上海梵基的对冲基金对此类人才需求非常强烈。目前，除直接在华尔街招聘"老外"之外，在国内，更倾向于干脆招聘刚刚毕业的大学生，从"一张白纸"培养起。国内不少公募基金也是从华尔街招募"海归"来组建量化投资团队的。

欠缺技术和经验只是问题的一个方面，更关键的是意识问题。目前，国内多数私募机构习惯做传统业务，既然传统业务也能赚钱，就没有必要去做并不熟悉的东西。当前规模比较大的私募机构也没有积极的人才招募和培养行动。

在研究方面，就金融工程领域而言，对冲基金是利用全复制或高精度组合的期现套利操作系统，有效地将金融工程研究成果转化为实际生产力，用技术手段实现了真正意义上的投资保本。长期以来虽然金融工程领域迅猛发展，但一直比较缺乏将研究成果转化为实际收益的操作手段。对冲套利策略等模式的推出，使金融工程与投资者的资产管理密切结合，用数量化的手段使无风险套利和低风险统计套利成为一种稳定可控的展业模式，实现了投资保本，锁定投资品波动收益，强化最大收益的投资理财目的。

第六，私募的组织形式与征税问题。现阶段我国私募通常通过信托渠道发行产品，信托平台在阳光私募发展初期起到重要作用，也适合现阶段A股市场现状。但从国外经验看，采用"有限合伙制"模式是主流，这样私募基金不用受制于信托公司控制，只要业绩得到客户认可就可以发产品。对于"有限合伙制"私募的征税问题，海外对冲基金可以采用在开曼群岛等地注册的方式来避税，而在内地只能寄希望于正在修改中的《证券投资基金法》中能够明确。

我国现有的《证券投资基金法》从2004年开始实施，至今该法律对私募基金一直没有很好的规范。尽管私募基金是在法律的豁免条款下生存的一种基金，但是这个豁免的界限表述得并不是非常完整。2009年7月，为完善新股发行机制，防止大企业、大机构通过信托平台广开股东账户提高中签率的投机现象蔓延，保障中小投资者的利益，证监会叫停了信托证券账户新开户。由于信托公司开设股东账户被暂停，需借信托渠道发行产品的阳光私募行业陷入极大的困境。随着信托证券账户的停开，一些信托公司借机高价叫卖老账户，最高价甚至达到阳光私募总盈利的5%，而且只有钱还不行，阳光私募需有良好的业绩史才能拿到。即使账户要价不高，信托公司也会在手续费、盈利分成等方面抽取利润。据相关调查显示，时下阳光私募管理费的大部分都交给了信托公司，仅能靠提取业绩报酬实现盈利。

第四节　对冲基金对我国资本市场与货币政策的影响

第一，对冲基金将促进投资者的投资理念与策略的变化，机构投资者的研究和风险管理水平的提高，与此同时投资经理们也将面临更大的压力，因为他们必须具有更高的专业水平；并将加剧机构投资者之间的竞争，缺乏竞争力的机构将被逐渐淘汰，甚至还可能改变基金的组织形式。

第二，投资将多元化，同质时代终结，即改变现有的所有基金与整体股票走势密切相关的状况。中国资本投资市场如同欧洲等地区的资产管理业务发展趋势一样，一种是向着管理成本相对便宜的指数类基金业务发展，另一类则是专注于开发特殊类型的投资品种，如对冲基金等。拥有特殊类型的金融产品操作能力的公司才能抵御投资环境的变化，通过对冲策略来分散投资风险。

第三，根据对冲基金敏于套利的特点，对冲基金从事的负向反馈交易有助于对金融市场上的价格偏差进行修正。与正向交易相反（宏观型对冲基金常用策略），负向交易即在价格上升时卖出，价格下降时买入。对冲基金经理常常运用经济理论与数学模型来寻找"市场无效"进行投机套利；在市场垄断程度较低的前提下，该种负向交易活动能很好地修正价格的偏差和解除市场的无效。此外，由于对冲基金之间也存在日益激烈的竞争，它们所从事的愈加频繁且精细的负向交易就可以使得市场失效的情况越来越少，市场效率也会越来越高。对冲基金交易操作在增加自身盈利的同时也提高了证券市场的有效性和流动性，将大大提高中国资本市场的效率。

第四，根据国际经验，在特定情况下对冲基金的行为可能会给金融市场造成猛烈的冲击，对冲基金还将成为新的系统性风险来源，一次偶发的事件足以对很多投资能力并不差的机构投资者造成毁灭性的打击。因此，资本市场监管部门必须提高现有的监管水平，包括法制体系建设。中国证监会必须考虑如何才能对对冲基金进行有效地监管，决不是采取各种限制手段，一概扼杀以省去给自己日后造成麻烦而了事。

我国的私募基金行业与美国的对冲基金一样，多年来一直没有专门的监管法律，而它们可能正是未来对冲基金的主体。不过，加强监管毕竟是国际趋势，我国也不例外。2011年初，《证券投资基金法（修正草案）》正式公布，把资本市场上各种机构投资者全部纳入监管范围，也明确地把私募基金纳入监管范围。尚处于婴儿时期的另类投资也将被纳入该法的监管范围，这无疑符合对对冲基金加强监管的国际趋势。

第五，对冲基金的发展有利我国对大宗商品定价权的竞争。在国际市场上，大宗商品贸易定价方式主要有两种：一种是以作为全球定价中心的国际期货市场的期货合约价格为基准价格来确定国际贸易价格；另一种是由国际市场上的主要供需方进行商业谈判以确定价格。从目前的情况看，在这两种定价机制下，我们同样都面临着定价权问题。在进口方面，我国企业过去几年一再出现高价买单行为，甚至演变成"越贵越买"、"越买越贵"的恶性循环。引以为荣的"中国因素"更常常变成中国劣势，令国内企业在国际市场上深陷被动泥潭。2004年的"大豆高价买单风波"、2005年的"铁矿石天价进口事件"等都是很好的例证。在出口方面，作为一些产品的全球市场主要供给方，我国相关产品的出口价格长期在低位徘徊，行业的可持续发展因此受到严峻挑战。以稀土产品为例，2003年我国稀土产品出口量约为1990年的9倍，但平均价格的降幅却达46%以上，整个行业更因此长年深陷"多产不多得"的怪圈。以上这两方面的问题是在大宗商品定价权领域中表现得最为突出的问题，其成因比较复杂，涉及经济贸易、金融市场、企业管理等领域，是由内外多方面的影响因素共同作用而形成的。与此同时，伴随定价权问题而出现的还有一些新的问题和挑战。其中，经济全球化时代中国期货市场的发展和战略定位问题以及中国企业的风险管理问题最为引人注目。这两个问题的提出与大宗商品国际贸易定价机制有关。

国内期货市场目前在微观结构和功能发挥等方面依然存在很多缺陷，除了期货市场制度改革问题，投资者的培养也十分关键，对冲基金的发展就是为投资者培养提供平台，同时也促进包括期货在内的资本市场的发展。

第六，对冲基金的行为与交易将改变货币政策效果。作为一支新兴的市场力量，对冲基金在改变金融市场的同时也在改变货币政策的效果。警如，1990年至1991年，美国经济不景气，美联储想通过保持短期低利率来刺激经济。这使得对冲基金能够以极低的成本借入短期资金，然后买入收益更高的长期债券，赚钱差价。在低利率的刺激下，对冲基金大量使用杠杆效应加入到债券市场的买卖当中。又如，1993年，随着欧洲汇率机制危机的结束，欧洲正准备进行货币联盟，这一进程迫使欧洲各国的利率相互衔接。之前高利率的国家，如西班牙和意大利，不得不降低利率。美国金融大鳄们当然不会放过买入这些国家债券，然后等到利率下降时赚取差价的机会。

正如1992年的欧洲汇率机制危机表明货币市场的深入发展降低了中央银行干预市场的能力，1994年的债券市场危机表明，债券市场的深入发展也削弱了当局预计长期利率变化的能力。此时的金融环境已经发生了根本性的变化：对冲基金和杠杆效应已经将市场的各个部分更加紧密地联系在一起。

第五节　对冲基金对我国经济市场可能带来的冲击

目前我国已经成为世界经济的"双引擎"之一，但金融市场并不完善且处于体制转型时期。人民币汇率机制改革以来，累计升值幅度约达到6%，但远不足以平息人民币进一步升值的强烈预期。这些因素无疑是对对冲基金莫大的诱惑。虽然我国仍实行较为严格的资本项目管制，但对冲基金早已不满足于通过周边市场间接获利。QFII、外国直接投资和贸易项目等资金往来渠道中，对冲基金的身影开始若隐若现；一些贸易合同、直接投资也成为其保护色。"灰色"的对冲基金已经开始尝试进入中国，虽然暂时还不具备在中国兴风作浪的条件，但仍然可以通过不同途径对中国经济和金融造成重要影响。

人民币汇率。随着汇率制度改革稳步推进，人民币显现出强劲的升值趋势，这无疑为对冲基金提供了无尽的想象空间。不过，想要在中国炮制一次金融动荡仍存在障碍：资本项目管制、人民币汇率有管理的浮动、人民币衍生品缺乏，使对冲基金缺少必要的获利渠道与工具。因此，对冲基金还难以进入内地直接炒作人民币，目前只能通过人民币无本金交割远期（NDF）市场等间接获利。

从2003年起，中国香港、新加坡人民币NDF市场规模快速发展、交易金额迅速上升，一定程度上暗示了对冲基金豪赌人民币的愿望。2006年8月，美国芝加哥商品交易所也推出三对NDF衍生品，即人民币对美元、欧元及日元的期货和期权，使NDF与境内人民币汇率的联动性更强，甚至可能出现倒逼国内金融市场改革进程的局面。

股票市场。国内A股市场对对冲基金的吸引力可能较香港股票更大，因为中国股票市场相对更不成熟，这对于擅长发掘市场缺口的对冲基金来说是求之不得的。目前条件下，除人民币兑换问题外，对冲基金直接进入内地股市还存在其他一些障碍：取得QFII资格需经过严格审核且投资规模受限；不允许成立外商独资基金管理公司，而合资公司的成立和运作必须严格遵守我国相关法律法规，并履行信息披露义务等；国内股市尚未建立做空机制，即不具备对冲的工具。

不过，这些困难根本不足以绊住对冲基金追求利润的步伐。很多机构投资者背后都有层层隶属关系，被形象地称为"拖拉机"账户，有些对冲基金干脆以个人名义参与股市。在近期一路上扬的股票市场中，对冲基金甚至不必通过对冲，仅依靠高超的投资技巧和较高的杠杆系数就能取得可观的回报。不仅如此，2006年9月8日，中国首个金融衍生品交易所——中国金融期货交易所正式挂牌，标志着中国期货市场从商品期货向金融期货的全新跨越，沪深300指数股指期货的推出只是时间问题，这恰好为对冲操作提供了进一步的便利。

人民币不可兑换和QFII限额是当前对冲基金进入内地股市的最大障碍。而一旦资本账户完全放开，对冲基金有了畅通的进入和退出渠道，以股市目前的成熟和规范程度，是较易遭到冲击的。

房地产市场。在当前房价高涨和人民币升值预期的双重作用下，进入房地产市场对对冲基金的吸引力是巨大的。近年我国房地产市场持续高位运行，部分价格已经包含虚高成分，而支撑房地产市场繁荣的却是银行贷款。由于房地产市场与金融体系千丝万缕的联系，一旦受到对冲基金恶意攻击，房地产市场的崩溃势必引起整个金融系统的地震。

政府深知促进房地产业健康发展的重要性。自2003年起，多项宏观调控措施便陆续出台。调控效果虽然还不尽如人意，但已反映出当局良好的意愿和坚定的决心。与股票等金融资产相比，房地产的流动性欠佳，加之调控措施严厉，都将增加对冲基金的交易成本和政策风险。

第八章
对冲基金的典型投资案例及欺诈内幕交易案

- 第一节 投资案例
- 第二节 麦道夫金融欺诈案：庞氏骗局
- 第三节 华尔街对冲基金内幕交易案调查

第一节 投资案例

1. 1992年狙击英镑

1989年,柏林墙倒坍,德鲁肯米勒预计德国政府为统一而支付的经费将使政府预算出现大规模赤字,从而加剧通货膨胀。这将促使以稳定物价为唯一目标的德国中央银行提高利率,随后德国马克将会反弹。因此,德鲁肯米勒一头扎进了德国货币市场,在数天之内购买了20亿美元的头寸。在接下来的一年中,马克对美元上扬了1/4,量子基金获得了29.8%的回报。但这仅仅是预演,两年后,德鲁肯米勒上演了他职业生涯最大的胜利,他打破了欧洲货币秩序,一举奠定了对冲基金在全球金融市场中新兴市场力量的地位。

统一在德国国内制造了通货膨胀压力,推动中央银行提高利率。德国加息的时候正值其他欧洲经济体经历经济衰退,它们迫切需要减息,这种利息差造成其他国家的资金涌入德国,其结果就是德国马克升值,而其他欧洲货币贬值,特别是意大利里拉和英国英镑。在当时的欧洲汇率机制下(The European Exchange Rate Mechanism,简称ERM),各成员国货币的汇率被允许在设定好的固定中心汇率上下一定幅度内波动。这样就给了欧洲汇率机制带来压力:德国的加息举措会逼迫英国和意大利要么加息,但那会给本来就困难重重的经济雪上加霜,这是因为英国抵押贷款的利率一般都不是固定的,当英国中央银行提高利率,英国家庭会倍感压力;要么使本国货币贬值并退出欧洲汇率机制。这同样暴露了德国中央银行的两难角色:一方面要稳定德国马克就必须加息,同时又要稳定欧洲的汇率机制。

德鲁肯米勒抓住了这个几乎不可能对他不利的机会,大量买入德国马克,卖出英镑,在1992年8月底之前他投资在这个头寸上的资金达到了15亿美元。这个时候,德国中央银行将如何权衡两个角色的立场还不是很明朗，但很快就清晰起来。9月4日，欧共体的财政部长和中央银行行长在英国巴斯会面，会上，英国财政大臣诺曼·拉蒙特不停向德国央行行长赫尔穆特·斯莱辛格施压，要求德国降息。此举不但没有取得预想的结果，反而激怒了一直为保持央行独立性而努力的斯莱辛格。9月8日，在中央银行行长的巴塞尔聚会后，斯莱辛格公开宣布他不能保证利率的未来走向，还特别强调意大利里拉的基础薄弱。当时，索罗斯正在现场，为了确信德国的立场，他还在斯莱辛格讲完后去与他交谈。在得到确切答案后，索罗斯迅速给德鲁肯米勒打电话，要求他对里拉下注。加入这场攻击的还包括保罗·都铎·琼斯二世、布鲁斯·科夫勒、路易斯·培根。

9月11日，意大利里拉已经跌破汇率机制所允许的汇率下限，迫使意大利在随后的两天周末里开始磋商里拉正式贬值。9月14日的那个周一开市时，英格兰银行出资7亿美元购买英镑，由于这项措施是在德国降息的基础上出台的，所以这个相对温和的干预就使得英镑小幅升值。但英格兰银行没有想到的是，这个小幅升值反而强化了投机者的认识，即对汇率摇摇欲坠的货币下注，可以通过借入资金下最大的赌注，因为最坏的结果也是使得汇率往不利的方向变动一点点。果然，从第二天一开市英镑就下挫，尽管英格兰银行再次出资试图干预市场，但仍然无济于事。而同时，根据汇率机制的规定，英格兰银行又不得不大量买入德鲁肯米勒等人卖出的大量英镑。结果，在英格兰银行大幅提高利率后，英镑汇率仍然在汇率机制规定的下限运行。回天乏术的英格兰银行被迫于9月15日宣布单方面退出欧洲汇率机制。这个时候，德鲁肯米勒和索罗斯已经成功做空约100亿美元的英镑，英格兰银行已经消耗了270亿美元的外汇储备。英镑脱离汇率机制后，英镑对德国马克贬值约14%。这次狙击，量子基金获得了10亿美元的利润。此外，德鲁肯米勒还预见到英格兰银行必然降低利率以刺激英国经济，于是购买了英国公司股票；而德国和法国的公司因缺乏低息环境表现会略差于英国对手，于是卖空德、法的股票，做多德、法的债券。几个月后，他如法炮制，通过做空瑞典克朗又赚取了10亿美元。

1992年的英镑危机可以说是对冲基金发展的一个分水岭。在此之前，没有人能想象这些私人玩家能打败强大的中央银行。1992年以后，对冲基金正式成长为一只"金融大鳄"，游弋于全球金融市场。究其原因，20世纪80年代末以来在发达国家推行的金融自由化促进了资本的跨国流动，使得金融机构能够在全球范围内调配资金，在短时间内迅速集结大量资金攻击一国金融体系。

2. 1997年狙击泰铢

1961年以前,农业占了泰国国民收入的80%左右,工业仅占5%。1961年,在美国的资助下泰国开始实施国家经济和社会发展五年计划。自1961年至1990年的30年间,泰国经济的年平均增长率为7.6%,农产品为主的出口也开始转向了制造业。实际上,1986年以后泰国经济突飞猛进。适逢日本、韩国、台湾等国家和地区积极拓展海外投资,以油价、利率、汇率三项"三低"而著称的泰国踊跃吸引外资,放宽了管制,并以逐步自由化的贸易政策进入了连续数年的高速增长时期,而追随美元汇率制度、促进外向出口经济仍然是其一贯的传统。1984年6月30日,泰国政府宣布实行所谓"一篮子货币"的汇率制度,美元的份额占了80%以上,日元11%~13%,其他货币不过10%。显然,泰铢对美元汇率基本固定,维持在1美元兑换25泰铢左右的水平。泰国的汇率制度就是盯住美元制度。1995年以前,美元持续贬值,泰铢的有效汇率大幅下降,泰国的出口竞争力快速增长,成为令世界瞩目的经济奇迹。

1995年,国际外汇市场形势逆转,美元的货币汇率由贬转升,大幅度升值,泰铢汇率也紧跟美元不断走强,出口竞争力随之削弱。再加上来自中国等东南亚国家低成本竞争对手的冲击,1996年,泰国出口增长从1995年的24%下降到3%。出口下降导致泰国的贸易逆差迅速扩大,越卖越赔。紧盯美元的固定汇率制度在低汇率时可以赢得出口顺差,而一旦出口情势逆转,巨额赤字的累聚不仅伤害出口竞争力,而且屏蔽了汇率风险,使货币投机轻而易举,几乎毫无风险。1995年,泰国的贸易赤字达到162亿美元,超过了其国民生产总值的8%;而紧紧盯住美元的汇率制度除了削弱企业的出口竞争力,也将自己推到了汇率风险的风口浪尖之上。

日本是泰国第一大贸易伙伴。1996年,泰国的经常性出口因为日本经济衰退的拖累而使得逆差骤然扩大,入不敷出,贸易形势日益恶化。为了弥补大量的贸易赤字,满足国内过度投资的需求,外国短期资本大量流入泰国的房地产、股票市场,房地产经济膨胀,银行呆账增加,泰国经济已显示出危机的征兆。

实际上,1993年泰国股市上的国外投资为30多亿美元,1995年已经

第八章 对冲基金的典型投资案例及欺诈内幕交易案

上升到了60多亿美元，巨额的出口逆差使股市动荡不定，屡见下挫；1996年5月以后，泰国股指下跌幅度超过60%。与此同时，泰国商业银行的不良资产率已经达到了35.8%。1996年底，泰国商业银行和金融机构的房地产贷款分别为总贷款的8.8%和24.4%，其中有相当一部分资金来自海外。1996年，泰国的房地产泡沫迹象已经十分明显，造成商业银行和金融公司经营状况恶化，巨额不良资产使其金融市场更加动荡不安。经济状况的不断恶化和金融市场的剧烈波动，加剧了市场各方对泰铢贬值的预期。

1997年1月，量子基金合伙人、原巴西中央银行行长阿米尼奥·弗拉加连同量子基金的亚洲股市问题专家大卫·柯维茨以及在香港工作的经济学家罗德尼·琼斯一起，前往泰国进行考察。作为原中央银行行长，弗拉加提出了自己关于泰国所面临困境的一些想法：一方面，如果政府决心保护汇率，就必须维持高利率以吸引资金；另一方面，泰国的贸易赤字和银行危机，又必须使货币贬值和维持低利率。而一位泰国中央银行的官员却向他们透露，鉴于目前泰国的银行系统已经开始出现危机，中央银行降低利率以防止更多银行出现麻烦比保持固定汇率更为重要。这显然是承认泰国的固定汇率是不可持续的，做空泰铢是稳赚不赔的事情。

回到纽约，弗拉加把这一情况报告给了德鲁肯米勒，后者迅速批准了交易，在1月下旬的数天之内，量子基金卖空了价值20亿美元的泰铢。为了抵御来自量子基金的卖空压力，中央银行开始出售外汇储备以干预外汇市场，并将利率提高了3%。然而，此一政策的出台使风雨飘摇的泰国经济雪上加霜，从某种意义上几乎可以说，正是高利率政策加速了泰国金融危机的到来。不仅抑制了投资和消费，加剧了经济衰退，造成了商业银行的巨额不良资产，而且也加大了企业的债务负担，迫使它们转向国际金融市场寻求低成本资金，再度扩大了对外负债规模。泰国国内企业和金融机构纷纷抛售泰铢购买美元，这迫使中央银行再一次进行货币干预。5月11日，泰国总理差瓦立·永猜裕发表电视讲话，声称要支持泰铢，却又说他不能承诺能做到这一点。这进一步加剧了这次危机。

3日后，量子基金将其在泰铢上的头寸增加到35亿美元。其他对冲基金随后跟上，罗伯逊的老虎基金的头寸最后达到了20亿美元。其他炒家如摩根大通、花旗、高盛等投资银行，此时已经进入了人们的视野，发起了"五月攻击"。就在同一天，泰国中央银行使用了至少60亿美元的外汇储备以维持泰铢的水平。然而，泰国中央银行区区300亿美元的外汇储备显得杯水车薪，在攻击最猛烈的5月，中央银行消耗了约210亿美元的储备，到6月底，300亿美元被消耗殆尽，中央银行完全失去了干预能力。

1997年7月2日凌晨，泰国政府被迫发表声明，放弃固定汇率制，宣称泰铢与美元脱钩；实行浮动汇率制，放任汇率自由浮动，抛弃此前十余年来紧盯美元的传统。泰铢随即一泻千里，当天的泰铢汇率最低曾达到1美元兑32.6铢，贬值幅度高达30%以上，到10月份时，泰铢对美元下降了32%。泰铢的贬值从此拉开了亚洲金融危机的序幕。量子基金在这次贬值中赚了大约7.5亿美元，而老虎基金赚取了约3亿美元。

3. 保尔森信用基金做空次贷

1978年，约翰·保尔森毕业于纽约大学商业与公共管理学院，紧接着他又考入了哈佛商学院，并以优异的成绩获得了MBA学位。毕业后，他进入了大名鼎鼎的波士顿咨询集团担任管理咨询师。1984年，他转投美国第五大投资银行贝尔斯登，并担任并购部经理；在贝尔斯登任职4年后，他又从投资银行转行做基金管理，加入格鲁斯合伙基金，成为合伙人之一。1994年，保尔森创立了自己的对冲基金公司。在接下来的10年，公司稳步增长，资本从成立时的2000万美元增至2003年的6亿美元。然后借着整个对冲基金发展的东风，到2005年的时候迅速增长到40亿美元。即使这样，保尔森也保持低调，他的员工只有7名分析师。

虽然如今盛名尽享，但2007年之前的约翰·保尔森只是个默默无闻的小人物，那时的他除了与前任美国财长亨利·保尔森拥有同一个姓以外，只是无名的基金经理。不过，经过2006年、2007年做空次级债这一役，保尔森已经被华尔街称为"对冲基金之王"、"赚钱之神"。而与他同姓的亨利·保尔森只能"委屈"地被称为"另一个保尔森"，以示区别。

在投资中，保尔森一直在寻猎的就是亏损有限而盈利无限的赚钱机会。2005年初，保尔森开始感到经济要发生反转了。保尔森开始寻找目标对经济泡沫下注。这个理想的目标必须有常规的弱点：它出于周期性行业，有过多的债务，而债务被分成高级债券和次级债券，因此保尔森可以做空风险集中的次级债券。保尔森做空的初始目标并不是房地产市场，而是汽车市场。2005年，他先开始在汽车供应商等公司债券上建立空头头寸。孰料，即便是这些公司已经进入破产程序，其债券价格仍在上涨。2005年春，保尔森选中了正确的目标——按揭证券。

彼时，美国的房地产专家们正在反复宣称，房屋价格永远不会在全国范围内下跌，因此，来自许多美国不同州的抵押贷款支持的债券风险相对较低，即便下跌，美联储也会通过大幅削减利率来挽救市场。在人人看涨的情形下做空，是需要一定的勇气与智慧的，而保尔森就拥有这样的信心。他坚信，这个世界上没有只涨不跌的市场。2005年4月，保尔森对这些按揭债券下了第一个赌注。他对价值1亿美元的BBB级次级抵押贷款买了信用违约掉期，作为对债券违约的保险。他为此支付了140万美元的保险费，但如果这些债券违约，他可以稳赚1亿美元。问题是，抵押贷款债券违约的可能性有多大。为了弄清这个概率，保尔森向他的分析师保罗·佩里格里尼求助。他花费200万美元购买了最大的抵押贷款数据库。佩莱格里尼研究发现，如果用通货膨胀调整房价，20世纪80年代和90年代在美国都出现过全国性的房价下跌，因此有充分的理由认为，21世纪初的大幅上涨之后应该是另一轮的房价低迷。佩莱格里尼的分析表明，房价零升值将最终导致至少7%的按揭贷款拖欠率，从而毁掉所有BBB级抵押债券的价值。在佩里格里尼的大量数据分析后，保尔森确信，投资者远远低估了抵押信贷市场上所存在的风险。

但是，从2005年到2006年甚至到2007年上半年，美国的房地产市场并没有出现大幅下跌，房地产借贷方还是很慷慨地借钱给买房者，后者也乐于接受宽松的借贷条件，房价一路攀升，"空头"保尔森自然也不断的亏损。一位好朋友打电话问他是不是准备止损，他却回答："不！我还要加注。"

2005年年底，他让团队展开大规模的调研，结果发现，房贷方回收资金正在变得越来越困难。2006年初，美国最大的次贷公司Ameriquest Mortgage出资3.25亿美元，调查房地产借贷行业中的不规范贷款行为。这些都更加坚定了保尔森对房地产业中存在泡沫的判断。虽然早在2005年就看出了泡沫，但他只是将公司原有基金的一少部分资金拿出来做空次级债券；到2006年7月，保尔森筹集了1.5亿美元，开始做空次贷指数－ABX。到2006年年底，次贷危机已经初见端倪。保尔森的基金已经扭亏为盈，升值20%。他的信心越来越足，紧接着又建立了第二只同类基金。保尔森对次级债的投资量逐步增加，涉及面也逐步加宽。

终于，2007年开始，保尔森的"好运"到来了。2007年2月2日下午,美国第二大次级抵押贷款公司新世纪金融公司宣布了一个让人意外的消息:本该第二天公布的第四季度季报不得不推迟公布,因为公司仍在计算损失。同一天,美国第三大次级抵押贷款公司美国汇丰银行宣布,由于抵押贷款崩溃,公司需要预留106亿美元作为贷款损失准备金。受这个消息影响,ABX 指数大幅下挫 5 个点,而由于保尔森的头寸巨大,ABX 指数每下降一个点,保尔森就盈利 2.5 亿美元。仅 2 月,保尔森的基金就上涨66%,截至 2007 年年底,第一只基金升值 590%,第二只基金也升值352%,基金总规模已达到 280 亿美元。

在空头市场大获全胜之后,保尔森开始掉头转向做多黄金。他当时认为,雷曼兄弟倒台后,为了刺激经济和稳定市场,美国政府斥巨资拯救被金融崩溃削弱的经济领域,这些举措必然导致美元的供应量上升,而美元贬值所导致的高通胀成为不能回避的问题。

数据显示,从 1964 年以来,黄金价格和货币供应量有着高度的正相关关系,而且上升的速度比通胀更快。因此,保尔森认为黄金注定是一个可以长期规避通胀风险的好工具,于是开始大规模建仓与金价挂钩的投资产品。

在约为 100 亿美元的黄金类资产配置中,他主要持有盎格鲁金矿公司(AngloGold Ashanti Ltd.)、加拿大金罗斯(Kinross)黄金公司以及一些精选出来的中小型金矿企业,同时还有包括 SPDR Gold Trust 黄金 ETF 基金在内的黄金交易所基金以及远期合约。

保尔森指出,金矿企业股票是作为投资黄金的杠杆化手段,而 SPDR Gold Trust 的主要目的则是避险。在保尔森看来,如果金价走高,金矿企业可以受益于现有或潜在的采矿项目,因此相对于黄金本身,黄金股表现会更好。到 2010 年,他旗下的黄金基金 Paulson Gold Fund 全年涨幅达 35.08%。

4. 美国长期资本管理公司的破产

长期资本管理公司(Long–Term Capital Management,简称 LTCM)由有着华尔街"债券套利之父"之称的约翰·梅里韦瑟于 1994 年 2 月创办。加盟该公司的成员有:1997 年诺贝尔经济学奖得主罗伯特·默顿和迈伦·斯科尔斯他们因期权定价公式荣获桂冠;前财政部副部长及联储副主席莫里斯；哈佛商学院教授、前所罗门兄弟债券交易部主管埃里克·罗森菲尔德，被业界称为"梦幻组合"。但这个"梦幻组合"却在随后几年演绎了一段扣人心弦的悲剧性故事。

该公司以"不同市场证券间不合理价差生灭自然性"为基础，制定了"通过电脑精密计算，发现不正常市场价格差，资金杠杆放大，入市图利"的投资策略。具体而言，长期资本管理公司买入一只债券的同时，卖出一只类似的债券，因为认为前一只债券更有前景，而两只债券的价格会随着时间的推移而收敛于同一价格水平。典型的长期资本管理公司的交易是这样的：它卖出新发行的国债，然后买入发行时间久一些的债券。这是因为，新发行的债券流动性强，市场愿意为此支付比发行时间稍久一点、流动性稍低一点的旧债券高的溢价。但是这两个债券在存续期内，这个溢价会逐渐消失——一个30年期的债券和一个29.5年期的债券在它们的到期日支付的数目会趋于一致。因此，典型的长期资本管理公司交易实质是购买一种缺乏流动性的工具，同时用一种流动性强些的工具进行套期保值。长期资本管理公司赌的是这两种债券的价格在长期会趋于一致——就像该公司的名字反应的那样。

但是，由于两个相似资产之间价格相差通常很小，这一方法带来的资产收益率是极低的——1995年，该公司的资产收益率仅为2.45%。为了提高收益率，必须采用极高的杠杆——这是长期资本管理公司交易的精髓所在。在极高的杠杆率下，收益率被极大的放大，扣除2%的管理费和25%的绩效费后，该公司在1994年的资本回报率为19.9%，在1995年为42.8%，在1996年为40.8%。但极具讽刺的是，高杠杆率最后也成为长期资本管理公司覆灭的根本原因之一。

在描绘长期资本管理公司短暂生命的畅销书——《营救华尔街：一群投机天才的崛起与陨落》中，作者将该公司的陨落归结为对狂妄自大的惩罚。这在根本上是正确的，但这不是说该公司在随意冒险。事实上，梅里韦瑟的团队采用了积极的风险控制措施。长期资本管理公司是华尔街首批将风险进行数量化的对冲基金之一。梅里韦瑟和他的团队对其基金中的每个头寸都进行在险价值计算，然后将每一潜在的损失加总到整个投资组合的损失总值中，其关键是估计整个交易之间的相关性。通过将投资组合多样化，投资的风险能够得到降低。在随后的十年中，有在险价值计算必须以压力测试为补充的要求，长期资本管理公司比其他机构提前做了；有金融机构关注流动性风险的要求，长期资本管理公司也比其他机构提前做到了，但最后，长期资本管理公司还是失败了——不是该公司的风险计算方法太简单太落后，而是要想对风险进行精确的衡量几乎是不可能的。他们的在险价值计算显示，在100个交易日内的90天，公司的最大损失为1.16亿美元，在21个交易日内可能的最大损失为5.32亿美元，一个发生概率为$1/10^{24}$的事件才会让公司破产。但这个计算的致命之处在于：它是以历史数据为基础的，而历史不代表未来。

到1997年上半年，由于大部分投资银行都建立了与之相竞争的固定收益套利部门，长期资本管理公司的利润开始降低，梅里韦瑟和他的团队开始冒险进入股市。赚钱的方式与债券市场相似：找两种几乎完全一样而价值却不同的证券交易。最简单的例子是找同一公司在不同市场交易的股票。公司下的赌注仍然是两个证券价值会趋同，而不考虑价值波动的方向。只要价值波动保持在惯常范围内，这个赌局就不会对他们不利。

长期资本管理公司的命运转折发生在1998年5月。国际货币基金组织对印尼的救援动摇，苏哈托政权垮台，东亚的金融危机波及日本，俄罗斯将利率提高3倍以阻止资本外流，世界各地的股市波幅暴涨，投资者纷纷持有更安全的美国、德国等国的债券。而在这之前，长期资本管理公司已经卖空国债，而买入了掉期，市场恐慌情绪将二者之间的利差不断拉大——而不是梅里韦瑟期望的收敛。这沉痛打击了长期资本管理公司，该基金在5月亏损了6%，在6月亏损了10%。

8月17日，由于俄罗斯的债务违约，市场陷入极端恐慌之中，引发新一轮的资金涌向美国国债等更安全的投资工具。长期资本管理公司一直押注美国国债利率和互换利率将会趋同，但通常不到一个基点的波幅扩大到8个基点，在英国和德国等国家也发生了同样的情况。不到一个星期，长期资本管理公司就亏损了5.5亿美元，占到了资本的15%。公司向巴菲特求助，看他是否愿意出50亿美元购买它的投资组合。但巴菲特婉拒了，并要求伯克希尔·哈撒韦公司减少和对冲基金的业务。随后，所罗门兄弟公司的大宗经纪业务部门停止对几乎所有对冲基金的业务，同时关闭了其套利部门。所罗门兄弟的行动重创了其他套利机构，包括长期资本管理公司。这个时候，长期资本管理公司才恍然大悟，它所持有的资产其他套利机构也在持有。当市场恐慌来临的时候，其他套利部门都在抛售，长期资本管理公司的所有交易同时受到重创。回顾公司历史，埃里克·罗森菲尔德认为没有预期到这种交易驱动的相关性是该基金犯的最致命错误。到8月底，长期资本管理公司已经亏损资本的44%。

9月2日,梅里韦瑟在给投资者的信中公布了公司的损失。第二天,《华尔街日报》头版详细报道了该新闻。这个时候,华尔街的每个人都知道长期资本管理公司已经到了崩溃的边缘,并开始进行不利于它的交易。长期资本管理公司在飓风债券上有一个巨大的头寸,9月3日,飓风债券猛跌了20%。英国的政府债券利率和市场利率的利差扩大了,而德国的则缩小了,没有别的原因,只因长期资本管理公司下的赌注刚好相反。长期资本管理公司从5月俄罗斯金融风暴到9月短短的150天内资产净值下降90%,出现43亿美元巨额亏损,仅余5亿美元,已经走到了崩溃的边缘。梅里韦瑟通知了美联储公司破产的可能性。

长期资本管理公司的投资组合的持有价值高达1200亿美元,而且有几个投资的风险非常集中。公司估计,如果基金即使清盘,17个最大的交易对手可能亏损30亿美元,但对类似投资组合的巨大冲击会导致整个金融市场的损失大得多。为了防止长期资产管理公司倒闭带来的连锁反应,9月23日,在美联储的牵头下,以高盛、美林和J. P. 摩根为首的金融机构共出资36.25亿元,共同接管了该公司。

长期资本管理公司的失败表明金融市场本身的风险的极端危险性,最根本的是杠杆融资带来的危险性。然而,华尔街并没有从中得到应有的教训,并在随后几年变本加厉,重蹈覆辙。事实上,长期资本管理公司的覆灭包含所有导致今天信贷危机的元素:杠杆、抵押、与高利润相伴随的高风险、高深理论在复杂现实面前的脆弱表现,以及缺乏实际商品支持且头重脚轻的金融系统本身所蕴藏的极端危险性。

第二节 麦道夫金融欺诈案:庞氏骗局

1. 事发

2008年12月11日,美国华尔街传奇人物、纳斯达克股票市场公司前董事会主席伯纳德·麦道夫(Bernard Madoff)因涉嫌证券欺诈遭警方逮捕。检察人员指控他通过操纵一只对冲基金使投资者损失至少500亿美元。

自从 9 月中旬金融危机爆发以来，华尔街投资者们目睹一个个金融巨头倒下，心理承受能力经历了足够的锻炼，但是，当"传奇人物"伯纳德·麦道夫 12 月 11 日被戴上手铐带走，并由此引出一个可能长达 20 年、高达 500 亿美元的投资骗局之后，华尔街还是被震动了。

告发这位华尔街史上"最大诈骗嫌疑犯"的人，正是麦道夫的两个儿子——马克·麦道夫和安德鲁·麦道夫。事件缘起于 12 月初，麦道夫向其中一名儿子透露，客户要求赎回 70 亿美元投资，令他出现资金周转问题；12 月 9 日，麦道夫突然表示提前发放红利。对此，麦道夫的儿子感到可疑，第二天在公司便向父亲询问，当时麦道夫拒绝解释，指示两人到其寓所再谈。同日，麦道夫于寓所向儿子承认，自己炮制的是一个巨型金字塔层压式"庞氏骗局"。麦道夫的两个儿子将该重大事件转告了律师，律师 10 日晚就通知了联邦当局。

2. 损失

麦道夫吸纳的资金多达 170 多亿美元，而给投资者损失大约 500 亿美元，直接或者间接投资麦道夫名下基金的本案受害者可能多达数千人，包括美国、欧洲和亚洲众多银行和机构投资者、对冲基金、学校、慈善基金，甚至许多和麦道夫同为犹太裔的富人。卷入这一诈骗案的企业巨头和要人相继公布所受损失，其中费尔菲尔德·格林尼治集团经营的对冲基金损失最高，达 75 亿美元，而包括西班牙金融业巨头桑坦德银行、英国汇丰银行、法国巴黎银行和日本野村证券在内的众多知名国际金融机构也面临上亿甚至数十亿美元的损失。

12 月 23 日，65 岁的"通国际"投资公司（Access International）创始人之一蒂里·德拉维莱切特在位于美国纽约的办公室自杀。麦道夫丑闻曝光后，德拉维莱切特"无法应对随之而来的压力"，几乎"崩溃"，担心客户把其告上法庭，"公司就是他的生命，麦道夫曾是他非常信任的基金经理。"据悉，在他所掌管的大约 20 亿欧元资金中有 15 亿欧元投给了麦道夫设立的基金，德拉维莱切特旗下支线基金被曝损失 14 亿美元。德拉维莱切特正是世界最富有女人、法国欧莱雅集团继承人莉莉安娜·贝当古信任的理财"高手"。援引知情人士知，现年86岁的贝当古身家大约229亿美元，在2008年《福布斯》杂志富豪榜中排名第17位，其中大部分财产交由"通国际"投资公司打理。其他女名人"受害者"还包括现年56岁的西班牙亿万女富豪阿莉西亚·科普洛维茨和梅迪西银行董事长松雅·柯恩。

同一天，美国纽约大学起诉同是本案受害者之一的对冲基金经理人埃兹拉·梅尔金，理由是梅尔金把受纽约大学委托管理的资金投于麦道夫名下基金，导致这所大学损失大约2400万美元。瑞士媒体28日报道，瑞士第二大银行瑞士信贷银行的客户在麦道夫金融欺诈案中，损失可能高达10亿瑞士法郎（约合9.34亿美元）。

在事发之前，出生在纽约皇后区一个犹太人家庭的麦道夫被视作纽约乃至全美犹太人社区人人敬仰的创业英雄，是乐善好施的大慈善家。根据眼下已披露的一系列资料，麦道夫的受害者中，很大一部分是头脑精明、已退休或正准备退休享受阳光和沙滩的犹太富商，其中很多人对麦道夫的追随已长达30多年。

3. 原因

麦道夫经营的对冲基金以投入少回报高吸引诸多投资者，其中一名投资者说，对冲基金使他们持续受益，2004年开始，年回报率从7.3%至9%不等，年平均回报率在8%左右，而过去十几年的年回报率超过10%。麦道夫采用"庞氏骗局"方式操纵对冲基金。"庞氏骗局"即以高资金回报率为许诺，骗取投资者投资，用后来投资者的投资偿付前期投资者的欺骗行为。

不过，很早以前，麦道夫创造的惊人业绩就已经受到过质疑。1992年金融监管部门曾将负责麦道夫客户的两名证券交易师告上了法庭，理由是他们投资的所谓证券纯属子虚乌有。但麦道夫本人以不知情为由安全脱身。2002年，美国股市接连下跌，在其他投资公司一一亏损的情况下，麦道夫依然只赚不赔。他的竞争对手提请监管部门进行调查，但无果而终。另外的几次调查也都以证据不足为由草草收场。通常"庞氏骗局"撑不了多久就会被揭穿，但麦道夫却成功地维持了近20年。如果不是金融危机袭来切断了麦道夫的资金链，也许这场持续了至少20年的庞氏骗局可能还会继续。究其原因，主要有以下几点。

首先，麦道夫"白璧无瑕"的从业记录和"传奇人物"的身份赢得了广泛的信任。他行事低调，为人谦和，从不夸夸其谈，个人信誉一直非常好。

在佛罗里达以及纽约的犹太社区里，麦道夫被很多人视为投资方面的"上帝"。麦道夫的基金，被圈子里的人简称为"犹太人基金"。甚至有些人称他的基金为"犹太人 T - NOTES"，意指同财政部发的短期国债一样牢靠。

麦道夫是倡导场外电子交易的先驱之一，在上个世纪80年代致力于推动建立交易透明化、公平化机制，为纳斯达克同纽交所的竞争、包括日后吸引诸如苹果、思科、谷歌等公司到纳斯达克上市作出了巨大贡献。

其次，麦道夫深谙投资者心理，向客户保证合理回报率。他向客户承诺的年投资回报率一般在百分之十几左右，并非高得离谱，而且每个月都会向客户提交投资报告，而客户也随时能够在数日之内赎回资金，使投资者们不虞有诈。

第三，麦道夫树立"投资必赚"口碑，非常善于为自己营造神秘的营销氛围。他利用高尔夫球会所、鸡尾酒会等奢华场所接触投资者，不接受投资者主动上门，而是利用朋友、家人和生意伙伴"邀请"客户加入。想成为麦道夫的客户有点类似于加入一个门槛很高的俱乐部，光有钱没有人介绍是不能进的，在很多人看来，把钱投给麦道夫已经成为一种身份的象征。这样的行骗方式让那些好不容易"入围"的投资者不觉"可疑"，因为他们即使怀疑麦道夫的投资策略，也不会怀疑那些介绍自己加入的、已经赚到钱的人。他的另一苛刻条件是，如果你想投资于麦道夫，那么请你不要问他关于投资的任何问题，信任他，你就会得到每月1%～2%的稳定回报。在棕榈滩俱乐部，大家都知道，大家也都是这样拿到红利的。"伯尼"是麦道夫的投资人对他的亲切称呼。麦道夫从不解释他的投资策略，而如果你问得太多，他会把你踢出局。麦道夫的客户包括富豪、对冲基金、大型机构投资者甚至欧洲的一些银行。

第四，麦道夫处事十分谨慎。麦道夫公司的资产管理部门和交易部门分别在不同的楼层办公，麦道夫证券管理公司位于第三大道885号的30楼，在同一大楼的17层，麦道夫另外租用了一家办公室，开办了秘密的

"证券咨询业务"。麦道夫对公司财务状况一直秘而不宣,平时对这些咨询业务的文件都是上锁或者加密的,公司无人知晓。他也不向外界披露投资业务的基本信息。

据2008年1月上报的数据,其证券咨询业务的规模高达171亿美元。如此庞大的投资额都是被麦道夫的月增长1%~2%、十几年直线上升的高赢利给吸引过来的。至于为什么在别人不赚钱的岁月里他可以赚钱,麦道夫则用"内部消息"几个字简单做了解释。就是靠这几个字,麦道夫征服了众多美国与欧洲的机构投资者。很多精明无比的对冲基金管理者、专业投资人士,竟也被"内部消息"这几个字给轻而易举征服了。想想也是,如果前纳斯达克主席都不能获得一些内部消息,那么这个世界也就真正完美了。

4. 麦道夫的发家史

1960年,伯尼·麦道夫把靠当救生员和帮别人安装地下喷淋系统攒下来的5000美元注册一个公司。麦道夫没有完成预定的法学院课程,而是从学校退了学,开办了自己的公司。70年代,因为美国证券行业的监管规定改变,聪明的麦道夫很快就从证券行业里找到了发财的捷径。

"在那个时代,做股票是手工的,时常很慢,需要很多交易员而且需要很高佣金。"麦道夫在一个视频中回忆道,"而我的公司很早就靠自动化交易赚了很多钱。"

华盛顿乔治城大学助理教授James Angel指出,麦道夫是现代华尔街交易体系的先驱之一。麦道夫的公司是首批自动化做市商(撮合买方与卖方)之一,靠电脑匹配不同证券交易商之间的报价。麦道夫的公司也是首批给予"订单返佣"的公司,因此他的生意源源不断地涌来。

麦道夫的起家是跟纳斯达克交易所(NASDAQ,全美证券交易商自动报价系统)的崛起之间有着密不可分的关系。纳斯达克交易所之所以成功成为美国著名的交易所系统,跟背后的全美证券交易商协会(NASD)密不可分。NASD一直强烈支持证券交易的电脑化,而麦道夫的公司恰恰是NASD中最为活跃的公司之一。作为早期的鼓吹者之一,麦道夫经常出现在证券监管者关于电脑交易系统的圆桌论坛上。

随后，随着纳斯达克交易市场迅速成长，瞄准"电脑交易"的麦道夫公司也迅速做大。据其公司网页上的资料，麦道夫证券公司的交易速度一直是惊人的。早期以秒来计算，而现在则是以纳秒（即一秒的10亿分之一）来计算，其交易量居全国交易量的前23名。

作为早期的革命先驱和奠基人之一，麦道夫很快在纳斯达克交易所成为举足轻重的人。但是现在纳斯达克的官方纪录上，没有详细的麦道夫任职的记录，只有《今日美国》的报道表明，他在1991~1993年，曾担任过三年的纳斯达克交易所主席，并一直担任全美证券交易商协会董事和证券服务业协会董事。作为证券业的"里程碑"式的人物，麦道夫赢得了很多人的尊重。"他是我们行业里的国会议员"，Omgeo公司的CEO玛利安·布朗（Marianne Brown）在接受记者采访时这样形容伯尼的"江湖地位"。据在《商业周刊》企业研究中心查到的数据，麦道夫在众多美国公司中担任董事。

5. 案件的诉讼与判决

2009年6月29日，制造世界金融历史上最大庞氏骗局的金融欺诈案主犯伯纳德·麦道夫被纽约南区联邦法院判处150年监禁。麦道夫之妻鲁丝·麦道夫（Ruth Madoff）同意放弃约8000万美元家产，仅留下250万美元现金，从而与联邦检察官达成和解协议。这份鲁丝与美国曼哈顿检察官办公室之间的协议已得到美国地方法庭法官丹尼·陈（Denny Chin）的批准。在敲定这份协议的同时，法院还下令没收麦道夫约1700亿美元财产。不过，流入麦道夫的投资公司的资金大部分已被投资者以撤资的形式索回，或者被麦道夫家人和亲信挥霍，这一天文数字可能仅具有象征意义，表明麦道夫所有能找到的财产都可以被检察机构没收。

麦道夫的两个儿子马克·麦道夫、安德鲁·麦道夫，以及其弟弟彼得·麦道夫均在麦道夫的公司中占据要职。麦道夫案发后，彼得·麦道夫从美国最大的证券行业组织——证券行业与金融市场联合会（SIFMA）董事会中退出。与此同时，麦道夫的律师侄女莎娜·麦道夫也从美国最大的

第八章 对冲基金的典型投资案例及欺诈内幕交易案

金融行业自律组织金融业监管局（FINRA）的合规部门辞职（莎娜还被曝是美国证交会前高级督察艾瑞克的妻子）。2010年，麦道夫的大儿子马克·麦道夫在他父亲被捕两周年的日子——12月11日，被发现在纽约住宅内上吊身亡，终年46岁。据报道，马克·麦道夫在诈骗案中并没有被起诉，只是案件中的证人。他的律师，指他在过去两年因不实指控而承受巨大压力。两年前，麦道夫被捕前曾向马克和安德鲁坦白罪行，是这两名儿子最终决定，向当局举报父亲的违法行为。12月11日是麦道夫被捕两周年。一名由诈骗案受害人任命的信托委员会，一年前向马克追讨6600万美元索偿，认为这是其父亲麦道夫犯罪的不法利益所得。不过，他们否认指控，坚称对麦道夫作为并不知情。执法部门曾多次调查马克等人，但至今并无任何麦道夫家族成员遭刑事检控。

据法庭指定的麦道夫巨额诈骗案集体诉讼代理人欧文·皮卡德（Irving Picard）称，有8848名客户提出了亏损赔偿申请。皮卡德在向曼哈顿区破产法庭提起诉讼时，希望法庭强制一些对冲基金机构和大投资者交出麦道夫旗下企业支付的虚构利润，他指称这些机构和投资者早已知道麦道夫的骗局。皮卡德表示，"我有责任进行调查并向法庭提出申请，要求那些获得了不当利益的个人和机构交出这些资金。实际上，这些人得到的钱都是麦道夫从别人那里偷来的。"

摩根大通被控与麦道夫共谋欺骗投资者。据美国佛罗里达州投资者2009年4月23日向曼哈顿联邦法庭提交的一份诉讼书显示，这些投资者通过摩根大通在金融巨骗伯纳德·麦道夫（Bernard Madoff）的公司中进行了投资并因此亏损了1280万美元资金。诉讼称，摩根大通明知麦道夫虚假捏造了投资回报，但却没有告知投资者，摩根大通与麦道夫的"共谋"违背了联邦反诈骗法的规定。在诉讼中称，摩根大通在2008年9月份对该行委托给麦道夫公司管理的资金蒙受重大损失的原因进行了调查，当时就已经发现了麦道夫的诈骗行为。摩根大通一方面"悄无声息地"将其在麦道夫公司中的"2.5亿美元投资全部变现"，另一方面则继续为麦道夫的业务提供能为该行生成服务费收入的服务。诉讼指出："在得知内情后，摩根大通进行了自我保护，此后非但没有设法保护麦道夫诈骗案的其他牺牲者，反而选择不但为麦道夫提供保护，而且还为其提供服务，与他合伙诈骗其他牺牲者的巨额资金。"

皮卡德表示，摩根大通银行及其他金融机构原本应当及时察觉欺诈活动的存在。2010年12月，皮卡德及霍斯特勒（Baker Hostetler）的代理律师对汇丰银行提起诉讼，要求后者赔偿 90 亿美元，但在 2011 年 7 月被美国曼哈顿联邦法官拉科夫（Jed S. Rakoff）驳回。拉科夫表示，皮卡德不能以第三方金融机构未能察觉欺诈活动的存在为由起诉这些金融机构渎职。他还表示，作为法院指定的受托人，皮卡德只能为麦道夫基金提出索赔，而不能够为麦道夫案的受害者索赔。拉科夫援引一种法律学说表示，受托人被禁止通过起诉来寻求弥补债务人所犯下的错误。此前，皮卡德还对摩根大通银行提出了起诉，要求后者赔偿 190 亿美元；此外，皮卡德还对 Bank Medici 提出了起诉，要求后者赔偿超过 550 亿美元。

6. 对麦道夫投资的质疑

据《华尔街日报》最新报道，早在 1991 年，一名咨询人员即获聘审核某公司 80 年代末对麦道夫的投资，并对其回报产生怀疑。该咨询人员根据搜集到的客户报告等信息发现，麦道夫对客户宣称其基金 1980～1990 年间的年回报率为 22.6%，是同期道琼斯指数平均涨幅的两倍。

据此进行的交易审核显示，麦道夫频频进行股票期权交易，但根据相关文件和一位知情人士提供的信息，这位咨询人员发现，根据交易策略购买的期权数量常常超过公开交易所的整体交易量。麦道夫所称的单日期权交易量已经超过整体市场成交量，这意味着他不可能执行自己的投资策略。这种情况在 2006 年的客户报告中也很明显，说明麦道夫在至少 17 年中一直向客户宣扬一种不可能实施的投资策略——十分普通但回报惊人的"价差执行转换套利"。

早在 1992 年，麦道夫就因卷入另一桩非法证券交易案受到监管部门的调查，不过当时调查结果认为他没有"不正当行为"。美国证券交易委员会在麦道夫被捕的第二天发表声明说，该机构检查人员在 2005 年对麦道夫的公司进行审查时发现了三起违规操作，2007 年又进行了一次审查，但是并未向证券交易委员会提请采取法律行动。

在过去十多年间，有不少业内人士、媒体记者对麦道夫的投资奇迹提出过质疑。曾经是麦道夫竞争对手的哈利·马克伯罗斯仔细研究了麦道夫的投资策略后认定其投资收益结果是不真实的。马克伯罗斯在 1999 年给证券交易委员会的信中写道，"麦道夫证券公司是世界上最大的庞氏骗局"。其后9年间马克伯罗斯不断向证券交易委员会纽约和波士顿的分支机构举报麦道夫，但都没有促成对其的调查。

7. 麦道夫案的启示

从信贷危机到麦道夫案，美国的金融监管体系备受诟病，暴露了美国金融监管不力的弊病。据美国媒体披露，联邦调查机构在调查中发现，麦道夫公司运营的一个资金管理部门从来没有按规定在证交会注册，而自2006年9月麦道夫注册其投资顾问业务以来，证交会也从来没有按惯例检查过其账目。事实上，证交会曾于1992年、2005年和2007年三次对麦道夫公司进行审查，但是均未提请采取法律行动。在过去10多年间，有不少业内人士、媒体记者对麦道夫的投资奇迹提出过质疑，甚至向证交会举报麦道夫，也都没有促成对其的调查，金融监管让位于名誉光环。人们舆论的矛头普遍指向美国证券交易委员会，批评者认为该委员会及其主席克里斯托弗-考克斯未能及时发现欺诈案真相，有失职之嫌。考克斯表示，对委员会在监管麦道夫及其纽约证券公司上的"多处明显疏忽"深感忧虑。

监管不到位是有责任的，但投资者要有自我保护意识，不要把自己的利益保护全部交给监管，监管总会存在缺陷。对社会信用评估机构也要有一个客观的认识，不要认为对方完全按照规则办事，如果说所有的市场都按照信用办事就不存在评估了。

行骗长达20年、高达500亿美元，成为美国历史上数额最大的诈骗案，这也和投资者的贪婪有一定的关系。最可怕的是贪婪，投资者多多少少都有贪婪的问题，贪婪的心态才导致带有光环的机构或个人寻机设下骗局。

投资的风险和收益同在，不要寄希望获得很大的收益，有时表面上获得很大收益，实际上承担的风险不比想象的小，现在麦道夫案件暴露就说明，之前投资于麦道夫的个人或机构都面临无法预计的风险。

投资者不能把财富寄希望于某一个领域或某一个人，不要迷信，光环只能说明过去，不能代表未来。此外，我们投资比较看中的是总额投资，往往忽视了大组合和小组合，这样风险就无法避免，如果能跳出小组合也许情况会好一些。

8. 麦道夫事件后的对冲基金投资

在很多投资者看来，投资首选莫过于业绩好、波动小、名气大的美国对冲基金了。而对基金经理们来说，最辉煌的事业也是创立自己的对冲基金。投资者一般每年付总资产的1%~2%作为管理费，并把投资收益的20%作为业绩表现费。

麦道夫案暴露了对冲基金的监管问题，促进了行业变革，主要体现在：投资人要求对冲基金把所投资的证券存放在独立的托管银行；成立独立管理机构；选用有声望的审计公司。随着对托管机构以及基金日常管理公司雇用的日益普遍，投资对冲基金变得更可靠。

麦道夫事件发生后，尽管透明度得到改善，投资人还是心有余悸。对冲基金经理们筹集资金的周期延长，经常拖上一年以上。基金经理们面对的前景是，要会见50多位潜在投资者可能才有一位有结果。过去两年里，由于投资者"捂紧腰包"，新成立的对冲基金大幅下降。此外，一些现有的对冲基金也由于投资损失惨重或者投资者撤资而不得不关门大吉。对冲基金的数目与2008年的高峰时期相比减少了20%。

对关于投资美国对冲基金或者在美国成立对冲基金，以下规则仍然适用。

①关于投资策略，投资人通常只投资于能令人信服地表达独到的投资策略并表现出高度专长的基金经理。所谓"大盘股多空策略"的基金恐怕远不如产品定位清晰的"基于量化模型的信息产业股多空策略基金"更能打动投资者。

②关于投资业绩，投资者对稳定回报率反应比较热烈，对冲基金经理们利用包括期权和衍生品等各种策略来降低业绩的波动性。

③关于团队，投资者很担心对冲基金中隐含的"关键人物风险"，他们对那些由一个团队共同管理的基金觉得更放心。近年来，对冲基金行业更加机构化了。

④关于第三方服务提供者,一只对冲基金一般要依靠很多外部服务提供者,比如主要经纪公司、托管机构、基金日常管理公司、审计公司和律师事务所。经纪公司执行证券的交易、借贷资金或者证券给基金;托管机构持有该基金的证券;管理公司确认和核对基金的业绩;审计公司出具基金的财务报表。对冲基金选择这些公司的服务时不应该只考虑公司的名气,而是应该选择"最佳搭档"。很多时候,对冲基金应该选择不太有名气的公司,从而得到该公司更多的关注和细致的服务。

⑤关于成本,在美国成立对冲基金需要的最低资金为1000万美元,而大多基金每年的运营成本至少为12万美元。一般来讲,基金如果筹集不到1000万美元就很难收支平衡。如果雇员人数多,对资金需要的金额就更高。投资者应该明智地选择那些能够靠管理费支付所有开销(包括基金经理的报酬)的基金。如果基金要依靠业绩表现费才能维持运营,基金经理有可能会迫于压力在投资项目的选择中承担过高而不必要的风险,以期收取业绩表现费。这会增加基金总体的风险度。投资者应该关注基金的可持续性。

总之,在2009年、2010年中,向美国的对冲基金投资已经变得更容易、更安全。随着对托管机构以及基金日常管理公司雇用的日益普遍,投资对冲基金变得更可靠。相对艰难的资金募集的大环境,使得投资者更容易有途径接触到他们中意的绩优基金。

第三节 华尔街对冲基金内幕交易案调查

轰动一时的"麦道夫诈骗案"在2009年6月刚刚结案,同年10月份,华尔街又曝出史上最大规模的对冲基金内幕交易案。16日,美国联邦检察官公开了对对冲基金公司帆船集团(Galleon Group)创始人、亿万富翁拉贾拉特南及其他5人因涉嫌从事内幕交易获取暴利2000万美元的犯罪指控。

时年52岁的拉贾拉特南出生于斯里兰卡,作为美国对冲基金帆船集团的创始人,其身家估计达13亿美元,堪称世上最有钱的斯里兰卡人。2009年10月15日晚,拉贾拉特南因被指控13项证券欺诈罪在纽约家中被联邦调查局被捕。拉贾拉特南被指控在 2006 年 1 月至 2008 年 10 月间，和其他嫌疑犯利用内幕信息，获取宝利通公司、希尔顿酒店、IBM、谷歌等上市公司的秘密信息，非法获利超过 2000 万美元，成为美国历史上涉案金额最多的对冲基金内幕交易案。对拉贾拉特南的调查仍在继续，根据当地法律，如果证券欺诈罪名成立，最高可判 20 年监禁。另外，美国证券交易委员会还将对所有嫌疑人分别提起民事诉讼。

与拉贾拉特南同时被捕的另外 5 名涉案人员分别为英特尔旗下投资部门英特尔资本的雇员戈埃尔，IBM 的高管莫弗特，麦肯锡咨询公司董事库马尔以及曾隶属于贝尔斯登投资银行的新堡对冲基金集团职员切尔西和库兰。从上述名单不难看出，许多知名企业的工作人员也牵涉其中。有分析人士表示，这显示出华尔街内幕交易的猖獗，而以往对此类案件的处罚太轻，以至于没有对此类行为形成足够的威慑力。

早在 2007 年，纽约联邦检察官、FBI 以及 SEC 就联手进行内幕交易的调查行动。对于该行动中涉及的案件将提起刑事和民事双重诉讼，刑事诉讼主要由纽约联邦检察院负责，SEC 更多的是承担民事诉讼的调查。双重诉讼也表明了政府对于监管华尔街的决心。

2010 年 11 月 22 日，FBI 的调查人员分别对三家对冲基金办公室发动了突袭。它们是位于康涅狄格州格林威治的地平面全球投资者公司，同在这个州斯坦福市的响尾蛇资本管理公司以及位于波士顿的海湾资本管理公司。据其在美国证券交易委员会（SEC）的备案资料显示，三家公司旗下共管理有 97.5 亿美元的资产。在这次突袭行动中，特工人员从几家基金办公室都带走了成箱的文件。

在被突袭搜查的三家基金公司中，响尾蛇资本管理公司和地平面全球投资者公司的负责人都有相同的从业经历——他们此前都曾担任过 SAC 的高管。在 FBI 调查人员要求金努坎配合录音的顾客名单中，SAC 也赫然在列。而在 2009 年针对对冲基金帆船集团的调查中，曾有 23 名证人也都同意提供与 SAC 有关的信息。在美联社眼里，SAC 是神秘的。"SAC 过去所取得的成功纪录和它的创始人，被华尔街称为'对冲基金之王'的亿万富翁斯蒂文·科恩，一直以来都为这家对冲基金带来一种神秘感。"美联社说。

目前 SAC 掌控的资本是 160 亿美元。SAC 从 1992 年成立以来，平均年收益率超过 30%，其中 1999 年收益率为 68%，2000 年更是高达 73.4%。据 bloomberg 报道，科恩和他的投资团队每天在公司的交易大厅里买卖1亿股股票,这个交易量是美国股市日交易量的1%。

对冲基金SAC资本顾问公司(SAC Capital Advisor)的创始人和掌门人科恩现年54岁,个人资产超过30亿美元,不仅是投资大师,还是狂热的艺术品收藏家,他目前积累的收藏是20世纪艺术品最重要的个人收藏之一。

科恩之所以能从金融危机中幸存是因为他能在情况变坏的时候迅速做出行动减少损失。2006年到2007年,SAC的一个交易团队用公司4000万美元现金外加70亿美元借款投资公司债券。2007年四季度,科恩及其经理得出结论,次级抵押贷款开始下跌,银行数十亿美元在宽松信贷政策和物价飙升年间发放的家庭贷款会变成不良贷款。他们决定卖出一切,到2008年年中,他们已经撤出了大多数头寸。3个月后,雷曼倒闭。金融机构的债券在接下来的6个月里下跌了40%。2008年10月8日,标准普尔500指数已连续6天下跌。科恩告诉SAC的投资经理把所有正在交易的股票全部卖出。

正当市场对SAC的这种神秘产生猜测时,来自检察机关的传票更是印证了人们的猜疑。

2010年11月23日,SAC在其给顾客的信中透露,他们已经接到了政府要求其提供基本信息的传票。然而这并不是SAC第一次被卷入内幕交易,2007年科恩的前妻就曾指控他参与了内幕交易。

与SAC同日收到法院传票的还有更大的三个对冲基金:美国最老牌、最受尊敬的基金公司惠灵顿管理公司、两面神资本集团以及城堡资产管理公司。惠灵顿管理公司为一家私人合伙制公司,目前有超过1800名登记顾客,掌管5980亿美元资产。拥有1610亿美元资产的两面神资本集团被要求配合调查其对冲基金伙伴是否与内幕交易相关联。名单包括惠灵顿资本公司、MFS投资管理公司、德意志银行和保德信金融集团等。超过全球对冲基金规模一半的对冲基金公司都被牵连到此次调查中。

然而,这还并不是此次调查的全部,在对对冲基金展开调查的同时,隐藏在其后的内幕消息的传播链还在被揭开。

窃听风暴

企业顾问、投资银行家、分析师以及对冲基金经理这几个平时各行其是的职业一旦被某种条件联系起来,他们就有可能组成一个赢得"暴利"

的机构——内幕信息网。这个网络的存在一直是华尔街公开的秘密。如何界定通过网络获取的信息是否非法成为监管机构判定内幕交易的关键①。

据美国联邦法律规定，通常涉及某种特定事件的非公开信息，如并购或者盈利公告，在信息未公开发布之前，知道内幕的人士将此信息泄露并利用该消息形成交易的行为即为内幕交易。但是有鉴于金融市场运转的复杂性和高速度，以及新电子媒体在交易过程中的大量应用，此前SEC在发现、取证和起诉内幕交易方面一直困难重重。从2010年稍早时候起，联邦检察官开始出现在SEC调查员召开的会议上。与联邦检察官一起被引进的还有其调查手段——电话窃听、暗藏录音装置和秘密线民提供信息等。

为了推进调查进展，SEC利用正式的合作协议来调查内幕交易。所谓合作协议就是在一些涉嫌违规的个人向检察机构提供了关于欺诈和其他违反相关证券法律的信息后，对其采取从轻处理的协定。SEC使用这种合作协议已经累计约十多次。

与合作协议相比，窃听带给华尔街的震撼更为巨大。在调查中采取窃听方式得到了法庭的许可，窃听在华尔街内幕交易中的第一次运用——帆船集团内幕交易案。

面对山雨欲来的局势，见惯风雨的华尔街并不会坐以待毙。此刻他们手中已经握有了另一张王牌——美国众议院共和党的多数优势。中期选举时华尔街将主要资金投向了共和党，共和党在获胜后也针对华尔街最为担心的金融监管问题做出了"报答"。2010年11月24日，共和党议员凯文·布拉迪表示，金融监管法案是在用少数银行的过错惩罚整个银行业，是政府干预经济的典型例子。众议院共和党领袖约翰·博纳更是多次公开表示，在共和党重新夺回众议院之后，其中最重要的任务之一就是"推翻宽泛的金融监管法案"。

面对来自华尔街和众议院的反攻，奥巴马政府正在加快为自己"空洞

---

① 目前，"内幕交易"在美国立法中还没有明确定义。美国法庭对1929年股市崩盘后实施的证券反欺诈条款做出不同解读，金融领域的刑事犯罪与合法行为的"分界线"在过去几十年的案例中不断演变。内幕交易只有满足四个条件才会被定罪：①持有不为公众所知悉的信息；②该信息具有重大性，即投资者合理地认为，该信息一旦公开将对证券市场价格产生重大影响；③利用该信息进行交易；④信息持有者或交易者事先负有披露义务。

在美国违反内幕交易的公司或个人可能会受到民事、行政和刑事的处罚，民事一般是投资者提起诉讼，而行政和刑事一般会由SEC和美国司法部提起。其中刑事处罚包括高额罚金和有期徒刑。任何人从事非法"内幕交易"，对自然人，可处10年以下的有期徒刑，或并处100万美元以下的罚金；对非自然人，最高可处250万元以下的罚金。

的"金融监管法案添加"骨肉"的速度。11月19日，美国商品期货交易委员会（CFTC）一天之内召开了5次会议讨论监管细则。并以4∶1的投票率通过了要求管理资产超过1.5亿美元的对冲基金和私募股权基金顾问进行注册登记的条例。"基金规模、人员以及他们的审计师都在登记内容之列。"SEC主席玛丽·夏皮洛说。根据会程安排，12月，CFTC还将举行3场旨在制定场外交易和实体交易界定细则的会议。"我们必须对银行系统和银行体系的阴影部分、衍生品市场和华尔街进行监管。"CFTC主席加里·詹斯勒说，"我们不能沉湎于过去的时光，我们有责任加速我们对金融体系监管的时间表。"

从部分华尔街人士获悉，内幕交易其实在华尔街非常普遍。众所周知，在美国做金融交易员，如何选择金融产品作为投资对象，必须阅读大量的研究报告以及分析数据，然而这些公开的数据谁都能够得到。而交易要得到回报，必须比同行更早对合适的金融产品"下手"，而这就需要"竞争对手不知道的消息"。

透露内线信息有很多种方式，这次美国政府部门着重调查的是金融公司为客户提供的所谓"专家网络"，也就是一些基金经理一起开会和打电话。这是金融公司之间常用的交流方式，但是否会在这里面透露内部信息，则很难界定。

除此之外，美国公司在招聘金融交易员时，都喜欢比较会社交的人。因为和任何金融事件有关的人，例如为公司做财务、法律咨询、季报、年报等各方面的人都可能有"内部消息"。这些消息按照美国法律是严厉禁止交流的。但是"下班后喝杯酒，吃顿饭"时候的"无意透露"，让监管部门难以获得罪证。

评注

近半个世纪后，对冲基金仍然受到欺诈和内幕交易的指控。然而，我们不应该用某种完美的标准来评判对冲基金。相信这个行业不是因为它完美无缺，而是因为从根本上来说，其激励机制和文化理念优于其他金融公司。比如，我们没有证据表明对冲基金涉及的欺诈比对手多。

第九章
对冲基金的监管

- 第一节 对冲基金的法律环境
- 第二节 对冲基金的监管争议
- 第三节 对冲基金监管的内容
- 第四节 对冲基金的监管难度
- 第五节 构建我国对冲基金的监管框架

第一节　对冲基金的法律环境

我们知道，有必要对事关普通大众利益的金融中介机构进行监管已成为各界的共识。监管的目标有三个方面：首先，通过发执照、注册、最低披露要求和信息透明等方式保护小投资者和储户的利益；其次，施加资本充足性和保证金要求以降低系统性风险和保证金融系统的有效性和公平性；最后，确保消费者以竞争性的价格获得高质量的服务。

与对银行、共同基金、经纪商和保险公司等传统金融中介的监管相比，对对冲基金的监管环境一直都模棱两可。一方面，对冲基金需要与受监管的金融机构进行交易以执行它们的投资策略，因此它们在一定程度上受到间接的监管；另一方面，对冲基金倾向于以一些特定的方式组织以规避直接监管以及注册或许可要求。它们希望以最大的灵活性运作，而这正是监管者不希望的。

最初，对冲基金因此而受到批评，但最后得到宽容。它们只占据市场的一小部分，并且它们高昂的最低投资要求对普通投资者来说是一道无法逾越的障碍。只有专业且富有的投资者才能满足对冲基金的要求。而同时这些投资者也有能力保护他们的利益免受侵害。另外，对冲基金通常注册在离岸司法管辖地，监管者没有权利管辖它们。因此，对对冲基金有效的监管方式应是强大的市场规则和私下的风险管理而不是正式但不实用的监管条例。

但这种情况在上世纪 90 年代末期和本世纪最初几年得到改变。反思对长期资本管理公司的救援，美国的一些政治家呼吁对对冲基金施加严厉的监管。同时，2000～2002 年美国股市的低迷，促进了大量机构投资者加入对冲基金以获得更高收益，使得广大普通投资者与对冲基金的联系更加紧密。这引起了监管当局的注意，认为有必要加强对对冲基金的监管以保护中小投资者利益。

经过广泛的讨论和验证，在金融界和监管当局中达成共识，认为对对冲基金的直接监管达不到预期效果。理由有以下几个方面。首先，各金融机构之间的界限比较模糊。这可能导致相似机构对应不同的监管者，从而获得的监管大不相同。而这最终会导致"监管套利",从而扭曲监管的最初意图。其次,过度的直接监管可能导致对冲基金涌入离岸金融市场。在那里对冲基金可能变得完全不可控。因此,监管当局倾向于采用要求对冲基金披露投资组合规模和风险等间接的监管方式,况且大部分监管目的都能通过信息披露这样的方式达到。这一观点也得到了一些主要的对冲基金的支持,包括卡克斯顿,金顿资本管理,摩尔资本管理和索罗斯基金管理和都铎投资。这些基金倡议行业自律及建立一系列行业认可的风险管理指导方针。

在美国,监管机构主要有三个:证券与交易委员会(SEC),商品期货交易委员会(CFTC)和美联储。SEC负责监管证券的公开发行和交易,CFTC监管商品和期货,美联储负责银行的监管。这三个机构中,SEC对对冲基金的监管最多,CFTC次之。SEC的主要职责是保护投资者,保持证券市场的公正性,保证所有投资者获得同样的投资基本信息。SEC通过一系列法律来执行它的监管权利,这些法律有:《美国证券法(1933)》、《美国证券交易法(1934)》、《美国投资公司法(1940)》、《美国投资顾问法(1940)》。这些法律对于传统投资基金来说是适用的,但却常常与对冲基金的运作和投资策略不相容,如卖空,利用衍生品和收取绩效费等。但美国的金融法规不是对对冲基金采取"一刀切"的态度,而是设置了豁免条款,给投资者和对冲基金经理留下回旋的余地。对冲基金于是需要利用一些豁免条款和漏洞以免受证券法规的约束。到目前为止,对冲基金在这方面做得还是相当成功的。

相比之下,欧洲的金融法规要严厉许多,有些国家甚至直接禁止对冲基金。最初,为了避免使个人投资者完全暴露在风险之下,大部分欧洲的监管者都对在岸对冲基金使用个人投资工具设置了特殊的指导方针,同时限制它们的卖空活动和产品分布。结果,除管制较宽松的英国和瑞士外,其他欧洲国家的对冲基金大部分采取离岸设立的方式。

而随着对冲基金产品的需求和供给的不断增长,大部分欧洲国家最终接受了对冲基金投资方式为资产管理的一种可行方式,逐步放松了对对冲基金和对冲基金的基金的法律管制和要求,允许机构投资者加入对冲基金。结果,大量对冲基金从离岸金融市场进入在岸金融市场。但由于不同国家采取的方式有所不同,多元化的监管体系使得欧洲大陆成了分块的市场。因此,为了在某地建立对冲基金,对冲基金经理必须了解当地风俗、税收、证券法规等。到目前为止,欧盟还没有出台一个能在欧盟各国使用的对冲基金通行证。

由于大部分对冲基金都在北美和欧洲，亚洲对对冲基金的监管还处于无为状态。但自 2003 年以来，亚洲对对冲基金的兴趣日益高涨，新加坡和香港为争夺继东京之后的亚洲第二大金融中心相继调整了它们的监管体系以鼓励对冲基金发展。

相比其他地区，新加坡在对冲基金的设立和运作方面的监管相对宽松许多。而这一状况又由于新加坡政府对当地投资经理和顾问的一些免税和激励政策而得到进一步改善。而在香港地区，对冲基金也经历了快速地发展。根据 EurekaHedge 的数据，2000 年香港的对冲基金为 22 只，而到了 2004 年底达到了 81 只，并在 2005 年达到 113 只。管理的资产从 2000 年的 3.821 万港币，增长到 2004 年的 9.014 万港币，2005 年的 11.202 万港币。

第二节 对冲基金的监管争议

本世纪以来，全球对冲基金取得了快速的增长，与其规模的急剧膨胀和市场地位的加速上升形成鲜明对照的是对冲基金行业透明度和行业规范的普遍缺失。虽然 1998 年长期资本管理基金（LTCM）的崩盘就已引起国际社会对对冲基金的严重关切，但迄今为止国际社会对对冲基金的监管仍处于各自为政的松散状态，目前主要的对冲基金监管环境是以美英为主导的间接监管模式。

长期资本管理基金巨额亏损暴露以前，国际社会在对对冲基金的看法和监管措施上存在不一致，即西方发达国家尤其是美国与亚洲危机国家有很大的差异，前者对对冲基金几乎没有什么专门的监管措施。在美国，与公募的共同基金不同，对冲基金不需要在监管机构登记、报告及披露信息，其原因是基金按照私募的方式为向少数机构投资者和个人募集资金，他们都达到较高标准，都是监管当局认可的投资者（accredited investors）。立法者和监管当局认为，这些投资者都很成熟、理性，他们完全有能力保护自己[①]；也就是说，这些投资者从父爱式的保护中不能获得什么利益，他们按照适合自己的和更自由的方式投资将会变得更好。

在亚洲，2002年香港证监会出台了《对冲基金指引》，允许对冲基金在港公募，并在随后根据该指引又制定了《对冲基金汇报规定指引》，指导对冲基金进行信息披露。香港《对冲基金指引》是世界上专门对对冲基金进行明确规定的较全面的法律文件。而在美国这样对冲基金发达的国家，其法律并没有区分对冲基金和共同基金，而是统一作为基金纳入到《证券法》、《证券交易法》、《投资公司法》、《投资顾问法》等法律的豁免条款中，没有专项的法律规定。香港《对冲基金指引》出台，意义是非常重大的，它标志着经历过东南亚金融危机和长期资本管理公司事件以后，监管者对对冲基金的一种态度，一种立法动态。

美国政府的主流监管理念是不主张对对冲基金进行直接监管，而是主张对其实行所谓间接监管的原则。其认为主要理由是：①不同于面向一般投资者开放的共同基金，对冲基金通常为代表机构投资者和高净资产个人进行投资的有限合伙组织，只对经法律认可的合格投资者开放，投资者范围受到限制。因而对冲基金类似于私募股权基金，并不具备公共产品的性质，以保护共同基金投资者为目的的直接管制措施不适用于对冲基金。②对对冲基金的监管应当与其他形式的私人资本结构保持一致，实行共同的原则，即市场纪律的原则。市场纪律的原则是私人资本集合监管的根本原则。因为"在我们以市场为基础的经济里，接受风险市场纪律是规则，而政府的监管却是例外"，并且市场纪律在处理私人资本集合形成的系统风险方面最有效。我们资本市场的活力、稳定和完整是一个私人和公共部门共同负担的责任。市场参与者通过奖惩机制可以有效约束对冲基金并减小风险。因此，支持市场纪律的公共政策，参与者了解风险和谨慎风险管理是保护投资者和限制系统风险的最佳手段。

美国对对冲基金的监管模式主要由两大层面和三个途径构成[②]。第一层面由市场参与主体——对冲基金的债权人、交易对手以及对冲基金的投资者，通过对对冲基金执行市场纪律，实现对手风险控制和投资权益的自

[①] 这类投资者有足够的资源来承受在免责条例的投资中所产生的损失；他们也有足够的知识对投资进行决策，如果他们自己不能评估含免责条款的投资，他们可以雇佣会计、法律、税务等其他方面的专家；他们许多人通过离岸投资工具来投资对冲基金产品，以逃避严格监管。

[②] 参见管同伟："对冲基金的美国监管模式及其影响"，《金融与经济》，2010年第3期。

我保护；第二层面由政府金融监管部门通过三条途径来实现对对冲基金系统风险的防范和投资者适度保护的目的。第一条途径是证券监管部门通过如反证券欺诈、市场进入程序、投资者资格限制、接受调查投资者诉求等监管规则对投资者进行保护；第二条途径是经由证券期货监管部门通过对注册投资顾问或期货交易顾问的监管来监督涉及对冲基金期货经纪的行为，缓释大型监管对象的期货交易风险并体现投资者保护；第三条途径即系统风险监控主线：政府监管机构检查被监管金融机构（商业银行、证券公司）包括下辖分支机构与对冲基金发生业务往来、贷款的规模和涉险金额，要求被监管机构不断改善对手风险管理，缓释并防范与对冲基金相关活动的潜在系统风险。

1. 反对全面加强监管论[①]

以对冲基金市场发达的美国政府为代表和自由市场派学者，反对全面加强对对冲基金的监管。除了前面所提到的理由之外，他们还有以下几点理由：（政治面、市场原则面、金融操作微观面）无严格监管有利于加强美国资本市场的活力，而监管机构制定新法律或者新规则的做法，却"可能会在无意中抑制创新或者影响市场发展的脚步"。

第一，大部分对冲基金都是"套利者"而非"投机者"，专门进行掠夺性投机的只占极少数。大多数对冲基金是通过将价格推离极值，拉回至合理区间来赚钱的。它们卖掉定值过高的证券，买入定值过低的证券，在增加自身盈利的同时也提高了证券市场的有效性和流动性[②]。

许多人认为对冲基金导致金融危机的发生，对其进行声讨谴责。人们对对冲基金批评的矛头实质上指向趋势追随型对冲基金，说这种基金将价格推向不合理的水平，导致经济不稳定。其实，大多数对冲基金是通过买低卖高方式来赚钱的，此时它们是将股价推向最好地反映其价值的价格水

---

① 参见王信："对冲基金的监管：争论及评析"，《国际经济评论》，1999 年第 1 期。
② 参见 Sebastian Mallaby, "More money than God: hedge funds and the making of a new elite", The Penguim Press, 2010。

平,从而将资本引向能有效对其进行配置的公司。套利基金就是这样,包括经常受到指责的快速交易的统计套利基金。

对过剩或短缺快速做出反应的商品交易者,通常也是会稳定市场,而不是加剧市场的恐慌,因为他们的行动发出了进行有利于经济调整的价格信号。当商品交易员针对非洲军事政变的消息推高石油价格时,他是在告诉驾车者在过度消费将价格推至更高之前节约资源。当然,市场有时会超调,而且趋势跟踪型对冲基金会使这个问题恶化。当石油真正短缺的时候,警告驾驶者少用油是一件好事,但如果交易者趋之若鹜,油价在羊群效应作用的推动下远远偏离均衡水平值,那么他们就纯粹是在伤害消费者和企业,使市场做不利于稳定的调整。近年来,大宗商品金融化使价格存在泡沫就是例证。例如,2007年,投资者将每桶原油价格从61美元推至96美元,这可能是对新兴市场需求旺盛的一个正常反应;但在2008年上半年,原油价格上涨到145美元,这恐怕就超过了基本面所支持的水平。

同样,货币交易员有时会发出理性的信号,有时却会将货币价值推至极不合理的水平。

索罗斯和德鲁肯米勒的英镑交易属于理性的,因为德国统一后的高利率已经使得英镑盯住汇率制度站不住脚;1997年的泰铢贬值也是一样,因为泰国日益扩大的贸易赤字与其盯住汇率制不吻合。但有些时候,货币市场超调。如1997年,印度尼西亚只有很小的贸易赤字,用的是弹性汇率,但因为政治不稳定导致市场恐慌,它的贬值幅度比泰国大得多。

退一步来讲,如果趋势跟踪具有破坏性,那么对冲基金监管是否可以减轻这种破坏呢? 当然,对对冲基金的限制将会限定趋势而动和逆势而为的交易,但没有数据证明总的来说结果会怎么样。倒是可能适得其反,对冲基金的监管很可能加剧市场超调的趋势,由于对冲基金的组织形式和激励机制,对冲基金比其他类型的投资者更有可能逆势操作。有的学者(Kodres&Pritsker1997)研究认为,与其他机构投资者相比,对冲基金特别是大的对冲基金更倾向于进行负反馈交易,即在价格上涨时抛出,在价格下跌时买入,这在一定程度上可以起到稳定市场的作用。例如,在东南亚金融危机中,当印尼卢比跌到1美元兑5100盾时,对冲基金便作多头。

第二,大部分对冲基金的规模和杠杆比率并不大,难以在国际市场上兴风作浪。与其他机构投资者相比,对冲基金所控制的资金数量是相对较少的,在市场中的作用很小。货币基金组织的研究认为,即使所有的对冲基金联合起来共同行动,他们的投资规模也根本比不上其他的机构投资者，因为其他机构投资者拥有更多的资金。况且，对冲基金并没有联合起来与银行、投资公司、养老基金等也从事相同类型投机活动的机构抗衡。

一般地，对冲基金都采用一定程度的杠杆效应来放大阿尔法投资回报，当然对冲基金用多大的杠杆取决于具体的投资策略①。股票市场的对冲基金杠杆最低，固定收益市场和期货投资策略的杠杆最高，特别是固定收益的对冲基金杠杆几十倍是常见的，这是因为固定收入市场的波动非常小，要使基金的投资策略有10%~15%年收益，必须采用这样高的杠杆才行。同样在大宗商品投资策略（Commodity strategies or CTA）的投资中，5~10倍的杠杆也是常见。相反，股票对冲基金有时并不采用杠杆或者很低的杠杆，特别是基于基本面分析的多空基金，有时根本没有杠杆，如70/30（70%的仓位做多和30%的仓位做空），和80/20（80%的多仓和20%的空仓）投资组合等。一般来说，股票型的对冲基金用3~5倍的杠杆，具体多大的杠杆取决于基金经理和当前市场风险程度。

杠杆确实是对冲基金的一个很重要的工具，如果使用得当，基金可以在限制风险的基础上提高收益。许多对冲基金投资于股票等价格波动较大的金融资产使用了杠杆，但其杠杆比率不是太大。LTCM之所以有那么高的杠杆比率，是因为它属于"市场中性型"（market neutral）基金，其主要投资策略是在新发行的债券之间套利，不同债券的利差很小，为了获得高额利润，LTCM便通过借贷提高杠杆比率。

第三，对冲基金有多种类型，投资策略也有较大差异。从对冲基金运作的市场机制看，投资者的构成是决定对冲基金投资策略构成的主要因素。由于投资者中最大的两个部分是追求分散化、低风险的养老基金或金融机构，以及追求高收益的富裕个人投资者，因而分散化、低风险的对冲基金组合基金，以及高风险、高收益的宏观型基金构成了最主要的两种策略；除此之外，风险相对较低的市场中性型基金的份额也比较高。

第四，虽然对冲基金在每次发生金融危机时都遭受责备，但很难证明对冲基金是金融危机的始作俑者。《经济学家》杂志认为对冲基金经常因为金融危机而遭受谴责，这是由于谴责者的无知。近期的许多研究表明，

---

① 高杠杆使得基金或投资银对流动性要求较高，在市场较为宽松时，尚可通过货币市场融资来填补交易的资金缺口，而一旦自身财务状况恶化，评级公司降低其评级使融资成本上升，便可能造成基金或投资银行无法通过融资维持流动性，贝尔斯登便是因此遭挤兑而倒下。同样，评级公司降低雷曼兄弟的评级，也是其彻底崩盘的重要因素。

第九章　对冲基金的监管

每次发生金融危机，包括1992年欧洲汇率体制破裂、1994年墨西哥比索贬值、1997年东南亚金融危机、1998年俄罗斯卢布崩溃等，对冲基金遭受谴责，其实除了一两个事件外，其余的并不是他们的错。

1992年发生的欧洲汇率体制破裂，是1990年以英国决定加入新的西欧货币体系为开端，根据欧洲货币体系的协议，英国要保持英镑对德国马克的汇率稳定。此后，随着英国经济的恶化，英镑面临的压力不断上升，而根据协议英国不能调整汇率。1992年9月，意大利也面临越来越严重的经济压力，决定对里拉进行贬值，贬值幅度虽在协议允许的范围内，这导致了欧洲货币体系决定汇率能力的瓦解，成就了索罗斯的交易。索罗斯认为英国加入西欧货币体系不是一个好主意，因为英国的经济不如德国强大。

对于1997年的东南亚金融危机，货币基金组织在《对冲基金与金融市场动态》的研究报告中，总结认为对冲基金并不是唯一的将很大赌注押在1997年泰国铢贬值上的，大家纷纷赌泰国铢贬值是受其他商业银行、投资银行以及泰国的公司所引导的。调查还发现，许多大型对冲基金买入了大量印度尼西亚卢比头寸，当卢比从前期低点再次下跌后，他们都损失惨重。

至于1998年俄罗斯卢布崩溃。1998年夏天，俄罗斯市场急剧下跌。在危机早期，世界上最大的对冲基金组织宣布在俄罗斯的损失超过了20亿美元。随后，大批基金经理出来宣布因为金融危机损失了很多资金。如果对冲基金经理真的能够控制货币、操作市场，这样大规模的损失就不可能发生。

货币基金组织还研究了大量与金融危机有关的事情，他们发现每次出现问题时，对冲基金都使情况变得稳定，而不是恶化。根据研究，由于很难得到各种类型对冲基金的交易方式等具体信息，所以很难确定对冲基金在经济危机中发挥了什么作用。

总而言之，对冲基金存在的前提是市场无效，但它在判断投资时又利用对基本面的市场定价。当某个趋势开始脱离基本面而扭曲经济，最有名的对冲基金趋势追随者就很可能会成为打破趋势的人。监管也需要逆向思维，最好地减少追随趋势的办法不是限制对冲基金，而是顺其自然。

2. 支持加强监管论

鉴于上世纪 90 年代全球多次爆发金融危机，很多人认为对冲基金是导致国际金融市场动荡的根源。对冲基金通常非常"关注"宏观经济不稳定的国家或地区，抓准时机大量运用投资杠杆在很短的时间里借入巨额资金进行复杂的金融衍生工具交易，其交易的同时可能带动更多的金融机构"跟风"，而这些迅速和巨额的资本流动很容易造成国际金融市场动荡，大大增加了金融风险。从此，越来越多的国家和国际组织开始重新审视资本流动的利弊，关注对冲基金、衍生工具的监管问题。国际货币基金组织前总裁米歇尔·康德苏（Michel Camdessus），在 1998 年世界银行和国际货币基金组织年会上，呼吁要有力地解决透明度缺乏、对离岸中心和对冲基金监管不严等问题，采取适当措施鼓励离岸金融中心遵守国际规范和标准。在同年 10 月 30 日，西方七国财长和中央银行行长在共同宣言中承诺，在风险管理体制和金融机构的审慎标准方面，加强对杠杆率较高的离岸金融机构和对冲基金的风险管理。

2007 年，金融市场最为成熟的美国爆发了严重的次贷危机，引致了美国政府不得不也开始考虑对对冲基金的监管问题。在 2007 年 7 月至 2009 年 3 月间，美国道琼斯工业平均价值损失了大约 50%，标准普尔 500 指数下降大约 54%。导致股指急剧下跌就是巨量的卖空，这迫使美国证交会采取紧急限制措施，颁布紧急命令，限制对金融机构和通用汽车等等 950 家上市公司的股票进行操纵性卖空，最终才勉强遏制了"卖空轰炸"对股市的进一步冲击。

2009 年奥巴马政府发布的金融市场改革白皮书指出，由于对冲基金最近几年爆炸性增长且不受监管，危机爆发时，其在加剧危机中起到了推波助澜的作用。对冲基金的经理们在次贷危机爆发的 2007 年获得创纪录收入说明了一切。这一年，许多对冲基金获得了历史最佳业绩，基金经理们自然也赚得盆满钵满，其中最著名的对冲基金经理约翰·保尔森收入就高达 37 亿美元。收入排名前 25 位的对冲基金经理平均收入高达 8.9 亿美元，同比增长了 68%。在此期间，股市卖空交易量成倍增长。不少人坚信，对冲基金大发国难财——在危机期间肆无忌惮地进行卖空牟取暴利的同时，却把损失转嫁到了普通投资者。

虽然对冲基金的创新交易策略降低了自身的投资风险，随着金融系统交易活动的日益紧密，对冲基金经营活动的外部性也不容忽视。由于对冲基金的迅速发展，它在金融市场上已是一支足够强劲的力量，一旦它的投资发生错误，在清仓过程中将会影响基金以外的投资者的利益，而大型对冲基金向银行的借款更是加大了外部性。银行与对冲基金存在着利益关系，因为提供金融衍生工具的收入已经成为银行利润的一个重要来源，一旦对冲基金破产会损害银行存款人的利益。

不过，还是有一个充分的理由要监管对冲基金，或者说监管其中一些对冲基金。这个理由就是对冲基金正在发展壮大。支持对冲基金的发展是因为它们规模小，一旦对冲基金的规模不再小到可以随意倒闭，监管就有必要了。同样，当对冲基金成为上市公司，放弃了事实证明可以有效控制风险的私人合作伙伴的组织形式，监管就得更加严格。

第三节　对冲基金监管的内容[①]

相对于一般共同投资基金的监管而言，对冲基金监管具有不同的特点。对于对冲基金的监管不强调保护参与对冲基金的投资者，因为这些投资者能够依据自身的经验和技能进行自我保护。其重点保护的是没有参与对冲基金的社会公众，特别是有可能被吸引进对冲基金行列的一般公众，主要通过对对冲基金投资者人数或资格的严格限制实现此目的。对参与对冲基金投资者的保护，则体现在保护这些投资者选择多种金融产品和享受多种金融服务的权利。

对对冲基金的监管，主要是对基金的投资者、交易对手及基金的广告

[①] 一般地，与金融体系中的大型机构是"大而不倒"不同，对冲基金是"小到可以随意倒闭"。马拉比（2010）认为，支持对冲基金的自由发展是因为它们规模小，一旦对冲基金的规模不再小到可以随意倒闭，监管就有必要。当某一对冲基金倒闭，政府是否干预由三个因素来决定：它的资本规模、它运用杠杆效应的程度、它从事的交易所在市场的类型（参见，Sebastian Mallaby, 2010）。

行为进行限制,对基金的管理人、托管人及其运作行为、信息披露基本上不做具体限制或做较少的限制。在市场准入监管中,各国政府大多强调对参与对冲基金的投资者人数与资格进行限制。

相对而言,各国对对冲基金的监管基本上不采用行政手段,主要是在一定范围内采用法律手段,在英美等国,对冲基金往往是基于法律中的豁免条款而成立。其次,各国目前对对冲基金的监管也利用经济手段,包括利用对冲基金各参与主体间的相互制约及市场竞争手段来实现对对冲基金的监管。

至于监管的原则,政府部门应以制定原则和指导大纲等灵活性的手段,增强监管效率,保障市场健康持续发展。指导原则应该作为进一步提高投资者警惕性和增强市场纪律的基础,并起到加强保护投资者和防止出现系统性风险的作用。即使政府对商业银行、经纪自营商的杠杆贷款进行监督,监督的目的也在于补充市场纪律,而不是取代它。

总之,必须要做到监管适度,不会导致对冲基金特征的实质性改变,丧失竞争力。这是对对冲基金监管的基础,如果对冲基金的监管削弱了对冲基金的竞争力,最终导致对冲基金的消灭是有违对冲基金监管的初衷,我们要引导对冲基金向有利于金融市场的方向发展。

对于监管的架构[①],对冲基金的监管内容包括对基金的成立、基金的运作以及参与基金市场活动的主体等方面的监管活动[②]。

1. 对冲基金成立的监管

在 2004 年,美国证券与交易委员会(SEC)要求对冲基金经理及其赞助商依照 1940 年的《投资顾问法案》要求,以投资顾问身份在 SEC 进行注册。这极大地提高了对对冲基金的监管要求,其中包括要求对冲基金保持更新投资业绩,雇佣一名合规监察人员,同时制定一个道德标

---

① 参见许晓青、李芸:"我国对冲基金监管框架之构建",《现代商业》,2010 年。
② 参见李勋:"对冲基金监管的若干基本问题研究",《昆明理工大学学报》,2008 年第 8 卷第 1 期。

准条例。

2010年11月，欧洲议会通过了欧盟对冲基金监管法案，它的批准决定标志着欧盟对冲基金监管法案基本完成了立法手续。新立法最突出的一项内容就是引入了"欧盟护照"机制，相当于经营执照。凡是要在欧盟金融市场上运营的对冲基金必须先向监管机构注册，以取得护照，并接受监管。对于设在欧盟成员国的对冲基金，它们只需向一国监管机构注册，即可取得在欧盟全境运营的权利，但对非欧盟的对冲基金，欧盟统一护照的发放尚需等两年过渡期结束后，由2011年新设的欧洲证券和市场管理局负责。此外，新立法还提高了对冲基金运营的透明度，加大了对投资者的保护力度。

另类投资管理协会（Alternative Investment Management Association，AIMA）表示，对冲（避险）基金业支持强制对冲基金经理人进行注册登记。"我们很乐意在基金经理人的层面加入管理规范，但对产品方面的规范，态度就比较有保留"，AIMA的执行长安德鲁·贝克（Andrew Baker）表示。

2. 对冲基金运作的监管

欧美监管机构面临愈来愈大的政治压力，需对对冲基金这块不够透明领域施加更严苛规范。美国证券交易委员会（SEC）委员路易斯·阿吉勒（Luis Aguilar）指出，对冲基金的监督尚未跟上这类基金在市场上影响力的脚步，并认为解决方法之一可能是将一项规范共同基金的1940年法律中的若干条款加诸对冲基金。另类投资管理协会则不支持这个观点，认为那些法律是为保护一般小型投资人的利益而设，这类投资人需要额外的保护。他们认为，对冲基金为富有经验的机构投资者服务，这些投资者希望投资工具有弹性，反对限制基金可能采用的交易形式或杠杆程度，即反对任何约束它们营运的规则。

"我们认为，监管监督对冲基金的资金规模标准应制定在接近10亿美元或20亿美元，但在目前的政治环境下有巨大的压力要求降低该门槛"，安德鲁·贝克称。他认为，门槛降低将造成监管者因数据太多而忙得不可开交。"欧盟提议的立法中有很多部分面临质疑，或根本不可行。"安德鲁·贝克形容欧盟的立法提议太过严苛。

然而，安德鲁·贝克支持美国版的系统风险监管者提议。他认为，对冲基金本身并不会造成系统风险，但也同意其承做的某些部位可能对银行等其他重要机构构成风险。

大体上而言，对冲基金运作的监管主要是集中于两大方面：对冲基金的风险监管和不当交易行为的监管。

风险防范与控制是对对冲基金实行监管的首要任务，也是对冲基金取得长期稳健发展的重要保障。从投资人的角度而言，对冲基金的风险是指其所购买的对冲基金的实际收入与预期收益之间的差额的不确定性。对冲基金的风险主要包括市场风险（系统风险）、企业个别风险（非系统性风险）、流动性风险等。为了防范这些风险，各国立法大都要求对冲基金建立资产分离制度、投资组合制度、资产安全制度等。对冲基金风险是伴随基金始终的，因此风险防范也是一项长久的任务，是法律对对冲基金监管的永恒主题。

对冲基金设立后，监管机构另一项主要监管任务是，对基金运行中的不当交易行为实行监管。它主要集中在反市场操纵监管、反内幕交易监管、反欺诈监管、关联交易监管等方面。

"卖空"是对冲基金最擅长的传统策略和技巧。在市场信心不足的危机期间，大规模卖空极具攻击性，通常会给市场带来毁灭性的冲击。当然，卖空在法律上并不违法，危机期间推波助澜的卖空是阳光下的"罪恶"，只会受到道义上的谴责，但违法利用内幕信息的卖空构成内幕交易，会到监管查处和法律的制裁。美国证交会多年执法实践证明，对冲基金经理并非都有超凡的先知先觉能力，获取暴利的卖空通常都与见不得人的内幕交易联系在一起。

研究表明，在合并、收购和其他重大公司交易公开宣布前，通常股市异常交易急剧增加。从2003年至2007年，北美100宗最大兼并交易有49%的兼并交易发生前都存在大量可疑交易。在2006年17宗美国最大要约收购宣布前3天，期权交易量相当于要约收购宣布前15天内平均交易量的221%。在这些交易中，无处不存在着对冲基金的身影。

一般地，对冲基金具有比任何其他金融机构获知更多内幕信息的便利，主要因为：一是对冲基金个人投资者通常是上市公司高管。这些对冲基金投资者可能给基金组合经理或分析师提供关于其公司或行业内幕信息。二是对冲基金本身就是这些并购交易提供贷款融资的关联当事人。三是纽交所、纳斯达克每天三分之一交易量是对冲基金提供的,因其巨大的交易量,对冲基金通常是华尔街投资银行和经纪交易商争夺的 VIP 客户。投资银行通常作为对冲基金的清算经纪人或首要经纪人,即负责对冲基金所有交易的清算,代持证券,为其交易提供保证金融资的经纪交易商。为争取和留住对冲基金这样的大客户,投资银行和证券经纪交易商可能会不时向对冲基金经理提供一些内幕信息。四是涉及对冲基金内幕交易的,很少有告密者,也就是为监管机构提供案件线索的"吹哨者",因为诡秘的对冲基金经理很容易把那些潜在的"吹哨者"招安,让其成为合谋者。除此之外,对冲基金经理独特的激励安排也为其铤而走险、过度冒险提供了激励。通常,对冲基金经理对基金收益享有 20% 的业绩提成,但享受业绩提成的前提条件必须是基金当年度获得绝对收益,这种安排通常促使某些对冲基金经理为获得业绩提升而不惜采取一切手段。

20 世纪 90 年代是美国对冲基金迅猛发展到阶段,对冲基金业急剧发展成为上万亿美元规模的行业,对冲基金业的竞争也日趋激烈,而对冲基金违法活动也剧增。1999 年到 2008 年,美国证交会针对对冲基金经理们采取执法行动就超过 130 宗。尤其是最近几年,违法案件更是猛增,从 2000 年到 2003 年四年间,针对对冲基金经理和其雇员的违法查处只有 30 宗左右。在随后 2004 年至 2007 年底,就激增到 90 宗,是前四年的两倍多。仅在 2004 年,证交会就针对对冲基金顾问采取了 51 宗执法行动,这些违法活动给投资者造成的损失高达 11 亿美元。

这些违法活动涉及各种证券欺诈行为,而其中又以内幕交易为甚。最近几年,打击涉及对冲基金的内幕交易就被证交会作为其执法工作的重点。2007 年,证交会成立了对冲基金工作组(The Hedge Fund Working Group)专门对付对冲基金内幕交易。涉及对对冲基金的内幕交易主要有两种形式,一是二级市场证券交易中的内幕交易,二是证券发行过程中的内幕交易,即对冲基金经理利用其掌握的内幕信息在证券发行前对发行的证券进行卖空交易以牟取暴利。

3. 对冲基金信息披露的监管

对冲基金自由选择投资策略的空间极大，相对于一般共同投资基金而言，对冲基金受监管程度较低，因此大多数国家都注重适当的信息披露制度的构建，以保证投资者在获得充分有效信息的前提下能够做出理性的投资选择；就是说，信息监管仍然是对冲基金监管的核心，对冲基金监管制度的构建必须以有效的信息披露制度为基础。

2009年，欧盟委员会提出了第一项针对收购公司和对冲基金的法律，要求管理资金在5亿欧元（约合6.62亿美元）以上的对冲基金经理人和私募股权公司必须向监管机构报告；如果是利用债务来提高回报率，则管理资金在1亿欧元以上的对冲基金经理人和私募股权公司就需向监管机构报告。此外，欧盟委员会还呼吁，需要对高管薪酬的所谓"金色降落伞"（Golden Parachute）规则制定上限。但是，该项法律激起了来自这一行业以及英国政府的批评。

日本监管机构的做法是，并不直接要求对冲基金管理者提供数据或是进行登记注册，而是要求对冲基金的投资机构、销售机构等原有监管对象提供本机构参与对冲基金的数据，并据此对整体情况进行估计。

西方七国集团提出了改革国际金融体系的一系列措施，其中包括认真研究参与国际资本流动的投资银行、对冲基金和其他机构的透明度和披露标准问题。比如建立一种专业化的、对金融部门进行审慎监督的程序，制定增加透明度和披露信息的国际标准，检查大量进行借贷投机的金融活动并评估其影响等。一些对冲基金迫于压力已开始主动进行信息披露，以稳定投资者的信心。例如，过去行为最隐秘的帕洛玛合伙基金（Paloma Partners）最近发表公告，为其资产收益和经营风险状况辩护，澄清市场关于该基金行将破产的传闻。

第四节 对冲基金的监管难度

共同基金通常会受到法规较严格的监管,而对冲基金在运作上则具有相当高的自由度,很少受到监管当局、投资合伙人以及基金协议条款的掣肘。对冲基金监管难度主要来自以下几个方面。

①离岸设置逃避监管。约有50%以上的对冲基金注册在开曼群岛、英属维尔京群岛和百慕大群岛等离岸司法辖区内,管理着对冲基金资产总额的2/3。这些辖区允许它们在操作上有更大的自由度。

②组织形式灵活。对冲基金的建立通常采用有限合伙制。与共同基金等具有法人资格的公司型基金相比,其设立、投资决策、解散、追加发行或购回等一系列活动不必依《公司法》的规定办理。

③信息披露不完全。对冲基金以私募方式募集资金,法规规定严禁对冲基金公开刊登广告进行宣传,也没有独立的评估结果以供参考,不论是整个对冲基金行业还是单个基金的信息都很难获取,从而加大了监管难度。

④非市场因素。共同基金通常最低投资额不大,适合中小投资者;对冲基金则是面向高净值的个人或机构投资者。前者一般只希望得到专业化的理财服务,而后者常具有较高的金融技能,追求高于共同基金的投资回报。因此,共同基金可被看作市场追随者,而对冲基金管理者凭借自身的地位和影响力,影响市场并冲击原有规则。

⑤对冲基金往往与内幕交易联系在一起,其相关的搜证工作艰难。用于指控的证据包括电话记录、电子邮件、因特网数据和银行报告等,但非公开信息泄露通常是在面对面的交流中进行的,所以取证非常难。对于如凶鳄一样处于潜伏状态的对冲基金,尤其是难上加难。这是因为,典型意义上的对冲基金几乎完全不受监管。一是基金(投资公司)、基金经理无需登记注册;二是基金募集采取不受监管的私募发行方式,无需注册和履行信息披露义务。因此,基金无须履行信息披露义务,基金投资组合和借贷也不受任何法律和监管上的限制。

在美国,对冲基金发起设立、资金募集、基金管理和运营以及交易上充分利用了美国联邦证券法、投资公司法、投资顾问法有关豁免条款,借助律师精心设计安排,使基金、基金经理能够巧妙地规避法律约束和监管机构的监管,当然这并不是说,对冲基金完全游离于法律与监管之外,基金募集与运营必须受到联邦证券法、投资顾问法反欺诈规则的约束。也就是说,一旦在基金募集和运营过程中存在信息欺诈、市场操纵和内幕交易行为,也要受到监管机构的查处和法办。但由于监管机构无法掌握对冲基金存在和运营的任何信息,这给监管追踪带来非常大的困难。

第五节　构建我国对冲基金的监管框架

对冲基金的存在和发展,是资本逐利性的必然和集中体现,对金融市场发展具有积极意义。首先,对冲基金本质上是一种追求风险控制下高回报的投资手段,其合理运用有利于增强投资者的抗风险能力;其次,对冲基金的套利活动是以认定"市场非有效"为基础的,在它的活动下,利差将逐步消失,有助于市场发现要素的合理价格,使市场趋于均衡;再次,对冲基金可增强国内金融市场与国际金融市场的联动,并促进金融体系的成熟与发展。因此,不应片面地将对冲基金理解成洪水猛兽,而要积极研究和引导,扬长避短,达到为我所用的目的。同时,我国必须对对冲基金扰乱市场正常秩序的一面予以充分重视,采取切实有效的措施,探索对冲基金的有效监管方式,维护我国经济和金融市场的安全。

在经济全球化的背景下,人民币将逐步走向自由兑换,中国资本市场对外开放程度也将逐渐增加,中国对冲基金的发展以及国外对冲基金进入中国都是不可避免的问题。因此做好对其监管,防止对冲基金对中国金融市场造成冲击是中国进一步开放所必须做好的准备工作。

阳光私募向来被认为是中国的"准对冲基金"。在阳光私募跨过千亿规模之后,阳光私募的监管问题越来越受到重视。《基金法》修订将私募纳入监管,国务院证券监督管理机构依照行政监管和自律管理相结合的原则,对非公开募集基金实施分类监管,规范运作。基金管理人应向上述机构申请注册,但基金金额或者份额持有人人数低于规定数量的,可以豁免注册。豁免注册的机构应当加入基金业协会,履行登记手续,报送基金基本情况，实行自律管理。《基金法》的修订将改变阳光私募监管真空状态，为阳光私募进一步增长扫清政策上的障碍，行业也将迎来更多的体制创新和行业整合。

该修订草案中体现出来对基金具体运作层面的松绑，以及市场约束机制的重视。阳光私募由于一直以来不能参与股指期货交易，其处境一直比较"别扭"。2011年8月以来，股市暴跌令大多数阳光私募产品损失严重，阳光私募产品中跌幅最大的超过40%，净值已不到0.5元，其他阳光私募产品跌幅也均超过20%。研究机构的统计数据显示，证券投资类信托理财产品在客户群中"遇冷"，发行数量一减再减。随着相当数量的阳光私募产品净值跌破1元，这使得客户的不满意见集体"爆发"。很多阳光私募产品通过私人银行渠道向大客户销售，但由于最近大客户对此类产品不满，之前已经列入发行计划的多款产品迟迟难以完成募集。

对冲基金出现最具创新意义之处在于，基金为客户带来的回报完整地与基金经理的专业能力相关，而与市场的涨跌无关，客户买的是基金经理的专业投资能力，而非去对赌牛市是否来临。原先的产品，一般情况下股市涨了才能赚钱，股市跌了就得赔钱，但是自从有了股指期货以后，就可以拿股指期货来管理风险，无论牛熊市，基金均可保持相对平稳上行的趋势，把系统风险对冲掉。

对冲基金是金融业里最具创造力的金融"高科技企业"，如果监管太严，它们就根本发展不起来，不利于金融市场功能的有效发挥。因此，所有的监管法规制定都要在保持金融市场稳定下有利于金融市场的创新与发展，在除了对目前阳光私募引导与监管外，关于对冲基金的监管还有以下几方面。

①要想真正管好对冲基金，就必须在银行体系和金融市场中建立一套行之有效的风险监督和制约机制，减少银行和其他金融机构的道德风险问题。加强对银行、经纪商和交易商的监管，全面核查银行及证券市场的风险监控体系，建立有效的预警机制①。

②设置专门法规对对冲基金行为加以指引，使对冲基金管理有法可

---

① 对冲基金和商业银行的关系非常密切，主要表现在几方面：第一，由于对冲基金大量使用杠杆方式筹资交易，商业银行成了对冲基金的主要资金来源渠道；第二，商业银行通过在衍生金融市场的交易，成为对冲基金投资的衍生金融工具的交易伙伴；第三，商业银行通过其投资业务及资产管理业务投资于对冲基金。

依。建立大额资本流动监控体系，对大额资本的异动及早掌握，对股市、汇市等容易遭受冲击的市场实施全面监控。

③根据对冲基金的投资灵活多样特点，要建立适当的信息披露制度。在除了方便投资者做选择之外，主要防止信息欺诈、市场操纵和内幕交易等不法行为。

④与国外较为成熟对冲基金业及其业务相比，我国对冲基金才刚刚起步，另外由于金融市场创新与发展程度不一样，因此在学习别人经验和吸取教训下，我们可以适度放宽对冲基金财务杠杆倍数以有利于促进我国对冲基金业良好发展。金融机构向对冲基金的放款是一种有效的间接手段，当然银行等金融机构要慎重考虑市场风险，严格贷款审查，对抵押资产的数量和质量从严要求。

⑤制定监督对冲基金的资金规模标准，具体标准要根据我国金融市场发展的成熟度来决定。

⑥防止对冲基金成为资本进出的渠道，应该将对冲基金的跨国资本流动限制在资本市场可以承受的范围内。实证研究和具体案例都表明，在经济基础、监管制度以及金融机构的稳健性还未达到一定程度以前，发展中国家贸然开放资本项目，很容易遭受掠夺性投机的攻击，引发货币危机和金融危机。

⑦由于不少对冲基金在全世界范围内都有活动，因此应该加强国际间对资本离岸操作的监管协调；在与各国的监管机构加强合作中，定期交换对冲基金的活动信息，以掌握其动向，了解其活动规律，做到防患于未然。

为了更好地吸取国外对冲基金发展过程中的经验与教训，为了有利于扶持我国尚处于襁褓之中的对冲基金业的健康发展，我国对对冲基金的监管需要在发展中不断摸索前行。

参考文献

英文部分：

[1] Acharva, V., and L. Pedersen, 2002, Asset Pricing with Liquidity Risk, unpublished paper, London Business School

[2] Ackermann, C., McEnally, R., and D. Ravenscraft, 1999, The Performance of Hedge Funds: Risk, Return, and Incentives, Journal of Finance, Vol. 54, 833-874

[3] Admati. A., and P. Pfleiderer, 1991, Sunshine Trading and Financial Market Equilibrium, Review of Financial Studies 4, 443-481

[4] Agarwal V., and N. Naik, 2000, Generalized Style Analysis of Hedge Funds, Journal of Asset Management, Vol. 1, 93-109

[5] Agarwal, A., Daniel, N., and N. Naik, Flows, 2004, Performance and Managerial Incentives in Hedge Funds, Working Paper, Georgia State University

[6] Agarwal, V., and N. Naik, 2000, Multi-Period Performance Persistence Analysis of Hedge Funds Source, Journal of Financial and Quantitative Analysis, Vol. 35, 327-342

[7] Agarwal, V., and N. Naik, 2000, On Taking the 'Alternative' Route: The Risks, Rewards, and Performance Persistence of Hedge Funds, Journal of Alternative Investments, Vol. 2, 6-23

[8] Agarwal, V., and N. Naik, 2000, Performance Evaluation of Hedge Funds with Buy-and-Hold and Option-Based Strategies, Hedge Fund Centre Working Paper No. HF-003, London Business School

[9] Agarwal, V., and N. Naik, 2004, Risks and Portfolio Decisions Involving Hedge Funds, Review of Financial Studies, Vol. 17, 63-98

[10] Agarwal, V., and N. Naik, 2005, Hedge Funds, Foundations and Trends in Finance, Vol. 1

[11] Aiyagari, R., and M. Gertler, 1991, Asset Returns with Transaction Costs and Uninsured Individual Risk, Journal of Monetary Economics, Vol. 27, 311-331

[12] Allen, F., and D. Gale, 2000, Financial Contagion, Journal of Political Economy, Vol. 108, 1-33

[13] Alvarez, W., 1997, Rex and the Crater of Doom, Princeton, NJ: Princeton University Press

[14] Amenc, N., El Bied, S., and L. Martinelli, 2003, Predictability in Hedge Fund Returns, Financial Analysts Journal, Vol. 59, 32-46

[15] Amenc. N., and L. Martinelli, 2002, Portfolio Optimization Allocation Decisions, Journal of Alternative Investments, Vol. 5, 7-20

[16] Amihud, Y, and H. Mendelson, 1986, Liquidity and Stock Returns, Financial Analysts Journal, Vol. 42, 43-48

[17] Amihud, Y., and H. Mendelson, 1986, Asset Pricing and the Bid-Ask Spread, Journal of Financial Economics, Vol. 17, 223-249

[18] Amin, G., and H. Kat, 2003, Hedge Fund Performance 1990-2000: Do the Money Machines Really Add value?, Journal of Financial and Quantitative Analysis, Vol. 38, 251-274

[19] Amin, G., and H. Kat, 2003, Stocks, Bonds, and Hedge Funds, Journal of Portfolio Management, Vol. 29, 113-119

[20] Amin, G., and H. Kat, 2003, Welcome to the Dark Side: Hedge Fund Attrition and Survivorship Bias over the Period 1994-2001, Journal of Alternative Investments, Vol. 6, 57-73

[21] Andersen, T., Bollerslev, T., and F. Diebold, 2004, Parametric and Nonparametric Volatility Measurement, in L. Hansen and Y. At-Sahalia, eds., Handbook of Financial Econometrics, Amsterdam: North-Holland

[22] Ang, Andrew and Nicolas P. B. Bollen, 2009, Locked up by a Locked up: Valuing Liquidity as a Real Option, Working Paper, Imperial College Business School

[23] Ang, Andrew and Nicolas P. B. Bollen, 2010, Locked up by a Locked up: Valuing Liquidity as a Real Option, Working Paper, London Business School

[24] Ang, Andrew, and G. Bekaert, 2004, How Regimes Affect Asset Allocation, Financial Analysts Journal, Vol. 60, 86-99

[25] Ang, Andrew, Gorovyy, Sergiy, and van Inwegen, Gregory, 2011, Hedge Fund Leverage: NBER Working Paper No. 16801, NBER. Retrieved 4 April 2011

[26] Anson, Mark J. P., 2006, The Handbook of Alternative Assets. Wiley, John & Sons, Incorporated, ISBN 047198020X

[27] Aragon, G., 2007, Share Restrictions and Asset Pricing Evidence from the Hedge Fund Industry, Journal of Financial Economics, 83, 22-58

[28] Aragon, 2004, Share Restrictions and Asset Pricing: Evidence from the Hedge Fund Industry, Job Market Paper

[29] Armistead, L., 2004, Dalman Stakes His Own Cash on Hedge Fund, UK Sunday Times, Business Sectio, October 10

[30] Arnott, R., and W. Wagner, 1990, The Measurement and Control of Trading Costs, Financial Analysts Journal, Vol. 46, 73-80

[31] Arnott, R., Hsu, J., and P. Moore, 2005, Fundamental Indexation, Financial Analysts Journal, Vol. 61, 83-99

[32] Asness, C., Krait, R., and J. Liew, 2001, Do Hedge Funds Hedge?, The Journal of Portfolio Management, Vol. 28, 6-19

[33] Atchison. M., K. Butler, and R. Simonds, 1987, Nonsynchronous Security Trading and Market Index Autocorrelation, Journal of Finance, Vol. 42, 111-118

[34] Atkins, T., and S. Hays, 2004, Worries Rise About Indebted Funds of Hedge Funds, Reuters, October 15

[35] Baquero, G., Horst, J., and M. Verbeek, 2005, Survival, Look-Ahead Bias and Persistence in

Hedge Fund Performance, Journal of Financial and Quantitative Analysis, Vol. 40, 493-517

[36] Barclay, M., and J. Warner, 1993, Stealth Trading and Volatility: Which Trades Move Prices?, Journal of Financial Economics, 34, 281-306

[37] Bares, R, Gibson, R., and S. Gyger, 2001, Style Consistency and Survival Probability in the Hedge Funds Industry, University of Zurich Working Paper

[38] Beneish, M., 2001, Earnings Management: A Perspective, Managerial Finance, Vol. 27, 3-17

[39] Berk, J., and R. Green, 2002, Mutual Fund Flows and Performance in Rational Markets, unpublished working paper

[40] Bernstein, R, 1998, Why the Efficient Market Offers Hope to Active Management, in Economics and Portfolio Strategy, New York: Peter Bernstein

[41] Bertsimas, D., and A. Lo, 1998, Optimal Control of Execution Costs, Journal of Financial Markets, Vol. 1, 1-50

[42] Bertsimas, D., Hummel, P., and A. Lo, 2000, Optimal Control of Execution Costs for Portfolios, Computing in Science & Engineering, Vol. 1, 40-53

[43] Bertsimas, Kogan and Lo, 2001, Hedging Derivative Securities and Incomplete Markets: An ε-Arbitrage Approach, Operations Research, Vol. 49, No. 3, pp. 372-397

[44] Bhattacharva, S., and P. Pfleiderer, 1985, Delegated Portfolio Management, Journal of Economic Theory, Vol. 36, 1-25

[45] Black, F., 1986, Noise, Journal of Finance, Vol. 41, 529-544

[46] Bookstaber, R, 2000, Understanding and Monitoring the Liquidity Crisis Cycle, Financial Analysts Journal, 17-22

[47] Bookstaber, R, 2007, A Demon of Our Own Design, Markets, Hedge Funds, and the Perils of Financial Innovation, Hoboken, NJ: John Wiley & Sons

[48] Bookstaber, R., 1999, A Framework for Understanding Market Crisis, in Risk Management: Principles and Practices. Charlottesville, VA: Association for Investment Management and Research

[49] Boyson, N., 2002, How Are Hedge Fund Manager Characteristics Related to Performance, Volatility and Survival?, Ohio State University Working Paper

[50] Brinson, G., Hood, R., and G. Beebower, 1986, Determinants of Portfolio Performance, Financial Analysts Journal, Vol. 42, 39-44

[51] Brinson, G., Singer, B., and G. Beebower, 1991, Determinants of Portfolio Performance II: An Update, Financial Analysts Journal, Vol. 47, 40-48.

[52] Brooks, C., and H. Kat, 2002, The Statistical Properties of Hedge Fund Index Returns and Their Implications for Investors, Journal of Alternative Investments, Vol. 5, 25-44

[53] Brown, S., and W. Goetzmann, 2003, Hedge Funds With Style, Journal of Portfolio Management, Vol. 29, 101-112

[54] Brown, S., Goetzmann, W., and B. Liang, 2002, Fees on Fees in Funds of Funds, Yale Working Paper, N0. 02-33

[55] Brown, S., Goetzmann, W., and J. Park, 2000, Hedge Funds and the Asian Currency Crisis,

Journal of Portfolio Management, 26, 95-101

[56] Brown, S., Goetzmann, W., and J. Park, 2001, Careers and Survival: Competition and Risks in the Hedge Fund and CTA Industry, Journal of Finance, Vol. 56, 1869-1886

[57] Brown, S., Goetzmann, W., and J. Park, 2001, Conditions for Survival: Changing Risk and the Performance of Hedge Fund Managers and CTAs, Yale School of Management, Working Paper, NO. F-59

[58] Brown, S., Goetzmann, W., and R. Ibbotson, 1999, Offshore Hedge Funds: Survival and Performance 1989-1995, Journal of Business, Vol. 72, 91-118

[59] Campbell, J., Lo, A., and C. MacKinlay, 1997, The Econometrics of Financial Markets. Princeton, NJ: Princeton University Press

[60] Carey, M., and R. Stulz, eds., 2007, The Risks of Financial Institutions. Chicago, IL: University of Chicago Press

[61] Carhart, M.M., 1997, On Persistence In Mutual Fund Performance, Journal of Finance 52, 57-82

[62] Cassar, Gavin and Gerakos, Joseph, 2011, How Do Hedge Funds Manage Portfolio Risk?, EFM Symposium, European Financial Management Association

[63] Chan, N., Getmansky, M., Haas, S., and A. Lo, 2006, Do Hedge Funds Increase Systemic Risk?, Federal Reserve Bank of Atlanta Economic Review, Q4, 49-80

[64] Chan, N., Getmansky, M., Haas, S., and A. Lo, 2007, Systemic Risk and Hedge Funds, in M. Carey and R. Stulz, eds., The Risks of Financial Institutions and the Financial Sector. Chicago: University of Chicago Press

[65] Chordia, T., Roll, R., and A. Subrahmanyam, 2000, Commonality in Liquidity, Journal of Financial Economics, 56, 3-28

[66] Chordia, T., Roll, R., and A. Subrahmanyam, 2001, Market Liquidity and Trading Activity Source, Journal of Finance, Vol. 56, 501-530

[67] Chordia, T., Roll, R., and A. Subrahmanyam, 2002, Order Imbalance, Liquidity, and Market Returns, Journal of Financial Economics, Vol. 65, 111-130

[68] Chordia, T., Subrahmanyam, A., and V. Anshuman, 2001, Trading Activity and Expected Stock Returns, Journal of Financial Economics, Vol. 59, 3-32

[69] Cohen, K., Maier, S., Schwartz, R., and D. Whitcomb, 1986, The Microstructure of Securities Markets, Englewood Cliffs, NJ: Prentice Hall

[70] Collins, B., and F. Fabozzi, 1991, A Methodology for Measuring Transaction Costs, Financial Analysts Journal, Vol. 47, 27-36

[71] Constantinides, G., 1986, Capital Market Equilibrium with Transaction Costs, Journal of Political Economy, Vol. 94, 842-862

[72] Cremers, J., Kritzman, M., and S. Page, 2004, Optimal Hedge Fund Allocations: Do Higher Moments Matter?, Revere Street Working Paper Series, Financial Economics, 272-13

[73] Dimson, E., 1979, Risk Measurement When Shares Are Subject to Infrequent Trading, Journal of

Financial Economics, Vol. 7, 197-226

[74] Easley, D., and M. O'Hara, 1987, Price, Trade Size, and Information in Securities Markets, Journal of Financial Economics, Vol. 19, 69-90

[75] Edwards, F., and M. Caglayan, 2001, Hedge Fund and Commodity Fund Investments in Bull and Bear Markets, The Journal of Portfolio Management, Vol. 27, 97-108

[76] Eichengreen, B., and B. Park, 2002, Hedge Fund Leverage Before and After the Crisis, Journal of Economic Integration, 17, 1-20

[77] Elton et al, 2003, Incentive Fees and Mutual Funds, Journal of Finance, Vol. 58, 779-804

[78] Fama, E., 1970, Efficient Capital Markets: A Review of Theory and Empirical Work, Journal of Finance, Vol. 25, 383-417

[79] Farmer, D., 2002, Market Force, Ecology and Evolution, Industrial and Corporate Change, Vol. 11, 895-953

[80] Farmer, D., and A. Lo, 1999, Frontiers of Finance: Evolution and Efficient Markets, Proceedings of the National Academy of Sciences, Vol. 96, 9991-9992

[81] Feffer, S., and C. Kundro, 2003, Understanding and Mitigating Operational Risk in Hedge Fund Investments, Working Paper, The Capital Markets Company Ltd

[82] Fung, W., and D. Hsieh, 2001, The Risk in Hedge Fund Strategies: Theory and Evidence from Trend Followers, Review of Financial Studies, Vol. 14, 313-341

[83] Fung, W., and D. Hsieh, 2002, Asset-Based Style Factors for Hedge Funds, Financial Analysts Journal, Vol. 58, 16-27

[84] Fung, W., and D. Hsieh, 2002, Benchmarks of Hedge Fund Performance: Information Content and Measurement Biases, Journal of Alternative Investments, Vol. 58, 22-34

[85] Fung, W., and D. Hsieh, 1997, Empirical Characteristics of Dynamic Trading Strategies: The Case of Hedge Funds, Review of Financial Studies, Vol. 10, 275-302

[86] Fung, W., and D. Hsieh, 1997, Investment Style and Survivorship Bias in the Returns of CTAs: The Information Content of Track Records, Journal of Portfolio Management, Vol. 24, 30-41

[87] Fung, W., and D. Hsieh, 2004, Hedge Funds: An Industry in Its Adolescence, Federal Reserve Bank of Atlanta Economic Review, Q4, 1-34

[88] Fung, W., and D. Hsieh, 1999, A Primer on Hedge Funds, Journal of Empirical Finance, Vol. 6, 309-31

[89] Fung, W., and D. Hsieh, 2000, Performance Characteristics of Hedge Funds and Commodity Funds: Natural Versus Spurious Biases. Journal of Financial and Quantitative Analysis, Vol. 35, 291-307

[90] Gennotte, G., and H. Leland, 1990, Market Liquidity, Hedging, and Crashes, American Economic Review, Vol. 80, 999-1021

[91] Getmansky, M., 2004, The life Cycle of Hedge Funds: Fund Flows, Size and Performance, Unpublished Working Paper, MIT Laboratory for Financial Engineering

[92] Getmansky, M., and A. Lo, 2003, A System Dynamics Model of the Hedge Fund Industry, Un-

published Working Paper, MIT Laboratory for Financial Engineering

[93] Getmansky, M., L. A., and I. Makarov, 2004, An Econometric Model of Serial Correlation and Illiquidity In Hedge Fund Returns, Journal of Financial Economics, 74, 529-609

[94] Getmansky, M., Lo, A., and S. Mei, 2004, Sifting Through the Wreckage: Lessons from Recent Hedge-Fund Liquidations, Journal of Investment Management, Vol. 2, 6-38

[95] Glosten, L., and L. Harris, 1988, Estimating the Components of the Bid/Ask Spread, Journal of Financial Economics, Vol. 21, 123-142

[96] Glosten, L., and P. Milgrom, 1985, Bid, Ask, and Transaction Prices in a Specialist Market with Heterogeneously Informed Traders, Journal of Financial Economics, Vol. 13, 71-100

[97] Goetzmann, W., Ingersoll, J., and S. Ross, 2003, High-Water Marks and Hedge Fund Management Contracts, Journal of Finance, Vol. 58, 1685-1718

[98] Goetzmann, W., Ingersoll, J., Spiegel, M., and I. Welch, 2002, Sharpening Sharpe Ratios, National Bureau of Economic Research, Working Paper No. W9116

[99] Gregoriou, G., 2002, Hedge Fund Survival Lifetimes, Journal of Asset Management, Vol. 3, 237-252

[100] Grinold, R., and R. Kahn, 2000, Active Portfolio Management: A Quantitative Approach for Producing Superior Returns and Controlling Risk. New York: McGraw-Hill

[101] Gromb, D., and D. Vayanos, 2002, Equilibrium and Welfare in Markets with Financially Constrained Arbitrageurs, Journal of Financial Economics, Vol. 66, 361-407

[102] Gruber M., 1996, Another Puzzle: The Growth in Actively Managed Mutual Funds, The Journal of Finance, Vol. 51, 783-810

[103] Hasanhodzic, J., and A. Lo, 2007, Can Hedge-Fund Returns Be Replicated? : The Linear Case, Journal of Investment Management, Vol. 5, 5-45

[104] Heaton, J., and D. Lucas, 1996, Evaluating the Effects of Incomplete Markets on Risk Sharing and Asset Pricing, Journal of Political Economy, Vol. 104, 443-487

[105] Hendricks, D., Patel, J., and R. Zeckhauser, 1997, The J-Shape of Performance Persistence Given Survivorship Bias, Review of Economics and Statistics, Vol. 79, 161-170

[106] Hennessee, 2010, Protecting Capital During Market Downturns, Hedge Fund Journal, 22 July

[107] Holmstrom, B., and J. Tirole, 2001, LAPM: A Liquidity-Based Asset Pricing Model, Journal of Finance, Vol. 57, 1837-1867

[108] Howell, M. J., 2001, Fund Age and Performance, Journal of Alternative Investments, Vol. 4, 57-60

[109] Huang, M., 2003, Liquidity Shocks and Equilibrium Liquidity Premia, Journal of Economic Theory, Vol. 109, 104-129

[110] Hugonnier, J., and R. Kaniel, 2008, Mutual Fund Portfolio Choice in the Presence of Dynamic Flows, Working Paper

[111] Ineichen, A., 2001, The Myth of Hedge Funds: Are Hedge Funds the Fireflies Ahead of the Storm?, Journal of Global Financial Markets, Vol. 2, 34-46

参考文献

[112] Jen, P., Heasman, C., and K. Boyatt, 2001, Alternative Asset Strategies: Early Performance in Hedge Fund Managers, Internal Document, Lazard Asset Management, London

[113] Jobson, J., and R. Korkie, 1981, Performance Hypothesis Testing with the Sharpe and Treynor Measures, Journal of Finance, Vol. 36, 889-908

[114] Joe Nocera, 2009, Hedge Fund Manager's Farewell, The New York Times

[115] Kao, D., 2002, Battle for Alphas: Hedge Funds versus Long-Only Portfolios, Financial Analysts Journal, Vol. 58, 16-36

[116] Kat and Palaro, 2006, Replication and Evaluation of Funds of Hedge Funds Returns, In Fund of Hedge Funds: Performance, Assessment, Diversification and Statistical Properties (eds: Greg Gregoriou), Chapter 3, Elsevier Press

[117] Kramer, D., 2001, Hedge Fund Disasters: Avoiding the Next Catastrophe, Alternative Investment Quarterly, Vol. 1

[118] Kyle, A., 1985, Continuous Auctions and Insider Trading, Econometrica, Vol. 53, 1315-1336

[119] Lan, Y., Wang, N., and Yang, J., 2010, The Economics of Hedge Funds: Alpha, Fees, Leverage, and Valuation, Working Paper, Columbia University and Hunan University

[120] Leibowitz, M., 2005, Alpha Hunters and Beta Grazers, Financial Analysts Journal, Vol. 61, 32-39

[121] Leibowitz, M., 2005, Allocation Betas, Financial Analysts Journal, Vol. 61, 70-82

[122] Leibowitz, M., and A. Bova, 2007, Gathering Implicit Alphas in a Beta World, Journal of Portfolio Management, Vol. 33, 10-21

[123] Leibowitz, M., and B. Hammond, 2004, The β-Plus Measure in Asset Allocation, Journal of Portfolio Management, Vol. 30, 26-36

[124] Leitner, Y., 2005, Financial Networks: Contagion, Commitment, and Private Sector Bailouts, Journal of Finance, Vol. 60, 2925-2953

[125] Lequeux, P., and E. Acar, 1998, A Dynamic Index for Managed Currency Funds using CME Currency Contracts, European Journal of Finance

[126] Liang, B., 1999, On the Performance of Hedge Funds, Financial Analysts Journal, Vol. 55, 72-85

[127] Liang, B., 2000, Hedge Funds: The Living and the Dead, Journal of Financial and Quantitative Analysis, Vol. 35, 309-326

[128] Liang, B., 2001, Hedge Fund Performance: 1990-1999, Financial Analysts Journal, Vol. 57, 11-18

[129] Liang, B., 2003, The Accuracy of Hedge Fund Returns, Journal of Portfolio Management, Vol. 29, 111-122

[130] Lillo, F., Farmer, D., and R. Mantegna, 2003, Master Curve for Price-Impact Function, Nature 421, 129-130

[131] Lintner, J., 1965, The Valuation of Risky Assets and the Selection of Risky Investments in Stock Portfolios and Capital Budgets, Review of Economics and Statistics 47, 13-37

[132] Liu, J., and F. Longstaff, 2000, Losing Money on Arbitrages: Optimal Dynamic Portfolio Choice in Markets with Arbitrage Opportunities, unpublished working paper, Anderson Graduate School of Management, UCLA

[133] Liu, X., and Mello, A., 2009, The Fragile Capital Structure of Hedge Funds and the Limits to Arbitrage, Working Paper, London Business School

[134] Lo, A., 1994, Data-Snooping Biases in Financial Analysis, in H. Russell Fogler, ed., Blending Quantitative and Traditional Equity Analysis. Charlottesville, VA: Association for Investment Management and Research

[135] Lo, A., 2001, Risk Management for Hedge Funds: Introduction and Overview, Financial Analysts Journal 57, 16-33

[136] Lo, A., 2002, The Statistics of Sharpe Ratios, Financial Analysts Journal 58, 36-50

[137] Lo, A., 2004, The Adaptive Markets Hypothesis: Market Efficiency from an Evolutionary Perspective, Journal of Portfolio Management 30, 15-29

[138] Lo, A., 2005, Reconciling Efficient Markets with Behavioral Finance: The Adaptive Markets Hypothesis, Journal of Investment Consulting 7, 21-44

[139] Lo, A., 2007, Hedgefunds: An Analytic Perspective, Princeton University Press

[140] Lo, A., and C. MacKinlay, 1988, Stock Market Prices Do Not Follow Random Walks: Evidence from a Simple Specification Test, Review of Financial Studies 1, 41-66

[141] Lo, A., and C. MacKinlay, 1990, An Econometric Analysis of Nonsynchronous Trading, Journal of Econometrics 45, 181-212

[142] Lo, A., and C. MacKinlay, 1990, Data Snooping Biases in Tests of Financial Asset Pricing Models, Review of Financial Studies 3, 431-468

[143] Lo, A., and C. MacKinlay, 1990, When Are Contrarian Profits Due to Stock Market Overreaction?, Review of Financial Studies 3, 175-206

[144] Lo, A., and C. MacKinlay, 1999, A Non-Random Walk Down Wall Street. Princeton, NJ: Princeton University Press

[145] Lo, A., and J. Wang, 2000, Trading Volume: Definitions, Data Analysis, and Implications of Portfolio Theory, Review of Financial Studies 13, 257-300

[146] Lo, A., and J. Wang, 2006, Trading Volume: Implications of an Intertemporal Capital Asset Pricing Model, Journal of Finance 61, 2805-2840

[147] Lo, A., ed., 1997, Market Efficiency: Stock Market Behavior in Theory and Practice, Volumes I and II. Cheltenham, UK: Edward Elgar Publishing

[148] Lo, A., H. Mamaysky, and J. Wang, 2004, Asset Prices and Trading Volume under Fixed Transactions Costs, Journal of Political Economy 112, 1054-1090

[149] Lo, A., 1999, The Three P's of Total Risk Management, Financial Analysts Journal 55, 87-129

[150] Lo, A., Petrov, C., and M. Wierzbicki, 2003, It's 11 PM-Do You Know Where Your Liquidity Is? The Mean-Variance-Liquidity Frontier, Journal of Investment Management 1, 55-93

[151] Lo, A., Repin, D., and B. Steenbarger, 2005, Fear and Greed in Financial Markets: An Online Study, American Economic Review 95, 352-359

[152] Lochoff, R., 2002, Hedge Funds and Hope, The Journal of Portfolio Management 28, 92-99

[153] Loeb, T., 1983, Trading Cost: The Critical Link between Investment Information and Results, Financial Analysts Journal 39, 39-44

[154] Lucas, R., 1978, Asset Prices in an Exchange Economy, Econometrica 46, 1429-1446

[155] Luce, R., and H. Raiffa, 1957, Games and Decisions: Introduction and Critical Survey. New York: John Wiley & Sons

[156] MacCrimmon, K., and D. Wehrung, 1986, Taking Risks. New York: Free Press

[157] MacKenzie, D., 2003, Long-Term Capital Management and the Sociology of Arbitrage, Economy and Society 32, 349-380

[158] Maddala, G., 1983, Limited-Dependent and Qualitative Variables in Econometrics. Cambridge, UK: Cambridge University Press

[159] Magnus, J., and H. Neudecker, 1988, Matrix Differential Calculus: With Applications in Statistics and Economics. New York: John Wiley & Sons

[160] Markowitz, H., 1952, Portfolio Selection, Journal of Finance 7, 77-91

[161] McCarthy, D. and R. Spurgin, 1998, A Review of Hedge Fund Performance Benchmarks, Journal of Alternative Investments, Summer

[162] McDonough, W, 1998, Statement before the Committee on Banking and Financial Services, U. S. House of Representatives, Federal Reserve Bulletin 84, 1050-1054

[163] Merrill Lynch, 2007, Building the Organization to Support 130/30, Global Markets and Investment Banking, fourth quarter

[164] Merton, R., 1981, On Market Timing and Investment Performance I: An Equilibrium Theory of Value for Market Forecasts, Journal of Business 54, 363-406

[165] Merton, R., 1973, An Intertemporal Capital Asset Pricing Model, Econometrica 41, 867-887

[166] Metzger, L., and the IAFE Investor Risk Committee, 2004, Valuation Concepts for Investment Companies and Financial Institutions and Their Stakeholders, Investor Risk Committee White Paper, International Association of Financial Engineers

[167] Michaud, R., 1989, The Markowitz Optimization Enigma: Is 'Optimized' Optimal?, Financial Analysts Journal 45, 31-42

[168] Michaud, R., 1998, Efficient Asset Management: A Practical Guide to Stock Portfolio Optimization and Asset Allocation. Boston: Harvard Business School Press

[169] Modigliani, F., and L. Modigliani, 1997, Risk-Adjusted Performance, Journal of Portfolio Management Winter, 45-54

[170] Montier, J., 2007, The Myth of Exogenous Risk and the Recent Quant Problems, http://behaviouralinvesting.blogspot.com/2007/09/myth-of-exogenous-risk-and-recent-quant.html

[171] Morton, A. J. and S. R. Pliska, 1995, Optimal Portfolio Management with Fixed Transaction Costs, Mathematical Finance 5, 337-356

[172] Nagelkerke, N., 1991, A Note on a General Definition of the Coefficient of Determination, Biometrika 78, 691-692

[173] Newey, W., and K. West, 1987, A Simple Positive Definite Heteroskedasticity and Autocorrelation Consistent Covariance Matrix, Econometrica 55, 703-705

[174] Niederhoffer, V., 1998, The Education of a Speculator, New York: John Wiley & Sons

[175] O'Hara, M., 1995, Market Microstructure Theory. Cambridge, MA: Blackwell Publishers, Inc

[176] Pastor, L., and R. Stambaugh, 2003, Liquidity Risk and Expected Stock Returns, Journal of Political Economy 111, 642-685

[177] Pérold, A., 1988, The Implementation Shortfall: Paper versus Reality, Journal of Portfolio Management 14, 4-9

[178] Pérold, A., 1999, Long-Term Capital Management, L.P. (A-D), Harvard Case Study. Boston: Harvard Business School Press

[179] Pérold, A., and R. Salomon, 1994, The Right Amount of Assets under Management, Financial Analysts Journal May-June, 31-39

[180] President's Working Group on Financial Markets, 1999, Hedge Funds, Leverage, and the Lessons of Long-Term Capital Management: Report of the President's Working Group on Financial Markets (April 28)

[181] Richardson, M., and J. Stock, 1989, Drawing Inferences from Statistics Based on Multiyear Asset Returns, Journal of Financial Economics 25, 323-348

[182] Roamadorai (2008), Tarun, 2008. "The Secondary Market for Hedge Funds and the Closed-Hedge Fund Premium," CEPR Discussion Papers 6877

[183] Ross, S., and R. Zisler, 1991, Risk and Return in Real Estate, Journal of Real Estate Finance and Economics 4, 175-190

[184] Ross, S., 1976, The Arbitrage Theory of Capital Asset Pricing, Journal of Economic Theory 13, 341-360

[185] Rubinstein, M., 1976, The Valuation of Uncertain Income Streams and the Pricing of Options, Bell Journal of Economics 7, 407-425

[186] Sadka, R., 2003, Momentum, Liquidity Risk, and Limits to Arbitrage, unpublished working paper, Kellogg Graduate School of Management, Northwestern University

[187] Samuelson, P., 1938, A Note on the Pure Theory of Consumers Behavior, Economica 5, 61-71

[188] Samuelson, P., 1965, Proof That Properly Anticipated Prices Fluctuate Randomly, Industrial Management Review 6, 41-49

[189] Samuelson, P., 1969, Lifetime Portfolio Selection by Dynamic Stochastic Programming, Review of Economics and Statistics 51, 239-246

[190] Schneeweis, T., and R. Spurgin, 1996, Survivor Bias in Commodity Trading Advisor Performance, Journal of Futures Markets 16, 757-772

[191] Schneeweis, T. and R. Spurgin, 1997, Comparisons of Commodity and Managed Futures Benchmark Indices, Journal of Derivatives, Summer

[192] Scholes, M., and J. Williams, 1977, Estimating Betas from Nonsynchronous Data, Journal of Financial Economics 5, 309-328

[193] Schwartz, R., and D. Whitcomb, 1988, Transaction Costs and Institutional Investor Trading Strategies. Monograph Series in Finance and Economics 1988-2/3, New York: Salomon Brothers Center for the Study of Financial Institutions, New York University

[194] Schwert, G., 1977, Stock Exchange Seats as Capital Assets, Journal of Financial Economics 4, 51-78

[195] Sender, H., Kelly, K., and G. Zuckerman, 2007, Goldman Wagers on Cash Infusion to Show Resolve, Wall Street Journal (Eastern edition), August 14

[196] Shanken, J., 1987, Nonsynchronous Data and the Covariance-Factor Structure of Returns, Journal of Finance 42, 221-232

[197] Sharpe, W., 1964, Capital Asset Prices: A Theory of Market Equilibrium under Conditions of Risk, Journal of Finance 19, 425-442

[198] Sharpe, W., 1966, Mutual Fund Performance, Journal of Business 39, 119-138

[199] Sharpe, W., 1991, The Arithmetic of Active Management, Financial Analysts Journal 47, 7-9

[200] Sharpe, W., 1994, The Sharpe Ratio, Journal of Portfolio Management 21, 49-58

[201] Sharpe, W., 1992, Asset Allocation: Management Style and Performance Measurement, Journal of Portfolio Management 18, 7-19

[202] Sherrerd, K., ed., 1993, Execution Techniques, True Trading Costs, and the Microstructure of Markets. Charlottesville, VA: Association for Investment Management and Research

[203] Shleifer, A., and R. Vishny, 1997, The Limits of Arbitrage, Journal of Finance 52, 35-55

[204] Sirri, E., and P. Tufano, 1998, Costly Search and Mutual Fund Flows, The Journal of Finance 53, 1589-1622

[205] Spurgin, R., 2001, How to Game Your Sharpe Ratio, The Journal of Alternative Investments 4, 38-46

[206] Spurgin, R., 1999, A Benchmark for Commodity Trading Advisor Performance, CISDM Working Paper Series, Clark University

[207] Stoll, H., 1993, Equity Trading Costs. Charlottesville, VA: Association for Investment Management and Research

[208] Svea Herbst-Bayliss, 2011, Hedge fund industry assets swell to MYM1.92 trillion, Daily FT, 24 January

[209] Terhaar, K., Staub, R., and B. Singer, 2003, Appropriate Policy Allocation for Alternative Investments, Journal of Portfolio Management 29, 101-110

[210] Thal Larsen, P., 2007, Goldman Pays the Price of Being Big, Financial Times, August 13

[211] Tini, S., 1972, The Economics of Liquidity Services, Quarterly Journal of Economics 86, 79-93

[212] Treynor, J., 1965, How to Rate Management of Investment Funds, Harvard Business Review 43, 63-75

[213] Treynor, J., 2005, Why Market-Valuation-Indifferent Indexing Works, Financial Analysts Jour-

nal 61, 65-69

[214] Treynor, J., and F. Black, 1973, How to Use Security Analysis to Improve Portfolio Selection, Journal of Business 46, 66-86

[215] Treynor, J., and K. Mazuy, 1966, Can Mutual Funds Outguess the Market?, Harvard Business Review 44, 131-163

[216] Tuckman, B., and J. Vila, 1992, Arbitrage with Holding Costs: A Utility-Based Approach, Journal of Finance 47, 1283-1302

[217] Turner, C., Stanz, R., and C. Nelson, 1989, A Markov Model of Heteroskedasticity, Risk, and Learning in the Stock Market, Journal of Financial Economics 25, 3-22

[218] Upper, C., and A. Worms, 2004, Estimating Bilateral Exposures in the German Interbank Market: Is There a Danger of Contagion?, European Economic Review 48, 827-849

[219] Varian, H., 2006, Revealed Preference, in M. Szenberg, L. Ramrattan, and A. Gottesman, eds., Samuelsonian Economics and the Twenty-First Century. Oxford, UK: Oxford University Press

[220] Vayanos, D., 1998, Transaction Costs and Asset Prices: A Dynamic Equilibrium Model, Review of Financial Studies 11, 1-58

[221] Vayanos, D., and J. L. Vila, 1999, Equilibrium Interest Rate and Liquidity Premium with Transaction Costs, Economic Theory 13, 509-539

[222] Wagner, W., 1993, Defining and Measuring Trading Costs, in K. Sherrerd, ed.: Execution Techniques, True Trading Costs, and the Microstructure of Markets. Charlottesville, VA: Association for Investment Management and Research

[223] Wagner, W., and M. Banks, 1992, Increasing Portfolio Effectiveness via Transaction Cost Management, Journal of Portfolio Management 19, 6-11

[224] Wagner, W., and M. Edwards, 1993, Best Execution, Financial Analyst Journal 49, 65-71

[225] Watts, D., 1999, Small Worlds: The Dynamics of Networks between Order and Randomness. Princeton, NJ: Princeton University Press

[226] Watts, D., and S. Strogatz, 1998, Collective Dynamics of 'Small-World' Networks, Nature 393, 440-442

[227] Weisman, A., 2002, Informationless Investing and Hedge Fund Performance Measurement Bias, The Journal of Portfolio Management 28, 80-91

[228] White, H., 1984, Asymptotic Theory for Econometricians. New York: Academic Press

[229] Wiltard, G., and P. Dybvig, 1999, Empty Promises and Arbitrage, Review of Financial Studies 12, 807-834

[230] Working, H., 1960, Note on the Correlation of First Differences of Averages in a Random Chain, Econometrica 28, 916-918

[231] Zuckerman, G., Hagerty, J., and D. Gauthier-Villars, 2007, Impact of Mortgage Crisis Spreads; Dow Tumbles 2.8% As Fallout Intensifies; Moves by Central Banks, Wall Street Journal (Eastern edition), August 10

中文部分：

[1] 巴顿·比格斯. 对冲基金风云录. 北京：中信出版社，2010
[2] 丹尼尔·A. 斯特奇曼. 从 800 万到 200 亿：朱利安·罗伯森和他的老虎基金. 北京：高等教育出版社，2008
[3] 丹尼尔·A. 史崔区曼. 对冲基金入门. 北京：中国青年出版社，2007
[4] 管同伟. 对冲基金的美国监管模式及其影响. 金融与经济，2010（3）
[5] 塞巴斯蒂安·马拉比. 富可敌国. 北京：中国人民大学出版社，2010
[6] 罗闻全著，寇文红译. 对冲基金：一个分析视角. 大连：东北财经大学出版社，2011
[7] 唐宁. 长期资本管理公司案例分析. 国际风险管理师协会中国认证中心
[8] 王兵，陈冬华，王红英. 期货 CTA 业务模式及配套制度建设，2010
[9] 王信. 对冲基金的监管：争论及评析. 国际经济评论，1999（1）
[10] 周德武. 纽约"老虎"变成"猫". 环球时报，2000-04-07